Projet OCDE/G20 sur l'érosion de la base d'imposition et le transfert de bénéfices

Mesurer et suivre les données relatives au BEPS, Action 11 - Rapport final 2015

OCDE
DES POLITIQUES MEILLEURES POUR UNE VIE MEILLEURE

Merci de citer cet ouvrage comme suit :
OCDE (2017), *Mesurer et suivre les données relatives au BEPS, Action 11 - Rapport final 2015*, Projet OCDE/G20 sur l'érosion de la base d'imposition et le transfert de bénéfices, Éditions OCDE, Paris.
http://dx.doi.org/10.1787/9789264282711-fr

ISBN 978-92-64-28270-4 (imprimé)
ISBN 978-92-64-28271-1 (PDF)

Série : Projet OCDE/G20 sur l'érosion de la base d'imposition et le transfert de bénéfices
ISSN 2313-2620 (imprimé)
ISSN 2313-2639 (en ligne)

Crédits photo : Couverture © ninog-Fotolia.com

Les corrigenda des publications de l'OCDE sont disponibles sur : *www.oecd.org/about/publishing/corrigenda.htm.*

Avant-propos

Les questions fiscales internationales sont aujourd'hui plus que jamais au cœur des préoccupations des pouvoirs publics. L'intégration des économies et des marchés nationaux a connu une accélération marquée ces dernières années, mettant à l'épreuve le cadre fiscal international conçu voilà plus d'un siècle. Les règles en place ont laissé apparaître des fragilités qui sont autant d'opportunités pour des pratiques d'érosion de la base d'imposition et de transfert de bénéfices (BEPS), appelant une action résolue de la part des dirigeants pour restaurer la confiance dans le système et faire en sorte que les bénéfices soient imposés là où les activités économiques sont réalisées et là où la valeur est créée.

À la suite de la parution du rapport intitulé *Lutter contre l'érosion de la base d'imposition et le transfert de bénéfices* en février 2013, les pays de l'OCDE et du G20 ont adopté en septembre 2013 un Plan d'action en 15 points visant à combattre ces pratiques. Les 15 actions à mener s'articulent autour de trois principaux piliers : harmoniser les règles nationales qui influent sur les activités transnationales, renforcer les exigences de substance dans les standards internationaux existants, et améliorer la transparence ainsi que la certitude.

Depuis lors, tous les pays de l'OCDE et du G20 ont œuvré sur un pied d'égalité, et la Commission européenne a également apporté sa contribution tout au long du projet BEPS. Les pays en développement ont été étroitement associés au moyen de différents mécanismes, notamment une participation directe aux travaux du Comité des affaires fiscales. En outre, des organisations fiscales régionales, comme le Forum sur l'administration fiscale africaine (ATAF), le Centre de rencontres et d'études des dirigeants des administrations fiscales (CREDAF), et le Centre interaméricain des administrations fiscales (CIAT), ont travaillé aux côtés d'organisations internationales, telles que le Fonds monétaire international (FMI), la Banque mondiale et les Nations Unies. Les parties prenantes ont été largement consultées : au total, le projet BEPS a fait l'objet de plus de 1 400 contributions d'entreprises, de fiscalistes, d'ONG et d'universitaires. 14 réunions publiques de consultation se sont tenues et ont été transmises en direct sur l'Internet, tandis que le Secrétariat de l'OCDE a diffusé des sessions interactives sur le Web afin de tenir le public informé de l'évolution du projet et de répondre à ses questions.

Après deux ans de travail, les 15 rapports prévus par le Plan d'action ont été établis. Tous ces rapports, y compris ceux publiés à titre provisoire en 2014, ont été réunis au sein d'un ensemble complet de mesures, qui représente le premier remaniement d'importance des règles fiscales internationales depuis près d'un siècle. La mise en œuvre des nouvelles mesures devrait conduire les entreprises à déclarer leurs bénéfices là où les activités économiques qui les génèrent sont réalisées et là où la valeur est créée. Les stratégies de planification fiscale qui s'appuient sur des règles périmées ou sur des dispositifs nationaux mal coordonnés seront caduques.

La mise en œuvre revêt donc une importance cruciale à ce stade. L'application des mesures prévues passe par des modifications de la législation et des pratiques nationales et par l'adoption de nouvelles dispositions conventionnelles, grâce à la négociation d'un instrument multilatéral qui devrait aboutir en 2016. Les pays de l'OCDE et du G20 ont également décidé de poursuivre leur coopération en vue de garantir une application cohérente et coordonnée des recommandations issues du projet BEPS. La mondialisation exige de trouver des solutions de portée mondiale et de nouer un dialogue mondial qui va audelà des pays de l'OCDE et du G20. Pour promouvoir cet objectif, les pays de l'OCDE et du G20 concevront en 2016 un mécanisme complet de suivi auquel tous les pays intéressés participeront sur un pied d'égalité.

Une meilleure compréhension de la manière dont les recommandations issues du projet BEPS sont mises en pratique pourrait limiter les malentendus et les différends entre États. Une attention accrue portée à la mise en œuvre des actions et à l'administration de l'impôt pourrait être bénéfique tant pour les États que pour les entreprises. Enfin, des solutions sont proposées pour améliorer les données et les analyses, ce qui permettra d'évaluer et de quantifier régulièrement l'impact des mécanismes d'érosion de la base d'imposition et transfert de bénéfices et les résultats des mesures issues du projet BEPS appliquées pour lutter contre ces pratiques.

Table des matières

Tableaux

Graphiques

Encadrés

Abréviations et acronymes

AMNE	Base de données sur les activités des entreprises multinationales (OCDE)
ATAF	Forum sur l'administration fiscale africaine
BEA	Bureau d'analyse économique des États-Unis
BEPS	Érosion de la base d'imposition et transfert de bénéfices (*Base erosion and profit shifting*)
BMD3	Définition de référence de l'OCDE des investissements directs internationaux, troisième édition (OCDE)
BMD4	Définition de référence de l'OCDE des investissements directs internationaux, quatrième édition (OCDE)
BvD	Bureau van Dijk
CAF	Comité des affaires fiscales (OCDE)
CIAT	Centre inter-américain des administrations fiscales
CJUE	Cour de justice de l'Union européenne
CNUCED	Conférence des Nations Unies sur le commerce et le développement
COP	Critère des objets principaux
EBIT	Résultats avant intérêt et impôts (*Earnings Before Interet and Taxes)*
EBITDA	Résultats avant intérêts, impôts, amortissement et provision (*Earnings Before Interet, Taxes, Depreciation and Amortization*)
ECID	Enquête coordonnée sur l'investissement direct (FMI)
ES	Établissement stable
FMI	Fonds monétaire international
G20	Groupe des Vingt
GAAP	Principes comptables généralement admis (*Generally Accepted Accounting Principles*)
HMRC	Autorité fiscale et douanière du Royaume-Uni (*Her Majesty's Revenue and Customs*)
IDE	Investissement direct étranger
IRS	Autorité fiscale des États-Unis (*Internal Revenue Service*)
IFRS	Normes comptables internationales (*International Financial Reporting Standards*)

ITIE	Initiative pour la transparence dans les industries extractives
OCDE	Organisation de coopération et de développement économiques
OEB	Office européen des brevets
OMC	Organisation mondiale du commerce
PA	Procédure amiable
PI	Propriété intellectuelle
PIB	Produit intérieur brut
R&D	Recherche-développement
SEC	Société étrangère contrôlée
STAN	Base de données pour l'analyse structurelle (OCDE)
TEI	Taux effectif d'imposition
TIMA	Taux d'imposition marginal applicable
TVA	Taxe sur la valeur ajoutée
UE	Union européenne

Résumé

Les effets économiques et budgétaires négatifs résultant des stratégies d'érosion de la base d'imposition et de transfert de bénéfices (BEPS) font l'objet d'une attention accrue dans le cadre du projet BEPS G20/OCDE depuis son lancement. De nombreuses études factuelles ont établi que certaines entreprises multinationales ont recours à des montages visant à exploiter les failles dans les règles fiscales internationales, notamment en dissociant les bénéfices imposables de l'activité économique qui les a générés. Le rapport intitulé *Lutter contre l'érosion de la base d'imposition et le transfert de bénéfices* (OCDE, 2013) rend compte d'une certaine incertitude en ce qui concerne l'ampleur des retombées négatives du phénomène sur l'activité économique et les recettes publiques à l'échelle mondiale.

Bien qu'il soit difficile d'évaluer l'ampleur et les effets des stratégies de BEPS en raison de leur complexité et des limitations affectant les données disponibles, nous sommes aujourd'hui conscients des effets dommageables du phénomène BEPS sur les recettes fiscales. Les travaux conduits depuis 2013 en confirment l'étendue, puisque le manque à gagner pour les États pourrait être compris entre 4 et 10 % des recettes totales de l'impôt sur les bénéfices des sociétés, soit entre 100 et 240 milliards de dollars chaque année à l'échelle mondiale. Considérant la plus grande dépendance des pays en développement à l'impôt sur les bénéfices des sociétés, et selon les estimations disponibles, les pratiques de BEPS ont des effets plus marqués en pourcentage du PIB dans ces derniers que dans les pays développés.

Au-delà du manque à gagner subi par les États en recettes fiscales de l'impôt sur les bénéfices des sociétés, les pratiques de BEPS sont à l'origine d'autres distorsions économiques : un déséquilibre dans les conditions de concurrence résultant de la planification fiscale agressive de la part de certaines entreprises multinationales, une intensification du choix de financement par la dette, un détournement de l'investissement direct étranger, et une baisse du financement affecté aux infrastructures publiques.

Six indicateurs des pratiques de BEPS permettent d'analyser diverses stratégies de BEPS à partir de plusieurs méthodologies et sources de données. Regroupés et présentés sous la forme d'un tableau de bord, ces indicateurs peuvent être utilisés pour confirmer la réalité des pratiques de BEPS ainsi que leur amplification constante au cours des dernières années.

- ***Les taux de profit des filiales des entreprises multinationales situées dans des juridictions à fiscalité faible sont supérieurs au taux moyen de leur groupe à l'échelle mondiale.*** Dans certains cas, les taux de profit déclarés par les filiales des entreprises multinationales situées dans des juridictions à fiscalité faible sont deux fois supérieurs au taux de bénéfices moyens de leur groupe à l'échelle mondiale.
- ***Les taux d'imposition effectifs des bénéfices des grandes entreprises multinationales sont inférieurs de 4 à 8.5 points de pourcentage à ceux appliqués à des entreprises similaires déployant leurs activités uniquement sur le territoire national***, ce qui fausse les conditions de concurrence au détriment des entreprises locales et des entreprises multinationales ne pratiquant pas la planification fiscale agressive,

même si la situation pourrait s'expliquer en partie par une meilleure utilisation par les entreprises multinationales des avantages fiscaux disponibles selon le pays d'implantation.

- ***L'investissement direct étranger (IDE) est de plus en plus concentré.*** L'IDE a augmenté dans les pays où l'IDE net, exprimé en pourcentage du PIB, excédait 200 %, soit 38 fois plus vite que dans les autres pays en 2005, et 99 fois plus vite en 2012.
- ***La dissociation entre les bénéfices imposables et la localisation de l'activité créatrice de valeur est particulièrement apparente dans le cas des actifs incorporels et le phénomène a rapidement pris de l'ampleur.*** Par exemple, la valeur des redevances rapportée aux dépenses de recherche et développement était six fois plus élevée dans un groupe de pays à fiscalité faible que le pourcentage moyen calculé pour l'ensemble des autres pays, et ce chiffre a triplé entre 2009 et 2012. Les redevances perçues par des entités situées dans ces pays à fiscalité faible ont représenté 3 % du montant total des redevances, ce qui atteste l'existence de pratiques de BEPS sans pour autant permettre de prendre directement la mesure du phénomène.
- ***L'endettement au sein du groupe et auprès des tiers a tendance à se concentrer dans les filiales des entreprises multinationales situées dans des juridictions où le taux d'imposition est plus élevé.*** Les filiales des très grandes entreprises multinationales de dimension mondiale implantées dans des juridictions à taux d'imposition élevé déclarent des intérêts près de trois fois supérieurs, en pourcentage du bénéfice, à ceux des tiers.

En plus des nouvelles études empiriques sur les effets budgétaires et économiques des pratiques de BEPS ainsi que des centaines d'études factuelles ayant démontré l'existence de transferts de bénéfices grâce à des manipulations des prix de transfert, à des choix stratégiques de localisation des actifs incorporels et de l'endettement, et à l'utilisation abusive des conventions fiscales, ces indicateurs des pratiques de BEPS confirment la réalité des transferts de bénéfices à l'origine de distorsions économiques, dont l'ampleur est d'ores et déjà considérable et dont le volume sera probablement amené à croître encore. En outre, les analyses empiriques montrent que les pratiques de BEPS ont des effets négatifs sur les entreprises en matière de compétitivité ainsi que sur le niveau et la localisation de l'endettement et des investissements en actifs incorporels, et enfin qu'elles entraînent un effet de « *spillover* » de ressources budgétaires entre les pays en plus de dépenses inefficaces et coûteuses en ingénierie fiscale. L'analyse de données factuelles exposée dans ce rapport, étayée également par plusieurs autres études, confirme que des règles anti-évasion ont permis de réduire les transferts de bénéfices dans les pays qui les ont mises en œuvre.

La portée de ces indicateurs et de toutes les analyses du phénomène BEPS se trouve toutefois sérieusement restreinte en raison des limitations affectant les données actuellement disponibles. Les données disponibles sont incomplètes et ne couvrent ni tous les pays ni toutes les entreprises, et ne rendent souvent pas bien compte du montant des impôts réellement acquittés. De plus, il a été difficile, dans les analyses consacrées jusqu'ici aux transferts de bénéfices, de dissocier les effets des pratiques de BEPS des facteurs économiques réels et des retombées des choix délibérés des États en matière de politique fiscale. À l'avenir, une amélioration des outils et des données disponibles sera essentiel pour pouvoir mesurer et suivre les données relatives au phénomène BEPS ainsi que l'impact des mesures issues du Plan d'action BEPS appliquées pour lutter contre ces pratiques.

Tout en reconnaissant la nécessité de conserver les moyens de défense nécessaires à la protection et la confidentialité des renseignements sur les contribuables, ce rapport formule plusieurs recommandations destinées à améliorer l'analyse des données disponibles. Une partie des informations nécessaires pour mieux mesurer et suivre les pratiques de BEPS est déjà collectée par les administrations fiscales, mais ces informations ne sont pas encore analysées ou rendues accessibles à des fins d'analyse. Les recommandations contenues dans le rapport à cet égard visent principalement à faciliter l'accès aux données et l'analyse améliorée des données existantes, et à proposer la collecte de nouvelles données au titre des Actions 5 et 13 ainsi que, si elle est mise en œuvre, de l'Action 12 du projet BEPS.

Le rapport préconise une collaboration entre l'OCDE et les États dans le but de recueillir et d'analyser davantage de statistiques sur l'imposition des entreprises, et que ces statistiques soient présentées de manière cohérente à l'échelle mondiale. Par exemple, les analyses statistiques fondées sur des données provenant des déclarations pays par pays ouvrent la perspective d'une analyse économique nettement plus instructive des pratiques de BEPS. Le fait d'améliorer l'accès aux données permettra aux Administrations et aux chercheurs d'être mieux à même, à l'avenir, de mesurer et de suivre le phénomène BEPS ainsi que les mesures mises en œuvre pour le combattre.

Chapitre 1

Évaluation des sources de données disponibles et pertinentes pour analyser les pratiques d'érosion de la base d'imposition et de transfert de bénéfices (BEPS)

Éléments clés

- Ce chapitre a pour objet l'évaluation d'un ensemble de sources de données selon leur disponibilité et leur utilité en vue de déterminer des indicateurs et de mener une analyse économique de l'ampleur et des effets des pratiques de BEPS ainsi que des mesures de lutte contre ces pratiques.
- Ce chapitre conclut que les sources de données existantes sont très limitées, ce qui signifie que toute tentative consistant à élaborer des indicateurs ou à mener une analyse économique de l'ampleur et des effets des pratiques de BEPS se heurte à des obstacles avérés et doit être appréhendée avec précaution.
- S'il existe bien plusieurs sources de données privées et des sources officielles agrégées mises à disposition des chercheurs, celles-ci présentent toutes des limitations à divers égards influant sur leur utilité dans la perspective d'une analyse de l'ampleur et des effets du phénomène BEPS et des mesures destinées à le combattre.
- L'un des principaux défis, en ce qui concerne les sources de données disponibles, tient à la difficulté qu'éprouvent les chercheurs à différencier les effets résultant des phénomènes économiques réels des effets des pratiques de BEPS.
- Les bases de données privées contenant des informations sur les données comptables collectées au niveau des entreprises sont utiles, mais leur couverture est incomplète, et leur représentativité très limitée dans certains pays ; elles ne couvrent pas toutes les entreprises multinationales, ni toutes les informations financières les concernant, pas plus qu'elles ne comportent d'informations relatives aux impôts effectivement acquittés.
- Certaines des limitations imposées par la nature des données actuellement disponibles influent sur la capacité de chaque État d'analyser les effets des pratiques de BEPS sur son économie et ses recettes fiscales.
- Si les données provenant des déclarations fiscales et englobant l'ensemble des filiales du groupe sont potentiellement les plus utiles, elles ne sont pas collectées dans la plupart des pays, ou du moins elles ne sont pas accessibles à des fins d'analyse économique et statistique, même lorsqu'elles sont rendues anonymes ou partagées à titre confidentiel. Il est difficile par exemple de déterminer la part de l'impôt sur les bénéfices des sociétés acquitté par les entreprises multinationales et imputable à des sociétés à l'échelle strictement nationale dans la mesure où très peu de pays rendent ces données accessibles.

- Des rapports publiés récemment aux niveaux parlementaire et gouvernemental ont permis d'apporter un éclairage nouveau sur les pratiques fiscales des grandes entreprises multinationales. Si les informations ainsi collectées représentent certes une source inédite et abondante de données attestant l'existence de pratiques de BEPS, elles ne concernent cependant que les agissements d'un petit nombre d'entreprises multinationales et leur intérêt est limité pour la conduite d'une analyse d'une portée plus large. Dans certains cas, elles ne figurent pas dans les bases de données disponibles sur la comptabilité des entreprises, ce qui vient souligner le caractère insuffisant de ce type de source de données.
- Dissocier les phénomènes économiques réels des phénomènes purement liés à la fiscalité nécessite de définir et de développer une méthodologie d'évaluation tant pour les données que pour les estimations. En effet, même si l'on dispose de données fiables, le phénomène de BEPS n'est pas observable en tant que tel et il faut dès lors se contenter de l'estimer. Néanmoins, il est indispensable de disposer de données plus globales et plus détaillées sur les entreprises multinationales pour effectuer des évaluations plus précises de l'ampleur et des effets du phénomène BEPS.

1.1. Introduction

1. L'évaluation des données disponibles à ce jour fait partie intégrante de l'Action 11 du Plan d'action BEPS. Appréhender convenablement les données existantes et leurs limitations est déterminant non seulement pour élaborer des indicateurs de l'ampleur et des effets économiques des pratiques de BEPS, mais aussi pour effectuer des analyses économiques de l'ampleur et des effets de ces pratiques ainsi que des mesures issues du projet BEPS.

2. On ne saurait trop insister sur le fait que la fiabilité des résultats d'une analyse dépend de celle des données et de la méthodologie qui la soutiennent. Cela est particulièrement vrai pour les analyses du phénomène BEPS puisque celui-ci concerne des entreprises multinationales disposées à mettre en place des montages intra-groupe permettant une imposition faible voire nulle de leurs bénéfices grâce au transfert de ces derniers hors des juridictions dans lesquelles elles exercent les activités qui les ont générés. Ces montages transfrontaliers intra-groupe sont souvent très complexes; ils font intervenir plusieurs entités liées et supposent des transactions entre parties liées qu'il n'est généralement pas possible d'isoler (et dont les informations correspondantes ne sont pas toujours accessibles) dans les bases de données fiscales ou financières.

3. Il est donc essentiel de faire le point sur les caractéristiques des données disponibles à ce jour : de déterminer celles qui sont disponibles; de définir leur couverture et leur représentativité; de distinguer s'il s'agit de données provenant de déclarations fiscales ou d'états financiers; de savoir si ce sont des données macroéconomiques ou des données microéconomiques; leur fiabilité et robustesse (quelles sont les mesures de contrôle de la qualité mises en place au stade de la collecte des données); d'étudier la comparabilité de ces données d'un État à l'autre; et enfin de déterminer qui a accès à ces données.

4. Ce chapitre contient une première évaluation des données disponibles à ce jour pour analyser les pratiques de BEPS et les mesures issues du projet BEPS, évaluation éclairante à la fois pour l'élaboration d'indicateurs et pour la réalisation d'analyses économiques et d'études statistiques approfondies. Il importe de noter que la plupart des analyses, y compris celles portant sur la politique gouvernementale, sont menées à l'aide d'informations partielles. Pour les dirigeants, il est préférable d'utiliser les données disponibles plutôt que de travailler sans aucune donnée factuelle, mais il convient de ne pas perdre de vue pour autant les limitations affectant les données disponibles, et l'incidence de ces limitations sur les résultats obtenus.

5. L'évaluation menée à bien dans ce chapitre vise à décrire les données disponibles et à mettre en évidence les avantages et les limites des différentes catégories de données. L'Action 11 comprend également le recensement de nouveaux types d'outils et de données qui pourraient être collectées à l'avenir. Afin d'obtenir de nouvelles données, on pourrait d'une part exploiter celles qui existent déjà mais qui ne sont pas encore disponibles, soit pour des raisons de confidentialité soit parce qu'elles n'ont pas été traitées ou analysées, et d'autre part réunir des informations inédites indispensables pour déceler les pratiques de BEPS à l'avenir, sans négliger pour autant les différentes manières de réduire les coûts administratifs supportés tant par les administrations fiscales que par les entreprises. Le chapitre 4 contient un examen détaillé de ces nouveaux outils et données susceptibles d'être utilisés.

1.2. Critères potentiels d'évaluation des données disponibles aux fins d'étude des pratiques de BEPS

6. Toute évaluation impose de définir un ensemble de critères permettant d'évaluer les différents types de données en fonction de leur utilité dans le cadre de l'analyse des pratiques de BEPS. Une vision d'ensemble des données disponibles constitue un point de départ solide pour déterminer des orientations fondées sur de « bonnes pratiques » en matière de collecte de données qui permettront à l'avenir de « combler les lacunes » et de produire des données plus complètes et plus aptes à être comparées entre juridictions. Il faudra arbitrer entre les objectifs visés par l'amélioration de l'analyse des politiques fiscales et la nécessité de réduire les coûts administratifs supportés tant par les administrations fiscales que par les entreprises.

7. L'encadré 1.1 contient un bref descriptif de l'ensemble des critères pertinents.

Encadré 1.1. Critères d'évaluation des données

Couverture/représentativité – La lutte contre l'érosion de la base fiscale et le transfert de bénéfices (BEPS) est un enjeu de dimension mondiale. D'importants transferts de bénéfices sont possibles de telle sorte que de « petites » entités réalisent des bénéfices considérables bien que leur activité économique soit moindre. Il est primordial pour apprécier les résultats d'une analyse, quelle qu'elle soit, de déterminer la couverture et la représentativité des données utilisées pour la réaliser. La plupart des bases de données concernent un pays ou une région et il n'existe pas véritablement de base de données complète de dimension mondiale sur l'activité des entreprises multinationales.

Utilité de la dissociation entre phénomènes économiques réels et phénomènes liés à la fiscalité – Il importe de dissocier les activités liées à des pratiques de BEPS des activités économiques réelles, mais il faut pour cela procéder par estimation. Dans le cas des comptes nationaux et des statistiques macroéconomiques telles que l'investissement direct étranger, les activités réelles et les activités liées aux pratiques de BEPS sont mélangées. Les données au niveau des entreprises offrent aux chercheurs davantage d'informations pour distinguer plus précisément les activités liées aux pratiques de BEPS des activités économiques réelles d'une entreprise.

Possibilité de cibler des activités liées aux pratiques de BEPS – L'érosion de la base d'imposition et le transfert de bénéfices résultent de pratiques consistant à dissocier artificiellement les bénéfices imposables des activités économiques réelles qui les génèrent. La situation financière d'une entreprise multinationale peut être perçue très différemment selon qu'on l'apprécie au regard de sa comptabilité ou de sa situation fiscale. Il peut y avoir des différences sensibles entre le traitement comptable et le traitement fiscal, et le pays où une société est imposée peut ne pas être le même que celui où elle a été constituée. Dans certains cas, des informations fiscales précises concernant certaines entreprises multinationales deviennent accessibles dans le cadre d'une enquête parlementaire.

Encadré 1.1. **Critères d'évaluation des données** *(suite)*

Niveau de détail – Étant donné que les pratiques de BEPS supposent des transactions transfrontières généralement réalisées entre parties liées, il conviendrait d'utiliser les informations disponibles sur les transactions effectuées avec des parties liées et des parties indépendantes. Lorsqu'elles sont disponibles, les informations au niveau des filiales doivent être utilisées en complément des informations consolidées au niveau du groupe. De même, il conviendrait d'utiliser, sous réserve de disponibilité, différents types de données sur les investissements directs étrangers.

Actualisation des données – Disposer d'informations actualisées permet aux dirigeants de suivre et d'évaluer les changements se produisant dans l'environnement dans lequel se déroulent les pratiques de BEPS ainsi que les effets de la législation. Si le décalage dans le temps est trop long, l'analyse des données factuelles consistera davantage en une évaluation dans une perspective historique qu'en une analyse des évolutions récentes.

Accès aux données – De nombreuses pratiques de BEPS ne peuvent pas être détectées car elles ne font pas l'objet d'entrées spécifiques sur les déclarations fiscales ou dans la comptabilité. Les données doivent être analysées pour pouvoir distinguer les pratiques de BEPS de l'activité économique réelle. Par conséquent, les dirigeants ont besoin d'analyses économiques des pratiques de BEPS et des mesures issues du projet BEPS, et non de simples compilations de statistiques descriptives. L'accès aux données accordé aux statisticiens et aux économistes travaillant au sein de l'Administration, et peut-être aussi en dehors de l'Administration, dans le respect de règles de confidentialité strictes, est un enjeu important.

8. ***Couverture/représentativité*** : en raison de la dimension mondiale du phénomène BEPS, l'idéal serait de disposer de données sur tous les pays pour garantir une couverture complète. La plupart des pays disposent de nombreuses données agrégées au niveau macroéconomique. La couverture des entreprises multinationales est un enjeu important. Il existe pour certains pays des bases de données au niveau des entreprises, et les quelques bases de données privées de « portée mondiale » existantes offrent une couverture qui s'étend à de multiples pays.

9. Même lorsqu'on dispose de données sur un pays en particulier, des problèmes de couverture continuent parfois de compliquer une évaluation rigoureuse des pratiques de BEPS. L'une des difficultés concerne la couverture des informations financières sur les entités prises en compte dans les bases de données au niveau des entreprises. Le fait que certaines informations financières fassent défaut peut également être préjudiciable à l'analyse au même titre que la non-prise en compte d'une entité dans la base de données. L'agrégation d'informations financières sur des entités faisant partie de groupes d'entreprises multinationales peut également fausser l'analyse et en limiter la portée.

10. Le fait que la couverture des entreprises soit incomplète, peu importe la raison, signifie que les données collectées peuvent être issues d'un échantillon non aléatoire et partant, ne pas être représentatives. L'extrapolation de résultats à partir d'un échantillon non aléatoire a ses limites qui peuvent être surmontées partiellement par une analyse de pondération ou de sensibilité. C'est là un point qui risque d'avoir son importance dans l'analyse des pratiques de BEPS en raison de la concentration possible de ces pratiques auprès de certains types d'entités (celles situées par exemple dans des pays à faible fiscalité ou à fiscalité nulle). La situation est particulièrement problématique du fait que ces entités, qui sont celles qui se livrent le plus à des pratiques de BEPS, sont aussi celles qui sont vraisemblablement le plus tentées d'éviter ou de minimiser la divulgation d'informations financières pertinentes.

11. En règle générale, les informations contenues dans les déclarations fiscales ne sont archivées que pour les entités qui ont une présence imposable dans le pays. Certains pays peuvent exiger que les sociétés à capitaux étrangers qui ont une présence physique, mais pas fiscale, sur leur territoire soient enregistrées auprès d'un organisme désigné. Les administrations fiscales de nombreux pays ne disposent pas d'informations sur les sociétés affiliées à un groupe multinational autres que celles ayant un établissement stable dans le pays. À titre d'exemple, en Afrique du Sud, une société étrangère qui est présente physiquement sur le territoire doit être enregistrée en tant que société étrangère auprès d'une commission, la *Companies and Intellectual Property Commission.* Les sociétés étrangères ne sont pas soumises à l'obligation de déposer leurs états financiers annuels auprès de cette commission, mais l'administration fiscale sud-africaine (*South African Revenue Service*) pourrait se procurer la liste de ces sociétés auprès de la commission. De nombreux pays ont conclu des conventions bilatérales ou multilatérales visant à éliminer la double imposition et des accords d'échange de renseignements, leur permettant d'échanger des informations, et aussi de soumettre un contribuable à un contrôle simultané ou conjoint.

12. ***Utilité de la dissociation des phénomènes économiques réels et des phénomènes liés à la fiscalité*** : le phénomène BEPS est un problème de fiscalité qui a des ramifications financières et économiques. Comme indiqué ci-après, les pratiques de BEPS influent sur les montants des déclarations fiscales, mais aussi sur de nombreuses variables non liées à la fiscalité, notamment sur des agrégats macroéconomiques comme le produit intérieur brut (PIB) ou l'investissement direct étranger (IDE), ainsi que sur les informations financières collectées au niveau des entreprises/groupes, notamment le bénéfice comptable déclaré ou les informations portées sur la déclaration fiscale.

13. Pour pouvoir évaluer les effets des pratiques de BEPS, il faut dissocier l'activité économique réelle exercée dans différents pays des comportements liés à la fiscalité (et en particulier des pratiques relevant du phénomène BEPS). En fait, il existe trois catégories différentes d'effets qu'il conviendrait dans l'idéal d'analyser séparément : (i) l'activité économique réelle exercée dans différents pays indépendamment de la fiscalité, (ii) l'activité économique réelle exercée dans différents pays eu égard à des écarts de taux d'imposition sans rapport avec des pratiques de BEPS (réactivité des investissements en capital à une variation du taux d'imposition effectif appliqué dans le pays) et (iii) les activités liées à des pratiques de BEPS exercées dans différents pays, se traduisant par des flux financiers, des contrats et des structures permettant de transférer des bénéfices hors du lieu où la valeur est créée. Dans certains cas, la structure consiste à exercer dans un État une activité économique avec le minimum de substance exigé (eu égard aux effectifs et aux fonctions) dans le but de légitimer une stratégie d'optimisation fiscale. Seuls les effets relevant de la catégorie (iii) doivent être imputés à des pratiques de BEPS.

14. Les agrégats macroéconomiques, tels que l'investissement direct étranger (IDE), englobent les investissements et revenus réels au même titre que ceux liés à des pratiques de BEPS, qui sont dès lors difficiles ou impossibles à dissocier. Actuellement, la plupart des pays ne sont pas en mesure de distinguer, dans les données communiquées sur l'IDE, les IDE liés à des investissements réels (investissements de création ou investissement dans un projet d'extension) des opérations financières (fusions et acquisitions et bénéfices réinvestis cumulés). Même si les opérations financières offrent vraisemblablement un terrain plus propice aux pratiques de BEPS, il peut y avoir des cas où, par exemple, une petite unité de production (investissement de création) est implantée dans un État étranger dans le but principal de justifier un montage donnant lieu à des pratiques de BEPS, même si celui-ci est mis en place dans le respect des règles nationales en vigueur. De plus, il se peut

que des opérations financières obéissent à des motifs légitimes liés à la vie de l'entreprise, auquel cas elles ne devraient pas être automatiquement associées à des pratiques de BEPS.

15. Le FMI[1] a mené récemment, dans le cadre d'une enquête coordonnée sur l'investissement direct (ECID), une étude sur les asymétries des positions bilatérales dans les chiffres d'IDE notifiés. Celle-ci a confirmé que les différences de méthodologie et une couverture insuffisante des données sont les principales causes des asymétries des positions bilatérales. Les données bilatérales sur les opérations autres que les IDE sont également importantes pour l'analyse des pratiques de BEPS, notamment les données sur les échanges de biens et de services et sur les paiements de redevances et paiements/factures liés à des services (services de conseil juridique, de conseil en gestion et de conseil en comptabilité). Les flux bilatéraux circulant entre les pays non-membres de l'OCDE/du G20 et les pays appliquant des taux faibles d'imposition des bénéfices des sociétés ne sont souvent pas couverts[2]. Les informations bilatérales ne permettent pas aux analystes d'avoir une vision complète du déroulement d'une opération, depuis l'origine jusqu'à la destination finale en passant par les différentes étapes intermédiaires[3]. Il importe de pouvoir se projeter au-delà de la première destination car de nombreux flux transitent par des entités à vocation spéciale (EVS) pour des raisons fiscales.

16. Dans la 4e édition de la *Définition de référence des investissements directs internationaux* (BMD4) de l'OCDE, il est recommandé aux pays de faire apparaître séparément, dans les données notifiées, les statistiques d'IDE se rapportant aux entités à vocation spéciale (EVS), pour que les mesures de l'IDE réel soient plus parlantes. La notification séparée des flux transitant par des EVS permet également d'identifier des flux financiers spécifiques qui ont parfois facilité des pratiques de BEPS. Neuf nouveaux pays, qui viennent juste de commencer à appliquer les normes les plus récentes (en plus des quatre qui le faisaient déjà depuis plusieurs années), notifient désormais séparément les données concernant les EVS résidentes. Plus les pays seront nombreux à intégrer, au cours de l'année 2015, la nouvelle base de données de l'OCDE sur les statistiques d'IDE, plus la masse de données disponibles sera abondante[4].

17. Les données au niveau microéconomique facilitent la dissociation entre les phénomènes réels et les phénomènes liés aux pratiques de BEPS car les données sur les entreprises se prêtent à des ajustements en fonction du secteur d'activité, de la taille de la société, de sa situation au sein du groupe multinational ainsi que d'autres variables non entachées de pratiques de BEPS. En d'autres termes, l'analyse de données microéconomiques permet d'isoler et de neutraliser un plus grand nombre de caractéristiques (si ce n'est toutes les caractéristiques) qui ne sont pas liées à la fiscalité des sociétés affiliées et des groupes multinationaux qui pourraient altérer l'estimation du phénomène BEPS.

18. ***Possibilité de cibler des activités liées aux pratiques de BEPS*** : les différences existant entre les données figurant dans les déclarations fiscales et celles apparaissant dans la comptabilité posent une limite non négligeable à l'utilisation des informations comptables non fiscales pour analyser des questions de politique fiscale en général, et le phénomène BEPS en particulier. Ces différences sont sans doute encore amplifiées dans les cas où la structure financière d'une entité déclarée à des fins comptables n'est pas en rapport avec la valeur ajoutée économique générée dans la juridiction dont elle est résidente (c'est le cas en particulier de filiales d'entreprises multinationales ayant leur siège social à l'étranger ou d'entreprises multinationales non cotées ayant leur siège social dans le pays). Ces différences entre données comptables et données fiscales peuvent être de trois ordres. Premièrement, les écarts entre le bénéfice comptable et le bénéfice fiscal peuvent résulter de l'exonération permanente des dividendes intra-groupe ainsi que de décalages dans le

temps, dus notamment à l'application d'un régime d'amortissement accéléré. Les sociétés faisant partie d'un groupe multinational déclarent des bénéfices comptables incluant les dividendes intra-groupe qui sont exonérés. Les différences existant entre les règles de consolidation fiscale et les règles de consolidation comptable prévues par la loi peuvent altérer les comptes consolidés.

19. La deuxième différence entre les données comptables et fiscales qui a son importance aux fins de l'analyse des pratiques de BEPS concerne la résidence fiscale de la société, par opposition au pays dans lequel elle a été constituée et où elle est tenue de communiquer des informations financières[5]. En raison de différences entre les règles fiscales, certaines sociétés ont leur résidence fiscale dans un pays différent de celui où elles ont été constituées en société. Certaines sociétés ont réussi à exploiter les asymétries existant entre les législations fiscales de différents pays de manière à n'être fiscalement résidentes d'aucun pays. En outre, comme les comptes ne font généralement pas apparaître la répartition par pays du chiffre d'affaires ou des bénéfices d'une entité, les chiffres correspondants sont en principe pris en compte dans le pays où la société a été constituée. Par exemple, une succursale d'une société pourrait percevoir des bénéfices dans un pays à faible fiscalité alors que ceux-ci sont déclarés comme des bénéfices de la société constituée dans un pays à forte fiscalité, ce qui fausserait à la fois le lieu où les bénéfices sont réalisés et la mesure du taux d'imposition.

20. La troisième différence entre les données comptables et fiscales concerne l'impôt effectif. Les comptes des états financiers établis selon les normes internationales d'information financière (IFRS) ou selon les principes comptables généralement admis (GAAP) font apparaître la charge d'impôt, c'est-à-dire le montant de l'impôt dû au titre des bénéfices réalisés pendant l'exercice en cours qui comprend à la fois le montant de l'impôt exigible et le montant de l'impôt différé[6]. Lorsqu'une société est constamment en croissance, la charge d'impôt sur les bénéfices différé peut également s'accumuler sur de longues périodes, de sorte que le taux d'imposition effectif se rapproche de zéro. Par exemple, si trois filiales d'une entreprise multinationale exercent leur activité dans différents pays qui autorisent tous les amortissements accélérés pour les dépenses en capital, une hausse des investissements en capital étalée sur une période de dix ans pourrait se traduire par un cumul élevé d'impôts différés (à des fins comptables). De plus, la charge d'impôt différé peut générer des actifs d'impôt différé (par exemple dans le cas de reports en avant de crédits d'impôt) ou des passifs d'impôt différé (par exemple dans le cas d'amortissements accélérés), qui subiront les effets des variations futures des taux d'imposition légaux. La charge d'impôt totale subira une variation ponctuelle au titre de l'exercice durant lequel les taux d'imposition légaux sont modifiés du fait de la réévaluation des actifs ou des passifs d'impôt différé. Les paiements au titre de l'impôt sur les bénéfices effectués au comptant sont parfois comptabilisés, mais ils peuvent correspondre à des impôts dus au titre de l'exercice en cours et au titre d'exercices antérieurs, et éventuellement à des intérêts et à des pénalités. Une discordance peut également apparaître si le montant de l'impôt figurant dans les états financiers comprend des montants qui ne sont pas en principe considérés comme relevant de l'impôt sur les bénéfices, ce qui peut se produire, par exemple, lorsque des redevances versées au titre de l'exploitation de ressources naturelles sont traitées comme une charge d'impôt plutôt que (ou aussi comme) des coûts d'intrants, de ce fait assimilés à des charges déductibles.

21. De surcroît, nombre de stratégies de BEPS ne peuvent être détectées directement dans les états financiers (la comptabilité), lesquels reposent sur une classification hétérogène des formes juridiques et des contrats en matière de financement et sur des définitions également divergentes, selon les administrations fiscales, de la résidence des entreprises[7].

22. Les informations figurant actuellement sur les déclarations fiscales ne sont pas la panacée face à l'ensemble des difficultés que pose une analyse des pratiques de BEPS. Les agents de l'administration fiscale ou de l'organisme chargé d'analyser la politique fiscale d'un pays, qui ont accès aux informations figurant sur les déclarations fiscales, ne disposent que des informations contenues dans les déclarations déposées dans ce pays. Dans de nombreux cas, ils n'ont pas accès aux déclarations d'autres entités du groupe qui ne sont pas tenues de déposer une déclaration dans le pays. Les informations détaillées sur les transactions conclues avec des parties liées à l'intérieur du groupe n'apparaissent parfois pas, soit parce qu'elles n'ont pas été demandées, soit parce qu'elles ne sont pas indispensables au calcul de l'impôt dû (dans certains pays, l'administration fiscale est légalement tenue de n'exiger que les informations nécessaires à l'établissement de l'impôt). Une difficulté supplémentaire tient au fait que les informations figurant sur les déclarations établies au titre de l'impôt sur les bénéfices des sociétés ne sont quelquefois pas intégrées dans la base de données alimentée à partir des déclarations fiscales (il arrive souvent par exemple que seules les informations utiles pour le calcul de l'impôt à acquitter soient intégrées dans la base de sorte que certaines informations provenant du bilan, qui pourraient être utiles aux fins de l'analyse des pratiques de BEPS, ne sont parfois pas traitées).

23. ***Niveau de détail*** : l'utilisation de données au niveau des entreprises provenant de la comptabilité et des déclarations fiscales facilite en principe la dissociation entre l'activité économique réelle et les pratiques de BEPS ainsi que le ciblage de certaines de ces pratiques en particulier. S'agissant des informations issues de la comptabilité, l'utilisation de données tirées des comptes non consolidés associées à des données tirées des comptes consolidés apporte un autre éclairage. Dès lors qu'elles sont disponibles, les informations sur les transactions avec des parties liées doivent être utilisées pour analyser les pratiques de BEPS. À titre d'exemple, le ratio d'endettement mondial et le ratio des charges d'intérêts d'un groupe au niveau mondial ne tiennent compte que de l'endettement à l'égard de tiers extérieurs au groupe. Les emprunts contractés auprès de parties liées, qui représentent une partie importante des pratiques de BEPS, n'apparaissent pas dans les comptes mondiaux consolidés du groupe. L'endettement à l'égard de parties liées est visible dans les comptes des filiales non consolidés, mais ne ressort généralement pas séparément dans la comptabilité. S'agissant des données tirées des déclarations fiscales, il est préférable d'utiliser des données collectées au niveau microéconomique pour appréhender la diversité des entreprises et des pratiques de BEPS que des statistiques fiscales agrégées qui ont tendance à masquer les écarts par rapport à la moyenne.

24. ***Actualisation des données*** : l'accès à des informations à jour permettra aux dirigeants de réagir plus rapidement pour combattre les nouvelles formes de pratiques de BEPS qui sont susceptibles d'émerger. Si le décalage dans le temps est trop long, l'analyse présentera plus un intérêt historique qu'un intérêt pour l'action publique. Les informations figurant dans les états financiers sont publiées chaque année, généralement deux à quatre mois après la clôture de l'exercice. Les informations communiquées dans les déclarations fiscales ne sont souvent déposées que tardivement au cours de l'exercice suivant et leur traitement à des fins d'analyse ne peut généralement avoir lieu que deux ans après la fin de l'année civile à laquelle elles se rapportent.

25. ***Accès aux données*** : les entreprises multinationales établissent pour l'Administration des déclarations fiscales et des rapports obligatoires rendus accessibles aux services fiscaux. Dans de nombreux pays, le caractère confidentiel des données figurant dans les déclarations fiscales interdit leur communication. Ainsi, une analyse de la politique fiscale d'un État ne peut porter, lorsqu'elle est conduite par d'autres services que ceux de l'administration

fiscale, que sur des demandes spécifiques, concernant des dossiers anonymisés ou sur des statistiques agrégées. L'accès aux déclarations des contribuables assujettis à l'impôt sur les bénéfices des sociétés n'est généralement pas accordé à des personnes autres que des agents publics, sauf dans quelques pays et uniquement pour des projets de recherche qui font l'objet d'un contrôle strict et sont soumis à des règles de confidentialité également strictes. Un certain nombre de pays publient des données agrégées sur les déclarations des contribuables assujettis à l'impôt sur les sociétés, y compris des informations ventilées par secteur d'activité et en fonction de certaines caractéristiques des contribuables telles que le montant total des actifs ou des recettes. D'après les informations collectées à l'occasion d'une étude réalisée récemment par le Groupe de travail n° 2 sur les études et les statistiques fiscales (GT2) du Comité des affaires fiscales de l'OCDE, seuls huit des 37 pays qui ont répondu ont été en mesure de fournir des données sur la part des entreprises multinationales dans les recettes fiscales issues de l'impôt sur les bénéfices des sociétés.

26. ***Autres difficultés rencontrées concernant les données*** : on rencontre de nombreuses autres difficultés concernant les données qui réduisent le rapport signal sur bruit (contenu réel en information) de toute analyse de la politique fiscale fondée sur des données factuelles. Une analyse doit nécessairement être réalisée à partir des données disponibles, mais les analystes et les utilisateurs de l'analyse doivent être conscients des limites qu'elles présentent. Parmi les difficultés supplémentaires rencontrées s'agissant des données utiles pour analyser les pratiques de BEPS, on constate ce qui suit :

- Les bilans ne mentionnent généralement que les actifs incorporels acquis, car selon les règles comptables et fiscales, la plupart des dépenses d'investissements incorporels sont déductibles immédiatement (considérées comme des charges) au lieu d'être portées à l'actif du bilan ;
- Les actifs incorporels ne recouvrent pas seulement les droits de propriété intellectuelle, comme les brevets, les marques commerciales, les droits de reproduction, ils peuvent aussi englober d'autres éléments importants, tels que les noms commerciaux, les marques de fabrique, la main-d'œuvre assemblée et les systèmes de gestion dont il importe de tenir compte lorsque l'on considère les sources de l'activité économique réelle et de la création de valeur ;
- Les taux d'imposition statutaires ne sont généralement pas les taux d'imposition applicables à la marge aux pratiques de BEPS, du fait de l'existence de règles fiscales ou de pratiques administratives nationales spécifiques ;
- Les taux d'imposition effectifs, tant les impôts acquittés que la charge d'impôt apparaissant comptablement, peuvent également résulter d'incitations, telles que les crédits d'impôt recherche, sans rapport avec des pratiques de BEPS ;
- Les données disponibles peuvent être collectées au moyen d'un processus d'échantillonnage qui permet de réduire la charge imposée aux personnes sollicitées ainsi que les coûts de traitement, mais qui pose des problèmes de pondération ;
- La collecte et le traitement de données existantes peuvent permettre de déceler des montages et des opérations de transfert de bénéfices déjà en place, mais pas de repérer des montages et des opérations qui viennent tout juste d'être mis en place pour transférer des bénéfices ; et
- La crise financière et l'évolution des conditions macroéconomiques ont peut-être eu des effets sur les données récentes qui font qu'elles ne sont pas directement comparables aux données collectées dans les conditions qui prévalaient auparavant.

1.3. Données actuellement disponibles pour analyser les pratiques de BEPS

27. Le tableau 1.1 ci-après donne un aperçu général des 11 types différents de sources de données qui ont été utilisées pour analyser les pratiques de BEPS. Il a été établi au vu des réponses à l'appel à contributions relatif à l'Action 11 et des discussions qui ont eu lieu avec des universitaires et des délégués auprès du GT2 du Comité des affaires fiscales. Les sources de données vont des statistiques macroéconomiques agrégées aux statistiques microéconomiques au niveau d'entreprises/de groupes (données issues des déclarations fiscales, statistiques comptables et rapports détaillés publiés par les entreprises multinationales).

Tableau 1.1. **Présentation des sources de données actuelles**

DONNÉES MACRO-ÉCONOMIQUES	Comptes nationaux (CN)	Les comptes nationaux, qui mesurent l'activité économique dans un pays, comportent des variables tels que l'excédent d'exploitation qui peut être utilisé également dans l'analyse des pratiques de BEPS. Ces informations sont faciles à obtenir auprès des organisations internationales, telles que l'OCDE et le FMI. Cependant, les informations sous-jacentes, utilisées pour établir les données, sont elles-mêmes faussées par des pratiques de BEPS, ce qui signifie que même des mesures largement utilisées, comme le PIB, sont faussées par une composante de BEPS qu'il est difficile d'isoler. On dénote d'importantes différences au niveau des définitions entre les comptes nationaux et les données fiscales.
	Balance des paiements (BDP)	Les statistiques de la balance des paiements recensent toutes les transactions monétaires réalisées entre un pays et le reste du monde, et notamment les paiements effectués en contrepartie d'exportations et d'importations de biens, de services, d'actifs financiers et de transferts de fonds. Ces statistiques contiennent donc des informations sur les moyens qui sont fréquemment utilisés pour transférer des bénéfices, tels que les achats et ventes de valeurs mobilières et de services et les paiements de redevances et d'intérêts. Les statistiques de la balance des paiements sont accessibles (auprès du FMI et de la Banque mondiale, par exemple), mais elles n'opère pas de distinction entre les transactions effectuées au prix de pleine concurrence et celles qui ont été manipulées.
	Investissement direct étranger (IDE)	Les statistiques sur l'investissement direct étranger (IDE) recouvrent l'ensemble des stocks et des flux d'investissement transnationaux entre des entreprises appartenant au même groupe, notamment (i) les positions d'investissement direct (participations et prêts), (ii) les flux financiers d'investissements directs (participations, bénéfices réinvestis, prêts), et (iii) les flux de revenus d'investissements directs (dividendes, bénéfices distribués des succursales, participations). Le FMI ne rend compte que des positions d'IDE, et non des flux, et la quantité d'informations disponibles varie d'un pays à l'autre. L'OCDE dispose de statistiques sur les positions, les revenus et les flux d'IDE, mais on observe encore des lacunes et des incohérences dans les données. Même si elles ne sont pas directement en rapport avec une perte de volume/de recettes attribuée à des pratiques de BEPS, les données sur l'IDE retracent des opérations transnationales intra-groupe qui peuvent fournir au moins des preuves indirectes de transferts de bénéfices dès lors que l'analyse permet d'établir un décalage entre le montant de l'IDE et la taille de l'économie ou une concentration de l'IDE dans des pays où la charge fiscale effective est faible. Les données sur l'IDE posent plusieurs problèmes, liés notamment à des asymétries des positions bilatérales au niveau de la prise en compte d'une même opération d'IDE et au fait qu'il existe différents types d'opérations (investissements de création, fusions et acquisitions, financements intra-groupe, etc.). En outre, dans les données sur l'IDE, aucune distinction n'est établie entre les investissements réels et les investissements purement financiers, distinction qui permettrait pourtant une comparaison très utile aux fins de l'analyse des pratiques de BEPS. Des évolutions dans la couverture des données au fil du temps peuvent influer sur les tendances de variables macroéconomiques telles que l'IDE.

Tableau 1.1. **Présentation des sources de données actuelles** *(suite)*

DONNÉES MACRO-ÉCONOMIQUES *(suite)*	Commerce	Les données agrégées sur le commerce bilatéral par produit peuvent être utilisées pour analyser les transferts de bénéfices qui ont lieu au moyen de manipulations des prix. Ces données peuvent être obtenues à partir de la base de données Comtrade des Nations Unies et de la base de données de l'OCDE sur le commerce en biens et services intermédiaires. Il peut y avoir des discordances importantes entre les chiffres déclarés, pour un même flux d'échanges bilatéraux, par le pays importateur et le pays exportateur (et des problèmes importants de mesures non triviales concernant les données sur les échanges en volume et aux prix courants). En outre, les systèmes de refacturation utilisant des États à faible fiscalité comme relais dans la chaîne d'approvisionnement pour dégager une marge induisent des distorsions dans les prix pratiqués entre les fournisseurs et les acheteurs qui sont des parties liées. La base de données CEPALSTAT couvre les pays d'Amérique latine, mais on n'y trouve aucune distinction entre les parties liées et les parties non liées. Les données douanières brutes sous-jacentes (qui font l'objet de commentaires dans la section sur les microdonnées) utilisées pour les statistiques sur le commerce de marchandises peuvent également comporter, dans certains pays, des chiffres à part pour le commerce entre parties liées. Il n'existe pas de base de données équivalente au Comtrade pour le commerce des services, qui est pourtant une composante importante pour l'analyse des pratiques de BEPS. On trouve généralement des données sur le commerce de services par pays établissant une distinction entre notamment les paiements de redevances et de services aux entreprises, mais l'accessibilité des données et leur niveau de précision varient d'un pays à l'autre. En outre, la composante « services » des flux commerciaux (englobant les redevances et autres paiements effectués au titre de l'utilisation de droits de propriété intellectuelle) risque fortement d'être sous-estimée à cause du manque d'informations ainsi que des manipulations des prix en matière de propriété intellectuelle. En pratique, on rencontre souvent des difficultés liées à la manière dont les instituts nationaux de la statistique différencient les paiements notifiés en tant qu'échanges de services de ceux considérés comme des flux de revenus primaires dans la balance des paiements. Il peut en résulter d'importantes différences dans les statistiques du commerce bilatéral.
	Revenus soumis à l'impôt sur les bénéfices des sociétés (IS)	Des données agrégées sur les recettes fiscales peuvent être obtenues auprès d'organisations internationales (Statistiques des recettes publiques de l'OCDE, Statistiques sur les finances publiques du FMI et Indicateurs du développement dans le monde de la Banque mondiale) ainsi que dans la comptabilité nationale et auprès des administrations fiscales. Ces données sont généralement utilisées pour évaluer au mieux notamment l'impôt sur les bénéfices des sociétés (IS) rapporté au produit intérieur brut (PIB) ainsi que les taux d'imposition implicites (recettes issues de l'impôt sur les bénéfices des sociétés rapportées à un indicateur de l'assiette de l'impôt tiré des comptes nationaux). Le principal inconvénient est cependant le manque de comparabilité entre pays, en particulier entre pays développés et en développement. Souvent, il n'y a pas de distinction claire entre les recettes nationales et les recettes subnationales, ni de ventilation des recettes selon la taille du secteur imposé, pas plus que de distinction entre les recettes tirées de l'exploitation de ressources naturelles et les autres recettes. Le manque de précision et de cohérence des données est un problème majeur pour les pays en développement et, parce que les pratiques de BEPS supposent des transactions transfrontalières avec tous les pays, il est essentiel de disposer de données comparables tant pour les pays développés que pour les pays en développement.

Tableau 1.1. **Présentation des sources de données actuelles** *(suite)*

	Revenus soumis à l'impôt sur les bénéfices des sociétés (IS) *(suite)*	Les données accessibles depuis peu auprès de l'International Centre for Tax and Development (ICTD) améliorent la comparabilité des données pour les pays en développement[8]. Les Statistiques des recettes publiques de l'OCDE, remontant jusqu'en 1965, représentent un ensemble unique de données fiscales détaillées et internationalement comparables présentées dans un format commun à tous les pays de l'OCDE. La couverture des Statistiques des recettes publiques a été étendue à des pays non membres de l'OCDE d'autres régions, ce qui améliore la comparabilité avec une palette de pays encore plus large.
DONNÉES MICROÉCONOMIQUES	Données douanières (commerce)	Les données douanières constituent une source utile à la compréhension des pratiques de manipulation des prix des biens et des services échangés. Elles apportent des éléments importants pour la compréhension des pratiques en matière de prix de transfert entre parties liées. Comme indiqué dans la section consacrée aux données macroéconomiques, la composante « services » des flux commerciaux (englobant les redevances et autres paiements liés à l'utilisation de droits de propriété intellectuelle) est sous-estimée à cause du manque d'informations ainsi que des manipulations de prix en matière de propriété intellectuelle. L'accès à ces données est régi au niveau de chaque pays et exclu dans de nombreux pays. Des études ont été menées en France et aux États-Unis pour évaluer les différences entre les prix pratiqués entre des parties liées et des parties non liées, en fonction du pays de destination et des caractéristiques des produits.
	Informations financières sur les sociétés issues de bases de données publiques/ propriétaire	Ces informations peuvent provenir des états financiers publiés par les entreprises multinationales, de sources librement accessibles telles que OpenCorporates, et de bases de données commerciales (par exemple Bureau van Dijk (Bvd), ORBIS et Amadeus, S&P Compustat Global Vantage, Bloomberg, Oriana, Osiris, OneSource, Mergent, Alibaba.com, SPARK, DataGuru.in, Ruslana). En règle générale, les sociétés (au moins celles qui font publiquement appel à l'épargne) sont soumises à l'obligation de publier leurs états financiers (consolidés et/ou non consolidés). Parmi les problèmes qui se posent en ce qui concerne la pertinence de ces données à des fins d'analyse des pratiques de BEPS, on constate que les exigences en matière d'information diffèrent en comptabilité et en fiscalité, qu'aucune distinction n'est établie entre les transactions entre parties liées et les transactions avec des parties non liées, que la couverture des données est encore loin d'être complète et que les informations communiquées sont très hétérogènes d'un pays à l'autre et d'une entreprise à l'autre. Les bases de données qui rassemblent des données issues des bilans et des comptes de résultat des sociétés ont une couverture qui s'améliore avec le temps, mais les pays en développement en particulier[9] et certains pays de l'OCDE[10] comme l'Allemagne, sont encore mal couverts. Cela est dû au fait que la disponibilité de données figurant dans des ensembles de données plus vastes dépend des sources nationales qui sont à l'origine de ces données. Le niveau de consolidation, pour certains pays, est également un point faible. Les états financiers des sociétés sont utilisés dans le cadre de recherches sur les transferts de bénéfices effectués, par exemple, au moyen de financements par l'emprunt[11]. Le caractère limité de la couverture des données et de la comparabilité avec d'autres pays restreint fortement l'intérêt de ces études.
	Informations financières sur les sociétés tirées de bases de données officielles	On trouve des informations financières détaillées (bien que dans des conditions d'accès limitées) dans les bases de données gérées par des organismes publics tels que le Bureau of Economic Analysis aux États-Unis et la base de microdonnées sur l'investissement direct (MiDi) de la Bundesbank en Allemagne. Dans d'autres pays, l'accès aux données par l'intermédiaire de centres de recherche ou au moyen d'un accès à distance contrôlé est également possible.

Tableau 1.1. **Présentation des sources de données actuelles** *(suite)*

DONÉES MICROÉCONOMIQUES *(suite)*	Informations sur l'impôt sur les bénéfices des sociétés (IS) tirées des déclarations fiscales	Les administrations fiscales ont accès à toute une série d'informations financières et fiscales du fait que les sociétés sont soumises à l'obligation d'établir une déclaration fiscale. La portée des informations communiquées aux administrations fiscales varie selon les pays. Dans certains, il existe des règles strictes en vertu desquelles seules les informations nécessaires au calcul de l'impôt à acquitter doivent être communiquées ; dans d'autres, les sociétés sont tenues de fournir davantage d'informations utilisées pour l'analyse des risques, notamment des données sur les filiales étrangères. Concernant les recettes provenant de l'imposition des bénéfices des sociétés, de nombreux pays n'établissent pas de distinction entre celles prélevées auprès d'entreprises multinationales et celles prélevées auprès de sociétés purement nationales, et ils ne disposent donc pas de données systématiques concernant les transactions intra-groupe. Certains pays publient des statistiques fiscales présentant des données agrégées ou ventilées par secteur. Le libre accès aux données fiscales détaillées sur les entreprises est généralement réservé aux administrations fiscales, il n'est souvent accordé que si une demande spécifique à des fins d'analyse de la politique fiscale a été déposée et il est ouvert dans quelques pays seulement aux chercheurs externes, lesquels doivent se plier à des conditions strictes en matière de respect de la confidentialité.
	Informations issues des contrôles fiscaux	Les informations issues des contrôles des déclarations fiscales établies par les contribuables, relatives tant au calcul qu'au règlement de l'impôt, ont été citées comme une source d'informations potentielle sur les pratiques de BEPS. Cette ressource n'est généralement pas exploitable à des fins d'analyse de la politique fiscale, même au niveau des données agrégées.
	Informations fiscales détaillées sur telle ou telle société en particulier	Les spécificités de la situation fiscale d'une entreprise multinationale en particulier deviennent publiques à l'occasion d'enquêtes parlementaires, telles que celles conduites au Royaume-Uni, aux États-Unis et, plus récemment, en Australie. Ces enquêtes ont permis d'avoir accès à des informations fiscales plus précises que celles qui sont disponibles à partir des états financiers des entreprises multinationales ou des bases de données mondiales (concernant ces entreprises). La Commission européenne a également lancé une série d'enquêtes approfondies sur certaines décisions administratives et sur certains régimes fiscaux qui pourraient être assimilés à des aides d'État accordées par l'Union européenne à des entreprises multinationales.

1.4. Première évaluation des données actuellement disponibles pour analyser les pratiques de BEPS

28. L'analyse du phénomène BEPS suppose un repérage des comportements auxquels les entreprises multinationales se livrent, ou des montages qu'elles mettent en place, pour transférer des bénéfices en dehors des juridictions dans lesquelles elles exercent les activités les ayant générés afin qu'ils soient peu ou pas imposés. La survenance d'une imposition nulle ou faible n'est pas en soi un problème, mais elle le devient dès lors qu'elle résulte de pratiques consistant à séparer artificiellement les bénéfices imposables des activités qui les génèrent. Cette description du phénomène BEPS est importante pour l'évaluation des données actuellement disponibles.

29. ***Les données sur les entreprises sont indispensables pour pouvoir analyser au mieux les pratiques de BEPS.*** Dans la communauté économique, tous s'accordent à reconnaître qu'une disponibilité et une utilisation accrues des données sur les entreprises

améliorent sensiblement l'analyse des pratiques de BEPS. Des études antérieures ayant porté sur les statistiques macroéconomiques agrégées ont mis en évidence des phénomènes de transfert de bénéfices considérables, selon les données notifiées, dus à des différences de taux d'imposition. Les statistiques de ce type se prêtent cependant moins à une dissociation entre activité économique réelle et pratiques de BEPS. Dharmapala (2014) propose une bonne synthèse des ouvrages économiques et expose dans quelle mesure une analyse au niveau microéconomique affine l'analyse du transfert de bénéfices. Les estimations de la propension des transferts de bénéfices en fonction des taux d'imposition sont généralement plus précises si elles sont réalisées à partir de données comptables sur les entreprises que si elles le sont à partir de données macroéconomiques ou de données issues des déclarations fiscales.

30. Comme cela a déjà été indiqué précédemment, les données microéconomiques de sources privées publiquement accessibles présentent des limites pour l'analyse des pratiques de BEPS. Les bases de données propriétaire réunissent des informations financières publiquement accessibles notifiées aux différents services administratifs. La couverture et l'exhaustivité des données sont très variables selon les pays. En outre, les informations financières disponibles obéissent aux principes de comptabilité, et non aux règles fiscales. C'est pourquoi ces bases de données ne contiennent que des informations indirectes sur l'existence de pratiques de BEPS (les données issues des déclarations fiscales fourniraient une source d'informations plus directe et pourraient être utilisées en lien avec les bases de données correspondantes sur les états financiers). Par ailleurs, la capacité des chercheurs d'utiliser les données sur les entreprises pour isoler les pratiques de BEPS est fortement tributaire des méthodes empiriques utilisées pour neutraliser les différences de rentabilité s'expliquant par des facteurs économiques réels.

31. Les statistiques des comptes nationaux, notamment sur l'IDE et les paiements de redevances, peuvent contenir des informations sur des transactions entrant dans le cadre de montages destinés à transférer des bénéfices, et elles sont donc des indicateurs potentiels de l'ampleur du phénomène BEPS. Toutefois, pour mieux estimer l'ampleur et les effets économiques de ce phénomène, il est nécessaire de disposer de données microéconomiques (il importe de noter qu'il doit s'agir des mêmes données microéconomiques que celles utilisées pour créer les comptes nationaux). L'amélioration des données et de l'analyse du phénomène BEPS est également importante pour mettre en place des politiques budgétaires et monétaires saines fondées sur des données factuelles, sachant que les instances décisionnaires (en matière budgétaire) et les banques centrales (en matière monétaire) s'en remettent dans une très large mesure à des statistiques macroéconomiques qui sont actuellement faussées sous l'effet des pratiques de BEPS (Lipsey, 2010).

32. Le graphique 1.1 illustre la manière dont les pratiques de BEPS influent sur les montants acquittés au titre de l'impôt sur les bénéfices des sociétés et sur les états financiers des sociétés, mais aussi sur la comptabilité nationale des pays. La société A est située dans le pays A qui applique un taux d'imposition statutaire de 30%, tandis que la société B, sa filiale, est située dans le pays B où le taux d'imposition statutaire est de 10%. La société B vend des biens à la société A pour un montant de 150, alors que ces biens auraient été vendus 100 si la transaction avait eu lieu entre des parties indépendantes. Il en résulte que les ventes de la société B et les achats de la société A sont surévalués de 50. Cette situation a des incidences sur les mesures de la valeur ajoutée dans la comptabilité nationale puisque la valeur ajoutée est surestimée dans le pays B et sous-estimée dans le pays A. Cet exemple montre comment les pratiques de BEPS peuvent fausser les chiffres du PIB. Il existe très peu d'instituts nationaux de la statistique capables de corriger, ne serait-ce que partiellement, cette distorsion des chiffres du PIB, en particulier dans le cas de paiements (s'ils sont

notifiés) et de transferts portant sur des droits de propriété intellectuelle. Avec le temps, la pollution des données disponibles par des phénomènes de BEPS devrait diminuer, et on finira par disposer de statistiques plus exactes.

Graphique 1.1. **Exemple de prix de transfert non conformes aux prix de pleine concurrence qui influent sur les comptes nationaux et les déclarations des entreprises**

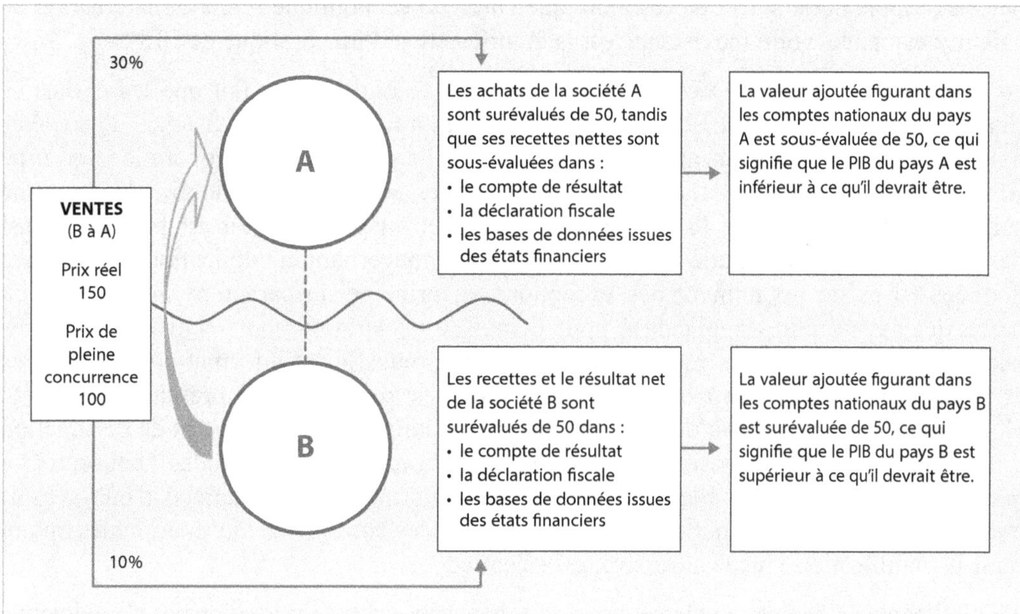

33. ***L'analyse du phénomène BEPS nécessite des informations plus complètes sur l'activité des entreprises multinationales à l'échelle mondiale.*** Pour analyser le phénomène BEPS, il est préférable d'avoir une vision complète des activités de l'entreprise multinationale et des entités qui lui sont liées, et plus particulièrement, d'être en mesure d'appréhender l'impact financier et fiscal des activités des entités liées en fonction des contributions économiques respectives qu'elles apportent à la chaîne de valeur mondiale à l'échelle de chaque État. Le plus souvent, les administrations fiscales ne reçoivent actuellement que les déclarations fiscales des entités d'entreprises multinationales soumises à l'obligation de déposer une déclaration sur le territoire relevant de leur compétence. Elles n'ont pas toujours accès aux informations concernant les filiales des parties liées réalisant des transactions avec le contribuable qui est de leur ressort. Le fait de ne pas avoir une vision complète de la situation empêche souvent d'appréhender des pratiques de BEPS qui ne peuvent être ni décelées, ni chiffrées. De même, un tableau incomplet des montages financiers mis en place par une entreprise multinationale peut dissimuler les pratiques de BEPS au regard des chercheurs qui se réfèrent aux états financiers.

34. Le caractère incomplet de la couverture des activités économiques exercées par une entreprise multinationale dans différents pays est particulièrement problématique pour l'analyse du phénomène BEPS si la couverture n'est pas aléatoire. Dans ce cas, l'échantillon d'entités peut ne pas être représentatif de l'ensemble de la population. Le risque de non-représentativité pour l'analyse des pratiques de BEPS peut apparaître dans deux situations précises.

35. Ce risque se profile en premier lieu si les entreprises ou les activités qui n'apparaissent pas se situent dans des pays appliquant soit un taux d'imposition élevé, soit un taux d'imposition faible. Sachant que le phénomène BEPS recouvre généralement le transfert de bénéfices depuis des pays à taux d'imposition élevé vers des pays à taux d'imposition faible ou nul, la probabilité de rencontrer des montages visant à séparer bénéfices et activité économique réelle sera plus élevée dans le cas d'entités situées dans des pays répondant à ces critères. On peut par exemple supposer que le fait que les bénéfices déclarés dans des pays à fiscalité nulle soient élevés alors que l'activité économique réelle ou la création de valeur y est faible, voire inexistante, est la manifestation d'une pratique de BEPS.

36. Le risque de non-représentativité résulte en second lieu du fait que les entités se livrant à des pratiques de BEPS sont plus réticentes à faire état de l'existence de sociétés holding, de structures à l'étranger ou d'activités qui signaleraient des opérations de type BEPS aux administrations fiscales ou à des sources accessibles au public, dès lors que celles-ci pourraient attirer l'attention des médias et du public. Il en est peut-être ainsi parce qu'il existe souvent une marge d'appréciation concernant la publication de certaines données (il existe notamment des exceptions au principe du caractère significatif) ou parce que les pénalités applicables pour défaut de déclaration sont relativement faibles par rapport aux avantages retirés de la non-communication d'informations financières et fiscales pouvant contenir des éléments attestant le recours à des pratiques de BEPS. Hoopes (2015) résume l'état de la recherche universitaire sur les questions de divulgation d'informations et de transparence en reprenant notamment plusieurs études[12] consacrées à la communication d'informations par zone géographique/segment de marché, d'où il ressort que la divulgation d'informations, en particulier par les entreprises multinationales optant pour la planification fiscale agressive, est sélective.

37. Il convient de noter également que certaines entreprises multinationales s'emploient à devenir volontairement plus transparentes dans leurs déclarations fiscales. Les motivations qui les animent sont à rechercher notamment dans l'Initiative pour la transparence dans les industries extractives (EITI), dans les exigences de la Commission européenne et dans l'intérêt croissant porté à la transparence par le public et par les institutions, synonyme d'un risque pour la réputation des entreprises, ainsi que par le souci de se conformer à des pratiques de bonne gouvernance.

38. Le caractère insuffisant de la couverture et le manque de représentativité des données posent un problème supplémentaire lorsque les pratiques de BEPS diffèrent d'un pays à l'autre (les pays à forte intensité de R&D par exemple sont plus exposés aux pratiques de BEPS visant des biens incorporels alors que d'autres pays risquent plus facilement d'être victimes de pratiques passant par des restructurations financières[13]), mais que les données disponibles ne sont pas suffisamment représentatives de la population pour permettre d'appréhender les différences. Le manque de représentativité a été souligné par Cobham et Loretz (2014)[14] à propos de l'analyse des politiques fiscales des pays en développement. La conclusion d'une analyse récente du FMI est que les pays en développement sont beaucoup plus exposés aux problèmes de BEPS que les pays développés parce que leurs administrations fiscales disposent de moins de moyens pour faire cesser ces pratiques. Par ailleurs, de nombreuses études consacrées au transfert des bénéfices ont été réalisées à partir de la base de données Amadeus qui ne couvre que les pays européens ; les résultats de ces travaux peuvent donc ne pas s'appliquer aux pays non européens.

39. La base de données mondiale la plus complète (et la plus largement utilisée par les chercheurs) est la base de données propriétaire BvD ORBIS. Elle rassemble des

informations sur les états financiers de près de 100 millions d'entreprises de nombreux pays, et est mise à jour, enrichie et améliorée en permanence. Bien qu'elle soit utile, elle a ses limites[15]. Elle est établie à partir d'états financiers, et non de données issues de déclarations fiscales. S'agissant de sa représentativité aux fins d'une analyse du phénomène BEPS fondée sur l'observation, Cobham et Loretz font valoir (en 2014) que l'échantillon est par nature centré sur l'Europe et ne couvre pas suffisamment les pays à faible revenu. Le tableau 1.2 synthétise l'analyse des données effectuée par Cobham et Loretz et propose une comparaison avec la répartition géographique des 500 groupes multinationaux figurant dans le classement *Fortune Global 500* et du PIB.

Tableau 1.2. **Répartition régionale des filiales d'entreprises multinationales dans ORBIS selon la localisation de la filiale et du siège du groupe, comparée à la répartition géographique des 500 premiers groupes multinationaux et du PIB, en 2011**

	Localisation des filiales						% de sièges de groupes localisés dans la région
Localisation du siège du groupe	**Europe**	**Amérique du Nord**	**Australasie**	**Amérique latine et centrale et Caraïbes**	**Moyen-Orient et Afrique**	**Total**	
Europe	208 048	9 933	3 451	1 465	835	223 732	69%
Amérique du Nord	28 901	23 095	2 363	803	125	55 287	17%
Australasie	9 303	4 624	20 318	276	84	34 605	11%
Amérique latine et centrale et Caraïbes	3 910	556	432	674	11	5 581	2%
Moyen-Orient et Afrique	2 349	297	75	32	567	3 320	1%
Total	252 511	38 505	26 639	3 248	1 622	322 525	100%
% de filiales localisées dans la région	78%	12%	8%	1%	1%	100%	
Fortune Global 500[1]	29%	28%	41%	3%	0%	100%	
PIB[2]	27%	24%	34%	8%	7%	100%	

Notes : 1. Répartition régionale des 500 plus grandes entreprises en 2014 (Fortune Magazine)

2. PIB selon le FMI (aux prix courants de 2011 ; l'année 2011 est utilisée pour comparaison avec la dernière année utilisée par Graham et Loretz d'après Orbis)

Source : A. Cobham et S. Loretz (2014).

40. Il ressort par exemple du tableau que 69 % des filiales d'entreprises multinationales figurant dans la base de données ORBIS ont leur siège en Europe, et que 31 % d'entre elles seulement ont leur siège dans d'autres pays du monde. Si l'on considère le nombre total de filiales pour lesquelles les informations financières essentielles sont intégrées dans la base, 78 % se trouvent en Europe et 22 % sont implantées dans d'autres pays. Le tableau n'est qu'une brève synthèse portant sur le nombre d'entreprises, et il n'indique pas si la base de données est représentative de l'activité économique ou des impôts acquittés. Le manque de données représentatives est encore plus patent pour les pays en développement. De plus, on ne sait pas, d'après le tableau, si des données sont réellement disponibles pour toutes les entreprises figurant dans la base.

41. De nombreuses études ont été menées par des universitaires pour observer et estimer les opérations de transferts de bénéfices (notamment les transferts de bénéfices réalisés au moyen de pratiques de BEPS) à partir d'un nombre limité de données issues d'états financiers et, dans quelques cas, de données issues de déclarations fiscales, comme expliqué au chapitre 3. Il importe de noter que ces études ont établi l'existence des pratiques de BEPS et confirmé l'ampleur du phénomène ainsi que son caractère statistiquement significatif. Les limites imposées par les données disponibles actuellement rendent problématique l'estimation de l'ampleur et de l'impact économique du phénomène BEPS à l'échelle mondiale. Le fait que la sélection d'un échantillon puisse entraîner une sous-estimation des résultats obtenus en ce qui concerne le montant cumulé des transferts de bénéfices est préoccupant[16]. D'autres études tiennent compte, dans les analyses du phénomène BEPS, à la fois des pratiques de BEPS proprement dites et de la fraude fiscale commise par des personnes physiques, de sorte que l'ampleur du phénomène risque fort d'être surévaluée.

42. Des enquêtes publiques menées récemment par des commissions parlementaires, telles que celles qui ont été conduites au Royaume-Uni, aux États-Unis et dernièrement en Australie, sur les stratégies fiscales de certaines entreprises multinationales de premier plan ont apporté un éclairage utile sur le comportement fiscal des sociétés mères concernées et de leurs filiales[17]. En outre, la Commission européenne a lancé une série d'enquêtes approfondies sur certains régimes fiscaux qui pourraient être assimilés à des aides d'État accordées par l'Union européenne à des entreprises multinationales[18]. Le journalisme d'investigation a également dévoilé beaucoup d'informations utiles au grand public.

43. Ce qui frappe, lorsque l'on considère les données microéconomiques disponibles, c'est que nombre des informations nouvelles révélées ne sont pas lisibles, soit parce que certaines filiales ne sont pas prises en compte, soit parce que si elles le sont, il manque des informations financières, ce qui dénote une discordance entre les informations révélées par les enquêtes publiques ciblées visant certaines entreprises multinationales et les informations fiscales disponibles, de portée limitée, issues des états financiers consolidés de ces mêmes entreprises multinationales. L'encadré 1.2 contient des explications plus détaillées sur ce point.

Encadré 1.2. **Les enquêtes publiques révèlent des informations qu'on ne trouve pas dans les travaux universitaires**

Plusieurs enquêtes publiques menées récemment sur le comportement fiscal d'un certain nombre d'entreprises multinationales de premier plan ont révélé des lacunes manifestes au niveau des sources de données disponibles utilisées par les chercheurs pour analyser le phénomène BEPS. Elles ont révélé des informations nouvelles sur les bénéfices, la structure et le comportement fiscal des sociétés mères et de leurs filiales. Le tableau ci-après présente un exemple des bénéfices avant impôt déclarés par une entreprise multinationale.

La société mère X située dans une juridiction à fiscalité élevée a déclaré entre 29 et 43 % de bénéfices avant impôt pour les exercices de 2009 à 2011. Une filiale de X, Y, situé dans une juridiction à fiscalité faible a généré deux tiers des bénéfices du groupe avant impôt entre 2010 et 2011, et la moitié du total en 2009.

Encadré 1.2. **Les enquêtes publiques révèlent des informations qu'on ne trouve pas dans les travaux universitaires** *(suite)*

Répartition mondiale des bénéfices déclarés de certaines entreprises multinationales

		Bénéfice avant impôt		
		2011	2010	2009
Entité	Localisation	%	%	%
X (société mère)	Pays à fiscalité élevée	31	29	43
Y (filiale)	Pays à fiscalité faible	64	65	50
Autre		5	6	7
Total		100	100	100

Alors que la filiale Y a généré la majeure partie du bénéfice avant impôt, elle n'a pratiquement payé d'impôt dans aucun État au titre de ces trois années. Grâce à des différences entre les règles applicables en matière de détermination de la résidence fiscale, une entité importante constituée en société dans un pays à faible fiscalité a réussi à n'être imposable dans aucun pays. C'est ainsi que plusieurs dizaines de milliards, en monnaie locale, de bénéfices d'une société mère ont finalement été taxés au taux de 0.06 % pendant trois ans.

Dans les données microéconomiques utilisées par beaucoup de chercheurs pour analyser le phénomène BEPS, l'information financière pour la filiale (Y) située dans une juridiction à fiscalité faible était manquante. Cela démontre une rupture flagrante entre les informations révélées à travers des enquêtes publiques ciblées sur certaines entreprises multinationales et les informations disponibles mais incomplètes pour ces mêmes entreprises tirées de leurs états financiers. La plupart des informations nécessaires à l'analyse fiscale sont tout simplement manquantes. Le fait que de telles situations de BEPS ne soient pas révélées au niveau des bases de données microéconomiques des états financiers soulève la question de la fiabilité et de la représentativité d'une des sources de données la plus fréquemment utilisée.

44. ***Une analyse supplémentaire des informations issues des déclarations fiscales s'impose.*** Comme indiqué précédemment, il existe des différences importantes entre les informations issues des déclarations fiscales et celles issues des états financiers, de sorte qu'il est délicat de s'en remettre exclusivement à ces dernières pour analyser les pratiques de BEPS, même s'il s'agit d'une source d'informations très complète.

45. Les informations figurant dans les déclarations fiscales déposées dans les pays concernés sont elles aussi incomplètes, et ne donnent pas une image exhaustive de la situation du groupe multinational, mais leur utilisation expose à un risque moins élevé de sous-estimation de bénéfices en raison des lourdes sanctions financières infligées en cas de non-respect des obligations fiscales. Les données provenant des déclarations fiscales contiennent des informations précises sur la résidence fiscale, le bénéfice imposable, le montant de l'impôt acquitté, les crédits d'impôt et la consolidation fiscale, ce qui réduit considérablement le bruit associé à l'utilisation des états financiers. Les informations obtenues dans le cadre de vérifications fiscales peuvent permettre de repérer de nouveaux types de pratiques de BEPS et si elles étaient systématiquement classées et analysées, elles pourraient être utilisées pour suivre ces pratiques à l'avenir[19].

46. Bien que les entreprises communiquent aux administrations fiscales des données importantes sur leurs déclarations fiscales, nombre de ces données ne sont ni traitées,

ni intégrées dans des bases de données à des fins d'analyse fiscale. D'après une enquête menée par le GT2 du Comité des affaires fiscales de l'OCDE, une majorité de pays citent le manque de données comme un obstacle majeur à l'analyse du phénomène BEPS. La plupart des 37 pays qui ont répondu au questionnaire ont indiqué que les déclarations établies au titre de l'impôt sur les sociétés se trouvent certes rassemblées dans une base de données, mais que les données relatives à l'impôt sur les sociétés ne sont souvent disponibles que sous une forme agrégée ou ne peuvent être obtenues que sur demande pour une société en particulier. Seuls huit pays ont été en mesure de notifier le montant total de l'impôt sur les bénéfices des sociétés perçu auprès d'entreprises multinationales. Bien que les entreprises communiquent aux administrations fiscales des données figurant dans les déclarations qu'elles établissent pour le calcul de l'impôt sur les sociétés, ces données ne sont donc pas disponibles actuellement sous une forme facilement accessible à des fins d'analyse fiscale.

47. ***Il convient d'exploiter au mieux les informations disponibles et de recenser les informations manquantes***. On attend des sociétés et des pouvoirs publics qu'ils fassent mieux avec moins de moyens compte tenu des contraintes budgétaires. Les charges liées au respect des obligations fiscales et les coûts d'administration de l'impôt sont lourds, et il n'y a donc lieu d'exiger et de traiter des informations supplémentaires que si le jeu en vaut la chandelle. Lorsque cela est possible, il conviendrait d'arriver à une concordance entre le recueil d'informations et les obligations comptables et déclaratives des entreprises multinationales afin de garantir une meilleure intégrité des données et de réduire les coûts liés au respect des règles.

48. La poursuite d'une grande partie des travaux universitaires et la volonté d'aller encore plus loin sont entravées par le manque d'accès à des données microéconomiques représentatives des entités présentes dans un pays donné ou dans plusieurs pays, alors que ces informations essentielles existent dans les faits. Les analystes du secteur public sont parfois eux aussi confrontés à cette difficulté alors qu'ils pourraient davantage analyser la politique fiscale s'ils avaient accès à des données de meilleure qualité. Or dans de nombreux pays, le niveau de précision des données (par exemple, la séparation entre entreprises multinationales et entreprises strictement nationales) n'est pas suffisant, et la disponibilité de données désagrégées est très variable d'un pays à l'autre.

49. Il arrive souvent que les informations soient communiquées par les entreprises à l'administration fiscale, mais qu'elles ne soient pas traitées, et qu'elles ne soient donc pas utilisables à des fins d'analyse fiscale. La masse de données et le niveau de détail des données actuellement disponibles à des fins d'analyse des pratiques de BEPS diffèrent d'un pays à l'autre. Les dirigeants prendraient des décisions plus éclairées s'ils connaissaient le montant des bénéfices imposables d'une société, le montant des bénéfices soumis à un taux d'imposition légal plus faible ou ouvrant droit à des exonérations, le montant des crédits d'impôt accordés, ou encore les montants soumis à une retenue à la source. Le fait qu'il n'y ait pas de distinction, dans les données, entre (i) les sociétés multinationales (détenues à l'étranger ou à capitaux étrangers) et les sociétés strictement nationales et aussi entre (ii) les transactions effectuées avec des parties liées et avec des tiers, est également une contrainte importante dans certains pays. Le recours accru aux déclarations par voie électronique va réduire le coût du traitement des informations recueillies, qui restera néanmoins élevé dans de nombreux pays. Cependant, exploiter au mieux les informations et les éléments tirés des données actuellement communiquées, en s'inspirant des bonnes pratiques suivies dans plusieurs pays, est une voie qui semble prometteuse. L'appel à contributions dans le cadre de l'Action 11 et l'enquête du GT2 ont permis de dégager ce que l'on pourrait considérer comme des bonnes pratiques pour améliorer la collecte, le traitement et l'analyse économique des données. Celles-ci sont décrites sommairement dans l'encadré 1.3.

Encadré 1.3. Bonnes pratiques suivies actuellement pour utiliser les données disponibles aux fins d'analyser des pratiques de BEPS

Allemagne – La Deutsche Bundesbank héberge une base de données microéconomiques sur l'investissement direct dans laquelle sont recensées toutes les filiales d'entreprises étrangères implantées en Allemagne. Cette banque de données couvre les filiales étrangères de sociétés mères allemandes, détenues directement ou indirectement, qui se situent au-dessus d'un certain seuil selon des critères de taille et de capital. Elle couvre aussi les filiales situées dans des pays en développement. Elle contient des données sur les entreprises tirées des bilans non consolidés (et aussi parfois consolidés), des éléments variables sur la structure du capital (liens entre filiales et société mère) ainsi que d'autres informations utiles telles que les dettes à l'égard des actionnaires et (ou) des filiales ; le total du bilan des filiales et de la société mère ; et les parts détenues dans l'actif et le passif de non-résidents. Elle contient les données sur les bénéfices après impôt, mais pas d'autres informations provenant du compte de résultat comme les informations sur les impôts ou sur les produits/charges qui permettent d'analyser par quels canaux transitent les flux liés à des pratiques de BEPS. Les données sont confidentielles et consultables uniquement sur place, au centre de recherche qui se trouve dans les locaux du siège de la Deutsche Bundesbank à Francfort, et dans le cadre de projets de recherche habilités, sous réserve du strict respect des règles de confidentialité applicables.

Suède – Les analystes de l'Administration suédoise ont accès à des informations détaillées et anonymisées sur les contribuables qui proviennent des déclarations fiscales déposées par ceux-ci. Les informations à l'échelle des entreprises comprennent également des informations sur les bilans, le nombre de salariés employés dans le pays, la rémunération des salariés et la valeur des actifs corporels et incorporels. Une distinction est établie entre les entreprises multinationales et les entreprises purement nationales et une ventilation des données par secteurs d'activité est également opérée. Les informations sur les bénéfices de source étrangère, sur les transactions effectuées avec des parties liées (par exemple, des sociétés étrangères contrôlées) et sur les dépenses de R&D engagées dans le pays ne figurent pas dans les déclarations fiscales. L'utilisation d'informations disponibles auprès d'autres sources, des sources commerciales notamment, pour compléter la base de données de l'Administration est une pratique intéressante qui pourrait inspirer d'autres pays. Cependant, les données disponibles en Suède ne contiennent pas d'informations détaillées sur les bénéfices des filiales étrangères.

Amérique latine – Les administrations fiscales de certains pays, tels que l'Argentine, exigent des sociétés qu'elles remplissent des formulaires spéciaux dans lesquels elles doivent fournir des informations sur les transactions effectuées avec des parties liées ainsi que sur les transactions effectuées avec des entités situées dans des juridictions non coopératives et avec des parties non liées. Les informations couvrent les échanges de biens et se rapportent aux prix, aux volumes et aux partenaires commerciaux. Certains pays d'Amérique latine partagent les données extraites de ces formulaires (par exemple, celles concernant les taux d'imposition effectifs, les transactions intra-groupe et les transactions effectuées avec des parties situées dans des paradis fiscaux) avec des organisations internationales, telles que le Centre interaméricain des administrations fiscales (CIAT), sur demande, même si elles ne sont pas accessibles au public. Cela signifie que les organisations internationales ont la possibilité de construire des données comparables pour les pays en développement[20].

États-Unis – Aux États-Unis, le *Bureau of Economic Analysis (BEA)* conduit des enquêtes sur les entreprises ayant leur siège aux États-Unis (et leurs filiales à l'étranger) et sur les filiales aux États-Unis d'entreprises ayant leur siège à l'étranger. Celles-ci sont menées chaque année, et certaines enquêtes de référence plus détaillées sont réalisées tous les cinq ans. La loi impose aux entreprises multinationales exerçant des activités aux États-Unis de répondre à ces enquêtes, mais les informations qui en sont tirées ne sont pas communiquées aux administrations fiscales, ni aux autorités compétentes en matière d'information financière, pour vérification, et leur

Encadré 1.3. **Bonnes pratiques suivies actuellement pour utiliser les données disponibles aux fins d'analyser des pratiques de BEPS** *(suite)*

confidentialité est respectée. Les données agrégées sont publiées et des chercheurs n'appartenant pas au secteur public peuvent avoir accès aux micro-données sous réserve qu'ils observent strictement les règles de confidentialité en vigueur. Les données actuellement disponibles ne permettent pas de réaliser une consolidation complète, elles peuvent parfois comptabiliser deux fois les mêmes filiales et ne laissent pas déceler les titres hybrides parfois utilisés pour transférer des bénéfices. Les données pour chaque filiale concernent le pays où sont localisés ses actifs physiques et aussi le pays où elle a été constituée en société, mais il se peut que ni l'un, ni l'autre, ne soit le pays dont elle est fiscalement résidente.

L'administration fiscale américaine (*Internal Revenue Services, IRS*) recueille les informations issues des déclarations fiscales de sociétés étrangères contrôlées (SEC) qui sont des filiales de sociétés mères situées aux États-Unis ; et aussi de celles de filiales aux États-Unis de sociétés mères étrangères. Certaines données tirées des déclarations fiscales sont compilées et présentées sous forme de tableaux de données agrégées qui sont publiés. Les micro-données compilées sont, elles, accessibles à certains analystes travaillant au sein de l'Administration, ainsi qu'à certains chercheurs habilités extérieurs au secteur public. Alors que la plupart des micro-données sur les sociétés servant à l'analyse portent sur des échantillons aléatoires stratifiés, au niveau international, elles ont plutôt tendance à porter sur la population toute entière des sociétés multinationales. Cela permet d'avoir une image relativement complète de toutes les sociétés étrangères contrôlées (SEC) qui sont des filiales de sociétés mères situées aux États-Unis, même si certaines informations plus précises font encore défaut. Les données sont notifiées par le pays où les sociétés sont constituées si bien que, pour certaines entités, en particulier pour les entités hybrides ou sans résidence, celui-ci n'est pas nécessairement le pays de la résidence fiscale. Pour les filiales de sociétés mères étrangères implantées aux États-Unis, les données ne concernent généralement que les activités exercées aux États-Unis. Les données sur les sociétés étrangères contrôlées (SEC) sont importantes pour l'analyse de la politique fiscale parce qu'elles tiennent compte des liens avec les filiales.

50. En 2011, un groupe d'expert pour la collaboration internationale en matière d'accès aux micro-données a été formé sous l'égide de l'OCDE. Il a été chargé d'examiner les défis posés par la collaboration transfrontières en matière de micro-données. Selon le rapport publié en 2014[21], le défi à relever au XXIe siècle consistera à modifier les pratiques en matière d'accès aux micro-données afin que celles-ci soient accessibles au-delà des frontières, et qu'elles éclairent des analyses et une action des pouvoirs publics dépassant le cadre national, car c'est une nécessité pour appréhender la dimension de plus en plus internationale (mondiale) de la portée et de l'impact des analyses comparatives et de la collaboration dans l'élaboration des politiques.

51. Plutôt que de nouvelles lois, de nouvelles infrastructures ou une nouvelle technologie pour y parvenir, le rapport propose un déploiement plus judicieux des dispositifs existant déjà dans la plupart des pays de l'OCDE. À l'évidence, on est encore loin d'une situation idéale tant pour ce qui est de la collecte des données microéconomiques issues des déclarations fiscales qui sont utiles pour rendre compte du phénomène BEPS, que pour leur diffusion et leur accessibilité. L'importance de la comparabilité des données et partant, de la nécessité d'œuvrer à une homogénéisation de la collecte des données entre les pays, est également soulignée dans le rapport. L'élaboration concertée de politiques de portée régionale et internationale nécessite des éléments tangibles tirés d'analyses comparatives et/ou des données combinées provenant des parties engagées dans une collaboration. Travailler, par exemple, à partir des états financiers qui contiennent des informations au

niveau des entreprises/groupes suffit pour constater l'hétérogénéité des normes comptables. Le niveau de précision (zone géographique, secteur) que les groupes choisissent d'observer lorsqu'ils notifient certains éléments, comme le chiffre d'affaires, les actifs, les bénéfices et les effectifs, est très variable. On note également d'importantes différences en ce qui concerne les informations demandées par les administrations fiscales.

52. Il importe de souligner que dans la plupart des cas, le phénomène BEPS doit faire l'objet d'estimations et n'est pas directement évalué à partir des déclarations fiscales, des états financiers ou des déclarations en douane. Par exemple, le repérage des écarts par rapport aux prix de pleine concurrence ouvre la voie à une analyse fortement tributaire de l'analyse des faits et circonstances. L'analyse des données douanières pour évaluer le prix d'un produit particulier exige que l'on opère une distinction entre les ventes réalisées avec des parties liées et celles réalisées avec des tiers, et l'analyse de transferts d'actifs incorporels qui semblent avoir lieu en dehors de toute référence exige une analyse portant sur des opérations « comparables ». La comparaison des bénéfices de milliers de sociétés et des taux d'imposition effectifs qui leur ont été appliqués suppose une analyse statistique sophistiquée pour bien dissocier les aspects fiscaux de l'activité économique réelle. Des statistiques purement descriptives ne peuvent en aucun cas permettre d'établir des corrélations ou des relations de cause à effet, elles peuvent tout au plus fournir des indications signalant de possibles pratiques de BEPS. De même, l'analyse statistique de bases de données volumineuses ne peut offrir que des mesures ou des indications approximatives sur les pratiques de BEPS en raison des limites imposées par la nature même des données. Néanmoins, l'analyse des données disponibles dans une perspective statistique et économique apportera un éclairage nouveau par rapport aux statistiques purement descriptives.

53. Les informations issues des déclarations fiscales traitées par l'Administration dans le cas d'entreprises multinationales et de leurs filiales étrangères ont été analysées par des agents publics et, dans certains pays, par des universitaires. Relier les informations issues des déclarations fiscales à celles contenues dans d'autres documents administratifs établis par les entreprises permettrait d'enrichir les enseignements tirées des données existantes. Cependant, il n'est pas toujours possible d'avoir accès aux informations issues des déclarations fiscales à des fins d'analyse fiscale. En outre, les organismes publics chargés de la politique fiscale et les administrations fiscales ne disposent que de ressources limitées pour mener des analyses statistiques et économiques fondées sur des données d'observation. Certains pays ont présenté des exemples de ce qui est possible en mettant en place des programmes de coopération en matière de recherche entre l'Administration et le monde universitaire dans le cadre desquels des chercheurs sont autorisés, pour des travaux spécifiques, à analyser des données dans des conditions strictes de contrôle et de respect de la confidentialité. Une telle coopération favorise la réalisation d'analyses économiques et statistiques solides reposant sur l'accès à des données au niveau des entreprises.

54. Disposer d'une base de données abondante est certes utile pour alimenter l'analyse statistique, mais une telle base de données ne contient pas toujours toutes les informations pourtant disponibles. Parfois, la qualité et la profondeur d'une analyse sont plus précieuses que la quantité d'observations étayant une analyse non aléatoire et/ou moins approfondie. Aussi, bien qu'il convienne de ne pas généraliser à l'ensemble des entreprises multinationales les pratiques de BEPS auxquelles se livrent quelques-unes des plus grandes d'entre elles, il faut prendre en considération les informations détaillées fournies par les enquêtes publiques. Les bases de données existantes qui sont utilisées pour l'analyse économique du phénomène BEPS devraient être vérifiées afin de déterminer si les exemples avérés de pratiques de BEPS sont pris en compte dans les données. Dernièrement, l'évaluation des données actuellement disponibles aux fins de l'analyse économique du phénomène BEPS et des

mesures issues du projet BEPS, a permis de mettre en lumière les limitations inhérentes à la nature des données, les problèmes liés aux données et, dans certains cas, les décalages entre les données provenant de différentes sources actuellement disponibles.

Notes

1. FMI (2014), Enquête coordonnée sur l'investissement direct : Étude sur les asymétries des positions bilatérales.
2. Groupe de suivi des pratiques de BEPS, contribution à la consultation publique sur l'Action 11, mai 2015.
3. Cederwall, E. (2015), « Making sense of profit shifting: Jack Mintz », Tax Foundation interview.
4. OCDE 2015. Implementing the latest international standards for a compiling foreign direct investment statistics: How multinational enterprises channel investments through multiples countries.
5. Koch, R. et A. Oestreicher (2014), en réponse à l'appel à contribution lancé au titre de l'Action 11 du Plan BEPS de l'OCDE.
6. À des fins comptables, le but est d'enregistrer les dettes fiscales (charge d'impôt) de l'exercice en cours et des exercices futurs correspondant aux activités économiques de l'exercice en cours. Ces chiffres sont totalement différents du montant de l'impôt effectivement acquitté pendant l'exercice en cours, qui peut correspondre aux bénéfices générés par des activités économiques exercées pendant l'exercice précédent et ne pas inclure les impôts qui seront dus dans le futur au titre des activités économiques de l'exercice en cours. Voir Hanlon (2003) et Lisowsky (2010).
7. Koch et Oestreicher (2014).
8. Prichard, Cobham et Goodhall (2014).
9. Voir Weyzig (2014).
10. Voir par exemple Cobham et Loretz, (2014).
11. Par exemple Weyzig (2014), Buettner et Wamser (2007), Huizinga et al. (2008).
12. Hope et al. (2013) ont examiné les réactions des entreprises à une modification des règles comptables en 1998 visant à autoriser les entreprises à cesser de fournir une déclaration sectorielle au niveau des zones géographiques. Selon l'analyse, les entreprises ayant cessé de présenter une déclaration sectorielle au niveau des zones géographiques étaient celles qui affichaient les taux d'imposition effectifs les plus faibles, ce qui corroborait l'idée qu'elles avaient intérêt à ne pas communiquer certaines informations qui pouvaient éventuellement mettre en lumière leur volonté d'échapper à l'impôt. Dans un article similaire, Akamah et al. (2014) considèrent que les entreprises exerçant des activités dans des paradis fiscaux sont plus enclines à agréger les informations qu'elles communiquent sur les zones géographiques.
13. Cederwall, E. (2015), « Making sense of profit shifting: Jack Mintz », Tax Foundation interview.
14. Gobham et Loretz (2014) utilisent ORBIS, la plus grande base de données sur les bilans d'entreprises disponible sur le marché. En s'appuyant sur un ensemble de données couvrant plus de 200 000 sociétés appartenant à plus de 25 000 groupes, ils affirment que la couverture est très limitée dans les pays en développement et qu'elle l'est de plus en plus dans les pays à faible revenu, et font valoir que, lorsqu'il y a des raisons non aléatoires justifiant que des informations fassent défaut (la probabilité que la comptabilité d'une entreprise soit intégrée dans l'ensemble de données est moindre dans les pays à faible fiscalité), les résultats s'en trouvent systématiquement biaisés.

15. En réponse à l'appel à contribution lancé au titre de l'Action 11 du Plan d'action BEPS de l'OCDE (en 2014), Reinald Koch et Andreas Oestreicher ont établi une liste des limites que présentent les données : aucune distinction n'est établie entre les revenus d'intérêts et de dividendes ou entre les transactions intragroupe et les transactions effectuées avec des tiers ; les organismes qui publient les données se fient aux rapports publiés par les entreprises ; certaines entreprises ne figurent pas dans la base de données et certaines informations financières concernant des entreprises figurant dans la base de données font défaut ; l'échantillon n'est pas pris au hasard car il est constitué sur la base d'informations publiées par les professionnels du secteur ; on peut également supposer que certaines informations manquent, en particulier concernant les entités utilisées à des fins d'optimisation fiscale.

16. Beer et Loeprick (en 2013) ont procédé à une estimation des transferts de bénéfices et montré qu'ils ont un impact considérable. Ils ont toutefois fait observer que le critère de sélection réduisait leur échantillon de plus de 60 %, ce qui pouvait peut-être induire un biais dans la mesure où une corrélation peut être établie entre le caractère incomplet des informations comptables d'une part, et la moindre transparence du régime de gouvernance d'entreprise ou la nature particulièrement agressive de la stratégie d'optimisation fiscale, d'autre part. Or un tel biais risque selon eux d'entraîner, selon toute vraisemblance, une sous-estimation des conclusions sur le montant total des transferts de bénéfices.

17. *Commons Select Committee on Tax Avoidance and Evasion* (Commission de la fraude et d'évasion fiscales de la Chambre des Communes) (Royaume-Uni) (2015) ; *Select Committee on Economic Affairs* (Commission des affaires économiques) *de la* Chambre des Lords (2013) ; *Permanent Subcommittee on Investigations (*Sous-Commission permanente du Sénat chargée des enquêtes) (États-Unis) (2013) ; Enquête sur les litiges en matière fiscale en Australie (2014).

18. Commission européenne (2014).

19. Michael Durst, contribution à la consultation publique sur l'Action 11 du projet BEPS de l'OCDE, mai 2015.

20. Groupe de suivi des pratiques de BEPS, Appel à contribution dans le cadre de la consultation publique sur l'Action 11 du projet BEPS de l'OCDE, septembre 2014.

21. Rapport final du Groupe d'experts sur la collaboration internationale dans le domaine de l'accès aux microdonnées créé sous l'égide de l'OCDE.

Bibliographie

Akamah, H.T., O.-K. Hope et W.B. Thomas (2014), « Tax havens and disclosure aggregation », *Rotman School of Management Working Paper*, n° 2419573.

Beer, S. et J. Loeprick (2013), « Profit shifting: Drivers and potential countermeasures », *WU International Taxation Research Paper Series*, vol. 2013, n° 03, http://dx.doi.org/10.2139/ssrn.2271539.

Buettner, T.et G. Wamser (2007), « Intercompany loans and profit shifting: Evidence from company-level data », *CEsifo Working Paper Series*, n° 1959.

Bureau Van Dijk, ORBIS Database, Bureau Van Dijk Electronic Publishing.

Cederwall, E. (2015), « Making sense of profit shifting: Jack Mintz », Tax Foundation interview, http://taxfoundation.org/blog/making-sense-profit-shifting-jack-mintz.

Cobham, A. et S. Loretz (2014), « International distribution of the corporate tax base: Impact of different apportionment factors under unitary taxation », *ICTD Working Paper*, n° 32.

Commission européenne (2014), « Aides d'État : la Commission étend à l'ensemble des États membres la collecte de renseignements sur les pratiques en matière de rulings fiscaux », Communiqué de presse, http://europa.eu/rapid/press-release_IP-14-2742_fr.htm (consulté le 8 janvier 2014).

Dharmapala, D. (2014), « What do we know about base erosion and profit shifting? A review of the empirical literature », *Fiscal Studies*, vol. 35, pp. 421-448.

FMI (2014), « Coordinated Direct Investment Survey: Project on bilateral asymmetries », *IMF Policy Paper*, http://data.imf.org/?sk=D732FC6E-D8C3-44D1-BFEB-F70BA9E13211.

Gouvernement australien (2014), « Parliament of Australia: Inquiry into tax disputes », www.aph.gov.au/Parliamentary_Business/Committees/House/Tax_and_Revenue/Inquiry_into_Tax_Disputes (consulté le 19 décembre 2014).

Hanlon, M. (2003), « What can we infer about a firm's taxable income from its financial statement? », *National Tax Journal*, vol. 56, n° 4, pp. 831-863.

Hoopes, J. (2015), « Taxes and disclosure: A brief summary of the research », document non publié.

Hope, O.-K., M. Ma et W.B. Thomas (2013), « Tax avoidance and geographic earnings disclosure », *Journal of Accounting & Economics*, vol. 56, n° 2-3, pp. 170-189.

House of Lords Select Committee on Economic Affairs (2013), « Tackling corporate tax avoidance in a global economy: is a new approach needed? », 1st Report of Session 2013-14, www.publications.parliament.uk/pa/ld201314/ldselect/ldeconaf/48/48.pdf (consulté le 14 octobre 2014).

Huizinga, H., L. Laevenet G. Nicodeme (2008), « Capital structure and international debt shifting », *Journal of Financial Economics*, vol. 88, pp. 80-118.

Koch, R. et A. Oestreicher (2014), « Comments on Categories A and B: Indicators of the scale and economic impact », Commentaires en réponse à l'appel à contribution dans le cadre de l'Action 11 du Plan BEPS de l'OCDE, www.oecd.org/ctp/tax-policy/comments-action-11-establishing-methodologies.pdf.

Lipsey, R. E. (2010), « Measuring the location of production in a world of intangible productive assets, FDI and intrafirm trade », *Review of Income and Wealth*, Series 56, Special Issue No. 1.

Lisowsky, P. (2010), « Seeking shelter: Empirically modelling tax shelters using financial statement information », *Accounting Review*, vol. 85, n° 5.

OCDE (2015), « Implementing the latest international standards for compiling foreign direct investment statistics: How multinational enterprises channel investments through multiple countries », Éditions OCDE, Paris, www.oecd.org/daf/inv/How-MNEs-channel-investments.pdf.

OCDE (2014), « OECD expert group for international collaboration on microdata access: Final report », Éditions OCDE, Paris, www.oecd.org/std/microdata-access-executive-summary-OECD-2014.pdf.

Prichard, W., A. Cobham et A. Goodall (2014), « The ICTD Government Revenue Dataset », *ICTD Working Paper*, n° 19, http://dx.doi.org/10.2139/ssrn.2496442.

Royaume-Uni (2015), « Parliament: Commons Select Committee on Tax avoidance and evasion », www.parliament.uk/business/committees/committees-a-z/commons-select/public-accounts-committee/inquiries/parliament-2010/tax-avoidance-evasion-hsbc/ (consulté le 19 décembre 2014).

United States Homeland Security & Governmental Affairs (2013), « US Senate Subcommittee on permanent investigations », www.hsgac.senate.gov/subcommittees/investigations/hearings/offshore-profit-shifting-and-the-us-tax-code_-part-2 (consulté le 2 février 2015).

Weyzig, F. (2014), « The capital structure of large firms and the use of Dutch financing entities », *Fiscal Studies*, vol. 35, n° 2, pp. 139-164.

Chapitre 2

Indicateurs de l'érosion de la base d'imposition et du transfert de bénéfices (BEPS)

Éléments clés

- Grâce aux analyses empiriques et aux informations révélées par les nombreuses enquêtes parlementaires menées sur les stratégies fiscales de certaines entreprises multinationales, nous disposons désormais de plus en plus d'éléments relatifs à l'existence de pratiques de BEPS, mais l'ampleur de ce phénomène et son évolution dans le temps demeurent difficiles à mesurer.
- Ce chapitre présente six indicateurs permettant d'appréhender l'ampleur et les effets économiques du phénomène BEPS et leur évolution dans le temps, et décrit les avantages et les limites de chacun d'eux. Ces six indicateurs mettent en lumière le découplage entre les activités financières et les activités économiques réelles, les écarts de taux de profit des plus grandes entreprises multinationales dans le monde, les différentiels de taux d'imposition entre les entreprises multinationales et les entreprises comparables non membres d'un groupe multinational ainsi que l'utilisation des actifs incorporels et des intérêts pour le transfert des bénéfices.
- L'utilisation de l'un ou l'autre des indicateurs pour mesurer l'ampleur et l'impact économique du phénomène BEPS ne peut fournir que des « indications générales » ; ces indicateurs doivent être interprétés avec beaucoup de précaution.
- Aucun indicateur ne peut donner à lui seul une vision complète de l'existence et de l'importance du phénomène BEPS. Seule la juxtaposition de l'ensemble des indicateurs ou un « tableau de bord d'indicateurs » peut fournir un large éventail d'informations sur l'évolution des pratiques de BEPS dans la durée.
- Ce chapitre présente également les méthodes de calcul des indicateurs à partir d'échantillons de données disponibles. Les données employées pour effectuer ces calculs se heurtent à de nombreuses limites qui affectent les sources de données existantes et décrites en détail dans le chapitre 1. Les indicateurs ont donc une valeur illustrative et ne permettent pas de tirer des conclusions catégoriques puisque les enseignements tirés à l'aide de ces indicateurs sont largement faussés par l'insuffisance des données disponibles.
- À l'avenir, l'accès à des données plus complètes et de meilleure qualité devrait permettre de tirer des conclusions plus pertinentes et d'élaborer de nouveaux indicateurs.
- Les six indicateurs du phénomène BEPS mettent en lumière les pratiques de BEPS en utilisant différentes sources de données, en procédant à différentes mesures et en examinant différents vecteurs. Le regroupement de ces indicateurs présentés sous la forme d'un tableau de bord révèle l'existence du phénomène BEPS et son intensification. Un meilleur accès aux données devrait fournir des informations plus précises à l'avenir.

2.1. Introduction

55. L'un des éléments essentiels de l'Action 11 est l'élaboration d'« indicateurs » permettant d'évaluer l'ampleur et l'impact économique du phénomène BEPS, de suivre son évolution dans le temps et de contrôler l'efficacité des mesures mises en œuvre pour le combattre.

56. La première étape dans l'élaboration d'indicateurs utiles nécessite de définir le concept du BEPS. Le phénomène d'érosion de la base d'imposition et de transfert de bénéfices (dit « BEPS » selon l'acronyme anglais) désigne les montages qui « aboutissent à une imposition nulle ou faible en transférant les bénéfices en dehors des États dans lesquels sont exercées les activités ayant généré ces bénéfices ou à une absence totale d'imposition sur les sociétés en exploitant les failles entre les règles fiscales nationales. Une imposition nulle ou faible n'est pas *en soi* un problème de BEPS, mais elle le devient dès lors qu'elle est associée à des pratiques qui séparent artificiellement les revenus imposables des activités qui les génèrent. » L'élément important qui caractérise le phénomène BEPS est la stratégie d'optimisation fiscale qui supprime tout lien entre l'affectation géographique des bénéfices imposables et la localisation des activités économiques réelles ayant généré ces bénéfices. Les entreprises multinationales rompent ce lien en transférant leurs bénéfices depuis des pays à fiscalité plus élevée dans des pays à fiscalité plus faible, sans modifier leur mode de fonctionnement de manière correspondante (c'est-à-dire, sans modifier notamment le lieu de production des produits et de prestation des services, le lieu des ventes et de la distribution, le lieu où sont effectuées les activités de recherche et développement ainsi que l'utilisation du capital et du personnel). Dans certains cas, les pratiques de BEPS consistent à mettre en place dans un État une activité économique avec juste le minimum de substance exigé pour justifier la réduction d'impôt recherchée.

57. L'objectif principal de l'élaboration d'indicateurs de BEPS dans le cadre de l'Action 11, est de développer des éléments de mesure permettant d'identifier l'étendue des pratiques qui séparent artificiellement les revenus imposables des activités les ayant générés.

2.2. Concept d'indicateur

58. Parmi les définitions d' « indicateur » du dictionnaire, on trouve :

- Un indice qui fournit une indication, de tendance notamment ;
- Un compteur ou une jauge qui mesure et enregistre des variations ;
- Un dispositif destiné à attirer l'attention, tel qu'un signal d'alerte ;
- Un instrument qui met en lumière des conditions de fonctionnement telles que la température ;
- Une aiguille sur un cadran qui indique la pression ou la vitesse.

59. Comme pour toute jauge, le degré de précision dépend des informations disponibles et de la précision des outils de mesure. Compte tenu des données actuellement disponibles et du fait de leur distorsion par le phénomène BEPS que nous souhaitons mesurer, les indicateurs ne peuvent fournir, pour le moment, que des informations générales sur l'ampleur et l'impact économique du BEPS, par manque de précision. Cette précision ne pourra être obtenue que si, à l'avenir, nous disposions de sources de données plus générales et de meilleure qualité (voir le chapitre 1 pour une évaluation des limites des données actuellement disponibles). Les données actuellement disponibles permettent tout de même d'améliorer l'analyse et l'évaluation du phénomène BEPS, en partant d'une estimation statistique reposant sur

plusieurs variables. Néanmoins, le résultat demeure incertain et présente des limites (voir le chapitre 3 pour un examen détaillé des méthodes permettant de mener cette évaluation). À l'avenir, les indicateurs proposés montreront l'évolution de la tendance générale d'un certain nombre d'éléments de mesure importants associés aux pratiques de BEPS.

60. L'élaboration des indicateurs de BEPS a reposé sur l'idée de créer un « tableau de bord des indicateurs » qui fournisse une indication de l'ampleur du phénomène et aide les pouvoirs publics à suivre son évolution dans le temps. Les indicateurs constituent des substituts schématiques qui permettent d'obtenir une estimation plus fine et aboutie de l'ampleur du phénomène BEPS. Compte tenu des données actuellement disponibles, les indicateurs sont probablement la méthode qui convient le mieux pour montrer les grandes tendances de l'ampleur du phénomène. L'utilisation de plusieurs indicateurs contribue à identifier les tendances concernant l'ampleur du phénomène BEPS, son évolution dans le temps et l'évolution des pratiques liées. L'essentiel est que l'indicateur fournisse des informations utiles pour mesurer l'ampleur du phénomène. Dans le cas où plusieurs indicateurs donnent les mêmes informations sur un élément de mesure (ce qui montre une forte corrélation), l'indicateur le plus clair devra être utilisé.

61. Aucun indicateur unique ne peut apporter une vision complète de l'ampleur ou de l'impact économique du phénomène BEPS. C'est l'utilisation de plusieurs indicateurs qui peut apporter des informations plus solides sur la présence du phénomène BEPS et sur ses tendances, surtout si les différents indicateurs vont dans la même direction sur les différents points de mesure.

2.3. Les indicateurs sont une composante de l'Action 11

62. Le graphique 2.1 offre un aperçu général des différentes analyses réalisées dans le cadre de l'Action 11. Ce chapitre présente six indicateurs du phénomène BEPS qui peuvent être élaborés à partir des données actuelles et qui sont identifiés dans ce graphique comme appartenant à la catégorie « état actuel » (« *Current state* » en anglais). Ce graphique fait également référence à l'analyse de l'ampleur et de l'impact économique du phénomène BEPS qui est traitée dans le chapitre 3 sur l'analyse économique du BEPS. Les limitations affectant les données actuelles représentent un défi majeur dans l'élaboration des indicateurs et des analyses économiques. Les administrations fiscales disposent également

Graphique 2.1. **Évolution dans le temps de la mesure du phénomène BEPS**

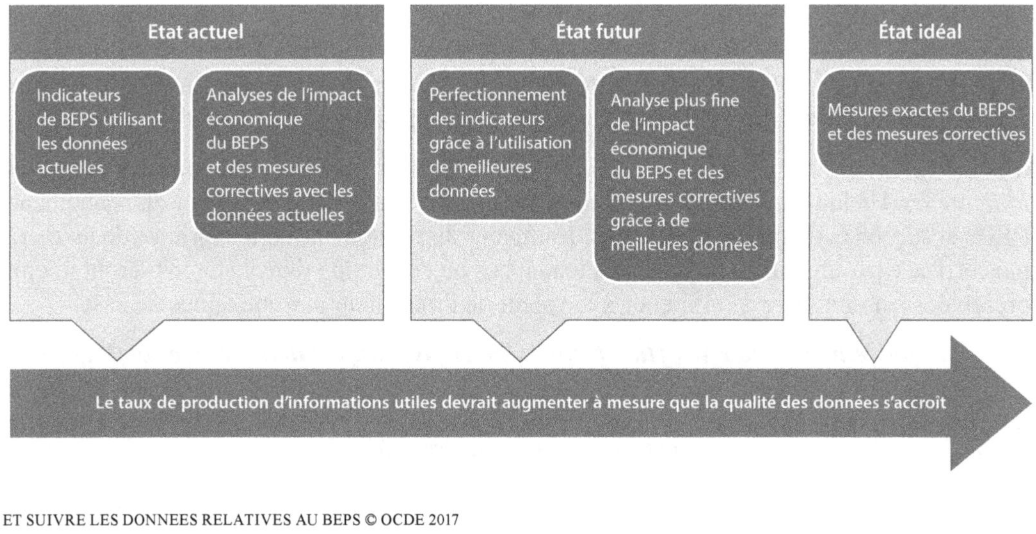

d'informations restreintes sur les opérations des entreprises multinationales. Dans une étude récente menée par le GT2 du Comité des affaires fiscales sur la recherche par pays relative au phénomène BEPS, seuls 8 pays sur les 37 interrogés ont été capables de rendre compte du montant total de leurs recettes fiscales provenant des entreprises multinationales opérant dans leur pays.

63. À l'avenir, de nouvelles sources de données pourraient permettre de disposer d'estimations plus précises de l'ampleur et de l'impact économique du phénomène BEPS ainsi que de l'impact des mesures issues du projet BEPS. Plusieurs des indicateurs présentés dans ce chapitre ont été élaborés non seulement sur la base des données disponibles, mais également en réfléchissant à la manière dont ces indicateurs pourraient être améliorés si des données plus générales et de meilleure qualité étaient disponibles à l'avenir. La catégorie « état futur » (« *Future state* » en anglais) du graphique correspond à ce qui serait considéré comme la prochaine étape, à savoir l'élaboration d'indicateurs et de méthodes d'évaluation du phénomène BEPS plus efficaces. Dans cette catégorie « état futur », le fait de disposer de nouvelles sources de données permettra d'élaborer des indicateurs plus ciblés, qui fourniront plus d'informations, et de réaliser des analyses économiques plus approfondies. Dans la catégorie « état idéal » (« *Ideal state* » en anglais), les indicateurs indirects du BEPS vont évoluer vers des évaluations directes et précises du phénomène et des mesures issues du projet BEPS. Dans cette catégorie « état idéal », des informations complémentaires et plus générales issues des déclarations fiscales seront nécessaires pour obtenir des estimations plus précises du phénomène BEPS et de son impact économique[1].

64. Un des résultats majeurs de l'élaboration d'indicateurs de BEPS à partir des données disponibles est une meilleure compréhension de l'utilité et des limitations affectant les données actuelles. Ce point est examiné plus en détail dans le chapitre 1 sur l'évaluation des données actuelles. Une telle compréhension permet également de mieux réfléchir sur les nouvelles données qui pourraient être utiles à l'avenir.

2.4. Recommandations relatives aux indicateurs

65. L'élaboration des indicateurs du phénomène BEPS tient compte des recommandations suivantes :

66. ***Il convient de réunir plusieurs indicateurs différents pour former un « tableau de bord des indicateurs de BEPS ».*** Compte tenu des limitations affectant les données actuellement disponibles, il est nécessaire de disposer de plusieurs indicateurs montrant l'ampleur du phénomène BEPS et ses différents canaux. Les six indicateurs comprennent des éléments fondés à la fois sur des données macroéconomiques (agrégées) et des données microéconomiques (à l'échelle des entreprises). Certains indicateurs seront plus utiles que d'autres pour comprendre l'efficacité des différentes mesures issues du projet BEPS.

67. ***Il convient de prendre en compte des solutions alternatives pour résumer les indicateurs.*** Un indicateur unique peut fournir des informations sur l'ampleur du phénomène BEPS et sur son évolution dans le temps. L'ampleur du phénomène sera exprimée de manière plus efficace par un taux, tandis que les tendances ou l'évolution dans le temps seront mieux présentées par un indice de référence à la valeur de l'indicateur sur une année de base.

68. ***Il convient de relier les flux financiers et fiscaux à l'activité économique.*** Les indicateurs les plus utiles pour montrer l'ampleur du phénomène BEPS sont ceux qui relient les flux financiers et fiscaux liés aux pratiques de BEPS avec les mesures de l'activité économique réelle, telle que le PIB, les ventes, les effectifs ou le montant du capital utilisé

par les entreprises. En d'autres termes, pour élaborer des indicateurs destinés à évaluer le phénomène BEPS, il est important que ces indicateurs distinguent les transferts de bénéfices entre les pays liés à l'évolution de l'activité économique réelle et ceux liés à des pratiques de BEPS, sans rapport avec la localisation des facteurs économiques réels tels que le travail et le capital, qui produisent les revenus. Cependant, il faut bien comprendre que tout indicateur, tel que le bénéfice par rapport aux actifs, aux ventes, aux charges de fonctionnement, aux effectifs ou à toute autre mesure économique, varie entre les pays pour des raisons sans lien avec le phénomène BEPS. Parmi les facteurs économiques expliquant les variations de bénéfices par rapport aux actifs, par exemple, on peut citer le rapport capital/travail qui varie selon les entreprises et les localisations, les conditions du marché, le rendement au cours du cycle économique et le facteur productivité ; autant de facteurs qui peuvent varier et aboutir à un résultat différent.

69. ***Les indicateurs doivent permettre de distinguer les pratiques de BEPS des effets économiques réels liés aux dispositions du droit actuel en matière d'impôt sur les sociétés.*** Les indicateurs doivent se concentrer sur les transferts de recettes fiscales dus au phénomène BEPS et non sur les transferts de recettes fiscales motivés par l'existence de taux d'imposition différents (ces derniers faisant partie de l'activité économique réelle). En effet, les différents taux d'imposition résultent des dispositions du droit actuel qui ont été adoptées par les législateurs dans le but notamment d'inciter les entreprises à s'implanter ou à étendre leurs activités dans leur pays. Les incitations fiscales prévues par les législations ou par des mesures fiscales discrétionnaires peuvent avoir un impact important sur l'impôt sur les sociétés payé puisque ce dernier est lié à la localisation de l'activité économique réelle. Distinguer les effets économiques des pratiques de BEPS constitue donc un véritable défi pour l'élaboration d'indicateurs. Cependant, des montages artificiels transnationaux visant à exploiter les différences entre les législations fiscales, notamment entre les taux d'imposition légaux, sont considérés comme des pratiques de BEPS.

70. ***Les indicateurs du BEPS doivent pouvoir être améliorés avec les nouvelles sources de données potentielles.*** Les indicateurs initiaux reposent sur des données actuellement à la disposition d'un grand nombre de pays. De nouvelles méthodes ainsi que de nouvelles sources de données seront identifiées à mesure que seront réalisées des avancées dans l'analyse de l'ampleur du phénomène BEPS et dans l'efficacité des mesures issues du projet BEPS. Dans certains cas, les indicateurs initiaux pourront être recalculés à partir des nouvelles sources de données et fourniront des informations plus ciblées et plus exactes pour l'évaluation du phénomène BEPS.

71. ***Il faut éviter les mauvais indicateurs ; il faut mettre en évidence les précautions à prendre.*** Éviter l'utilisation d'indicateurs peu fiables, imprécis et susceptibles d'induire en erreur est quasiment aussi important que l'élaboration d'indicateurs efficaces du phénomène BEPS. Les indicateurs doivent avoir un taux signal sur bruit élevé. En d'autres termes, les indicateurs doivent fournir un ratio élevé d'informations utiles sur les pratiques de BEPS permettant de les distinguer des effets économiques réels et des autres facteurs sans rapport avec le phénomène. Tout indicateur présente des limites qui doivent être soulignées. Tous les indicateurs doivent être interprétés avec prudence lorsqu'il s'agit d'analyser les pratiques de BEPS.

72. ***Les indicateurs doivent être simples, clairs et fournir des informations actualisées.*** Les indicateurs seront utilisés par les pouvoirs publics. Ils doivent donc être simples, clairs et correctement expliqués. Leurs précautions d'emploi ainsi que leurs limites doivent également être indiquées de manière claire. Dans la mesure du possible, les indicateurs ne doivent pas présenter de décalage important dans le temps.

73. ***Les indicateurs doivent pouvoir servir à d'autres usages.*** Les indicateurs initiaux se concentrent sur la perspective globale, mais certains indicateurs doivent pouvoir être également utilisés par un pays ou par un secteur donnés. L'élaboration d'indicateurs ventilés doit être envisagée pour l'analyse future.

2.5. Mise en garde importante

74. L'un des problèmes majeurs posé par l'élaboration et l'interprétation des indicateurs réside en ce que les mesures de l'activité économique réelle qui sont disponibles, telles que l'assiette de l'impôt sur les sociétés, les états financiers mais également les mesures agrégées nationales sur l'activité économique des sociétés, sont faussées par les pratiques de BEPS. Cela constitue une sérieuse limite qu'il est difficile de surmonter avec les données et les méthodes actuellement disponibles pour la mesure du phénomène BEPS.

75. Les données utilisées pour calculer la plupart des indicateurs mêlent l'influence des activités économiques réelles, des politiques en matière d'impôt sur les sociétés destinées à encourager le développement des entreprises et des pratiques de BEPS.

76. Il est important d'observer que chaque indicateur fournit une seule et unique perspective concernant l'ampleur ou la composition du phénomène BEPS à partir des données actuellement disponibles. Les indicateurs sont différents des coefficients de régression des équations qui sont utilisés pour mesurer la sensibilité du phénomène BEPS aux différences de taux de l'impôt sur les sociétés. Une équation de régression est destinée à prendre en considération ou à « contrôler » les impacts simultanés des autres variables économiques sur le phénomène BEPS. Cependant, dans la plupart des cas, les indicateurs effectuent également des « contrôles » pointus de certains des facteurs importants non liés au phénomène BEPS, en utilisant le ratio variables fiscales/mesures économiques et le différentiel des mesures fiscales appliquées aux filiales par rapport à celles appliquées au groupe multinational dans le monde.

77. Il faut garder ces limites à l'esprit lorsqu'il s'agit d'interpréter les informations que chaque indicateur ou combinaison d'indicateurs fournit, afin d'identifier l'ampleur du phénomène BEPS et d'évaluer les progrès réalisés dans le temps en ce qui concerne la réduction de ce phénomène. À l'avenir, il se peut que de nouvelles sources de données de meilleure qualité permettent de surmonter certaines des limitations affectant ces données.

2.6. Six indicateurs de l'érosion de la base d'imposition et du transfert de bénéfices

78. Six indicateurs entrent dans le cadre de l'Action 11 du Plan d'action BEPS et sont décrits dans la présente section. L'examen de chaque indicateur porte sur sa description, son raisonnement et sur la source de données qui peut être utilisée pour le calculer. Les indicateurs sont calculés à partir des données disponibles. Or, les données utilisées pour effectuer ces calculs sont elles aussi affectées par les nombreuses limitations affectant les sources de données disponibles qui ont été détaillées dans le chapitre 1. C'est pourquoi les indicateurs sont destinés à décrire des réalités plutôt qu'à apporter des conclusions catégoriques dans la mesure où les informations fournies par ces exemples se heurtent aux limitations affectant les données disponibles. Chaque indicateur contient également une mise au point sur certaines des questions importantes que posent l'évaluation et l'interprétation de cet indicateur, qui précise notamment ses limites, et qui peut être considéré comme une sorte d'« avertissement à l'attention de l'utilisateur ».

79. Ce chapitre présente six indicateurs spécifiques répartis entre les cinq catégories suivantes :

A. Déconnexion entre les activités financières et les activités économiques réelles

   1. Forte concentration d'investissements directs étrangers (IDE) par rapport au PIB

B. Existence de différentiels de taux de profit entre les entreprises multinationales les plus importantes (par exemple, entre les 250 plus importantes)

   2. Différentiels de taux de profit comparés aux taux effectifs d'imposition (TEI)

   3. Différentiels de taux de profit entre les activités des entreprises multinationales exercées dans des pays à fiscalité faible et leurs autres activités dans le monde

C. Différentiels de taux effectifs d'imposition (TEI) d'entreprises multinationales par rapport aux TEI d'entreprises « comparables » non membres de groupes multinationaux

   4. Taux effectifs d'imposition (TEI) des filiales de grandes entreprises multinationales par rapport aux TEI d'entités non membres de groupes multinationaux présentant des caractéristiques identiques

D. Transferts de bénéfices au moyen d'actifs incorporels

   5. Concentration de niveaux élevés de redevances par rapport aux dépenses de recherche et développement (R&D)

E. Transferts de bénéfices au moyen des intérêts

   6. Ratio de la charge d'intérêts par rapport aux bénéfices des filiales d'entreprises multinationales dans des pays à fiscalité élevée

80. Deux indicateurs supplémentaires potentiels sont examinés. Il s'agit d'indicateurs qui pourraient être mis en place suite à l'amélioration des données disponibles à l'avenir.

81. Les indicateurs 1 à 5 sont établis sur la base de données de niveau macro-économique et pays par pays. Les indicateurs 2-4 et 6 sont calculés à partir d'informations financières à l'échelle des entreprises portant sur les entreprises multinationales qui proviennent de la base de données ORBIS[2]; elles couvrent les filiales non consolidées et/ou les groupes multinationaux consolidés dans le monde.

82. Afin de distinguer en partie les impacts du phénomène BEPS des impacts économiques réels, la plupart des indicateurs procèdent à une comparaison à partir de plusieurs groupes, tels que les groupes de pays, les groupes de filiales d'entreprises multinationales ou encore les mesures concernant les entreprises multinationales dans le monde par rapport aux mesures concernant les filiales. L'objectif est de comparer les mesures dans lesquelles les pratiques de BEPS sont importantes avec les mesures qui correspondent plus à des activités économiques réelles. L'utilisation de ces groupes de comparaison vise à augmenter la production d'informations à rapport signal sur bruit élevé par les indicateurs.

2.7. Composition générale des indicateurs

83. La présente section examine les avantages, les limites, les difficultés et les autres applications possibles des indicateurs. Ces sujets sont examinés de manière plus approfondie dans l'introduction relative aux catégories d'indicateurs. Enfin, des points supplémentaires sont examinés pour certains indicateurs.

Avantages

84. Parmi les avantages liés à l'utilisation d'indicateurs, on peut citer les avantages suivants :

- Les indicateurs peuvent être calculés sur une période passée et sur une base annuelle, ce qui permet de suivre l'évolution du BEPS dans le temps.
- Certains indicateurs peuvent être actualisés relativement rapidement à partir de données disponibles en temps utile.
- À l'avenir, les indicateurs pourront être calculés sur la base de données plus précises et plus étendues, tout en suivant les indicateurs actuels fondés sur les données existantes.
- Les indicateurs peuvent être calculés, perfectionnés et étendus par les universitaires et les autres chercheurs pour améliorer leur capacité à mesurer le phénomène BEPS. Cela permet d'améliorer la transparence du processus.
- L'utilisation de plusieurs indicateurs permet de constater qu'aucune mesure unique ne permet actuellement de mesurer précisément l'ampleur et l'évolution du phénomène BEPS dans le temps. Lorsque plusieurs indicateurs fournissent des résultats similaires, l'existence de transferts de bénéfices est plus probable.

Limites

85. Si certaines limites ne s'appliquent qu'à un indicateur particulier, plusieurs limites importantes s'appliquent à l'ensemble des indicateurs. Tout examen portant sur les résultats fournis par des indicateurs doit tenir compte de ces limites.

- Des facteurs économiques sans lien avec la fiscalité pourraient expliquer une partie des variations entre les pays et dans le temps des indicateurs du BEPS. Par exemple, le cycle économique peut à la fois avoir une incidence sur les données agrégées à l'échelle des entreprises et contribuer à la variation des indicateurs dans le temps ; cette variation est sans lien avec le phénomène BEPS. Des facteurs tels que la taille d'un pays, son PIB par habitant ou la croissance de son PIB pourraient expliquer une partie de l'écart observé entre les pays. *Les indicateurs doivent être évalués en gardant cette limite essentielle à l'esprit.* Par exemple, l'Indicateur 1 qui est établi sur la base des données sur les IDE doit être interprété avec plus de prudence que les autres indicateurs dans la mesure où un environnement favorable à l'investissement dans le pays d'accueil peut être à l'origine des niveaux élevés de stocks d'IDE observés.
- Il existe des limites importantes concernant la disponibilité et la qualité des données communiquées : filiales manquantes dans les données financières, données incomplètes, différences entre les pays sur la manière de déclarer les données, modification de la mesure dans le temps des variables agrégées (IDE, par exemple).

Extensions générales

86. Il existe des solutions pour étendre l'analyse qui est faite à partir d'un indicateur à tous les indicateurs :

- Les indicateurs sont conçus de sorte à pouvoir être calculés avec les données actuellement disponibles ou avec les nouvelles sources de données qui seront disponibles à l'avenir. Plus les données disponibles seront précises et désagrégées, plus les indicateurs devraient fournir des informations fiables.
- Le regroupement des informations issues des déclarations fiscales dont disposent les administrations fiscales avec les informations financières accessibles au public utilisées dans l'évaluation des indicateurs à l'échelle des entreprises, pourrait constituer une possibilité d'extension. Les administrations fiscales pourraient utiliser cet ensemble d'informations pour évaluer les indicateurs spécifiques et suivre l'évolution dans le temps de l'impact des mesures issues du projet BEPS.

87. Lors de l'élaboration de certains indicateurs, l'application d'indicateurs globaux uniques pourrait être étendue à certains pays ou secteurs particuliers (par exemple, des données à l'échelle des entreprises pourraient être analysées par secteurs importants). Si les données le permettent, cette désagrégation pourrait contribuer à contrôler certaines évolutions des facteurs économiques réels.

88. Les sections suivantes décrivent chacun des six indicateurs ainsi que les deux futurs indicateurs potentiels qui utiliseraient les futures données. L'annexe 2A1 présente les formules de calcul des indicateurs.

2.8. Rupture entre activités financières et activités économiques réelles

89. L'indicateur de cette catégorie repose sur des données macroéconomiques (agrégées) pour élaborer un indicateur indirect du phénomène BEPS à partir des données relatives aux investissements directs étrangers (IDE).

90. Les IDE mesurent les investissements transnationaux effectués par le résident d'un pays (investisseur direct) dans une entreprise (entreprise d'investissement direct) située dans un autre pays. Il est important de souligner que les investissements mesurés sont ceux qui correspondent à un « intérêt durable » dans l'entreprise d'investissement direct. Les investissements pris en considération sont ceux réalisés entre des filiales dont le lien de détention est supérieur à 10 %. En d'autres termes, les IDE mesurent les investissements réalisés entre des parties liées.

91. L'indicateur repose sur les stocks d'IDE (positions) qui représentent les investissements annuels nets cumulés réalisés par les investisseurs directs étrangers dans un pays donné. Les stocks d'IDE correspondent, en théorie, à tous les investissements et les désinvestissements réalisés dans un pays au cours de l'année précédente. Les stocks d'IDE peuvent être décomposés en investissements directs réalisés par des prêts et en investissements directs réalisés par des prises de participation.

2.8.1. Considérations spécifiques aux indicateurs de la déconnexion entre la finance et l'économie

2.8.1.1. Avantages

- Indicateur établi sur la base de variables économiques globales importantes qui comprennent les flux financiers liés aux pratiques de BEPS.
- Mesures citées précédemment par de nombreux chercheurs travaillant sur le BEPS.
- Peut être expliqué facilement.

2.8.1.2. Limites

- Les informations relatives aux IDE recouvrent les stocks financiers ainsi que ceux qui se rapportent aux activités économiques réelles. L'indicateur doit être évalué avec prudence lorsqu'il s'agit de tirer des conclusions sur l'existence de pratiques de BEPS. En outre, toutes les pratiques de BEPS ne sont pas prises en compte dans les statistiques d'IDE.
- Les pays utilisent des méthodes différentes pour déclarer les opérations liées à des pratiques de BEPS, telles que les opérations réalisées par l'intermédiaire d'entités à vocation spéciale (EVS). De ce fait, on constate des écarts d'IDE entre les pays, dus aux modes de déclaration.

2.8.1.3. Difficultés

- Les IDE sont mesurés par rapport au PIB. Cependant, d'autres mesures de l'activité économique réelle, telles que les flux commerciaux (à la fois les importations et les exportations), et la constitution du capital dans l'année pourraient être utilisées dans l'élaboration de l'indicateur.

Indicateur 1

Concentration des investissements directs étrangers (IDE) par rapport au PIB

Description : Cet indicateur macro-économique correspond au ratio de stocks d'IDE/PIB d'un pays et mesure l'activité économique réelle. L'indicateur compare le ratio d'IDE/PIB de pays à ratios élevés au ratio d'IDE/PIB dans le reste des pays inclus dans la sélection. Cela donne deux versions de la mesure d'IDE.

La première version concerne l'IDE *net*, qui est égal aux stocks d'IDE d'un pays détenus par des investisseurs étrangers résidents de pays membres de l'OCDE moins les stocks d'IDE détenus par des nationaux et investis dans des pays de l'OCDE. Les pays à ratios élevés d'IDE net/PIB pourraient être considérés comme les pays de destination finale des IDE entrants, largement supérieurs à la moyenne.

La deuxième version concerne l'IDE *brut* des IDE entrants. Les pays à ratios élevés d'IDE brut/PIB comprennent à la fois les destinations finales (pays à ratios élevés d'IDE net/PIB) et les pays relais (pays à ratio faible d'IDE net/PIB). Leurs stocks d'IDE entrants ou leurs flux d'IDE sont largement supérieurs à la moyenne.

Les deux versions de l'indicateur sont présentées ci-dessous. Elles montrent les mêmes différences et les mêmes tendances entre les pays à ratios élevés et les autres pays.

Raisonnement : Les IDE mesurent les investissements transnationaux entre des entreprises liées. Le stock d'IDE comprend à la fois l'investissement lié aux pratiques de BEPS et celui lié à l'activité économique réelle. De fortes concentrations d'IDE/PIB dans un pays ou dans un groupe de pays peuvent être un indice de l'existence de pratiques de BEPS.

Source de données : *Statistiques de l'OCDE sur les investissements directs étrangers.* Ce sont les stocks d'IDE entrants et les stocks d'IDE sortants, c'est-à-dire depuis des pays membres de l'OCDE et vers des pays membres de l'OCDE, qui constituent les données. Les données de stocks d'IDE sont disponibles pour 214 pays qui ont été identifiés dans la base de données de l'OCDE.

Encadré 2.1. Indicateur 1 : Concentration des investissements directs étrangers (IDE) par rapport au PIB

Contexte : Les flux financiers d'IDE liés aux pratiques de BEPS devraient entraîner un ratio de stocks d'IDE/PIB relativement élevé.

Description : Cet indicateur compare les stocks d'IDE nets ou bruts moyens par euro de PIB dans les pays à ratios relativement élevés d'IDE/PIB. Concernant le calcul des stocks d'IDE nets, les pays à ratios relativement élevés sont ceux dont les ratios sont supérieurs à 50 % du PIB. Concernant le calcul des stocks d'IDE bruts, les pays à ratios relativement élevés sont ceux dont les ratios sont supérieurs à 200 % du PIB. L'indicateur correspond à la valeur moyenne pondérée du ratio d'IDE des pays aux ratios les plus élevés divisée par le ratio moyen pondéré des pays restants. Les pays figurant dans le classement de l'année 2012 sont utilisés pour calculer les valeurs de l'indicateur de l'année précédente.

Données utilisées : *Statistiques de l'OCDE sur les investissements directs étrangers.* Le total des stocks d'IDE entrants et sortants, c'est-à-dire vers et depuis des pays de l'OCDE, constitue l'élément variable des stocks d'IDE. Les stocks d'IDE sont disponibles pour 214 pays dans la base de données de l'OCDE (pour 2012). Ces données sont issues de *Statistiques de l'OCDE sur les investissements directs étrangers.* Compte tenu de la période de transition entre la 3ème édition de la *Définition de référence des investissements directs internationaux* (BMD3) et la 4e édition (BMD4), les données sur les positions bilatérales des IDE pour 2013 et 2014 ne sont pas encore disponibles pour l'ensemble des pays membres de l'OCDE.

Résultats :

- L'ensemble des indicateurs d'IDE nets et bruts a doublé entre 2005 et 2012 et montre des profits similaires sur la période.
- La valeur de l'indicateur d'IDE net pour 2012 montre que le montant d'IDE net par euro de PIB dans le groupe de tête des pays a été, en moyenne, 99 fois plus élevé que le ratio moyen des autres pays de la sélection. Le groupe de tête des pays regroupe des pays dont la plupart ont des taux d'impôt sur les bénéfices des sociétés nuls ou faibles ou qui appliquent des régimes fiscaux préférentiels. Le groupe de tête de l'indicateur d'IDE brut comprend également les pays souvent considérés comme des pays de transit pour les IDE.
- L'indicateur montre une concentration d'IDE dans un groupe de pays sélectionnés qui est disproportionnée par rapport à l'activité économique réelle de ces pays (mesurée par le PIB). En 2012, 14 pays présentent des ratios d'IDE net/PIB supérieurs à 50 % ; 13 pays présentent des ratios bruts supérieurs à 200 %.
- En 2012, le groupe de tête des pays pour l'indicateur d'IDE net a une moyenne de stocks d'IDE net équivalant à deux fois la valeur du PIB ; pour l'indicateur d'IDE brut, l'IDE brut moyen équivaut à quatre fois la valeur du PIB.
- En 2012, les pays à ratio élevé représentaient 29 % des stocks d'IDE bruts et 49 % des stocks d'IDE nets.

Encadré 2.1. **Indicateur 1 : Concentration des investissements directs étrangers (IDE) par rapport au PIB** *(suite)*

Les graphiques 2.2 A et B montrent les ratios moyens (pondérés par le PIB) d'IDE nets et bruts/PIB des pays à ratios relativement élevés et ceux des autres pays de la sélection. L'indicateur correspond au ratio de ces deux chiffres ; il est représenté dans les graphiques par le sommet des deux flèches en 2005 et 2012.

Graphique 2.2. **Indicateur 1 : Concentration des investissements directs étrangers (IDE) par rapport au PIB**

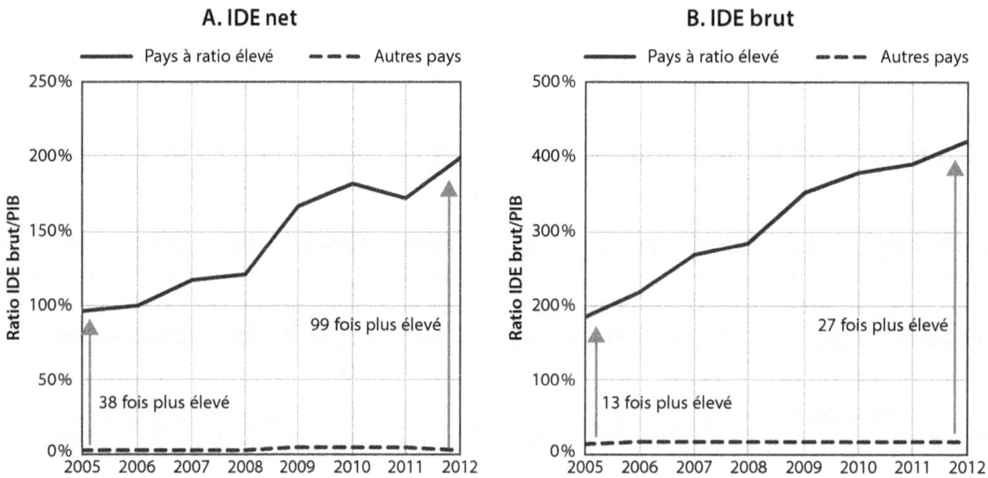

Le tableau 2.1 présente les valeurs des deux mesures de l'indicateur 1 sur la période 2005-12.

Tableau 2.1. **Indicateur 1 : Concentration des investissements directs étrangers (IDE) par rapport au PIB**

Année	Indicateur 1 de l'IDE net	Indicateur 1 de l'IDE brut
2005	37.6	13.0
2006	36.3	13.9
2007	37.4	15.9
2008	31.9	17.4
2009	41.9	18.9
2010	44.9	21.1
2011	43.1	23.4
2012	99.2	26.7

Précautions à prendre :

- Les stocks d'IDE comprennent à la fois des opérations d'investissement réel et des opérations purement financières, notamment des fusions et acquisitions, sans rapport avec l'activité économique réelle. Seule une partie des opérations financières peut être reliée aux pratiques de BEPS. L'indicateur ne permet pas de distinguer entre les opérations liées au phénomène BEPS et les autres opérations qui se rapportent à l'activité économique réelle. Un indicateur élevé peut signaler de potentielles pratiques de BEPS.

Encadré 2.1. **Indicateur 1 : Concentration des investissements directs étrangers (IDE) par rapport au PIB** *(suite)*

- Le mélange de pratiques de BEPS et d'activité économique réelle peut varier entre les pays en développement et les pays développés. Par exemple, les pays en développement disposant d'un environnement favorable aux investissements peuvent avoir des ratios relativement élevés de stocks d'IDE/PIB. C'est un élément à prendre en considération lors de l'interprétation des variations de l'indicateur entre les pays.
- Les stocks d'IDE ne sont pas aussi étroitement liés au phénomène BEPS que le sont les revenus d'IDE. Toutefois le ratio revenus d'IDE/PIB est bien plus volatile que le ratio stocks d'IDE/PIB ; il est également plus sensible au cycle économique.
- L'indicateur pourra être amélioré au fur et à mesure de l'obtention de nouvelles informations telles que l'établissement de rapports distincts pour les IDE émanant d'entités à vocation spéciale et pour les fusions et acquisitions.
- Les données sur des flux d'IDE bilatéraux ne sont pas toujours disponibles.

2.9. Différentiels de taux de profit entre les entreprises multinationales les plus importantes

2.9.1. Aperçu général

92. Les deux indicateurs de cette catégorie sont calculés à partir des informations issues des états financiers non consolidés des filiales et des états financiers consolidés de leurs groupes multinationaux. Chacun des deux indicateurs est construit comme une mesure *relative*. Par exemple, les indicateurs comparent les taux de profit (défini comme le ratio des bénéfices avant impôt ramenés à une mesure de l'activité économique, telle que les actifs d'une entreprise) d'entreprises ou d'un groupe d'entreprises dans les pays à « fiscalité plus faible » et dans les pays à « fiscalité plus élevée » ; cette notion est déterminée par les taux effectifs d'imposition (par exemple, charge de l'impôt sur les bénéfices divisée par les bénéfices avant impôt)[3].

93. L'utilisation des taux de profit ramenés aux mesures de l'activité économique permet d'observer que le phénomène BEPS se caractérise par une rupture entre le lieu où le profit est déclaré et le lieu de l'activité économique générant ce profit.

94. L'élément variable de l'activité économique qui constitue le dénominateur du taux de profit pourrait être mesuré par différents facteurs entrant dans la production (par exemple, actifs, effectifs, rémunération du travail, charges de fonctionnement) ou par le résultat de la production (par exemple, les ventes). Les indicateurs présentés ici utilisent les actifs pour mesurer l'activité économique, mais d'autres facteurs peuvent contribuer à la création de valeur économique. Parmi ces autres facteurs, on trouve les actifs incorporels qui, en règle générale, ne font pas partie du total des actifs déclarés ou sont sous-évalués.

95. Les indicateurs de cette catégorie diffèrent selon les groupes d'entreprises utilisés pour comparer les taux de profit. Les différents groupes utilisés dans les deux indicateurs sont : 1) les filiales des entreprises multinationales situées dans des pays à fiscalité plus élevée et celles situées dans des pays à fiscalité plus faible, et 2) les filiales situées dans des pays à fiscalité plus faible que celle dont relèvent les opérations globales de leur entreprise. Pour chaque indicateur, des variables liées à la fiscalité sont utilisées, soit pour identifier les groupes, soit pour comparer directement les taux de profit avec les taux effectifs d'imposition dans le calcul des indicateurs.

Encadré 2.2. **Comment l'activité économique devrait-elle être définie ?**

Il n'existe pas de mesure unique (théorique ou observée) qui puisse être considérée comme la meilleure mesure à appliquer à partir des données disponibles sur les entreprises pour déterminer le lieu de l'activité économique (de la « création de valeur ») d'une entreprise et qui puisse être utilisée dans les calculs du taux de profit. Si la création de valeur par une société représente la mesure la plus complète de l'activité économique d'une entreprise, les données issues des états financiers disponibles ne permettent de la calculer que de manière indirecte. Dans les rapports publics, l'ensemble des éléments de mesure est déclaré dans le pays d'immatriculation de l'entité, et non dans le pays où les actifs et l'emploi sont situés ou encore dans le pays où les clients sont situés :

- Les actifs sont directement liés à l'utilisation du capital qui génère les bénéfices soumis à l'impôt sur les bénéfices des sociétés. Cependant, les mesures des actifs figurant dans les états financiers ont tendance à sous-évaluer considérablement la valeur des actifs incorporels, lesquels contribuent pourtant dans une large mesure aux bénéfices des entreprises multinationales dans le monde. En outre, il convient d'observer que les actifs des entreprises n'incluent pas la valeur des infrastructures publiques et des autres services publics fournis, qui font partie d'une fonction liée à la production entrant dans une catégorie spécifique. Les actifs comprennent à la fois les actifs financés par des prises de participation et ceux financés par des prêts. L'impôt sur les bénéfices des sociétés est appliqué, en règle générale, sur les bénéfices nets issus des participations.
- Les effectifs et la rémunération du travail sont directement liés au coût du travail ; ils constituent une deuxième composante de la création de valeur par le capital et le travail utilisés par une entreprise. Cependant, le coût du travail est soustrait pour déterminer les bénéfices nets ; il ne fait pas partie de la base d'imposition des bénéfices nets des sociétés.
- Le chiffre d'affaires (les ventes) peut être un moyen indirect de mesurer la contribution du travail et du capital à la création de valeur, mais il englobe le montant payé aux fournisseurs et la rémunération du capital et du travail. Le chiffre d'affaires correspond au montant total des ventes de l'entreprise ; il n'est pas déclaré dans le pays où se situent les clients. À noter que la valeur du chiffre d'affaires peut être faussée par le phénomène BEPS en cas de manipulations de prix de transfert.
- Dans certains cas comme dans le secteur des services, les charges de fonctionnement peuvent être une mesure utile des fonctions économiques. Leur valeur peut être faussée par le phénomène BEPS en cas de manipulations de prix de transfert.

2.9.2. Considérations spécifiques aux indicateurs de taux de profit

2.9.2.1. Avantages

- Les indicateurs utilisent les taux d'imposition effectifs rétrospectifs et non les taux d'imposition légaux qui surévaluent souvent le taux marginal d'imposition des bénéfices transférés.
- Les données sur les entreprises peuvent aider à détecter les influences spécifiques à une filiale ou à une entité non consolidée sans rapport avec le phénomène BEPS. Toutefois, des facteurs non liés à la fiscalité peuvent affecter l'indicateur.
- L'utilisation de données portant à la fois sur le groupe multinational et sur la filiale pour calculer l'indicateur permet de stabiliser les nombreux facteurs sans lien avec la fiscalité et spécifiques au groupe et aide à distinguer les effets des pratiques de BEPS des effets économiques réels.

- Le raisonnement fondé sur la théorie des transferts de bénéfices qui seraient dus aux différentiels de taux d'imposition entre les pays est similaire à l'approche suivie dans les études théoriques sur les circonstances favorables aux transferts de bénéfices.

2.9.2.2. Limites

- Les mesures dépendent des informations financières disponibles. Dans la mesure où les informations ne sont pas toujours disponibles pour l'ensemble des filiales, les mesures peuvent avoir une couverture géographique limitée. L'accès aux informations issues des états financiers est limité. Ces informations sont avant tout accessibles aux entreprises publiques, et non aux sociétés de capitaux ou de personnes privées.
- Le taux de profit est calculé uniquement sur la base des actifs et n'est pas ajusté aux fonctions et aux risques.
- Les calculs des taux de profit nécessitent des informations sur la charge fiscale, le bénéfice avant impôt et les actifs. La disponibilité de ces informations varie entre les filiales des entreprises multinationales d'un même pays et aussi d'un pays à l'autre, du fait de l'existence d'obligations déclaratives différentes.
- Les informations relatives aux facteurs économiques se heurtent à des difficultés liées à leur contenu (par exemple, la plupart des actifs incorporels ne figurent pas dans le total des actifs).
- La variable fiscale (taux d'imposition effectifs moyens) est calculée à partir de la charge d'impôt sur les bénéfices qui figure sur les états financiers (somme de la charge d'impôt exigible et de la charge d'impôt différé), et non à partir des impôts effectivement payés ou de la charge fiscale correspondant à l'exercice en cours.
- Ces indicateurs ne fournissent que des indices indirects de pratiques de BEPS. Les effets liés au BEPS et ceux non liés au BEPS sont déjà inclus dans la charge fiscale déclarée (ou dans les impôts effectivement payés, lorsque cette information est disponible) ; ils se traduisent par la déclaration d'impôts plus faibles dans les pays à fiscalité plus élevée et d'impôts plus élevés dans les pays à fiscalité plus faible. L'indicateur ne mesure pas directement la réduction nette d'impôt global que les entreprises multinationales parviennent à obtenir en transférant leurs bénéfices entre des pays pratiquant des taux d'imposition différents ou en diminuant leurs bénéfices mondiaux déclarés.
- Les informations à la disposition du public sont établies sur la base de données comptables et non sur la base de variables fiscales. Les données provenant du pays d'immatriculation peuvent être différentes de celles du pays de la résidence fiscale.

2.9.2.3. Difficultés

- Les moyennes peuvent masquer les pratiques de BEPS d'un sous-groupe de sociétés. L'examen de la ventilation des valeurs d'un indicateur, lorsqu'elles sont disponibles, pourrait permettre de détecter les « aberrations » importantes. Les commentaires sur le projet en discussion ont suggéré d'évaluer les bases de données en procédant au cas par cas pour supprimer les aberrations correspondant à des valeurs importantes qui faussent les mesures de l'indicateur, tout en déconseillant de procéder à cette suppression par le recours aux méthodes quelque peu arbitraires utilisées pour identifier ces aberrations.

2.9.2.4. Extensions possibles

- Lorsque c'est possible, remplacer les données sur les entreprises issues des états financiers par les données fiscales compilées par les administrations fiscales.
- Intégrer plus de sociétés importantes dans la liste.
- Inclure un échantillon aléatoire de sociétés plus petites issues de secteurs similaires. Cela permettrait d'avoir une autre vision des différentes pratiques de BEPS en fonction de la taille des entreprises.
- Si les données sont disponibles, les désagréger par pays ou par secteur.
- Si les données sont disponibles, le calcul des taux de profit pourrait être effectué à partir d'autres mesures de l'activité économique telles que la rémunération du travail, les effectifs, les charges de fonctionnement ou le chiffre d'affaires.
- Un nombre important d'entreprises figurant dans les bases de données d'information financière déclarent des bénéfices annuels négatifs qui produisent des taux effectifs d'imposition négatifs. Les valeurs de l'indicateur pourraient être calculées avec et sans les valeurs négatives. Pour comparer les profits de différents groupes, d'autres indicateurs tels que les taux d'imposition effectifs de chaque groupe pourraient être calculés.

Indicateur 2
Filiales des entreprises multinationales les plus importantes ayant un taux de profit élevé mais étant faiblement imposées

Description : Cet indicateur montre le pourcentage de bénéfices perçus par des filiales situées dans des pays à fiscalité plus faible qui ont des taux de profit supérieurs, en comparant le taux de profit (rapport entre les bénéfices et les actifs) au taux effectif d'imposition (rapport entre la charge fiscale et les bénéfices) des filiales d'entreprises multinationales pour les grandes entreprises multinationales dans le monde.

Pour chaque filiale, le différentiel de taux de profit est comparé au différentiel de taux effectif d'imposition. Le différentiel de taux de profit correspond à la différence entre le taux de profit de la filiale et le taux de profit global de son groupe multinational; le différentiel de taux effectif d'imposition (TEI) correspond à la différence entre le TEI de la filiale et le TEI global de son groupe.

Les filiales « à impôt plus faible » ont un TEI inférieur au TEI global de leur groupe et les filiales « à profit plus élevé » ont un taux de profit supérieur au taux de profit global de leur groupe. L'indicateur 2 se concentre sur le pourcentage du bénéfice total déclaré par ces filiales « à profit plus élevé » mais « à impôt plus faible ».

Raisonnement : En cas de pratiques de BEPS, le différentiel de taux de profit des filiales « à impôt plus faible » devrait être positif. En d'autres termes, le taux de profit des filiales « à impôt plus faible » sera supérieur au taux de profit global de leur groupe multinational. En termes de taux effectif d'imposition (TEI), le différentiel de TEI sera négatif, en cas de pratiques de BEPS, puisque le TEI de la filiale sera inférieur au TEI global de son groupe.

Source de données : L'indicateur est calculé sur la base d'informations issues des états financiers non consolidées de filiales et des états financiers consolidés de leurs groupes multinationaux appartenant aux 250 plus grandes entreprises dans le monde.

Encadré 2.3. Indicateur 2 : Filiales des entreprises multinationales mondiales les plus importantes ayant un taux de profit élevé mais étant faiblement imposées

Contexte : Le phénomène BEPS implique le transfert de profits depuis des filiales situées dans des pays à niveau d'imposition élevé vers des filiales situées dans des pays à niveau d'imposition faible.

Description : Cet indicateur résume la relation existant entre la rentabilité des filiales d'une entreprise multinationale dans un pays donné et leurs taux effectifs d'imposition. L'indicateur correspond à la part des filiales, à profit supérieur situées dans des pays à impôt plus faible, dans le bénéfice avant impôt global du groupe. Dans le graphique 2.3, les filiales qui se trouvent dans la catégorie à « profit supérieur » (« *higher-profit* » en anglais) mais à « impôt plus faible » (« *lower-tax* » en anglais) sont représentées par la zone grisée dans le carré sud-est du graphique.

Données utilisées : Le calcul utilise les informations financières des filiales non consolidées et les informations financières consolidées des groupes multinationaux sur la charge d'impôt, les bénéfices avant impôt et les actifs, qui proviennent des rapports financiers des 250 entreprises multinationales mondiales les plus importantes (classement effectué selon le chiffre d'affaires) et de leurs filiales. Les calculs sont effectués sur plus de 2 300 groupes de filiales au niveau des pays, ce qui représente plus de 10 000 filiales. Les groupes financiers n'en font pas partie.

Résultats :

- En 2011, les filiales à profit supérieur mais à impôt plus faible représentaient 45 % du bénéfice total déclaré par toutes les filiales de l'échantillon. 45% est la valeur de l'indicateur. Ces filiales représentaient 33 % des filiales totales.
- Les groupes de filiales, à taux effectif d'imposition (TEI) plus élevé et à taux de profit plus faible, apparaissant dans le carré nord-ouest du graphique, représentaient seulement 7 % du bénéfice total. En cas de pratiques de BEPS, une partie du bénéfice de ce carré et aussi du carré nord-est peut avoir été transférée dans le carré sud-est (filiales à profit supérieur mais à impôt plus faible).
- La valeur de l'indicateur a augmenté de 32 % entre 2007 et 2011.

Dans le graphique 2.3, l'indicateur est représenté sous la forme des quatre carrés du diagramme. Le carré inférieur de droite correspond à la zone indiquant la possibilité de survenance de pratiques de BEPS. C'est le carré qui comprend les groupes de filiales qui ont des TEI plus faibles et des profits plus élevés, par rapport aux mesures globales correspondantes de leurs entreprises multinationales. Le graphique indique également, dans chaque carré, le pourcentage de la filiale dans le bénéfice avant impôt total. Par exemple, les groupes de filiales du carré sud-est représentent 45 % du bénéfice total réalisé en 2011.

Encadré 2.3. **Indicateur 2 : Filiales des entreprises multinationales mondiales les plus importantes ayant un taux de profit élevé mais étant faiblement imposées** *(suite)*

Graphique 2.3. **Indicateur 2 : Filiales des entreprises multinationales mondiales les plus importantes ayant un taux de profit élevé mais un impôt faible**

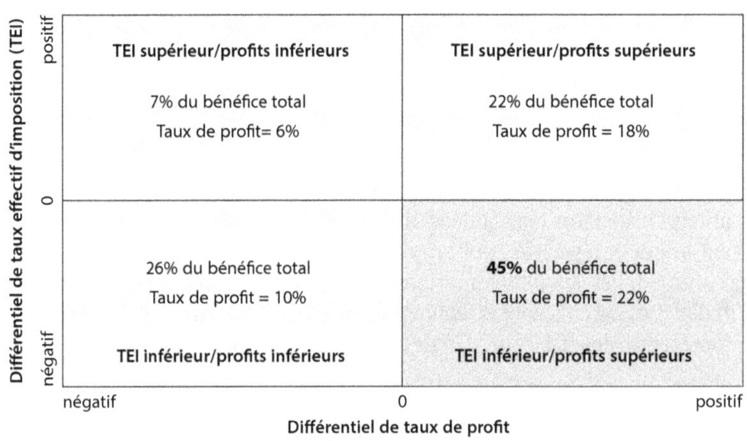

Précautions à prendre :

- Si l'indicateur permet de contrôler partiellement les différences de rentabilité des filiales en les comparant à la rentabilité mondiale de leur groupe, il ne permet pas de faire la distinction entre les taux de profit plus élevés qui sont dus aux pratiques de BEPS et ceux qui peuvent être nécessaires pour offrir un rendement sur investissement après impôt qui soit attractif.
- L'indicateur ne permet pas de contrôler ni de stabiliser les autres facteurs qui influencent les pratiques de BEPS, y compris les variations des caractéristiques des filiales, telles que la taille et le secteur.

Indicateur 3

Filiales d'entreprises multinationales à taux de profit élevé situées dans des pays à fiscalité plus faible

Description : Cet indicateur compare le taux de profit (le rapport bénéfices/actifs) des filiales situées dans des pays à taux d'imposition faible au taux de profit global de leur entreprise multinationale classée parmi les plus importantes. Les pays à fiscalité faible sont définis comme les pays appliquant aux filiales les taux effectifs d'imposition (TEI) les plus faibles et qui représentent 20 % des actifs du groupe multinational dans le monde[4].

Raisonnement : Cet indicateur utilise les données financières sur le groupe et aussi celles sur les différentes entités provenant des entreprises multinationales mondiales les plus importantes pour montrer la différence de profits entre les pays à taux d'imposition faible et le taux de profit global du groupe.

L'indice supérieur à un (1) montre que les filiales situées dans des pays à taux d'imposition faible ont des taux de profit supérieurs au taux global de leur groupe, ce qui peut indiquer qu'il y a transfert de bénéfices vers des pays à taux d'imposition faible. Si le nombre est plus important, l'indication est encore plus forte.

Source de données : Informations financières des 250 entreprises multinationales les plus importantes et de leurs filiales.

Encadré 2.4. **Indicateur 3 : Filiales d'entreprise multinationale à taux de profit élevé situées dans des pays à impôt plus faible**

Contexte : Lorsqu'il y a des taux de profit relativement élevés dans des pays à fiscalité relativement faible, on peut penser qu'il y a présence de pratiques de BEPS. L'indicateur 3 définit les pays à fiscalité relativement faible en procédant à la ventilation pays par pays des actifs du groupe dans le monde.

Description : Cet indicateur compare la rentabilité des filiales de groupes multinationaux situées dans des pays à fiscalité plus faible à la rentabilité globale des opérations de leur groupe. Les taux effectifs d'imposition (TEI) des filiales (pondérés par les actifs) sont calculés dans chaque pays où l'entreprise multinationale a des filiales; les pays sont classés par le TEI de chaque entreprise multinationale. Les taux de profit sont calculés pour les pays à fiscalité plus faible, définis comme les pays ayant les taux effectifs d'imposition les plus faibles et qui représentent 20 % des actifs du groupe multinational dans le monde. La rentabilité relative des filiales d'une entreprise multinationale situées dans des pays à fiscalité plus faible correspond au taux de profit réalisé dans ces pays divisé par le taux de profit global de l'entreprise multinationale. L'indicateur correspond au ratio du taux de profit moyen (pondéré par les actifs) de toutes les entreprises multinationales de l'échantillon.

Données utilisées : Le calcul utilise les informations financières sur la charge fiscale, les bénéfices avant impôt et les actifs, qui proviennent des rapports financiers des 250 entreprises multinationales mondiales les plus importantes et de leurs filiales. Les calculs sont effectués sur plus de 170 groupes multinationaux et leurs 10 000 filiales.

Résultats :

- En 2011, les taux de profit des filiales situées dans des pays à faible fiscalité des 171 entreprises multinationales les plus importantes, étaient en moyenne près de deux fois plus importants que les taux de profit globaux de leur groupe dans le monde (ratio de 2.0).
- Sur la même année, les 25 % de filiales les plus importantes des entreprises multinationales, classées par leurs taux de profit relatifs, avaient des ratios supérieurs à 2.4 ; le ratio était supérieur à 4.4 pour les 10 % de filiales d'entreprises multinationales les plus importantes.
- La valeur de l'indicateur a augmenté de 3 % entre 2007 et 2011.

Le tableau 2.2 résume les statistiques descriptives de 2007 et de 2011.

Tableau 2.2. **Indicateur 3 : Filiales d'entreprises multinationales à taux de profit élevé situées dans des pays à impôt plus faible**

	2007	2011
Indicateur 3	1.9	2.0
Les 25 % les plus importantes ont des ratios supérieurs à	1.9	2.4
Les 10 % les plus importantes ont des ratios supérieurs à	3.2	4.4

Encadré 2.4. **Indicateur 3 : Filiales d'entreprise multinationale à taux de profit élevé situées dans des pays à impôt plus faible** *(suite)*

Précautions à prendre :

- Des taux de profit relativement élevés obtenus dans des pays à fiscalité plus faible peuvent correspondre à des différences liées à l'activité économique réelle des filiales situées dans ces pays par rapport aux opérations des entreprises multinationales dans le monde. Toutefois, si le taux de profit est beaucoup plus important, il peut aussi indiquer la présence de pratiques de BEPS.
- Il y a des entreprises multinationales dans la base de données qui peuvent avoir des valeurs d'indicateur relativement basses parce que les filiales ayant des taux de profit relativement élevés n'y sont pas. Dans ces cas, il peut y avoir sous-évaluation du phénomène BEPS.

2.10. Différentiels de taux d'imposition effectifs d'entreprises multinationales par rapport à ceux d'entreprises « comparables » non membres d'un groupe multinational

96. L'indicateur de cette catégorie compare les taux effectifs d'imposition (TEI) rétrospectifs de filiales importantes d'entreprises internationales avec les TEI d'entités présentant des caractéristiques similaires non membres de groupes multinationaux. L'indicateur 4 utilise des données à l'échelle des filiales issues d'états financiers non consolidés.

Indicateur 4

Taux d'imposition effectifs (TEI) de filiales de grandes entreprises multinationales par rapport aux TEI d'entités indépendantes présentant les mêmes caractéristiques

Description : L'indicateur 4 compare les TEI de filiales importantes d'entreprises multinationales avec les TEI d'entités non membres de groupes multinationaux qui présentent des caractéristiques similaires dans un même pays. L'indicateur mesure la différence entre les TEI plus faibles des filiales importantes d'entreprises multinationales et les TEI des entités comparables non membres de groupes multinationaux.

Cet indicateur montre le différentiel estimé de TEI. Ce différentiel est dû aux disparités entre les systèmes fiscaux (par exemple, aux dispositifs hybrides exploitant des asymétries transnationales) ou aux régimes fiscaux préférentiels nationaux, si les entreprises multinationales ne les appliquent pas comme le font les entités non membres de groupes multinationaux. Il peut être dû également au transfert de bénéfices dans les cas où ce transfert ne modifie pas les charges financières liées à la fiscalité et les bénéfices avant impôt, de manière proportionnelle. Le différentiel estimé de TEI correspond à un certain nombre de caractéristiques de l'entreprise et notamment à la rentabilité, au pays, au secteur, à la taille, à l'activité en matière de dépôts de brevet et à la position de l'entreprise dans le groupe. Le TEI est égal à la charge d'impôt divisée par le bénéfice net déclaré. Les grandes entreprises sont définies comme les entreprises qui comptent plus de 250 salariés.

S'il est négatif, l'indicateur va montrer que les filiales importantes d'entreprises multinationales ont des taux effectifs d'imposition (TEI) inférieurs aux TEI des entités comparables non membres de groupes multinationaux. Cela peut être une indication de pratiques de BEPS.

Raisonnement : En présence de pratiques de BEPS, le bénéfice imposable des filiales d'entreprises multinationales qui sont situées dans des pays à fiscalité élevée devrait diminuer par rapport au bénéfice financier déclaré des filiales, comme en cas d'utilisation de montages hybrides exploitant les différences entre les législations qui permettent les doubles déductions ou la déduction sans l'inclusion correspondante dans l'autre pays. Les entreprises multinationales ont elles aussi la possibilité de profiter des régimes fiscaux préférentiels nationaux et de manière plus importante que les entreprises strictement nationales, en déterminant la localisation de leur activité économique dans le cadre d'un plan d'optimisation fiscale. Le transfert des bénéfices des entreprises multinationales en dehors d'un pays peut entraîner une réduction de leurs charges fiscales qui est supérieure proportionnellement à la réduction de leurs bénéfices avant impôt déclarés. De ce fait, les impôts (et les TEI) des filiales d'une entreprise multinationale pourraient être inférieurs aux impôts (et aux TEI) des filiales non membres d'un groupe multinational qui ne dispose pas des mêmes opportunités d'optimisation fiscale transnationale.

Source de données : Les informations financières non consolidées sur les entreprises multinationales et sur les entreprises nationales proviennent de la base de données ORBIS.

Encadré 2.5. **Indicateur 4 : Taux d'imposition effectifs (TEI) de filiales de grandes entreprises multinationales par rapport aux TEI d'entités indépendantes présentant les mêmes caractéristiques**

Contexte : Les entreprises multinationales ont plus de possibilités pour réduire leurs impôts par des pratiques de BEPS que les filiales strictement nationales présentant les mêmes caractéristiques. Les filiales d'entreprises multinationales, qui parviennent à tirer profit des différences existant entre les systèmes fiscaux internationaux ou à retirer plus d'avantages des régimes fiscaux préférentiels, ont alors un TEI déclaré (charge d'impôt/actifs) plus faible dans le pays que les entreprises strictement nationales.

Description : Cet indicateur utilise les données financières non consolidées pour estimer la différence entre les TEI de filiales importantes d'entreprises multinationales et les TEI d'entités non membres de groupes multinationaux présentant des caractéristiques similaires. L'indicateur correspond au coefficient de régression à plusieurs variables d'une variable indicatrice pour les grandes entreprises dans une équation qui estime les TEI des différentes entités. L'analyse de régression à plusieurs variables des entités similaires non membres de groupes multinationaux repose sur des facteurs spécifiques à l'entreprise, notamment secteur, pays, taille, existence de brevets et position de l'entreprise dans le groupe (siège social, société mère ou absence de lien de parenté).

Données utilisées : À la différence des autres indicateurs, cet indicateur est calculé en utilisant une équation de régression portant sur les disparités fiscales et les régimes fiscaux préférentiels qui sont décrits en Annexe 3.A1.

Résultats :

- En 2010, la valeur de l'indicateur était de -3.3. Cela indique que les filiales d'entreprises multinationales avaient, en moyenne, des TEI inférieurs de 3.3 points aux TEI des entités non membres de groupes multinationaux comparables. L'indicateur a une signification statistique à partir de 0.
- L'indicateur a montré que, depuis 2003, le différentiel de TEI d'une filiale importante d'une entreprise multinationale par rapport au TEI d'une entreprise nationale présentant les mêmes caractéristiques, a un niveau de variation moyen de -3 en points de pourcentage, ce qui ne constitue pas une variation importante du point de vue statistique.

Encadré 2.5. Indicateur 4 : Taux d'imposition effectifs (TEI) de filiales de grandes entreprises multinationales par rapport aux TEI d'entités indépendantes présentant les mêmes caractéristiques *(suite)*

Le tableau 2.3 présente les estimations de l'indicateur de 2000 à 2010. Le graphique 2.4 représente l'évolution de la valeur de l'indicateur sur la période 2000-10 sous la forme d'un graphique.

Tableau 2.3. **Indicateur 4 : Taux d'imposition effectifs (TEI) de filiales de grandes entreprises multinationales par rapport aux TEI d'entités indépendantes présentant les mêmes caractéristiques (en points de pourcentage)**

Année	Indicateur 4
2000	-3.9
2001	-4.5
2002	-3.6
2003	-2.7
2004	-3.2
2005	-3.0
2006	-2.9
2007	-3.2
2008	-3.3
2009	-2.8
2010	-3.3

Graphique 2.4. **Indicateur 4 : Taux d'imposition effectifs (TEI) de filiales de grandes entreprises multinationales par rapport aux TEI d'entités indépendantes présentant les mêmes caractéristiques (en points de pourcentage)**

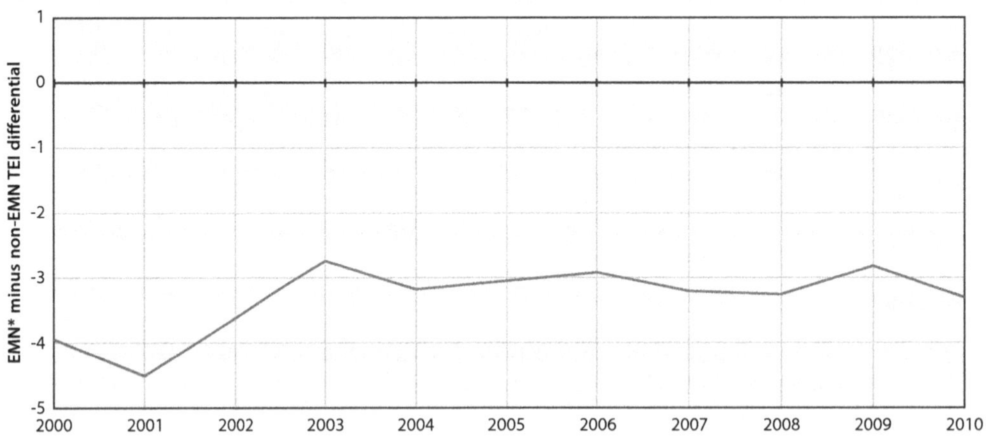

Encadré 2.5. **Indicateur 4 : Taux d'imposition effectifs (TEI) de filiales de grandes entreprises multinationales par rapport aux TEI d'entités indépendantes présentant les mêmes caractéristiques** *(suite)*

Précautions à prendre :

- Il peut exister des différences entre les filiales d'entreprises multinationales et les entités nationales qui sont propres à ces sociétés, qui ne sont pas apparentes et qui n'ont pas de rapport avec la stratégie d'optimisation fiscale (par exemple, l'intensité capitalistique ou la rentabilité). Ces différences peuvent aussi influencer leurs taux effectifs d'imposition (TEI) relatifs. Dans certains pays, il n'existe pas d'entités présentant des caractéristiques similaires qui pourraient être comparées aux filiales d'entreprises multinationales exerçant leurs activités dans le pays.
- L'indicateur intègre des comportements qui n'ont pas de rapport avec le phénomène BEPS, tels que la décision de réaliser une activité importante dans un pays pour bénéficier d'un régime fiscal préférentiel (par exemple, d'allégements fiscaux en matière de R&D, de crédits d'impôt en matière d'investissement).
- Comme l'indique le chapitre 1, les données financières disponibles à l'échelle des entreprises présentent des limites relatives à la représentativité dans le pays, l'utilisation de données financières sur les paiements d'impôt au lieu de données réelles, l'absence d'entités et au fait que certaines observations sont effectuées sur la base d'informations financières incomplètes. Les résultats dépendent de la base de données utilisée sur les entreprises ainsi que de la régression correspondante.

2.11. Transferts de bénéfices par le biais du transfert d'actifs incorporels

97. L'indicateur de cette catégorie réalise une mesure indirecte du phénomène BEPS qui se rapporte aux actifs incorporels. L'indicateur est élaboré à partir de bases de données macroéconomiques sur les redevances perçues.

Indicateur 5

Concentration de redevances perçues par rapport aux dépenses de R&D

Description : Cet indicateur associe les informations sur les redevances perçues par les entreprises dans un pays donné, qui sont issues de la balance des paiements, et les informations sur les dépenses courantes de R&D dans ce pays[5]. L'indicateur compare le ratio moyen redevances perçues/dépenses de R&D d'un groupe de pays à ratio élevé au ratio moyen des autres pays de la sélection.

Raisonnement : Le transfert de la propriété intellectuelle, depuis un pays à fiscalité plus élevée où se trouve l'activité de R&D vers un pays à fiscalité plus faible, est une filière qui facilite le phénomène BEPS. La valeur élevée de l'indicateur montre que le flux de recettes perçues au titre de la PI dans les pays à ratio élevé, est considérablement plus important, si on le compare à celui des autres pays, que la valeur que l'on devrait obtenir par rapport aux dépenses réelles de R&D dans ces pays. Cette valeur élevée peut donc indiquer la présence de pratiques de BEPS.

Source de données : Balance des paiements et dépenses de R&D issues des *Indicateurs du développement dans le monde* de la Banque mondiale.

Encadré 2.6. **Indicateur 5 : Concentration de redevances perçues par rapport aux dépenses de R&D**

Contexte : Le transfert de propriété intellectuelle (PI), depuis des pays à fiscalité élevée où ont lieu les activités de R&D vers des pays à fiscalité faible (après le développement de cette propriété intellectuelle), facilite les pratiques de BEPS. Il en résulte un montant de redevances perçues par euro de dépenses de R&D plus faible dans les pays où la PI est développée et un montant plus élevé dans les pays où la PI a été transférée.

Description : Cet indicateur compare les redevances perçues par rapport aux dépenses de R&D dans les pays ayant des ratios supérieurs de 50 % au ratio moyen des autres pays. La composition des pays à ratio élevé est basée sur les valeurs de 2011 et n'a pas varié sur les autres années. Des valeurs largement supérieures au ratio moyen redevances perçues/dépenses de R&D peuvent indiquer la présence de pratiques de BEPS.

Données utilisées : Balance des paiements et dépenses de R&D issues des *Indicateurs du développement dans le monde de la Banque mondiale.* Les données comprennent 59 pays en 2011 dont 4 pays ayant des ratios supérieurs à 50 %.

Résultats :

- En 2011, les pays à ratio élevé ont perçu 1.04 EUR de redevances pour 1 EUR de dépenses de R&D. Les autres pays ont perçu uniquement 0.18 EUR de redevances pour 1 EUR de dépenses de R&D.
- Il en résulte un ratio de redevances perçues/dépenses de R&D pour le groupe de tête des pays qui est presque six fois plus important que le ratio des autres pays faisant partie de l'échantillon.
- La valeur de l'indicateur a doublé entre 2005 et 2012, du fait de l'augmentation des redevances perçues par les pays à ratio élevé.
- En 2011, les redevances des pays à ratio élevé ont représenté 3 % des redevances perçues par les 59 pays examinés. L'indicateur établit la présence de pratiques de BEPS mais n'en mesure pas l'ampleur. Même si la part des pays à ratio élevé reste faible, l'indicateur apporte la preuve de l'existence du phénomène BEPS.

Le graphique 2.5 montre l'évolution de l'indicateur 5 sur la période 2005-12. Le diagramme compare les valeurs des ratios redevances/dépenses de R&D des pays ayant les ratios les plus élevés avec les valeurs des mêmes ratios des autres pays de l'échantillon dont les données sont disponibles.

Graphique 2.5. **Indicateur 5 : Concentration de redevances perçues par rapport aux dépenses de R&D**

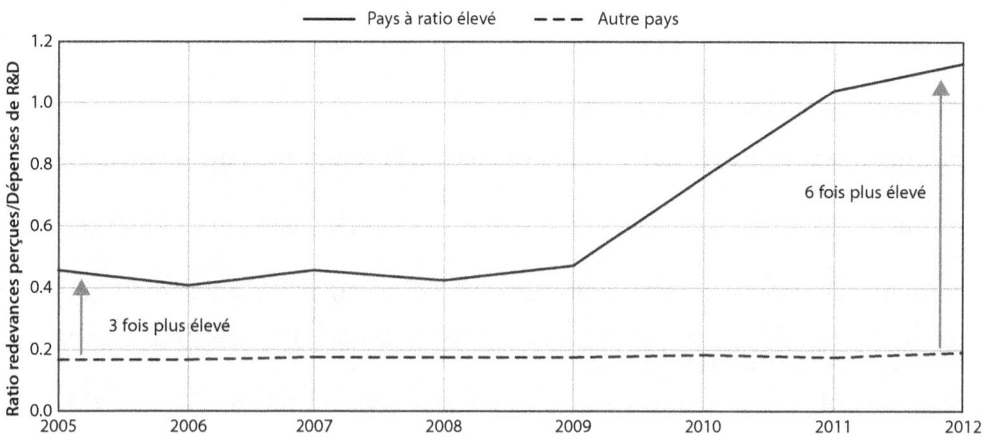

Source : Banque mondiale, Indicateurs du développement dans le monde.

Encadré 2.6. **Indicateur 5 : Concentration de redevances perçues par rapport aux dépenses de R&D** *(suite)*

Le tableau 2.4 liste les valeurs annuelles estimées de l'indicateur.

Tableau 2.4. **Valeurs annuelles estimées de l'indicateur**

Année	Indicateur 5
2005	2.8
2006	2.5
2007	2.6
2008	2.5
2009	2.7
2010	4.3
2011	5.8
2012	5.8

Précautions à prendre :

- La composition du groupe des autres pays de l'échantillon varie au fur et à mesure de l'accès à de nouvelles données. Le nombre de pays dont les données sont disponibles pour le calcul de cet indicateur est passé de 32 à 69. Cependant, la valeur de l'indicateur ne varie pas beaucoup, lorsqu'il s'agit de calculer cette valeur uniquement pour les pays dont les données sont disponibles sur toutes les années de la période 2005-11.
- Les pays ont des pratiques différentes en matière de déclaration des redevances, selon qu'il s'agit d'un pays d'incorporatin ou de résidence fiscale. Par exemple, les pays ayant de nombreuses sociétés relais sur leur territoire considèrent généralement que ces sociétés ne font pas partie de l'économie nationale et n'incluent pas les données sur ces sociétés dans leur communication d'informations.
- Cet indicateur est limité par le fait que le bénéfice actuel résultant de la PI pourrait correspondre au résultat des dépenses de R&D des années précédentes. L'indicateur n'intègre pas actuellement d'ajustement correspondant à ce décalage dans le temps.
- Les redevances comprennent les charges liées, par exemple, à l'utilisation des brevets, mais pas seulement. Elles comprennent également les paiements liés aux marques commerciales, droits de reproduction, logiciels et aux œuvres cinématographiques. Les redevances ne résultent donc pas exclusivement des activités de R&D.
- Les dépenses de R&D comprennent à la fois des dépenses publiques et privées.

2.12. Transfert de bénéfices par le biais du règlement des intérêts déductibles

98. L'indicateur de cette catégorie mesure l'utilisation des paiements d'intérêts liés à des prêts entre les entreprises multinationales et leurs filiales pouvant constituer une source du BEPS.

Indicateur 6

Ratios de la charge d'intérêts par rapport aux bénéfices des filiales d'entreprises multinationales situées dans des pays pratiquant des taux d'imposition légaux supérieurs à la moyenne

Description : Cet indicateur montre le ratio intérêts-bénéfice supérieur à la moyenne des filiales d'entreprises multinationales situées dans des pays à fiscalité plus élevée.

Le ratio intérêts-bénéfice est défini comme le montant d'intérêts payés divisé par l'EBITDA (résultat avant intérêts, impôt, amortissement et provisions)[6]. Les différentiels de ratio intérêts-bénéfice sont calculés pour chaque filiale des 250 entreprises multinationales les plus importantes. Le différentiel de ratio intérêts-bénéfice correspond à la différence entre le ratio intérêts-bénéfice d'une filiale (qui comprend à la fois les intérêts envers les tiers et envers les parties liées) et le ratio intérêts-bénéfice consolidé du groupe multinational dont elle fait partie. Les pays à fiscalité plus élevée sont définis comme les pays qui appliquent des taux d'imposition légaux au niveau national ou infranational, supérieurs à la moyenne (pondérée par l'EBITDA) à toutes les filiales faisant partie d'entreprises multinationales.

Les filiales sont réparties entre quatre carrés en fonction de leurs ratios intérêts-bénéfice et de leurs taux d'imposition légaux. Le ratio de dépassement est calculé pour chaque carré. Ce ratio correspond à la différence entre le ratio intérêts-bénéfice moyen pondéré des filiales se trouvant dans le carré et le ratio intérêts-bénéfice moyen pondéré de toutes les filiales de l'échantillon (c'est-à-dire des filiales des quatre carrés). L'indicateur correspond au ratio de dépassement du carré nord-est (c'est-à-dire au ratio de dépassement des filiales ayant un ratio intérêts-bénéfice élevé et un taux d'imposition légal élevé). En cas de pratiques de BEPS effectuées au moyen de déductions d'intérêts excessives, le différentiel du ratio intérêts-bénéfice dans les pays pratiquant des taux d'imposition légaux supérieurs à la moyenne devrait être positif. En d'autres termes, le ratio intérêts-bénéfice des filiales sera supérieur au ratio intérêts-bénéfice global de leurs groupes multinationaux.

Raisonnement : Les prêts consentis dans le cadre d'une stratégie d'optimisation fiscale, visant à justifier des déductions d'intérêts qui sont en réalité excessives, constituent l'une des filières du phénomène BEPS utilisées par les entreprises multinationales pour réduire leur charge fiscale globale. Cet indicateur montre le ratio de dépassement des filiales qui enregistrent des différentiels de ratio intérêts-bénéfice positifs situées dans des pays dont les taux d'imposition légaux sont supérieurs au taux moyen d'imposition. Les filiales ayant des ratios intérêts-bénéfice relativement élevés regroupent les ratios intérêts externes et internes payés-bénéfice qui dépassent le ratio moyen pour l'ensemble du groupe multinational (qui est calculé uniquement avec les intérêts payés à des tiers). En cas de pratiques de BEPS, une partie importante du total des intérêts payés devrait être déclarée par les filiales ayant des ratios intérêts-bénéfice supérieurs au ratio global de leur groupe qui sont situées dans des pays pratiquant des taux d'imposition légaux supérieurs à la moyenne pondérée.

Source de données : L'indicateur est calculé sur la base d'informations issues des états financiers de filiales non consolidées et de groupes multinationaux consolidés, lorsque ces informations sont disponibles.

Encadré 2.7. **Indicateur 6 : Ratios intérêts-bénéfices des filiales d'entreprises multinationales**

Contexte : La présence de ratios intérêts-bénéfice supérieurs à la moyenne pour des filiales situées dans des pays à taux d'imposition légaux supérieurs à la moyenne indique la présence de pratiques de BEPS via des déductions d'intérêts excessives qui transfèrent les bénéfices depuis des pays à fiscalité élevée vers des pays à fiscalité plus faible.

Description : Cet indicateur mesure le ratio intérêts-bénéfice excessif déclaré par les filiales d'entreprises multinationales ayant des ratios intérêts-bénéfice relativement élevés qui sont situées dans des pays appliquant des taux d'imposition légaux supérieurs à la moyenne pondérée.

Données utilisées : La valeur de l'indicateur a été calculée à partir d'informations sur les filiales issues des comptes consolidés portant sur les intérêts payés et sur l'EBITDA concernant plus de 10000 filiales des 250 entreprises multinationales les plus importantes. Les taux d'imposition légaux des filiales proviennent des informations fournies par l'OCDE sur les taux d'impôt légaux sur le revenu des sociétés d'origine nationale et infranationale.

Résultats :

- Pour les filiales situées dans des pays à fiscalité plus élevée ayant des ratios intérêts-bénéfice élevés, le ratio intérêts-bénéfice était de 29 % en 2011. En d'autres termes, la charge d'intérêts représentait 29 % de leur bénéfice avant impôt, avant déduction des charges d'intérêts, d'amortissement et des provisions. Ce ratio dépasse le ratio intérêts-bénéfice moyen (de 10 %) pour toutes ces filiales de 19 points de pourcentage, qui représente la valeur de l'indicateur. Les filiales sont représentées dans le carré nord-est du graphique 2.6 qui est grisé.
- 45 % du total des charges d'intérêts de toutes les filiales de l'échantillon de 2011 étaient attribuables aux filiales situées dans des pays à taux d'imposition légaux supérieurs à la moyenne ayant des ratios intérêts-bénéfice supérieurs au ratio consolidé de leur groupe.

Graphique 2.6. **Indicateur 6 : Ratios intérêts-bénéfice des filiales d'entreprises multinationales situées dans des pays pratiquant des taux d'imposition légaux supérieurs à la moyenne**

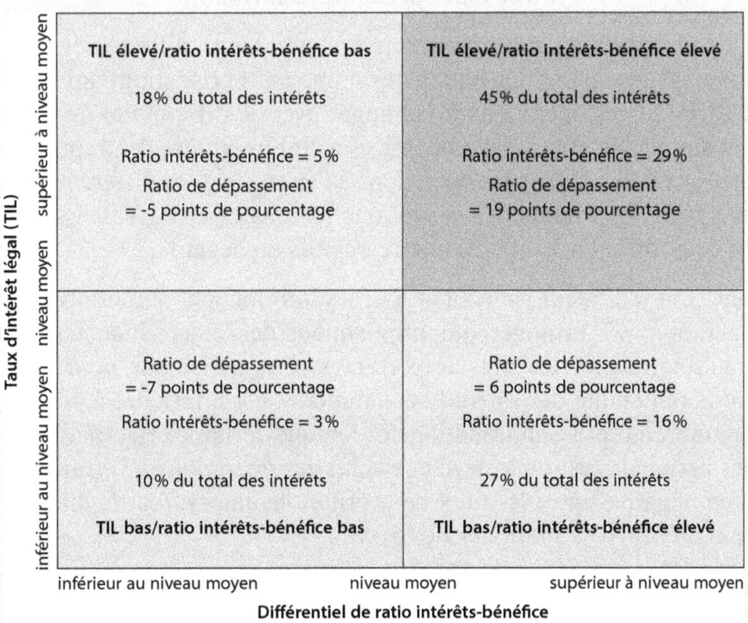

Encadré 2.7. Indicateur 6 : Ratios intérêts-bénéfices des filiales d'entreprises multinationales *(suite)*

Précautions à prendre :

- L'indicateur est calculé en utilisant la charge d'intérêts brute figurant dans les états financiers. En cas de données complémentaires disponibles, la charge d'intérêts nette pourrait être utilisée dans le calcul. Les entreprises financières ne sont pas comprises dans le calcul de cet indicateur.
- Le ratio intérêts-bénéfice est destiné à mesurer un type de pratique de BEPS, c'est-à-dire l'utilisation de déductions excessives d'intérêts pour transférer des bénéfices depuis des pays à fiscalité plus élevée vers des pays à fiscalité plus faible. Il ne s'agit pas d'un indicateur d'autres pratiques de BEPS.
- L'indicateur se concentre sur la charge d'intérêts des filiales à l'égard des parties liées et des tiers et la compare à la charge d'intérêts de leurs groupes à l'égard des tiers. Il ne contrôle pas la question générale en matière d'impôt sur les sociétés de la double imposition du capital des sociétés et de la déductibilité des charges d'intérêts.

2.13. Futurs indicateurs potentiels de pratiques de BEPS à partir de nouvelles données

99. Les six indicateurs présentés dans les sections précédentes sont établis sur la base des données actuellement disponibles. De nouvelles sources de données pourraient être utilisées pour élaborer d'autres indicateurs de pratiques de BEPS. On peut citer, à titre d'exemples, les deux indicateurs suivants :

Futur indicateur A

Taux de profit comparés aux taux effectifs d'imposition des opérations nationales (siège social) et des opérations réalisées à l'étranger d'une entreprise multinationale

Description : Cet indicateur pourrait servir à comparer le différentiel de taux de profit (profits/actifs) entre les opérations nationales d'une entreprise multinationale dans le pays de son siège social et ses opérations à l'étranger avec le différentiel de taux d'imposition effectif (impôt sur les bénéfices payé/bénéfices avant impôt) de l'entreprise multinationale entre ses opérations nationales et ses opérations à l'étranger[7]. Les différentiels correspondent à la différence entre les valeurs des opérations nationales et les valeurs des opérations à l'étranger; les deux différentiels peuvent être positifs ou négatifs.

Raisonnement : Cet indicateur pourrait utiliser les informations sur les opérations nationales et sur les opérations à l'étranger qui proviennent des états financiers consolidés des entreprises multinationales les plus importantes. Cet indicateur pourrait montrer dans quelle mesure la rentabilité des opérations nationales est inférieure à celle des opérations à l'étranger d'une entreprise multinationale, lorsque le taux effectif d'imposition (TEI) des opérations nationales est plus élevé que celui des opérations à l'étranger, et vice versa. Une corrélation négative entre les taux de profit et les taux effectifs d'imposition est une indication de la présence de pratiques de BEPS.

Source de données : Les taux de profit et les taux effectifs d'imposition pourraient être calculés avec les futures données améliorées sur les entreprises multinationales. Actuellement, les obligations déclaratives sur les charges fiscales dans les états financiers sont différentes entre les pays et manquent de cohérence. Les informations fournies sont donc limitées à ce que les entreprises multinationales communiquent et varient d'un pays à l'autre.

Encadré 2.8. **Futur indicateur A : Taux de profit ramenés aux taux effectifs d'imposition (TEI) des opérations nationales par rapport aux opérations globales des entreprises multinationales**

Exemple : Aucun exemple de calcul n'a été fait pour cet indicateur du fait des limites inhérentes aux données actuelles.

Précautions à prendre :

- Cet indicateur nécessite les données globales des états financiers des entreprises multinationales qui portent à la fois sur les opérations nationales et sur les opérations à l'étranger. Les rapports financiers des entreprises multinationales qui sont accessibles au public peuvent varier considérablement dans leur contenu, sur la déclaration séparée ou non des opérations nationales et à l'étranger et sur la manière dont les informations sont établies. Cela limite le nombre d'entreprises multinationales qui peuvent être intégrées dans cet indicateur qui utilise les rapports financiers actuellement disponibles au public.
- La rentabilité des opérations nationales et étrangères va varier en fonction des activités car elles ont des besoins différents en capital et en main d'œuvre (niveaux et types).

Futur indicateur B

Différentiels du taux de rendement des investissements directs étrangers (IDE) liés aux entités à vocation spéciale (EVS)

Description : Cet indicateur macroéconomique pourrait mesurer le volume des stocks d'IDE entrants (c'est-à-dire des stocks cumulés d'IDE détenus par des investisseurs étrangers dans un pays donné) qui proviennent de pays ayant des stocks importants d'IDE sortants via des EVS, qui servent de relais d'investissement. Il s'agit des pays ayant des parts relativement importantes de stocks d'IDE sortants transitant par des EVS. Les EVS sont des entités juridiques qui ont en général peu de salariés et peu de moyens dans le pays où elles sont situées et qui sont utilisées pour lever des fonds ou pour détenir des actifs et des dettes liés aux investissements d'une entreprise multinationale dans les autres pays.

Raisonnement : Les IDE mesurent les investissements transnationaux entre des entreprises liées. On considère que plus il y a de flux entrants d'IDE dans des EVS, plus il y a de probabilité de pratiques de BEPS. Des recherches récentes effectuées par la Conférence des Nations Unies sur le commerce et le développement (CNUCED) ont permis de constater que le revenu des participations dans des stocks entrants d'IDE diminue au fur et à mesure qu'augmente la part de ces IDE entrants en provenance de paradis fiscaux et d'EVS[8]. La part d'IDE entrants via des EVS et le taux de rendement de cet investissement plus faible pourraient indiquer la présence de pratiques de BEPS.

L'indicateur pourrait comparer le taux de rendement des IDE entrants dans les pays relativement exposés aux IDE en provenance de pays à relais d'investissement avec le taux de rendement dans d'autres pays. Le taux de rendement des participations est égal aux sorties de revenus des participations (dividendes et bénéfices réinvestis) en provenance du pays d'accueil rapportées aux entrées d'IDE dans ce pays. Il mesure la rentabilité de l'IDE. Les pays où se trouvent les structures relais d'investissement pourraient être définis comme les pays à pourcentages relativement élevés de stocks d'IDE sortants transitant par des EVS[9].

Source de données : *Statistiques de l'OCDE sur les investissements directs à l'étranger.* Ce sont les stocks d'IDE entrants et les stocks d'IDE sortants, depuis des pays membres de l'OCDE vers des pays membres de l'OCDE, qui constituent les données. La *Définition de référence de l'OCDE des investissements directs internationaux, 4e Édition*, recommande que les pays déclarent les investissements liés à des IDE en les séparant des entités à vocation spéciale (EVS) pour faciliter l'analyse du capital qui transite par des EVS. Cependant, les données détaillées sur les IDE bilatéraux qui sont le fait d'entités à vocation spéciale (EVS) ne sont disponibles actuellement que pour un nombre limité de pays. Or, cet indicateur peut être estimé si des données distinctes sur les EVS sont communiquées pour un plus grand nombre de pays.

Encadré 2.9. **Futur indicateur B : Différentiels de taux de rendement des IDE liés à des EVS**

Exemple : Aucun exemple de calcul n'a été fait pour cet indicateur en raison des limites inhérentes aux données.

Précautions à prendre :

- Les données publiées en 2015 vont fournir des statistiques sur les IDE qui sont le fait d'EVS pour un nombre de pays de plus en plus important. La couverture plus large des données va avoir des effets sur la valeur de l'indicateur qui n'auront pas de rapport avec le phénomène BEPS. Il faut en tenir compte dans l'interprétation de cet indicateur qui est destiné à mesurer les variations du phénomène BEPS.
- On s'attend à ce que les investissements liés au phénomène BEPS constituent une partie importante des investissements réalisés via des EVS, mais il y aura aussi des investissements réalisés via des EVS qui n'auront aucun rapport avec le phénomène BEPS.
- L'intégration de pays dans le groupe de tête des pays d'accueil, c'est-à-dire des pays destinataires d'investissements ayant des ratios relativement élevés d'IDE liés à des EVS, devra se faire sur la base d'un critère qui sera fixé après une analyse complémentaire.
- L'indicateur mesure uniquement les transferts de bénéfices qui sont facilités par des relations d'investissement directs.

2.14. Indicateurs examinés mais non retenus

100. D'autres d'indicateurs ont été examinés mais n'ont pas été retenus dans le tableau de bord des indicateurs. Il y a eu aussi des suggestions en faveur d'indicateurs possibles, mais ces indicateurs n'ont pas été évalués en raison du manque de données actuellement disponibles. Voici des exemples d'indicateurs examinés qui n'ont pas été retenus :

- Différentiels de taux de profit globaux des entreprises multinationales, entre localisation dans des pays à fiscalité élevée et localisation dans des pays à fiscalité faible.

- Taux d'imposition moyens effectifs prospectifs de contribuables représentatifs calculés sur la base des caractéristiques financières ressortant de leurs déclarations sur l'impôt sur les bénéfices des sociétés. On ne voyait pas clairement comment les impacts du phénomène BEPS sur les contribuables représentatifs pouvaient être agrégés pour en retirer une unité de mesure qui permettrait de construire un indicateur.
- Taux d'imposition moyens ou marginaux effectifs prospectifs de projets d'investissement de contribuables hypothétiques.
- Concentration de niveaux élevés de flux d'IDE ramenés au PIB (flux entrant d'IDE dans un pays donné détenus par des investisseurs étrangers situés dans des pays membres de l'OCDE/PIB du pays donné).
- Concentration de niveaux élevés de revenus d'IDE ramenés au PIB (flux entrants de revenus d'IDE dans un pays donné provenant de pays membres de l'OCDE/PIB du pays donné).
- Concentration de niveaux élevés de redevances perçues (redevances perçues/PIB du pays bénéficiaire).
- Concentration d'endettement lié aux IDE.
- Concentration de niveaux élevés de brevets mis au point en dehors du pays (brevets détenus par les résidents d'un pays qui ont été mis au point dans un autre pays/total de brevets déposés dans le pays).
- Mesures liées aux écarts en matière fiscale ressortant de la comparaison entre les données sur les bénéfices des sociétés issues des comptabilités nationales et les déclarations d'impôts sur les bénéfices des sociétés. Cette mesure n'est actuellement disponible que pour quelques pays et elle inclut l'impact de facteurs importants qui ne sont pas liés au phénomène BEPS.
- Estimations du phénomène BEPS sur la base d'extrapolations de redressements fiscaux se référant à la définition des pays appliquant des taux statutaires d'imposition sur les bénéfices des sociétés entraînant l'absence d'imposition ou une imposition faible.

101. Les principales raisons qui ont amené à ne pas retenir ces indicateurs étaient dues aux problèmes liés aux données disponibles et à la difficulté de séparer les effets économiques réels et le phénomène de l'érosion de la base d'imposition et du transfert de bénéfices (BEPS).

2.15. Résumé

102. Ce chapitre présente six indicateurs, auxquels s'ajoutent deux autres indicateurs qui pourraient être mis en place à l'avenir, tous susceptibles d'aider à mesurer et à suivre l'ampleur et les effets des stratégies de BEPS. Ces indicateurs sont conçus pour être une unité de mesure ou jauge capable de mesurer certaines tendances et variations dans le temps et d'envoyer des « signaux d'avertissement » forts lorsque l'existence de pratiques de BEPS est détectée. Aucun indicateur ne peut fournir à lui seul une vision complète de l'existence et de l'impact du phénomène BEPS. Mais le regroupement des indicateurs au sein d'un « tableau de bord » peut fournir de nouveaux indices à cette fin.

103. Comme pour toute jauge, le degré de précision dépend des informations disponibles et de l'exactitude des outils de mesure. Compte tenu des données actuellement disponibles, les indicateurs présentés ne peuvent fournir que des informations générales sur l'ampleur et l'impact économique du phénomène BEPS, qui manquent de précision. Si des données plus complètes et de meilleure qualité deviennent disponibles, corroborées par une analyse statistique perfectionnée, il sera peut-être possible d'obtenir des informations plus précises à partir de ces indicateurs.

104. Regroupés sous la forme d'un tableau de bord, les indicateurs envoient un signal révélant l'existence du phénomène BEPS, et qu'il y a matière à penser qu'il va prendre de l'ampleur, d'où la nécessité d'avoir accès à de meilleures données si l'on veut améliorer l'analyse économique de ce phénomène et les mesures issues du Plan d'action. Les indicateurs constatent la présence de « niveaux élevés » plutôt qu'ils ne servent de véritables analyses économiques. Ils rencontrent des limitations importantes affectant les données et doivent ainsi être utilisés avec précaution. Il n'en reste pas moins que les six indicateurs qui ont été présentés dans ce chapitre émettent bien un signal, et décrivent une tendance concernant la présence de pratiques de BEPS.

105. Les indicateurs qui ont été présentés sont les suivants :

- L'indicateur 1 est établi sur la base du rapport entre les IDE et le PIB. Il montre que les stocks d'IDE net et brut ramenés au PIB d'un groupe de pays à ratios élevés (supérieurs à 50 % pour l'IDE net et supérieur à 200 % pour l'IDE brut) ont continué à augmenter au cours des dernières années, si on les compare avec la moyenne de tous les autres pays. Le ratio net IDE/PIB de ces pays a augmenté jusqu'à devenir 38 fois supérieur à celui de tous les autres pays en 2005 et 99 fois en 2012.
- Les indicateurs 2 et 3 montrent que les taux effectifs d'imposition (TEI) plus faibles sont en corrélation avec les taux de profit supérieurs des filiales. L'indicateur 2 montre que 45 % du revenu des entreprises multinationales les plus importantes a été déclaré par des filiales ayant des taux effectifs d'imposition inférieurs à la moyenne et des taux de profit supérieurs à la moyenne. Ces filiales représentaient uniquement 33 % du total des filiales des groupes multinationaux. La valeur de l'indicateur a augmenté de 32 % entre 2007 et 2011. L'indicateur 3 montre que le taux de profit des filiales d'entreprises multinationales situées dans des pays à fiscalité plus faibles, était en moyenne près de deux fois plus important que le taux de profit global de leur groupe.
- L'indicateur 4 estime les taux effectifs d'imposition (TEI) en calculant la charge fiscale sous la forme d'un pourcentage des bénéfices des filiales importantes d'entreprises multinationales et en le comparant à celui des entités non membres de groupes multinationaux présentant des caractéristiques similaires. Entre 2000 et 2010, les taux effectifs d'imposition (TEI) des filiales importantes d'entreprises multinationales (ayant plus de 250 salariés) ont été estimés dans une fourchette située entre 2.7 à 4.5 de points de pourcentages inférieurs aux TEI d'entités similaires non membres de groupes internationaux.
- L'indicateur 5 montre que les redevances perçues par rapport aux dépenses de R&D dans un groupe de pays à ratios supérieurs à 50 % sont six fois plus élevées que la moyenne de tous les autres pays, en hausse par rapport à 2009 où elles étaient 3 fois supérieures.
- L'indicateur 6 montre la concentration de ratios intérêts-bénéfice élevés dans des pays à taux d'imposition légaux supérieurs. Il montre que les filiales des entreprises

multinationales les plus importantes à ratios intérêts/EBITDA élevés qui sont situées dans des pays à fiscalité élevée ont un ratio intérêts/EBITDA près de trois fois supérieur au ratio intérêts/EBITDA global de leur groupe envers les tiers.

106. Deux indicateurs supplémentaires, qui pourraient être calculés à partir des futures données disponibles, sont également décrits : le premier compare les taux de profit et les taux effectifs d'imposition des opérations nationales (dans le pays du siège social) d'une entreprise multinationale avec ceux de ses opérations à l'étranger ; le deuxième compare les différentiels de taux de rendement des IDE liés à des entités à vocation spéciale.

107. L'analyse économique de l'ampleur et des effets économiques du phénomène d'érosion de la base d'imposition et de transfert de bénéfices (BEPS) et de l'efficacité des mesures issues du Plan d'action sont présentées dans le chapitre suivant, qui vient compléter l'exposé des six indicateurs de BEPS.

Notes

1. Les références aux catégories « état futur » et « état idéal » ne sont présentées ni comme des étapes recommandées ni comme des étapes incontournables. Elles sont destinées à souligner que l'amélioration des sources de données entraînerait également des améliorations dans la précision des indicateurs et des analyses économiques de BEPS.

2. Les informations financières à l'échelle des entreprises concernent un échantillon des 250 entreprises multinationales non financières les plus importantes (classement sur la base des ventes). Ces informations financières couvrent les années 2007 et 2011 et proviennent des états financiers consolidés et non consolidés d'entreprises multinationales.

3. La mesure de la charge d'impôt comprend les impôts qui sont calculés sur le revenu, et notamment les impôts sur les bénéfices des sociétés et les retenues à la source prélevées sur le revenu.

4. Les indicateurs 2 et 3 mesurent les transferts de bénéfices potentiels d'une manière différente. L'indicateur 2 utilise dans ses calculs les observations sur les différentes filiales ; l'indicateur 3 agrège toutes les filiales d'une multinationale par pays. Les deux indicateurs diffèrent également sur la définition des pays à fiscalité faible. L'indicateur 2 définit le pays à fiscalité faible comme le pays où les filiales ont des taux effectifs d'imposition (TEI) inférieurs au taux effectif d'imposition global du groupe multinational ; l'indicateur 3 définit le pays à fiscalité faible comme le pays appliquant les taux effectifs d'imposition (TEI) les plus bas et qui concentre 20 % des actifs.

5. Les dépenses de recherche et développement comprennent les dépenses courantes (de fonctionnement) et aussi les dépenses d'investissement (à la fois publiques et privées) pour les activités de R&D réalisées dans un pays, quelle que soit la source de financement. Les redevances perçues correspondent à des paiements effectués en contrepartie de l'utilisation de droits de PI (notamment brevets, marques commerciales, processus industriels et franchises) et de la conclusion de licences. Les redevances peuvent ne pas être directement liées à la dépense de R&D, comme l'image des marques qui relève des dépenses de marketing.

6. L'EBITDA est le bénéfice avant impôt obtenu avant les déductions correspondant aux intérêts payés, aux impôts sur le bénéfice des sociétés, aux amortissements et aux provisions. La charge d'intérêts nette (charge d'intérêts moins produits d'intérêts) ne pourrait pas être calculées à partir des données disponibles sur les filiales.

7. Les opérations nationales incluent la société mère et ses filiales opérant dans le même pays.

8. Le futur indicateur B est une version modifiée d'un indicateur suggéré par les chercheurs de la CNUCED dans leur contribution à la consultation publique de l'Action 11. Voir le document de travail de la CNUCED, *FDI, Tax and Development* (IDE, impôt sur les sociétés et développement), du 3 octobre 2015 pour un examen détaillé des méthodes permettant d'identifier les pays qui servent de relais pour les investissements, et notamment par le biais de paradis fiscaux et d'entités à vocation spéciale (EVS). L'analyse menée par la CNUCED sur l'impact fiscal des transferts de bénéfices sur les pays en développement a utilisé des informations actualisées sur les IDE bilatéraux concernant les EVS uniquement dans quatre pays qui ont communiqué les informations.

9. Les premières données communiquées par l'OCDE dans sa publication, *How Multinational Enterprises Channel Investments Through Multiple Countries* – Comment les entreprises multinationales répartissent leurs investissements dans le monde, février 2015, montrent que trois des neufs pays considérés ont des stocks d'IDE *entrants* qui transitent par des EVS résidentes supérieurs de 50 % à la totalité des IDE entrants.

Annexe 2.A1

Formules de calcul des indicateurs

Indicateur 1A

1. L'année 2012 est retenue comme année de base pour l'Indicateur 1. Les données relatives à l'IDE proviennent des statistiques de l'OCDE sur l'IDE.

2. Le stock d'IDE entrant du pays partenaire *i* ($eIDE_i$) représente la somme des stocks d'IDE sortant de tous les pays de l'OCDE disponibles vers le pays partenaire *i* en 2012, où $sIDEp_{i,j}$ désigne le stock d'IDE sortant signalé par le pays de l'OCDE *j* vers le pays partenaire *i* et *N* désigne le nombre de pays de l'OCDE[1].

$$eIDE_i = \sum_{j=1}^{N} sIDEp_{i,j}$$

3. Le stock d'IDE sortant du pays partenaire *i* ($sFDI_i$) représente la somme des stocks d'IDE entrant de tous les pays de l'OCDE disponibles vers le pays partenaire *i* en 2012, où $eIDEp_{i,j}$ désigne le stock d'IDE entrant signalé par le pays de l'OCDE *j* vers le pays partenaire *i* et *N* désigne le nombre de pays de l'OCDE.

$$sIDE_i = \sum_{j=1}^{N} eIDEp_{i,j}$$

4. Le stock net d'IDE du pays partenaire *i* (IDE_i *net*) correspond à la différence entre son stock d'IDE entrant et son stock d'IDE sortant.

$$IDE_i\ net = eIDE_i - sIDE_i$$

5. Le ratio IDE net/PIB est calculé pour chaque pays partenaire *i*.

$$ratio_i\ IDE\ net/PIB = \frac{IDE_i net}{PIB_i}$$

6. On sélectionne un groupe de pays partenaires à ratio élevé, dont le ratio IDE net/PIB est supérieur à 50 %. On calcule le ratio IDE net/PIB moyen pondéré pour les pays à ratio élevé ($ratio_{élevé}$ *IDE net/PIB*). On calcule ensuite le ratio IDE net/PIB moyen pondéré pour les pays partenaires restants ($ratio_{résiduel}$ *IDE net/PIB*), où *n* désigne le nombre total de pays partenaires signalés par les pays de l'OCDE et *m* est le nombre de pays à ratio élevé.

$$ratio_{élevé}\ \text{IDE net/PIB} = \frac{\sum_{i=1}^{m} IDE_i\ net}{\sum_{i=1}^{m} PIB_i}$$

$$ratio_{résiduel}\ \text{IDE net/PIB} = \frac{\sum_{i=m+1}^{n} IDE_i\ net}{\sum_{i=m+1}^{n} PIB_i}$$

7. L'indicateur pour 2012 correspond au ratio du ratio IDE net/PIB des pays à ratio élevé au ratio IDE net/PIB des pays restants.

$$Indicateur = \frac{ratio_{élevé}\ IDE\ net/PIB}{ratio_{résiduel}\ IDE\ net/PIB}$$

8. Les étapes 2 à 7 sont répétées pour les autres années avec les mêmes pays à ratio élevé que ceux identifiés en 2012.

Indicateur 1B

1. L'année 2012 est retenue comme année de base pour l'Indicateur 1. Les données relatives à l'IDE proviennent des statistiques de l'OCDE sur l'IDE.
2. Le stock d'IDE entrant du pays partenaire *i* ($eIDE_i$) représente la somme des stocks d'IDE sortant de tous les pays de l'OCDE disponibles vers le pays partenaire *i* en 2012, où $sIDEp_{i,j}$ désigne le stock d'IDE sortant signalé par le pays de l'OCDE *j* vers le pays partenaire *i* et *N* désigne le nombre de pays de l'OCDE[2].

$$eIDE_i = \sum_{j=1}^{N} sIDEp_{i,j}$$

3. Le ratio IDE brut/PIB est calculé pour chaque pays partenaire *i*.

$$ratio_i\ IDE\ brut/PIB = \frac{eIDE_i}{PIB_i}$$

4. On sélectionne un groupe de pays partenaires à ratio élevé, dont le ratio IDE brut/PIB est supérieur à 200%. On calcule le ratio IDE brut/PIB moyen pondéré pour les pays à ratio élevé ($ratio_{élevé}$ *IDE brut/PIB*). On calcule ensuite le ratio IDE brut/PIB moyen pondéré pour les pays partenaires restants ($ratio_{résiduel}$ *IDE brut/PIB*), où *n* désigne le nombre total de pays partenaires signalés par les pays de l'OCDE et *m* est le nombre de pays à ratio élevé.

$$ratio_{élevé}\ IDE\ brut/PIB = \frac{\sum_{i=1}^{m} eIDE_i}{\sum_{i=1}^{m} PIB_i}$$

$$ratio_{résiduel}\ IDE\ brut/PIB = \frac{\sum_{i=m+1}^{n} eIDE_i}{\sum_{i=m+1}^{n} PIB_i}$$

5. L'indicateur pour 2012 correspond au ratio du ratio IDE brut/PIB des pays à ratio élevé au ratio IDE brut/PIB des pays restants.

$$Indicateur = \frac{ratio_{élevé}\ IDE\ brut/PIB}{ratio_{résiduel}\ IDE\ brut/PIB}$$

6. Les étapes 2 à 5 sont répétées pour les autres années avec les mêmes pays à ratio élevé que ceux identifiés en 2012.

Indicateur 2

A. Pour toutes les filiales de la multinationale MNE 1 et une année donnée, on calcule les différentiels de taux de profit comme suit :

1. Pour la filiale *i*, le taux de profit (*taux de profit*$_{i,MNE1}$) correspond au bénéfice avant impôt de la filiale *i* divisé par ses actifs.

$$taux\ de\ profit_{i,MNE1} = \frac{bénéfice\ avant\ impôt_{i,MNE1}}{actifs_{i,MNE1}}$$

2. Le taux de profit global de MNE 1 (*taux de profit*$_{g,MNE1}$) correspond au bénéfice avant impôt consolidé de MNE 1 divisé par ses actifs consolidés.

$$taux\ de\ profit_{g,MNE1} = \frac{bénéfice\ avant\ impôt_{g,MNE1}}{actifs_{g,MNE1}}$$

3. Le différentiel de taux de profit de la filiale *i* (*diff taux de profit*$_{i,MNE1}$) correspond à la différence entre le taux de profit de la filiale *i* et le taux de profit global de MNE 1.

$$diff\ taux\ de\ profit_{i,MNE1} = taux\ de\ profit_{i,MNE1} - taux\ de\ profit_{g,MNE1}$$

B. Pour toutes les filiales de MNE 1 et l'année donnée, on calcule les différentiels de taux effectif d'imposition comme suit :

1. Pour la filiale *i*, le taux effectif d'imposition (*TEI*$_{i,MNE1}$) correspond à la charge d'impôt de la filiale *i* divisée par son bénéfice avant impôt.

$$TEI_{i,MNE1} = \frac{charge\ d'impôt_{i,MNE1}}{bénéfice\ avant\ impôt_{i,MNE1}}$$

2. Le taux effectif d'imposition global pour MNE 1 (*TEI*$_{g,MNE1}$) correspond à la charge d'impôt consolidée de MNE 1 divisée par son bénéfice avant impôt consolidé.

$$TEI_{g,MNE1} = \frac{charge\ d'impôt_{g,MNE1}}{bénéfice\ avant\ impôt_{g,MNE1}}$$

3. Le différentiel de taux effectif de la filiale *i* (*diff TEI*$_{i,MNE1}$) correspond à la différence entre le TEI de la filiale *i* et le TEI global de MNE 1.

$$diff\ TEI_{i,MNE1} = TEI_{i,MNE1} - TEI_{g,MNE1}$$

C. Les étapes A et B sont répétées pour toutes les MNE qui font partie de l'échantillon.

D. On sélectionne des filiales ayant des différentiels de taux de profit supérieurs à zéro et des différentiels de TEI inférieurs à zéro.

E. L'indicateur pour l'année considérée correspond à la somme du bénéfice avant impôt des filiales sélectionnées à l'étape D divisée par la somme du bénéfice avant impôt de toutes les filiales, où k désigne le nombre de toutes les MNE qui font partie de l'échantillon, n_i le nombre de filiales de MNE *i* et m_i le nombre de filiales de MNE *i* sélectionnées à l'étape D.

$$Indicateur = \frac{\sum_{i=1}^{k}\sum_{j=1}^{m_i} bénéfice\ avant\ impôt_{j,MNEi}}{\sum_{i=1}^{k}\sum_{j=1}^{n_i} bénéfice\ avant\ impôt_{j,MNEi}}$$

Indicateur 3

A. Pour la MNE 1 et une année donnée, on calcule le différentiel de taux de profit comme suit :

1. Pour le pays *i* où MNE 1 possède des filiales, on calcule la somme des actifs ($actifs_{i,MNE1}$), la somme des bénéfices avant impôt ($bénéfice\ avant\ impôt_{i,MNE1}$) et la somme des charges d'impôt ($charge\ d'impôt_{i,MNE1}$) de toutes les filiales de MNE 1 dans le pays *i*, où $actifs_{j,i,MNE1}$ désigne les actifs de la filiale *j* de MNE 1 dans le pays *i* (même procédure pour le bénéfice avant impôt et la charge d'impôt) et n_i le nombre de filiales de MNE 1 dans le pays *i*.

$$actifs_{i,MNE1} = \sum_{j=1}^{n_i} actifs_{j,i,MNE1}$$

$$bénéfice\ avant\ impôt_{i,MNE1} = \sum_{j=1}^{n_i} bénéfice\ avant\ impôt_{j,i,MNE1}$$

$$charge\ d'impôt_{i,MNE1} = \sum_{j=1}^{n_i} charge\ d'impôt_{j,i,MNE1}$$

2. Le taux de profit du groupe de filiales de MNE 1 dans le pays *i* ($taux\ de\ profit_{i,MNE1}$) correspond à la somme du bénéfice avant impôt des filiales de MNE 1 dans le pays *i* divisée par la somme des actifs des filiales de MNE 1 dans le pays *i*.

$$taux\ de\ profit_{i,MNE1} = \frac{bénéfice\ avant\ impôt_{i,MNE1}}{actifs_{i,MNE1}}$$

3. Le taux de profit global de MNE 1 ($taux\ de\ profit_{g,MNE1}$) correspond au bénéfice avant impôt consolidé de MNE 1 divisé par ses actifs consolidés.

$$taux\ de\ profit_{g,MNE1} = \frac{bénéfice\ avant\ impôt_{g,MNE1}}{actifs_{g,MNE1}}$$

4. Le taux effectif d'imposition du groupe de filiales de MNE 1 dans le pays *i* ($TEI_{i,MNE1}$) correspond à la somme de la charge d'impôt des filiales de MNE 1 dans le pays *i* divisée par la somme du bénéfice avant impôt des filiales de MNE 1 dans le pays *i*.

$$TEI_{i,MNE1} = \frac{charge\ d'impôt_{i,MNE1}}{bénéfice\ avant\ impôt_{i,MNE1}}$$

5. Les pays dans lesquels MNE 1 possède des filiales sont classés en fonction de leur taux effectif d'imposition. Les pays à fiscalité faible désignent les pays ayant les TEI les plus bas qui représentent 20 % des actifs de la MNE. Le taux de profit moyen (pondéré par les actifs) des pays à fiscalité faible est alors calculé ; *m* désigne le nombre de pays à fiscalité faible et *n* le nombre total de pays dans lesquels MNE 1 possède des filiales[3].

$$\sum_{i=1}^{m} actifs_{i,MNE1} = 20\% \times \sum_{i=1}^{n} actifs_{i,MNE1}$$

$$taux\ de\ profit_{faible,MNE1} = \frac{\sum_{i=1}^{m} \left(taux\ de\ profit_{i,MNE1} \times actifs_{i,MNE1} \right)}{\sum_{i=1}^{m} actifs_{i,MNE1}}$$

6. On calcule alors le différentiel de taux de profit de MNE 1 (*diff taux de profit*$_{MNE1}$) ; il correspond au taux de profit de MNE 1 dans les pays à fiscalité faible divisé par le taux de profit global de MNE 1.

$$diff\ taux\ de\ profit_{MNE1} = \frac{taux\ de\ profit_{faible,MNE1}}{taux\ de\ profit_{g,MNE1}}$$

B. Les étapes 1 à 6 sont répétées pour toutes les MNE qui font partie de l'échantillon.

C. L'indicateur pour l'année considérée est le différentiel de taux de profit moyen (pondéré par les actifs) pour toutes les MNE qui font partie de l'échantillon, où k désigne le nombre de MNE comprises dans l'échantillon et *actifs*$_{g,MNEi}$ les actifs consolidés de MNE i.

$$Indicateur = \frac{\sum_{i=1}^{k} \left(diff\ taux\ de\ profit_{MNEi} \times actifs_{g,MNEi} \right)}{\sum_{i=1}^{k} actifs_{g,MNEi}}$$

Indicateur 4

L'indicateur 4 utilise des données financières non consolidées au niveau des entreprises et des renseignements sur la structure de capital provenant de la base de données ORBIS, compilés par le Bureau Van Dijk et traités par la Direction des statistiques de l'OCDE.

L'échantillon se compose d'entités membres de groupes multinationales et nationaux présents dans 46 pays (tous les pays de l'OCDE et du G20, les pays en voie d'adhésion à l'OCDE que sont la Colombie et la Lettonie ainsi que la Malaisie et Singapour) sur la période 2000-10. Les microentreprises (moins de 10 salariés), les entreprises déficitaires et les entreprises autonomes (qui ne font pas partie d'un groupe) sont exclues. L'échantillon compte 2 046 838 observations.

L'indicateur 4 est le coefficient de régression β_3 dans l'équation suivante qui estime les TEI des différentes entités comprises dans l'échantillon :

$$\begin{aligned} TEI_{f,c,i,t} &= \beta_1 grande\_entreprise_{f,c,i,t} \\ &+ \beta_2 petite\_entreprise_{f,c,i,t} \times MNE_{f,c,i} \\ &+ \beta_3 grande\_entreprise_{f,c,i,t} \times MNE_{f,c,i} + \beta_4 X_{f,c,i,t} + \delta_i + \delta_{c,t} + \varepsilon_{f,c,i,t} \end{aligned}$$

,

où $TEI_{f,c,i,t} TEI_{f,c,i,t}$ désigne le taux effectif d'imposition de l'entité f (qui exerce ses activités dans le pays c et dans le secteur i et qui est membre d'une MNE ou d'un groupe national) l'année t, qui correspond aux charges d'impôt ramenées au bénéfice déclaré. $grande\_entreprise_{f,c,i,t}$ $grande\_entreprise_{f,c,i,t}$ est une variable indicatrice égale à un lorsque l'entreprise f compte plus de 250 salariés. $petite\_entreprise_{f,c,i,t}$ $petite\_entreprise_{f,c,i,t}$ est une variable indicatrice égale à un lorsque l'entreprise f

compte 250 salariés ou moins. $MNE_{f,c,i}$ $MNE_{f,c,i}$ est une variable indicatrice égale à un lorsqu'une entreprise fait partie d'un groupe multinational. $X_{f,c,i,t}X_{f,c,i,t}$ est un vecteur de caractéristiques d'entreprise, qui comprennent la position de l'entreprise dans le groupe et une variable correspondant aux groupes qui déposent des brevets.

L'analyse de régression basée sur l'ensemble de l'échantillon montre que la différence estimée entre le TEI de grandes entités membres d'une MNE et le TEI de groupes nationaux (non membres de multinationales) comparables est de 3.3 points (β_3 = -0.033). Cette différence est calculée pour chacune des années. Le coefficient de détermination R^2 ajusté est égal à 0.186.

Indicateur 5

1. L'année 2011 est choisie comme année de base pour l'Indicateur 6. Les données relatives aux redevances perçues (rémunération de l'utilisation de la propriété intellectuelle) et aux dépenses de R&D proviennent des Indicateurs du développement dans le monde de la Banque mondiale.
2. Pour chaque pays *i*, on calcule le ratio des redevances perçues aux dépenses nationales de R&D.

$$ratio_i\ redevances/R\text{-}D = \frac{redevances\ perçues_i}{dépenses\ nationales\ de\ R\text{-}D_i}$$

3. On sélectionne un groupe de pays à ratio élevé ayant un ratio redevances/R&D supérieur à 50%. On calcule alors le ratio redevances/R&D moyen pondéré pour les pays à ratio élevé ($ratio_{élevé}$ *redevances/R&D*). On calcule ensuite le ratio redevances/R&D moyen pondéré pour les autres pays ($ratio_{résiduel}$ redevances/*R&D*), où *n* désigne le nombre total de pays pour lesquels des données sont disponibles et *m* le nombre de pays à ratio élevé.

$$ratio_{élevé}\ redevances/R\text{-}D = \frac{\sum_{i=1}^{m} redevances\ perçues_i}{\sum_{i=1}^{m} dépenses\ nationales\ de\ R\text{-}D_i}$$

$$ratio_{résiduel}\ redevances/R\text{-}D = \frac{\sum_{i=m+1}^{n} redevances\ perçues_i}{\sum_{i=m+1}^{n} dépenses\ nationales\ de\ R\text{-}D_i}$$

4. L'indicateur pour 2011 correspond au ratio du ratio redevances/R&D des pays à ratio élevé au ratio redevances/R&D des autres pays.

$$Indicateur = \frac{ratio_{élevé}\ redevances/R\text{-}D}{ratio_{résiduel}\ redevances/R\text{-}D}$$

5. Les étapes 2 à 4 sont répétées pour les autres années avec les mêmes pays à ratio élevé que ceux identifiés en 2011.

Indicateur 6

A. Pour la filiale 1 de MNE 1 et une année donnée, on calcule un différentiel de ratio intérêts-bénéfice comme suit :

1. Le ratio intérêts-bénéfice de la filiale 1 (*ratio intérêts-bénéfice*$_{1,MNE1}$) correspond aux charges d'intérêts (envers des tierces parties et des parties liées) divisées par l'EBITDA (résultat avant intérêts, impôts, amortissement et provisions).

$$ratio\ intérêts\text{-}bénéfice_{1,MNE1} = \frac{intérêts_{1,MNE1}}{EBITDA_{1,MNE1}}$$

2. Le ratio intérêts-bénéfice global de MNE 1 (*ratio intérêts-bénéfice*$_{g,MNE1}$) correspond aux charges d'intérêts de MNE 1 divisées par son EBITDA tiré des états financiers consolidés.

$$ratio\ intérêts\text{-}bénéfice_{g,MNE1} = \frac{intérêts_{g,MNE1}}{EBITDA_{g,MNE1}}$$

3. Le différentiel de ratio intérêts-bénéfice de la filiale 1 (*diff ratio intérêts-bénéfice*$_{1,MNE1}$) est obtenu en soustrayant le ratio global intérêts-bénéfice de MNE 1 du ratio intérêts-bénéfice de la filiale 1.

$$diff\ ratio\ intérêts\text{-}bénéfice_{1,MNE1} = ratio\ intérêts\text{-}bénéfice_{1,MNE1} - ratio\ intérêts\text{-}bénéfice_{g,MNE1}$$

B. Pour la filiale 1 de MNE 1 et l'année donnée, on calcule le différentiel de taux d'IS combiné comme suit :

1. On calcule le taux moyen combiné de l'IS au niveau mondial (pondéré par l'EBITDA) de toutes les filiales de toutes les MNE (*taux IS*$_w$), où *taux IS*$_{1,MNE1}$ désigne le taux de l'IS combiné dans le pays de la filiale 1 de MNE 1, k le nombre de MNE comprises dans l'échantillon et n_i le nombre de filiales de MNE i.

$$taux\ IS_w = \frac{\sum_{i=1}^{k}\sum_{j=1}^{n_i}\left(taux\ IS_{j,MNEi} \times EBITDA_{j,MNEi}\right)}{\sum_{i=1}^{k}\sum_{j=1}^{n_i} EBITDA_{j,MNEi}}$$

2. Le différentiel de taux de l'IS combiné de la filiale 1 de MNE 1 (*diff taux IS*$_{1,MNE1}$) correspond à la différence entre le taux combiné de l'IS dans le pays de la filiale 1 de MNE 1 et le taux moyen combiné de l'IS au niveau mondial.

$$diff\ taux\ IS_{1,MNE1} = taux\ IS_{1,MNE1} - taux\ IS_w$$

C. Les étapes A et B sont répétées pour toutes les filiales et toutes les MNE qui font partie de l'échantillon.

D. Des filiales dont le différentiel de ratio intérêts-bénéfice et le différentiel de taux de l'IS combiné sont tous deux supérieurs à zéro sont sélectionnées.

E. L'indicateur pour l'année considérée correspond à la différence entre le ratio intérêts-bénéfice moyen pondéré des filiales sélectionnées à l'étape D et le ratio intérêts-bénéfice moyen pondéré de toutes les filiales de l'échantillon (ces deux moyennes étant pondérées par l'EBITDA), où k désigne le nombre de MNE comprises dans l'échantillon, n_i le nombre de filiales de MNE i et m_i le nombre de filiales de MNE i sélectionnées à l'étape D.

$$Indicateur = \frac{\sum_{i=1}^{k}\sum_{j=1}^{m_i}(intérêts\text{-}bénéfice_{j,MNEi} \times EBITDA_{j,MNEi})}{\sum_{i=1}^{k}\sum_{j=1}^{m_i} EBITDA_{j,MNEi}}$$

$$- \frac{\sum_{i=1}^{k}\sum_{j=1}^{n_i}(intérêts\text{-}bénéfice_{j,MNEi} \times EBITDA_{j,MNEi})}{\sum_{i=1}^{k}\sum_{j=1}^{n_i} EBITDA_{j,MNEi}}$$

Notes

1. Si le pays partenaire est membre de l'OCDE, seuls les stocks d'IDE provenant des 33 autres pays de l'OCDE sont pris en compte.
2. Si le pays partenaire est membre de l'OCDE, seuls les stocks d'IDE provenant des 33 autres pays de l'OCDE sont pris en compte.
3. Le total des actifs représentés par les pays à fiscalité faible n'est pas exactement égal à 20 %. Dans ce cas, l'inclusion du dernier pays dans les pays à fiscalité faible aurait pour effet que le total des actifs des pays à faible fiscalité dépasserait 20 % des actifs totaux de la MNE. Le dernier pays ne reçoit donc pas une pondération égale à ses actifs, mais une pondération plus faible. Cette pondération est fixée de sorte que la somme des actifs de tous les pays à faible fiscalité soit exactement égale à 20 % du total des actifs de la MNE. Par exemple, les deux pays à faible fiscalité sont les pays A et B. A a un TEI de 11 % et des actifs qui représentent 15 % des actifs totaux de la MNE ; B a un TEI de 12 % et des actifs qui représentent 10 % des actifs totaux de la MNE. Dans ce cas, B se voit attribuer une pondération de la moitié de ses actifs, soit 5 % des actifs totaux de la MNE (15 % + 5 % = 20 %).

Chapitre 3

Vers une évaluation de l'ampleur et de l'impact économique des pratiques d'érosion de la base d'imposition et de transfert de bénéfices (BEPS) et des mesures visant à y remédier

Éléments clés

- On dispose d'un socle de plus en plus étoffé de données attestant l'existence de pratiques de BEPS. Ces données découlent de centaines d'analyses empiriques et d'informations spécifiques relatives à la situation fiscale d'entreprises multinationales qui ont été obtenues dans le cadre d'enquêtes législatives et parlementaires. Cependant, il demeure difficile de mesurer l'ampleur et l'impact économique des pratiques de BEPS en raison de la complexité de ces pratiques et de l'insuffisance des données disponibles.
- Ce chapitre résume les analyses empiriques portant sur le phénomène de transfert de bénéfices et sur les effets des mesures anti-évasion mises en œuvre par certains pays. Les recherches récentes se sont concentrées sur des pratiques de BEPS spécifiques, principalement la manipulation des prix de transfert et le transfert de dettes, mais aussi sur l'utilisation abusive des conventions fiscales, les règles relatives aux sociétés étrangères contrôlées, les montages hybrides et les règles de divulgation. Néanmoins, des travaux empiriques plus poussés devront être engagés dans tous ces domaines.
- Aucune étude empirique ne mesure en détail la portée des activités de l'ensemble des entreprises multinationales dans le monde. La plupart des analyses se heurtent au manque de données sur les entreprises multinationales dans de nombreux pays. Quand de telles données sont disponibles, elles sont souvent incomplètes.
- Les analyses statistiques basées sur les données issues des déclarations pays par pays visées par l'Action 13 permettront de mieux comprendre l'effet économique des pratiques de BEPS. Toutefois, même avec des données supplémentaires et des méthodes d'estimation plus fines, les chercheurs qui s'intéressent à l'ampleur, la prévalence et l'intensité des pratiques de BEPS auront toujours du mal à faire une distinction nette entre ces pratiques d'une part, et l'activité économique réelle et les avantages fiscaux non liés au BEPS d'autre part.
- De nombreuses études récentes évaluent l'importance des pratiques de BEPS à l'échelle mondiale ou de pays en particulier. Quels que soient le type de données et les méthodes d'évaluation utilisées, toutes ces études révèlent que les conséquences budgétaires de ce phénomène sont considérables. À partir de comptes financiers extraits d'une base de données internationale, l'OCDE estime que le manque à gagner au titre de l'impôt sur les sociétés au niveau mondial est compris entre 4 % et 10 % des recettes tirées de cet impôt, soit une perte annuelle de 100 à 240 milliards USD en 2014. Selon certaines études, les conséquences budgétaires dans les pays en développement, mesurées en pourcentage du PIB, sont plus marquées que dans les pays développés, en raison de leur dépendance accrue à l'égard des recettes de l'impôt sur les sociétés et de leur capacité souvent moindre à appliquer les règles fiscales. Cependant, ces études tiennent parfois aussi compte du manque à gagner imputable à des pratiques qui ne relèvent pas du BEPS.

- Selon les estimations budgétaires de certains pays, des travaux universitaires et les recherches de l'OCDE, les mesures anti-évasion prises par certains pays s'avèrent efficaces pour contrer la planification fiscale. Par conséquent, un pays où les taux de l'impôt sur les sociétés sont élevés ne subit pas nécessairement plus de pertes budgétaires dues aux pratiques de BEPS dès lors qu'il s'est doté de mesures anti-évasion rigoureuses. Une coordination internationale de ces règles augmentera l'efficacité des mesures de lutte contre le BEPS, tout en réduisant le coût lié au respect des règles pour les entreprises.
- Les pratiques de BEPS causent d'importantes distorsions économiques. Les analyses empiriques, y compris les travaux de l'OCDE, révèlent que les stratégies de BEPS englobent la manipulation de la localisation de la dette externe et interne par les entreprises multinationales; réduisent le taux effectif d'imposition applicable aux investissements incorporels, faussant ainsi les types d'investissement réalisés; influent sur le choix du lieu d'enregistrement des brevets et, dans une moindre mesure, sur les activités réelles de recherche et de développement; ont un effet sur le lieu d'implantation de divers types et formes d'investissement direct étranger; et induisent une concurrence fiscale entre pays.
- Selon une étude réalisée par l'OCDE, les pratiques de BEPS réduisent le taux effectif d'imposition des entités membres de grandes entreprises multinationales de 4 à 8.5 points de pourcentage en moyenne par rapport aux filiales strictement nationales dont la situation est semblable, leur conférant ainsi un avantage concurrentiel sur les marchés de produits et de capitaux. La réduction des taux effectifs d'imposition est encore plus importante pour les très grandes entreprises et celles titulaires de brevets. Cette étude conclut également que la planification fiscale peut permettre à certaines entreprises multinationales de renforcer leur pouvoir de marché, entraînant une plus forte concentration des marchés.
- Les analyses du phénomène BEPS comparent l'activité actuelle des entreprises avec un scénario différent ou « contrefactuel ». Il peut s'agir d'un « monde sans BEPS » ou encore d'un « monde sans mesures multilatérales coordonnées ». Pour évaluer l'effet des mesures de lutte contre le BEPS, on peut comparer les règles fiscales et les recettes actuelles avec les effets estimés d'un scénario contrefactuel dans lequel les mesures correctives sont mises en œuvre.
- L'importance des distorsions causées par les pratiques de BEPS dépendra de leurs bénéficiaires actuels : les économies d'impôt réalisées sont-elles utilisées pour réduire les prix à la consommation, augmenter les salaires des travailleurs ou accroître le rendement des détenteurs de capitaux ? La réduction de la charge au titre de l'impôt sur les sociétés dont bénéficient les entreprises multinationales qui se livrent à des pratiques de BEPS n'aura vraisemblablement pas les mêmes répercussions économiques qu'une baisse générale de l'impôt sur les bénéfices des sociétés.
- Les mesures de lutte contre le phénomène BEPS augmenteront l'impôt à la charge des entreprises multinationales adeptes de ces pratiques, mais les autres entreprises et les ménages profiteront, quant à eux, d'une baisse d'impôt ou d'une amélioration de l'offre d'infrastructures ou de services publics et, indirectement, d'une meilleure égalité de traitement. L'analyse des mesures issues du projet BEPS doit prendre en compte les effets sur l'ensemble des ménages et des entreprises. Elle doit aussi déterminer qui tire profit des pratiques de BEPS car si celles-ci augmentent la rente économique après impôt des entreprises multinationales qui les utilisent, les mesures issues du projet BEPS n'auront peut-être pas d'impact sur certaines de leurs décisions d'investissement.
- Il faudra engager des recherches supplémentaires sur les décisions d'investissement des entreprises multinationales, les déterminants de la rentabilité, les avantages fiscaux en faveur des entreprises et l'ensemble des prélèvements à la charge des entreprises pour affiner l'analyse économique des effets des pratiques de BEPS et des mesures visant à y remédier.

3.1. Présentation

108. Un examen des travaux universitaires et empiriques a révélé que plus de 100 études ont établi l'existence des pratiques de BEPS. Dans sa récente analyse des études empiriques, Dharmapala (2015) note qu'elles attestent toutes dans une certaine mesure l'existence de pratiques de BEPS. Ridel (2015) conclut, dans son examen des recherches universitaires, que : « Les études réalisées montrent presque toutes des preuves liées au transfert de bénéfices pour des motivations fiscales (et ce, malgré le fait que ces études utilisent des sources de données et des stratégies d'estimation différentes)[1]. »

109. Toutes les études ont montré que les bénéfices sont transférés de juridictions à forte fiscalité vers des juridictions à faible fiscalité et qu'il existe des preuves substantielles de l'« écart » entre la juridiction où l'entreprise multinationale déclare ses bénéfices imposables et le territoire où les activités économiques à l'origine de ces bénéfices sont exercées. Ces études prouvent l'existence de pratiques de BEPS et montrent qu'elles sont effectuées par le biais de divers canaux, comme les prix de transfert, l'emplacement stratégique des dettes et des actifs incorporels, l'abus de conventions fiscales et l'utilisation d'arrangements hybrides. Les études gouvernementales, les recherches universitaires et les travaux de l'OCDE, présentées à l'annexe 3. A1, révèlent toutes que certaines mesures adoptées pour contrecarrer le phénomène BEPS se sont avérées efficaces pour protéger les recettes fiscales des pays qui les ont mises en œuvre[2].

110. Bien que les diverses recherches universitaires, études gouvernementales empiriques réalisées constatent ces pratiques de BEPS, il y a moins de certitude quant à leur ampleur et leur survenance. L'ampleur correspond ici à l'importance de la variation dans les recettes fiscales globales résultant des pratiques de BEPS. Jusqu'à présent, la plupart des études ont porté sur certains pays en particulier ou sur des canaux de BEPS particuliers au lieu d'essayer d'évaluer de façon globale l'ampleur du phénomène. Riedel (2015) rapporte que les bénéfices transférés vers un pays à faible taux d'imposition représentent entre moins de 5 % et plus de 30 % du revenu généré par les entreprises multinationales domiciliées dans un pays à forte fiscalité. Bien que la plupart des études se concentrent sur le transfert de bénéfices financiers (sommes non imposables) et n'incluent pas de cas des revemis apatrides[3], une variation si grande montre le fort degré d'incertitude entourant l'évaluation des pratiques de BEPS. En raison des différences entre les bénéfices avant impôt déclarés dans les états financiers et le revenu imposable, plus les crédits d'impôt, la variation en pourcentage des recettes tirées de l'impôt sur les bénéfices des entreprises pourrait être plus élevée que la variation en pourcentage des bénéfices avant impôt déclarés.

111. Les deux défis majeurs auxquels sont confrontés les chercheurs qui effectuent des analyses économiques du phénomène et qui souhaitent produire des estimations fiables concernent la disponibilité des données et la méthodologie à utiliser pour évaluer l'ampleur du phénomène BEPS. Alors que le chapitre 1 présente les limites significatives des données actuellement disponibles, le présent chapitre porte sur les questions de méthodologie qui se posent lorsqu'on effectue une analyse économique de l'ampleur et de l'impact économique des pratiques de BEPS et des mesures visant à les contrecarrer. Il est à noter que la plupart des recherches universitaires qui évaluent le transfert de bénéfices ne cherchent pas à déterminer le montant total des avantages fiscaux accordés aux multinationales ou les recettes fiscales perdues par les gouvernements en raison des pratiques de BEPS.

112. Même avec les déclarations pays par pays de l'Action 13, déclaration dans laquelle les entreprises multinationales déclarent l'ensemble des taxes acquittées dans les pays dans lesquels elles sont impantées, il faudra des techniques d'estimation élaborées pour séparer les pratiques de BEPS de l'activité économique réelle et des avantages fiscaux qui

ne découlent pas des pratiques de BEPS. Il est impossible d'évaluer le phénomène BEPS et les mesures issues du projet BEPS en lisant une ligne d'une déclaration d'impôt ou une déclaration de pays par pays : il faudra plutôt procéder à une estimation, et celle-ci requerra non seulement de meilleures données fiscales et non fiscales, mais aussi l'application de meilleures méthodologies d'analyse économique.

113. Ce chapitre présente d'abord une discussion des questions principales relatives à l'évaluation des pratiques de BEPS et à l'efficacité des mesures correctives. En ce qui concerne l'analyse du phénomène BEPS, des progrès significatifs ont été réalisés au cours des dernières années, mais, compte tenu de la complexité du sujet et du manque de données, il faut en faire davantage pour mieux comprendre les pratiques de BEPS. Ce chapitre décrit ce que nous savons, grâce aux études empiriques et aux travaux récents de l'OCDE, et ce que nous ignorons sur l'ampleur et l'impact économique du phénomène BEPS. Finalement, le chapitre conclut sur un certain nombre de domaines dans lesquels il est important de disposer d'études économiques de qualité pour améliorer notre compréhension de l'ampleur et des effets des pratiques de BEPS et améliorer l'efficacité des mesures pour lutter contre ces pratiques.

3.2. Les questions principales relatives à la mesure et au suivi des pratiques de BEPS

114. Il est important de prendre en compte plusieurs problèmes analytiques lorsqu'on évalue les analyses empiriques existantes sur le phénomène BEPS et la façon de mieux suivre ce phénomène à l'avenir. Cette section traite de la définition du phénomène BEPS, des points de comparaison au regard desquels on peut le mesurer, de la séparation des pratiques de BEPS de l'activité économique réelle, de la séparation du phénomène BEPS des avantages fiscaux qui ne découlent pas de pratiques de BEPS, et du taux d'imposition approprié à utiliser dans l'analyse de l'érosion de la base d'imposition et du transfert de bénéfices.

3.2.1. Définir le phénomène BEPS

115. Afin d'analyser empiriquement l'ampleur des pratiques de BEPS, il est important de définir ces pratiques aussi clairement que possible. Il est utile de rappeler la description des pratiques mentionnée dans le Plan d'action concernant l'érosion de la base d'imposition et le transfert de bénéfices de juillet 2013[4] :

> *Ces pratiques se rapportent principalement aux circonstances dans lesquelles les interactions entre des règles fiscales différentes débouchent sur une double non-imposition ou sur une imposition insuffisante. Elles recouvrent également les dispositifs utilisés pour aboutir à un impôt nul ou faible en transférant des bénéfices hors des pays dans lesquels se déroulent les activités qui génèrent ces bénéfices. En soi, une fiscalité nulle ou faible n'est pas un problème, mais elle le devient si elle se double de pratiques qui séparent artificiellement le bénéfice imposable des activités qui le génèrent. En d'autres termes, ce qui est préoccupant en matière de politique fiscale est que, du fait de failles dans les interactions entre différents systèmes fiscaux, et parfois en raison de l'application de conventions fiscales bilatérales, les bénéfices générés par des activités transnationales puissent n'être imposés nulle part, ou indûment faiblement imposés.*

116. La description ci-dessus aide à préciser le champ d'application du BEPS. Les pratiques de BEPS visent à éviter l'imposition dans un contexte international, c'est-à-dire qu'elles permettent de tirer profit des asymétries qui existent entre les systèmes fiscaux de différents pays. Les particuliers qui pratiquent l'évasion fiscale et les entreprises qui ne respectent pas les règles fiscales nationales ne font pas partie de l'analyse du phénomène BEPS. En effet, l'évasion fiscale purement nationale ne fait pas partie du projet BEPS.

117. Les entreprises multinationales qui tirent profit des différences entre les taux d'imposition des pays pour réduire leurs impôts ne se livrent pas nécessairement à des pratiques de BEPS. Par contre, un montage artificiel créé dans le seul but d'exploiter cette différence constitue une érosion de la base d'imposition et un transfert de bénéfices. En raison du fait que les entreprises modernes recourent de plus en plus aux actifs incorporels et à la gestion des risques dans leurs chaînes de valeur mondiales, il devient plus difficile de déterminer les territoires où les activités générant des bénéfices sont exercées sans disposer de meilleures données et sans analyser minutieusement chaque transaction de prix de transfert. En effet, le fait de devoir travailler avec les données disponibles actuellement et le fait de devoir déterminer où les valeurs sont générées sont deux difficultés fondamentales liées à l'évaluation des pratiques de BEPS.

118. Si les fonctions économiques, les actifs et les risques sont effectivement relocalisés dans un autre pays afin de profiter d'un faible taux d'impôt ou de crédits d'impôt, cette situation ne constitue pas, en soi, une pratique de BEPS. Il peut s'agir d'une réponse à la concurrence économique et à la compétitivité fiscale (ex. : lorsqu'une entreprise a le droit à un encouragement fiscal parce qu'elle a investi dans un projet de construction d'usine). Ces activités sont différentes, par exemple, des arrangements pris par une société affiliée, à haut effet de levier, domiciliée dans un pays à forte fiscalité, pour transférer des bénéfices, par le biais de dettes entre parties liées, à une société affiliée située dans un pays à faible fiscalité. Le phénomène BEPS résulte souvent d'un transfert ou d'une acquisition d'actifs incorporels, et d'autres actifs mobiles, pour une contrepartie inférieure à leur valeur réelle, d'une surcapitalisation d'entreprises du groupe faiblement taxées, d'un effet de levier des entreprises fortement taxées ou d'une attribution contractuelle du risque à un pays à fiscalité faible à la faveur de transactions dans lesquelles des parties indépendantes ne s'engageraient sans doute pas.

119. De nombreux pays se sont dotés de règles fiscales nationales qui prévoient des crédits d'impôt, des déductions et des exonérations pour certains types d'activités, comme la recherche et le développement (R&D), l'investissement dans les énergies alternatives et les contributions monétaires aux œuvres caritatives. Ces avantages fiscaux réduisent le taux d'imposition moyen des entreprises et accroissent l'activité économique, sans pour autant constituer une pratique de BEPS. Toutefois, si un avantage fiscal national est conçu pour favoriser un montage artificiel dépourvu de toute substance économique, alors ce montage sera considéré comme étant une pratique de BEPS.

120. Une définition possible du BEPS pourrait se fonder sur les canaux de BEPS identifiés dans le Plan d'action BEPS. En fondant la définition du BEPS sur les canaux de BEPS, l'ampleur s'appuierait sur le consensus établi par le Plan d'action BEPS. L'évaluation de l'ampleur serait donc étroitement liée à l'évaluation produite par chaque gouvernement en vue de déterminer l'impact économique et fiscal associé à la mise en œuvre d'une action spécifique.

3.2.2. Situations contrefactuelles et analyse du phénomène BEPS

121. Autre problème : une analyse du phénomène BEPS et des mesures issues du projet BEPS doit comprendre une comparaison entre une situation factuelle (c'est-à-dire, le droit actuel) et une situation contrefactuelle. Pour ce faire, il faut comparer les bénéfices, les taxes et l'activité économique actuellement déclarés dans un contexte où les pratiques de BEPS existent avec ceux déclarés dans un contexte où ces pratiques n'existent pas. Puisqu'il est impossible d'observer ce point de comparaison, l'analyse empirique devra estimer ce que sont ces données contrefactuelles.

122. Trois situations contrefactuelles sont décrites dans l'encadré 3.1 : (i) monde sans BEPS, (ii) monde sans actions multilatérales coordonnées, (iii) monde avec mesures anti-BEPS. L'analyse d'un état hypothétique requiert d'évaluer l'inobservable. La qualité de la comparaison dépend donc entièrement de celle de l'estimation de la situation contrefactuelle.

Encadré 3.1. Différents points de comparaison, différentes situations contrefactuelles

Selon le point de comparaison utilisé pour évaluer le problème posé par le BEPS, on obtiendra des analyses différentes. Plusieurs situations contrefactuelles sont possibles.

« *Monde sans BEPS* » : Situation hypothétique, non observable, et devant être estimée. De nombreuses études empiriques établissent le montant de transfert de bénéfices comme étant la différence entre les bénéfices déclarés et les bénéfices « réels » estimés. Les bénéfices « réels » sont évalués en se fondant sur des mesures réelles de l'activité économique, décrites plus loin. Si les bénéfices « réels » ne peuvent pas être estimés avec précision, le montant de transfert de bénéfices pourrait être faussé. Dans cette situation, l'estimation est basée sur les bénéfices qu'on aurait obtenus aujourd'hui s'il n'y avait pas eu utilisation de pratiques de BEPS.

« *Monde sans actions multilatérales coordonnées* » : Situation hypothétique où on suppose ce qui se passerait si les types d'actions multilatérales coordonnées proposées dans le Plan d'action BEPS n'étaient pas appliqués. Sans intervention concertée, il reviendrait aux différents pays de prendre des mesures unilatérales pour contrer les pratiques de BEPS. On doit donc prédire ce que les entreprises multinationales feraient en l'absence d'une action concertée ou d'une approche globale visant à réduire le phénomène BEPS, et ce que les gouvernements feraient s'ils n'adoptaient pas des mesures cohérentes pour contrer le problème. Dans cette situation, l'estimation est fondée sur ce qui se produirait en l'absence d'action multilatérale coordonnée.

« *Monde avec mesures de lutte contre les pratiques de BEPS* » : Situation hypothétique où on suppose ce qui se produirait si on n'adoptait pas de mesures de lutte contre le phénomène BEPS. Pour déterminer les impacts des changements de politique, les analystes comparent habituellement une mesure spécifique du Plan d'action BEPS avec le droit actuel. Si une modification est apportée aux règles relatives aux limites de déductibilité d'intérêt, les analystes compareront le montant d'impôts devant être perçu selon la nouvelle règle avec le montant d'impôts actuellement perçu par le pays en question. Dans cette situation, l'estimation est basée sur ce qui se produirait en matière de perception d'impôts si le pays appliquait une mesure de lutte contre les pratiques de BEPS.

123. La première situation contrefactuelle, un monde sans BEPS, sert à évaluer l'ampleur des pratiques de BEPS. Les deux autres situations peuvent être utilisées pour évaluer l'incidence des mesures issues du projet BEPS. Par exemple, l'effet qu'a une mesure de lutte contre les stratégies de BEPS proposée sur les recettes fiscales équivaut à la différence entre un monde où cette mesure est appliquée et la situation qui prévaut actuellement sous le droit actuel. Pour analyser l'incidence d'un renforcement des règles de divulgation, il suffit de comparer combien il en coûterait dans le contexte actuel pour renforcer les règles de transparence et comparer ces coûts de respect des règles avec ceux d'un monde sans actions multilatérales coordonnées, où certains pays ont des règles de divulgation différentes. Les coûts liés au respect des règles pourraient être inférieurs avec des règles de divulgation harmonisées, même si les coûts sont supérieurs à ceux en l'état actuel.

3.2.3. Séparer les pratiques de BEPS de l'activité économique réelle

124. Pour mesurer l'ampleur des pratiques de BEPS, il faut déterminer quelles pratiques ont pour effet de dissocier artificiellement les revenus imposables des activités qui les ont

générés. Les entreprises localisent plus d'activités économiques dans les pays qui offrent un contexte d'affaires favorable (par exemple : environnement politique et économique stable, accès aisé aux clients, infrastructure publique solide, taux d'imposition faibles, etc.). Les entreprises multinationales qui tirent profit des différences entre les taux d'imposition des pays pour réduire leurs impôts ne se livrent pas nécessairement à des pratiques de BEPS. Ainsi, une simple comparaison de la rentabilité et de la situation économique, y compris certains indicateurs de BEPS, ne permettra pas de séparer complètement les pratiques de BEPS de l'activité économique réelle.

125. Toutefois, il existe plusieurs points de vue divergents et concurrentiels quant à la juridiction où on doit considérer les bénéfices comme ayant été générés lorsqu'on cherche à séparer les pratiques de BEPS de l'activité économique réelle. Cette absence de consensus tient à des divergences d'opinions sur l'approche à prendre relativement à deux questions clés, notamment :

- Quelle activité génère un bénéfice ?
- Où, sur le plan géographique, est située cette activité ?

126. Doug Shackelford a récemment noté cette absence de consensus. À cet effet, il a mentionné : « Puisque nous nous fions au système de comptabilité financière pour nous guider quant au calendrier des revenus et des déductions, et que les comptables ne peuvent pas très bien analyser les effectifs, le marché, la R&D et les coûts semblables, nous, membres de la communauté fiscale, avons également de la difficulté à reconnaître les bénéfices et les déductions établies dans une économie fondée sur l'incorporel. Le problème s'accentue puisque nous avons non seulement besoin de déterminer "quoi" et "quand", mais aussi "où", c'est-à-dire la juridiction. »[5] Cette absence de consensus et de preuves empiriques sur la question du lieu de l'activité est une importante source d'incertitude pour quiconque souhaite évaluer l'ampleur des pratiques de BEPS.

127. ***Quelle activité génère un bénéfice?*** Autre problème identifié par les études empiriques économiques : l'absence de consensus sur quelle activité économique génère un bénéfice, information nécessaire pour mesurer l'ampleur des pratiques de BEPS. Selon certains analystes, le bénéfice est réalisé dans le pays où la vente a lieu, mais selon d'autres, il est généré selon une combinaison de travail, capital et vente. Les règles fiscales actuelles utilisent généralement une approche fondée sur des faits particuliers, soit sur les fonctions exercées, les biens utilisés et les risques assumés par l'entreprise.

128. Le problème conceptuel s'aggrave avec la façon dont le capital, les ventes et le travail sont habituellement mesurés. La valeur totale des actifs ne comprend généralement pas celle des actifs incorporels, des générateurs importants de valeur, particulièrement dans l'économie d'aujourd'hui. Toutefois, ces derniers sont également hautement mobiles. L'investissement dans un actif incorporel, comme les dépenses de R&D, est généralement déduit ou passé en charge dans les états financiers au cours de l'exercice durant lequel ils ont été faits. Conséquemment, il n'est pas inclus dans la valeur totale des actifs, sauf pour certains incorporels acquis aux termes d'une acquisition ou d'un achat. On mesure souvent les ventes en fonction du pays où elles ont été réalisées (c.-à-d., selon leur provenance ou leur lieu de production) au lieu de le faire selon le pays où les consommateurs finals se trouvent (c.-à-d., selon le lieu de destination ou le lieu de consommation). Aussi, on mesure souvent le travail selon le nombre d'employés, mais cette mesure ne permet pas de faire la distinction entre les employés à temps plein et ceux à temps partiel, ou entre les différences dans la productivité ou dans la valeur ajoutée par heure de travail. On peut mesurer aussi la présence d'une entreprise multinationale sur le plan « travail » en mesurant le salaire total des employés, mais, comme pour les ventes, les employés travaillent souvent dans plusieurs juridictions au cours d'une même année, et pas seulement dans la juridiction où la compagnie a été constituée.

129. ***Où le bénéfice est-il généré ?*** Tout comme il existe un désaccord sur quelle activité produit un bénéfice, il existe également des divergences considérables quant au lieu où un bénéfice doit être considéré comme ayant été réalisé. De nombreuses études économiques définissent implicitement le lieu « où l'activité génératrice de bénéfices est exercée » dans leurs méthodologies. Par exemple, certaines études économiques utilisent un taux de bénéfices (correspondant au ratio bénéfices/ventes, au ratio bénéfices/employés et au ratio bénéfices/actifs) pour vérifier si le transfert de bénéfices inscrits dans l'état financier entre les sociétés affiliées est fondé sur un différentiel de taux d'imposition.

130. La plupart de ces études se servent d'analyses de régressions pour mesurer les pratiques de BEPS suscitées par un différentiel de taux d'imposition, et d'autres variables non fiscales, utilisées comme variables explicatives, pour montrer la création de bénéfices économiques réels. Les études économiques définissent les bénéfices économiques réels selon la mesure utilisée dans le taux de bénéfices (par ex., ventes ou actifs) et selon les variables explicatives utilisées (par ex., immobilisation corporelle, taille, emplacement du siège social, industrie, existence de brevets, etc.).

131. Pour déterminer où la valeur économique est créée, on doit définir la fonction production de l'entité. Dans le cas des prix de transfert, la fonction production fait généralement référence aux fonctions, aux risques et au capital de l'entreprise multinationale. Une production de fonction prendra non seulement en compte les facteurs habituels de production, soit la main-d'œuvre peu qualifiée, la main-d'œuvre hautement spécialisée et le capital physique, mais aussi la recherche et le développement (R&D) et autre capital incorporel, l'infrastructure publique, les effets de l'agglomération des industries et les complémentarités des autres entités dans la multinationale. Par conséquent, la description empirique typique des bénéfices ne prend pas en compte tous les éléments pertinents de la production de fonction. L'omission d'une variable dans l'analyse aura notamment pour effet d'affaiblir le pouvoir explicatif des régressions et affectera possiblement les estimations de la réactivité du transfert de bénéfices.

132. Il faudra effectuer des recherches additionnelles pour être capable de mesurer l'apport des contributions économiques réelles aux bénéfices, puisqu'il s'agit d'un élément indispensable pour séparer les pratiques de BEPS de l'activité économique réelle. Selon une recherche récente menée par Corrado et al. (2012), les investissements dans les actifs incorporels représentent un pourcentage important des dépenses d'investissements totales d'une entreprise et constituent une importante contribution à la productivité de la main-d'œuvre. Les investissements incorporels représentaient, entre 1995 et 2009, 118 % des investissements corporels aux États-Unis et 62 % des investissements corporels dans l'UE-15[6]. Une meilleure intégration des actifs incorporels (pas seulement les brevets et la R&D) et du risque s'avère nécessaire.

3.2.4. Distinguer les avantages fiscaux qui découlent des pratiques de BEPS de ceux qui n'en découlent pas

133. Pour mesurer l'ampleur et l'impact économique du BEPS, il faut séparer les effets des avantages fiscaux découlant d'une pratique de BEPS de ceux qui n'en découlent pas. Comme mentionné précédemment, le fait pour une entreprise de bénéficier d'une incitation fiscale nationale qui réduit son taux d'imposition moyen et augmente son activité économique réelle ne constitue pas une pratique de BEPS. De nombreux pays offrent des crédits d'impôts et des taux d'imposition faibles pour la R&D et autres activités socialement souhaitables. Dans la mesure où un avantage fiscal n'est pas un montage artificiel dépourvu de toute substance économique, l'analyse doit essayer de séparer les effets résultant de cet avantage fiscal des effets résultant des avantages fiscaux liés aux pratiques de BEPS.

134. Peu d'études empiriques se sont penchées suffisamment sur la question en raison des données limitées. La plupart des études se servent des taux d'imposition statutaires globaux ou des taux d'imposition effectifs moyens. Comme indiqué ci-dessous, les différentiels de taux d'imposition entre les pays sont nettement plus élevés et augmentent plus rapidement lorsque les taux d'imposition spéciaux sont inclus dans l'analyse. Actuellement, l'information relative à l'ampleur des incitations fiscales d'un pays n'est généralement pas disponible. Les analystes ne peuvent donc pas distinguer les deux effets.

3.2.5. Déterminer le taux d'imposition approprié

135. Avant de présenter les études économiques sur les pratiques de BEPS et les mesures issues du projet BEPS, il est utile d'examiner les différentes variables fiscales utilisées dans les analyses. L'encadré 3.2 décrit la manière dont ces variables sont calculées et les types d'analyses auxquelles elles servent.

Encadré 3.2. **Les différentes variables fiscales utilisées dans les analyses sur les pratiques de BEPS et les politiques fiscales**

Les analyses empiriques sur les pratiques de BEPS, particulièrement les analyses de régression, utilisent un différentiel de taux d'imposition pour estimer les effets potentiels des stratégies de BEPS. Les analystes de politiques utilisent différents taux d'imposition et ces variables fiscales comportent toutes des limites qui sont importantes à comprendre.

Les taux d'imposition statutaires applicables aux sociétés sont généralement considérés comme donnant une bonne mesure de l'avantage fiscal tiré d'un transfert de bénéfices imposables entre pays. Par exemple, si 100 euros du revenu imposable est transféré d'un pays possédant un taux d'imposition de 25 % vers un pays possédant un taux d'imposition nul, alors l'impôt à payer par la multinationale serait réduit de 25 euros. Toutefois, dans bien des cas, les taux d'imposition statutaires ne donnent pas une bonne mesure de l'avantage fiscal qui résulte du BEPS puisque certains pays ont des dispositions fiscales qui peuvent entraîner l'application d'un taux d'imposition différent de celui prévu par la loi. Par exemple, un pays qui accorde une allocation pour fonds propres aux entreprises permet la déduction d'intérêts fictifs calculés sur les fonds propres. Il incite par le fait même les entreprises à se servir des dépenses d'intérêts pour transférer des bénéfices. Dans certains cas, un pays qui possède des taux d'imposition statutaires élevés peut avoir des taux d'imposition sensiblement inférieurs pour certaines catégories de revenus particuliers (par ex., pour le revenu généré par des actifs incorporels), ce qui signifie que même si un pays a un taux statutaire d'imposition des sociétés élevé, le revenu peut être transféré dans ce pays plutôt que dans un autre. Une retenue à la source peut également être prélevée ou évitée sur un flux monétaire associé à une pratique de BEPS.

Les taux d'imposition marginaux (MTR selon l'acronyme anglais) sont la meilleure mesure à utiliser pour analyser l'érosion de la base d'imposition et le transfert de bénéfices, mais ce taux n'est souvent pas connu. Dans certains cas, le MTR est le même que le taux d'imposition statutaire ou il peut être un taux d'imposition statutaire spécifique, mais, dans d'autres cas, il peut être un taux négocié, résultant d'une décision administrative.

Les taux d'imposition effectifs (ETR selon l'acronyme anglais) existent sous différentes variantes et conviennent à différents types d'analyses.

Les taux d'imposition effectifs moyens rétrospectifs (AETR selon l'acronyme anglais) sont également utilisés pour mesurer les effets de l'érosion de la base d'imposition et du transfert de bénéfices, mais donnent souvent une mesure inexacte de l'incitation à transférer un revenu imposable. Les AERT peuvent correspondre de plus près au montant d'impôts réellement payé par les entreprises et peuvent refléter tous les aspects du régime fiscal des entreprises.

Encadré 3.2 : Les différentes variables fiscales utilisées dans les analyses sur les pratiques de BEPS et les politiques fiscales *(suite)*

Toutefois, ils sont des indicateurs rétrospectifs, qui reflètent l'incidence fiscale historique (par exemple, la dépréciation des investissements effectués antérieurement, les déductions de pertes d'années antérieures appliquées au revenu imposable de l'année courante, etc.) et les dispositions fiscales n'ayant pas pour effet d'éroder la base d'imposition ou de transférer des bénéfices (par exemple, crédits d'impôt pour R&D et crédits d'impôt énergie). Les AERT sont souvent calculés à partir des données extraites d'états financiers, états qui identifient le pays où l'entreprise a été constituée et non pas le pays de résidence fiscale. Ils sont aussi souvent calculés à partir des charges fiscales plutôt qu'à partir de l'impôt à payer ou de l'impôt acquitté, qui peuvent inclure l'impôt acquitté dans d'autres pays, comme indiqué dans le chapitre 1.

Les taux d'imposition marginaux prospectifs (FL-METR selon l'acronyme anglais) et les taux d'imposition effectifs moyens prospectifs (FL-ATR selon l'acronyme anglais) sont calculés en se servant d'entreprises hypothétiques pour déterminer l'impôt sur l'investissement futur. Les FL-METR sont utilisés pour analyser les incitations à l'investissement national à la marge, mais ceux-ci sont de plus en plus connus comme étant inadéquats pour évaluer les décisions des entreprises multinationales sur l'emplacement des actifs incorporels fortement rentables[7]. Les FL-ATR permettent de déterminer l'impôt sur le rendement total ou les bénéfices économiques d'un investissement, particulièrement pour les investissements générant plus qu'un rendement concurrentiel, afin de tenir compte de l'emplacement de cet investissement dans un autre pays. Les entreprises hypothétiques sont tributaires de faits qui leur sont propres, sans compter qu'elles sont difficiles à évaluer. Par conséquent, ces entreprises hypothétiques pourraient être non représentatives de l'économie. De plus, elles ne permettent pas de rendre compte de tous les aspects importants de la structure fiscale des sociétés, surtout en ce qui concerne les règles fiscales internationales.

Autres taux d'imposition. Pour être en mesure d'évaluer le niveau des impôts payés par certains groupes de contribuables ou par certains contribuables en particulier, quelques analyses et articles de presse utilisent un ratio « impôt payé/ventes », qu'ils appellent « taux d'imposition effectif ». Un ratio peu élevé leur permet parfois de conclure qu'une entreprise multinationale transfère artificiellement des bénéfices hors du pays. Cette interprétation montre bien la confusion créée par le mélange de concepts fiscaux. L'impôt sur les bénéfices est un impôt sur le revenu de capital d'une entreprise et non pas un impôt sur les ventes (consommation). La bonne mesure pour évaluer le fardeau d'un impôt sur les bénéfices est de diviser l'impôt par les bénéfices, et non pas d'utiliser un ratio « impôt/ventes ». Un faible ratio « impôt/ventes » peut simplement traduire le fait qu'une entreprise opère dans une industrie à faible marge bénéficiaire, où les ventes sont élevées par rapport aux bénéfices. Contrairement au revenu net, le montant des ventes doit permettre de payer les employés, les prêteurs ainsi que les achats intermédiaires faits auprès d'autres entreprises.

Les analystes des politiques fiscales tentent toujours de déterminer quel taux d'imposition devrait être utilisé pour évaluer empiriquement les effets de l'érosion de la base d'imposition et du transfert de bénéfices. Les analyses de sensibilité, comme calculer la régression avec des mesures de taux d'imposition différents, peuvent servir à déterminer si le choix du taux d'imposition fait une différence importante dans l'évaluation.

136. Une autre question méthodologique importante, en plus de celle relative aux taux d'imposition, est celle relative au calcul du différentiel de taux d'imposition (c.-à-d. la différence entre le taux d'imposition d'une entité multinationale et le taux d'imposition moyen des autres entités dans le groupe multinational). Un grand nombre d'études empiriques comparent le taux d'imposition des entités affiliées à celui de leur société mère. Cette méthode permet de calculer le transfert de bénéfices entre la société mère et ses

entités affiliées. D'autres études comparent plutôt le taux d'imposition d'une entité affiliée au taux d'imposition du groupe. Cette comparaison permet de calculer le transfert entre entités affilées, mais, dans certains cas, ce montant n'inclut pas les transactions de transfert avec la société mère. Certaines des études comparent le taux d'imposition d'une entité au taux d'imposition moyen d'autres entités liées, à l'aide d'une moyenne simple non pondérée ou d'une moyenne pondérée en fonction du revenu, mais le transfert peut être effectué de manière inégale entre les sociétés affiliées qui profitent de taux d'imposition très faibles. En fait, il est possible d'effectuer un seul transfert de bénéfices à une entité domiciliée dans un pays dont le taux d'imposition est nul. Il est nécessaire d'étudier de manière plus approfondie cette question si on veut améliorer le calcul des différentiels de taux d'imposition.

3.3. Ce que nous savons sur les pratiques de BEPS et sur les effets des mesures correctives issues du projet BEPS

137. Cette section décrit les analyses empiriques du transfert global des bénéfices, les estimations des incidences fiscales du BEPS, les analyses empiriques sur l'incidence des mesures issues du projet BEPS et de certains canaux du BEPS, et les impacts économiques du BEPS et des mesures visant à le combattre.

3.3.1. Les analyses générales sur le transfert de bénéfices

138. La littérature empirique sur le phénomène BEPS ne cesse de se développer et elle rapporte une érosion importante de la base d'imposition et un transfert significatif de bénéfices lié aux différentiels de taux d'imposition. La bibliographie présente des articles et des rapports triés sur le volet. Des examens récents de la littérature sur le transfert de bénéfices par Dharmapala (2014) et Riedel (2014) et une méta-analyse des transferts de bénéfices par Heckemeyer et Overesch (2013) qui examine certaines études empiriques antérieures rapportent une érosion considérable de la base d'imposition et un transfert important de bénéfices parmi les entreprises multinationales. Un examen récent des analyses générales du transfert de bénéfices donne un aperçu de la diversité des bases de données, de l'impôt et autres variables, et des méthodologies utilisées.

139. Les études menées antérieurement s'appuient sur divers types de données, dont des données sur les états financiers d'entreprises, des statistiques d'ensemble nationales, des données confidentielles recueillies par les gouvernements, des données tarifaires relatives à l'importation et l'exportation, et, dans certains cas, des déclarations de revenu d'entreprises. Les études récentes se sont penchées sur certains canaux du BEPS, comme la déductibilité des intérêts et les prix de transfert.

140. La plupart des analyses se limitent à l'étude d'un seul pays ou bien à des entreprises multinationales dont le siège social est situé dans un seul pays, pays où les enquêtes sur les entreprises, les déclarations de revenu et les données commerciales sont rendues accessible de manière confidentielle aux chercheurs. Elles peuvent aussi se fonder sur des analyses établies à partir d'un nombre limité de données financières sur des entités affiliées à des entreprises multinationales situées dans divers pays. Par exemple, un grand nombre d'études se sont servies d'informations confidentielles relatives à des entreprises multinationales dont le siège social est situé en Allemagne et aux États-Unis et à leurs sociétés affiliées. Ces informations provenaient d'enquêtes sur les investissements réalisées par la Banque fédérale d'Allemagne et par le Bureau d'analyse économique des États-Unis. Malheureusement, aucune donnée similaire n'existe pour les autres pays, et conséquemment, les résultats de ces études sont spécifiques aux entreprises multinationales de ces pays. Ils ne seront donc pas forcément représentatifs des résultats qu'on aurait

obtenus pour les autres pays en raison du fait, entre autres, que leurs taux d'imposition, leurs règles fiscales et leurs compositions industrielles sont différents.

141. Plusieurs études sur les douanes et le commerce identifient des prix intra-groupe qui ne respectent pas le principe de pleine concurrence, mais elles le font à l'aide de données propres à certains pays. Extrapoler les résultats relatifs aux pratiques de BEPS de ces analyses pour les appliquer à d'autres pays signifierait que l'ampleur des pratiques de BEPS est la même dans ces pays que dans ceux analysés.

142. Les recherches universitaires se basent également sur des documents financiers d'entreprises, extraites de bases de données internationales. De nombreuses analyses économiques ont utilisé la base Amadeus, mais cette base contient seulement des données relatives aux entreprises européennes. À l'instar des résultats des analyses qui examinent un pays en particulier, les résultats de ces études ne concernent que l'Europe; ils ne pourront donc vraisemblablement pas servir à l'étude des autres pays. Plus récemment, une série de recherches universitaires se sont tournées vers les bases de données globales comme la base ORBIS. L'avantage de ces bases est qu'elles ne se limitent pas aux pays européens. Toutefois, comme indiqué dans le chapitre 1, même si leur portée est grande au niveau du nombre total d'entités qu'elles couvrent, celle-ci est limitée en termes du nombre de pays qu'elles regroupent et du nombre d'entités sur lesquelles on trouve des informations financières complètes. Différentes approches ont été utilisées dans diverses analyses. Certaines analyses examinent les transferts de bénéfices effectués entre société mère et sociétés affiliées, alors que d'autres étudient ceux effectués entre entités affiliées non consolidées.

143. Alors que les recherches universitaires se concentrent davantage sur les données de différentes entreprises, plusieurs organisations internationales ont utilisé des données macroéconomiques pour évaluer les effets du BEPS. Ces études se concentrent sur les effets des paradis fiscaux et de l'investissement direct étranger (IDE) par l'intermédiaire d'entités *ad hoc*. Bien que les données macroéconomiques ne parviennent pas à capturer les comportements détaillés des sociétés, elles peuvent capturer d'autres aspects du BEPS, aspects peut-être non traduits dans les données microéconomiques, dont le champ est limité. L'une des contraintes associées à l'utilisation de données macroéconomiques, comme les données sur l'IDE, est que ces données incluent l'effet de l'impôt tant sur l'activité économique réelle que sur le phénomène BEPS.

144. La plupart des recherches universitaires n'ont pas tenté d'utiliser leurs estimations de transfert de bénéfices fondées sur leurs données-échantillons pour estimer les incidences fiscales. Pour effectuer une estimation financière, il faut avoir plus d'informations que la réactivité moyenne des bénéfices financiers aux modifications du taux d'imposition. Les bénéfices sur les états financiers diffèrent généralement du revenu imposable en raison des différences entre les règles comptables et les règles financières. Les entreprises ayant un revenu imposable négatif pour une année donnée ne peuvent généralement pas recevoir un remboursement d'impôt pour cette année; elles doivent reporter leurs pertes fiscales à une année ultérieure. De plus, la relation entre le revenu et l'impôt à payer n'est pas proportionnelle en raison de l'usage extensif qui est fait des crédits d'impôt prévus dans de nombreux pays.

145. Des études récentes fournissent des résumés forts utiles sur les analyses empiriques du BEPS. Dharmapala (2014) effectue un résumé des analyses empiriques des pratiques de transfert de bénéfices. Il rapporte que la littérature empirique récemment publiée considère l'étendue des pratiques de BEPS comme étant inférieure à celle estimée dans les études antérieures. Cette différence semble principalement due à l'utilisation récente et croissante des données microéconomiques des entreprises. Ces données sont capables de maintenir constants davantage de facteurs non fiscaux comparativement aux données agrégées d'un

pays. Riedel (2015) note que les études existantes présentent toutes des preuves attestant la pratique du transfert de bénéfices pour des raisons fiscales, mais que les résultats sont variés. Ces études rapportent que les bénéfices transférés représentent 5 % à 30 % des bénéfices réalisés par l'entreprise multinationale.

146. Quelques exemples notables d'analyses générales sur le transfert de bénéfices utilisent des données spécifiques à une entreprise : Grubert (2012), Huizinga et Laeven (2008), Heckmeyer et Overesch (2013), annexe 3.A1 de l'OCDE ainsi que Dowd, Landefeld et Moore du Joint Committee on Taxation (JCT) du Congrès américain. Grubert (2012) utilise un échantillon de déclarations de revenus auprès de l'administration fiscale américaine de grandes entreprises multinationales non financières américaines domiciliées aux États-Unis pour examiner le rôle de la fiscalité dans l'augmentation importante de la part du revenu total réalisé à l'étranger entre 1996 et 2002. La conclusion qui se dégage de son analyse est que les entreprises soumises à des taux d'imposition effectifs plus bas à l'étranger enregistrent à la fois des marges bénéficiaires à l'étranger plus élevées et des marges bénéficiaires nationales plus faibles. L'analyse montre que l'introduction du régime « check the box » en 1997 a permis de réduire considérablement les taux d'imposition effectifs à l'étranger. Il ressort de cette analyse que l'accroissement des activités de R&D réduit les taux d'imposition effectifs à l'étranger, ce qui permet de conclure indirectement que la localisation stratégique des actifs incorporels favorise les pratiques de BEPS.

147. Huizinga et Laeven (2008), quant à eux, examinent les informations financières provenant de la base Amadeus, afin de déterminer si l'écart entre les taux d'imposition des pays incite les entreprises multinationales européennes à transférer leurs bénéfices à l'étranger. Ils ont été les premiers à privilégier une approche « portefeuille » pour évaluer les pratiques des entreprises multinationales : ils utilisent comme variable fiscale la moyenne des différences bilatérales entre les taux d'imposition statutaires des entreprises faisant partie du même groupe et, comme variable dépendante, les bénéfices avant intérêts et impôt. En tenant compte des différentiels d'imposition entre sociétés affiliées étrangères et des différentiels d'imposition entre les sociétés mères et leurs sociétés affiliées étrangères, ils trouvent des preuves de transfert de bénéfices, tant entre filiales étrangères qu'entre les sociétés mères et leurs sociétés affiliées qui se trouvent à l'étranger. Finalement, ils calculent l'incidence de ces transferts sur les recettes des pays en comparant les recettes fiscales réellement obtenues avec les recettes estimées s'il n'y avait pas eu de transfert de bénéfices. Ils trouvent une valeur de semi-élasticité des bénéfices déclarés à l'égard du taux de l'impôt maximal prescrit par la loi de -1.3.

148. Heckemeyer et Overesch (2013) procèdent à une méta-analyse des études sur le transfert des bénéfices et rapportent une semi-élasticité de la base fiscale des bénéfices avant impôts des filiales de -0.8, où une augmentation de 10 points de pourcentage dans la variable fiscale réduit de 8 % les bénéfices enregistrés dans les états financiers. Ils utilisent de nombreuses estimations provenant d'études individuelles, mais ils favorisent démesurément les études portant sur les entreprises européennes. De plus, ils n'évaluent pas séparément les effets liés aux différents types de données, comme les comptes financiers, les enquêtes sur les investissements et les données relatives aux déclarations de revenus.

149. À l'aide de la base de données ORBIS, on utilise dans la nouvelle recherche, incluse au sein de l'annexe 3.A1, les comptes financiers des sociétés affiliées non consolidées pour analyser les transferts de bénéfices et les différences entre les sociétés affiliées de l'entreprise multinationale et les sociétés nationales comparables. L'analyse a permis de constater qu'une entité affiliée dont le taux d'imposition légal était supérieur d'un point de pourcentage au taux moyen du groupe de l'entreprise multinationale, entre 2000 et 2010, déclarait en moyenne 1 % moins de bénéfices (que les autres entités affiliées du groupe), ce qui correspond à une

semi-élasticité de -1,0. Selon une autre analyse, les grandes entreprises multinationales (plus de 250 employés) ont un taux d'imposition effectif inférieur de 2,5 à 5 points de pourcentage en moyenne aux taux d'imposition des entreprises nationales comparables. Cette différence reflète l'exploitation des asymétries entre les régimes fiscaux et l'utilisation des avantages fiscaux nationaux. Si on combine les deux analyses, on remarque que les pratiques de BEPS réduisent le taux d'imposition effectif des grandes entreprises multinationales de près de 4 à 8.5 points de pourcentage. On remarque également que les règles actuelles de lutte contre l'évasion fiscale ont un effet positif sur la réduction du transfert de bénéfices.

150. À partir de déclarations de revenus auprès de l'administration fiscale américaine de sociétés étrangères contrôlées de sociétés mères américaines, Dowd, Landefeld et Moore (2015), trois économistes du JCT du Congrès américain, constatent des effets non linéaires dans le transfert de bénéfices. Ils trouvent une semi-élasticité linéaire de -1.3, mais remarquent que les élasticités de transfert de bénéfices augmentent de 4 à 7 fois lorsque les bénéfices sont transférés à des sociétés affiliées bénéficiant d'un taux d'imposition faible. Bien que ces économistes aient travaillé avec des données extraites de déclarations de revenus, les données incomplètes[8] et les problèmes de consolidation (par exemple : une société affiliée localisée dans un pays dont le taux d'imposition est nul qui déclare payer des impôts à d'autres pays) peuvent avoir modifié les résultats.

151. Dharmapala (2014) a constaté que les estimations de la réactivité de l'impôt présentées dans les études universitaires semblent souvent peu élevées compte tenu de la grande proportion du revenu net se trouvant dans les paradis fiscaux. Cela n'est pas nécessairement contradictoire puisque les études universitaires mesurent l'incidence des modifications marginales mineures (c.-à-d., dans les différentiels de taux d'imposition) plutôt que les niveaux absolus de différences entre le taux d'imposition de 20 %, ou 30 %, comparativement à celui de 0 %[9]. Par conséquent, les estimations économétriques des modifications marginales peuvent sous-estimer les effets réels des grands différentiels de taux d'imposition.

152. Le tableau 3.1 présente un certain nombre d'analyses économiques fondées sur des données d'entreprises individuelles. Ces études empiriques tentent de mesurer l'effet du déplacement de bénéfices lié aux différentiels de taux d'imposition, en séparant les transferts de bénéfice des effets de l'activité économique réelle. Les diverses données, variables et méthodologies utilisées (encadré 3.3) permettent d'expliquer la raison pour laquelle les bonnes analyses empiriques produisent des résultats différents. Par contre, toutes les analyses trouvent des preuves manifestes de transferts de bénéfices. La valeur médiane des élasticités observées dans les 20 études est de -1.0.

Encadré 3.3. **Diverses approches utilisées pour mesurer les effets du transfert de bénéfices**

Depuis la publication des articles fondamentaux sur le transfert de bénéfices de Grubert et Multti (1991) et Hines et Rice (1994), un nombre croissant d'analyses empiriques sur le même sujet ont été menées en utilisant des données microéconomiques provenant d'entreprises individuelles. Analyser les informations au niveau microéconomique permet aux chercheurs d'éviter les problèmes liés à l'agrégation et, surtout, de mieux prendre en compte les facteurs économiques qui expliquent la rentabilité de l'entreprise. Les estimations sur le transfert de bénéfices dû aux différences d'imposition effectuées depuis 2007 montrent un grand éventail de semi-élasticités, allant de -0.4 à -3.7. Les analyses indiquent qu'une réduction de 10 points

Encadré 3.3 **Diverses approches utilisées pour mesurer les effets du transfert de bénéfices** *(suite)*

de pourcentage du taux d'imposition peut réduire le transfert de bénéfices de 4% à 10%, en supposant que tous les autres facteurs demeurent constants. Ces analyses ne prennent pas en considération les règles anti-évasion actuellement appliquées dans les pays.

Bien qu'elles adoptent une approche générale commune, les analyses de régression statistique utilisent différentes sources de données, différentes données variables et différentes techniques d'estimation, ce qui peut expliquer des résultats divergents.

Type de données : Les analyses effectuées à l'aide de microdonnées utilisent trois types de données : les données relatives aux comptes financiers, les données relatives aux enquêtes sur les investissements des entreprises, et les données relatives aux déclarations de revenus. Les données relatives aux comptes financiers rapportent les charges fiscales plutôt que les impôts réellement payés, qui peuvent différer en raison des impôts différés, et incluent les impôts payés à des pays autres que le pays d'incorporation.

Couverture des données par pays : Selon la base de données utilisée, les entités de l'entreprise multinationale analysées varient d'une étude à l'autre. De nombreuses études se servent d'une base de données européenne d'entités et, par conséquent, elles examinent uniquement les sociétés affiliées européennes de sociétés mères internationales. Plusieurs études analysent des entités du monde entier, mais seulement celles du même groupe que les sociétés mères américaines d'entreprises multinationales, alors que Weichenrieder analyse les sociétés affiliées allemandes de sociétés mères étrangères. Plusieurs études récentes ont analysé des entités du monde entier grâce à la base de données ORBIS, mais, comme mentionné dans le chapitre 1, cette base n'est pas complète, surtout en ce qui concerne les pays non européens et les pays en développement.

Couverture des données en fonction des relations au sein de l'entreprise multinationale : Les études diffèrent selon les entités de l'entreprise multinationale qui y sont incluses. Certaines se penchent que sur les entités non consolidées, tandis que d'autres incluent tant les sociétés affiliées que les sociétés mères. L'analyse effectuée par l'OCDE profite des relations relevant de l'actionnariat pour inclure le taux légal de l'impôt sur les sociétés affiliées liées, même si la base de données ne contient pas de renseignements financiers relatifs aux entités liées.

Montant estimé des bénéfices : La plupart des études se servent d'une certaine valeur de bénéfices comme variable dépendante, alors que quelques autres utilisent une valeur générale de revenu du capital, comme le rendement de l'actif et la productivité totale des facteurs. Cette valeur des bénéfices inclut les bénéfices avant impôt, les bénéfices après impôt et les bénéfices avant intérêts et impôt (BAII). Certaines études normalisent les bénéfices avant impôt comme un ratio des ventes ou des actifs.

Taux d'imposition : Le taux d'imposition est une variable clé prévisible. La plupart des études utilisent soit le taux légal ou un taux d'imposition effectif moyen. Souvent, le taux d'imposition marginal maximal est ce qui incite les sociétés à transférer des bénéfices à la marge, mais dans plusieurs pays on applique des taux d'imposition spéciaux sur certains types de revenus, particulièrement les revenus hautement mobiles. D'autres études, elles, utilisent le taux d'imposition effectif moyen pour refléter les taux spéciaux moins élevés, ainsi que les autres mesures incitatives fiscales ou les taux négociés, capables de réduire de manière importante le taux d'imposition applicable en deçà du taux légal. Plusieurs études utilisent une variable de taux d'imposition composée, qui mesure les différentiels de taux d'imposition par le revenu, afin d'éliminer les différentes possibilités de transférer des bénéfices.

Différentiel de taux d'imposition : Le transfert de bénéfices dépend des différences entre les taux d'imposition d'un pays à l'autre. Un transfert de bénéfices peut également s'effectuer

Encadré 3.3 **Diverses approches utilisées pour mesurer les effets du transfert de bénéfices** *(suite)*

entre pays possédant des taux d'imposition statutaires similaires si l'entité a subi des pertes fiscales, et jouit ainsi d'un taux d'imposition effectif moins élevé. Certaines études calculent les différentiels de taux d'imposition entre sociétés affiliées et société mère, d'autres calculent le différentiel entre les entités affiliées en utilisant un taux moyen pour les autres affiliés, et quelques-unes utilisent simplement le taux d'imposition absolu de l'entité.

Variables économiques explicatives : Il est important de séparer le transfert de bénéfices de l'activité économique réelle si on veut déterminer les bénéfices enregistrés. La plupart des études s'appuient sur une variété de mesures de l'activité économique réelle pour isoler l'effet de l'impôt. Elles utilisent des métriques relatives au capital et/ou à la main-d'œuvre disponible, d'autres variables, comme la population, le chômage, le commerce et les indices de corruption, et des mesures reliées au PIB, afin de tenir compte des différences macro-économiques qui existent entre les pays dans lesquels les entités appartenant à un groupe opèrent. Les mesures relatives au capital ne comprennent que l'actif total déclaré ou l'actif tangible/immobilisé, et donc n'incluent pas les autres facteurs ayant pu contribuer aux bénéfices fermes, tels que les actifs incorporels du groupe multinational, l'infrastructure publique, le capital social, etc. Il est à noter que les variables économiques explicatives utilisées sont très différentes des mesures de tarification indépendantes basées sur les fonctions, les risques et les actifs des entités de l'entreprise multinationale ou des prix comparables non contrôlés. En raison des limitations affectant les données, aucune étude n'a utilisé des données sur les sociétés affiliées et sur le groupe pour déterminer la part des entités aux bénéfices du groupe multinational.

Variables à effets fixes (nominales) : La plupart des études empiriques utilisent des variables à effets fixes pour maintenir constants certains facteurs propres à une entité, une année, une industrie ou un pays. Idéalement, les régressions comprendraient des mesures économiques spécifiques pour ces dimensions, mais en raison des données et des concepts limités, on recourt souvent à de simples variables nominales nulles pour capturer ces effets importants.

Effets linéaires et non linéaires de la fiscalité : Les analystes doivent choisir une spécification de l'équation de régression qui vise à déterminer si le taux d'imposition affecte le transfert de bénéfices. La plupart des analystes choisissent une valeur d'élasticité semi-log, où la variation en pourcentage dans les bénéfices est fonction d'une variation en point de pourcentage dans la valeur du taux d'imposition choisie. On peut aussi choisir de fonder son estimation sur une élasticité simple, où la variation en pourcentage dans les bénéfices est fonction de la variation en pourcentage dans le taux d'imposition choisi. Il est possible de présenter ces deux types d'estimation comme étant équivalentes si on calcule l'élasticité semi-log qui est équivalente à l'élasticité simple au taux d'imposition moyen. Selon l'analyse de Hines et Rice, il était possible d'utiliser des spécifications non linéaires, mais la plupart des analyses empiriques ont été menées à partir de spécifications linéaires. Les économistes du JCT mentionnent dans leur analyse une semi-élasticité linéaire de -1.3, mais les spécifications qu'ils privilégient sont celles non linéaires et dont la valeur varie entre -0.8 et -9.5 selon le niveau du taux d'imposition moyen auquel est assujettie l'entité.

Semi-élasticité et élasticité : La plupart des analyses utilisent une valeur de semi-élasticité (basée sur une spécification log linéaire), où la variation en pourcentage des bénéfices est fonction de la variation en point de pourcentage dans la valeur du taux d'imposition choisi. Par ailleurs, l'estimation peut être calculée à partir d'une élasticité standard (basée sur une spécification log linéaire), où la variation en pourcentage des bénéfices est fonction de la variation en pourcentage dans le taux d'imposition choisi. L'avantage principal de la semi-élasticité est qu'il est facile de l'interpréter ; une variation x en pourcentage dans les bénéfices pour une variation d'un point de pourcentage dans le taux d'imposition choisi. Les paramètres

Encadré 3.3 **Diverses approches utilisées pour mesurer les effets du transfert de bénéfices** *(suite)*

d'élasticité peuvent capturer une réactivité changeante selon le niveau absolu de la variable fiscale. Il est possible de calculer une semi-élasticité équivalant au paramètre d'élasticité au taux d'imposition moyen.

Coût de la planification fiscale/effets fiscaux linéaires et non linéaires : Selon la théorie économique, il y a deux raisons pour lesquelles il existe une relation non linéaire entre les taux d'imposition et le transfert de bénéfices : le coût fixe de la planification fiscale et la convexité des coûts de dissimulation. Ces effets ne sont pas mutuellement exclusifs. La convexité des coûts de dissimulation survient lorsque le coût des transferts augmente avec le montant absolu des bénéfices déplacés. Cela signifie que les effets sur les bénéfices avant impôt seront moindres à des niveaux absolus de différentiel de taux d'imposition élevés. Si la planification fiscale est associée à des coûts fixes, des valeurs de semi-élasticités fiscales élevées seraient prévues à des niveaux absolus de différentiel de taux d'imposition élevés. Même si Hines et Rice (1994) ont trouvé des preuves d'une relation non linéaire, la plupart des analyses empiriques subséquentes ont rapporté seulement des spécifications linéaires. Grubert et Mutti (1991) ont trouvé des preuves liées à des coûts fixes de planification fiscale. Dowd, Landefeld et Moore (2015) ont trouvé une forte relation non linéaire et des semi-élasticités allant de -0.8 à -9.5 selon le niveau du taux d'imposition effectif auquel l'entité est assujettie. Leurs résultats fournissent une preuve empirique des coûts fixes associés à la planification fiscale et appuient la mise à l'essai empirique des spécifications non linéaires.

Méthodologies : Étant donné les grandes différences qui existent entre les analyses empiriques sur le transfert de bénéfices, les recherches récentes ont inclus les analyses « méta » qui utilisent les résultats d'autres études et les différences entre celles-ci, comme celles décrites ci-dessus, pour essayer de synthétiser les analyses disponibles. Une des méta-études trouve des preuves considérables de transfert de bénéfices, mais les résultats dépendent des données sous-jacentes utilisées et des méthodologies particulières adoptées dans les études qui sous-tendent cette méta-analyse. Certaines études sont prises en compte plusieurs fois, car différentes variantes de la même donnée et de la même approche sont utilisées, et la plupart des études se fondent sur des entités et des états financiers européens. Dharmapala et Riedel (2013) ont appliqué une méthodologie fondée sur une modification temporaire des bénéfices, plutôt que sur un différentiel de taux d'imposition. Ils ont noté que la méthodologie adoptée ne permettrait vraisemblablement pas de capturer les possibilités de planification à long terme, tels que les prix de transfert.

Période : Huizinga et Laeven analysent une année, 1999, alors que les autres analyses couvrent plusieurs années, mais sur des périodes de temps différentes, comme par exemple, Weichenrieder (1996-2003) et Beer et Loeprick (2003-11). Si l'érosion de la base d'imposition et le transfert de bénéfices évoluent au cours du temps, la période de temps utilisée aura une incidence sur la réactivité estimée.

153. Beaucoup des études mentionnées dans le tableau 3.1 incluent des analyses de sensibilité et des spécifications alternatives. Ces études offrent des informations additionnelles importantes qui vont au-delà d'une seule valeur d'élasticité du taux d'imposition. Par exemple, l'analyse de l'OCDE sur le transfert de bénéfices, qui peut être trouvée à l'annexe 3.A1, vérifie la sensibilité de diverses variables dépendantes (c.-à-d., bénéfice avant impôt à l'emploi et bénéfice d'exploitation aux actifs totaux) et de divers effets fixes (c.-à-d., effets fixe de pays qui interagissent avec des effets fixes de temps). L'élasticité du transfert de bénéfices s'est révélée être robuste.

Tableau 3.1. **Sources de données, méthodes d'estimation et résultats provenant d'études récentes sur le transfert de bénéfices**

Auteurs	Année	Semi-élasticité	Variable dépendante	C	L	GDP	ADD	Effets fixes				Variable fiscale	Différentiel de taux d'imposition	R au carré	Période	Couverture	Données
								Entreprise	Temps	Industrie	Pays						
Dischinger	2007	-0.7	bénéfices avant impôts	x	x	x	x	x	x			taux légal de l'impôt	société affiliée par rapport société mère	0.76	1995-2005	entités de l'UE	FS
Huizinga et Laeven	2008	-1.3	bénéfices avant impôts	x	x	x				x	x	taux légal de l'impôt	société affiliée par rapport société mère	0.68	1999	entités de l'UE	FS
Azemar	2010	-1.0	bénéfices avant impôts			x	x					taux légal de l'impôt américain et ETR étranger	non	0.81	1992-2000	sociétés affiliées étrangères de sociétés mères américaines	TR
Becker et Riedel	2012	-0.7	bénéfices avant impôts	x		x	x	x	x	x		taux légal de l'impôt	société affiliée par rapport société mère	N/A	1995-2006	entités de l'UE	FS
Blouin, Robinson et Seidman	2012	-0.5	bénéfices avant impôts	x	x	x		x	x	x		taux légal de l'impôt	société affiliée étrangère par rapport société mère américaine	0.60	1982-2005	sociétés affiliées étrangères de sociétés mères américaines	IS
Dischinger, Knoll et Riedel	2013	-0.5	bénéfices avant impôts	x	x	x	x	x				taux légal de l'impôt	société affiliée par rapport société mère	0.14	1995-2005	entités de l'UE	FS
Dharmapala et Riedel	2013	-1.1	bénéfices avant impôts	x		x	x	x	x	x		taux légal de l'impôt	non	0.21	1995-2005	entités de l'UE	FS
Markle	2015	-0.9	bénéfices avant impôts	x	x	x		x	x			variable composée basée sur taux légal de l'impôt	société affiliée par rapport groupe	0.83	2004-08	entités du monde entier	FS
Dowd, Landefeld et Moore de la Joint Committee on Taxation du Congrès américain	2015	-1.3	bénéfices avant impôts	x	x	x	x	x	x			taux légal de l'impôt et ETR	non	0.46	2002-10	sociétés affiliées étrangères de sociétés mères américaines	TR
Clausing	2015	-2.4	bénéfices avant impôts			x		x				ETR	société affiliée étrangère par rapport société mère américaine	0.64	1983-2011	sociétés affiliées étrangères de sociétés mères américaines	IS

Tableau 3.1. **Sources de données, méthodes d'estimation et résultats provenant d'études récentes sur le transfert de bénéfices** *(suite)*

Auteurs	Année	Semi-élasticité	Variable dépendante	C	L	GDP	ADD	Effets fixes				Variable fiscale	Différentiel de taux d'imposition	R au carré	Période	Couverture	Données
								Entreprise	Temps	Industrie	Pays						
Schwarz	2009	-3.5	bénéfices avant impôts à ventes			x	x				x	ETR	non	0.28	1999-2001	sociétés affiliées étrangères de sociétés mères américaines	IS
Grubert	2012	-1.6	bénéfices avant impôts aux ventes				x					variation du ETR étranger	non	N/A	1996, 2004	sociétés affiliées étrangères de sociétés mères américaines	TR
OCDE	2015	-1.0	bénéfices avant impôts aux actifs	x		x	x		x	x		taux légal de l'impôt	société affiliée par rapport groupe	0.03	2000-10	entités de partout dans le monde	FS
Loretz et Mokkas	2011	-1.1	bénéfices après impôts	x	x	x	x	x	x			taux légal de l'impôt	non	0.01	2002-09	entités de l'UE	FS
Lohse et Riedel	2013	-0.4	BAII	x	x	x	x	x	x	x		taux légal de l'impôt	société affiliée par rapport société mère	0.16	1999-2009	entités de l'UE	FS
Beer et Loeprick	2013	-1.0	BAII	x	x	x		x	x	x		taux légal de l'impôt	société affiliée par rapport groupe	0.06	2003-11	entités de partout dans le monde	FS
Beuselinck, Deloof et Vanstraelen	2014	-1.6	BAII	x	x	x		x		x	x	variable composée basée sur taux légal de l'impôt	société affiliée par rapport société mère	0.71	1998-2009	entités de l'UE	FS
Maffini et Mokkas	2011	-1.0	productivité totale des facteurs					x	x		x	taux légal de l'impôt	non	0.10	1998-2004	entités de partout dans le monde	FS
Weichenrieder	2009	-0.5	rendement de l'actif	x	x		x	x	x			taux légal de l'impôt	société affiliée allemande par rapport société mère	0.52	1996-2003	sociétés affiliées allemandes de sociétés mères étrangères	IS
Heckemeyer et Overesch	2013	-0.8	bénéfices avant impôt et BAII	-	-	-	-	-	-	-	-	taux légal de l'impôt et ETR	varié	N/A	v	variée	méta

Note : Études publiées après 2006, qui estiment les semi-élasticités du transfert de bénéfices. Si aucune estimation n'est privilégiée, la spécification de base a été utilisée. « C » désigne des biens corporels, « ADD » désigne des variables additionnelles, et un « x » montre que des variables de contrôle ont été incluses pour ces données. Dans la dernière colonne, « FS » désigne une donnée relative à un état financier, « IS » désigne une enquête sur les investissements et « TR » désigne une donnée relative à une déclaration de revenus.

3.3.2. Les incitations à éroder la base d'imposition et à transférer des bénéfices

154. Une grande partie des discussions sur le phénomène BEPS ont porté sur l'élasticité fiscale du transfert de bénéfices ou sur la baisse des taux d'imposition des bénéfices des sociétés (IS) dans les pays membres de l'OCDE au cours des vingt dernières années. Certains pourraient estimer que l'incitation à recourir à des pratiques de BEPS a diminué. Toutefois, le transfert de bénéfices est basé sur un différentiel de taux d'imposition entre entités appartenant à un groupe localisés dans deux pays, et non pas sur les taux d'imposition des sociétés. Qu'il s'agisse d'une entité localisée dans un pays dont le taux d'imposition est de 40 % qui transfère des bénéfices à une entité apparentée localisée dans un pays dont le taux d'impôt est de 20 %, ou qu'il s'agisse d'une entité localisée dans un pays dont le taux d'imposition est de 30 % qui transfère des bénéfices à une entité apparentée localisée dans un pays dont le taux d'impôt est de 10 %, l'incitation à déplacer les bénéfices reste la même. Dans les deux cas, 20 % du montant des bénéfices transférés échappent à l'impôt.

155. On peut mesurer les différentiels des taux d'imposition avec la notion statistique de l'écart type, en reflétant la distance entre les taux d'IS des pays individuels et le taux d'imposition moyen des sociétés. Le graphique 3.1 montre le taux moyen d'imposition des sociétés et l'écart type des taux d'IS dans les pays de l'OCDE entre 1998 et 2013. Les taux d'imposition et les écarts types sont pondérés par l'IDE afin de cibler davantage les activités transfrontalières exercées par les entreprises multinationales et les pratiques de BEPS. Le taux moyen d'IS des pays de l'OCDE est passé en moyenne de 34.4 % en 2003 à 30.1 % en 2013. En revanche, l'écart type du taux d'IS est passé de 5.6 en 2003 à 7.0 en 2013, ce qui représente une augmentation de 25 %.

Graphique 3.1. **Incitations à éroder la base d'imposition et à transférer des bénéfices : variation du taux d'IS dans les pays de l'OCDE**

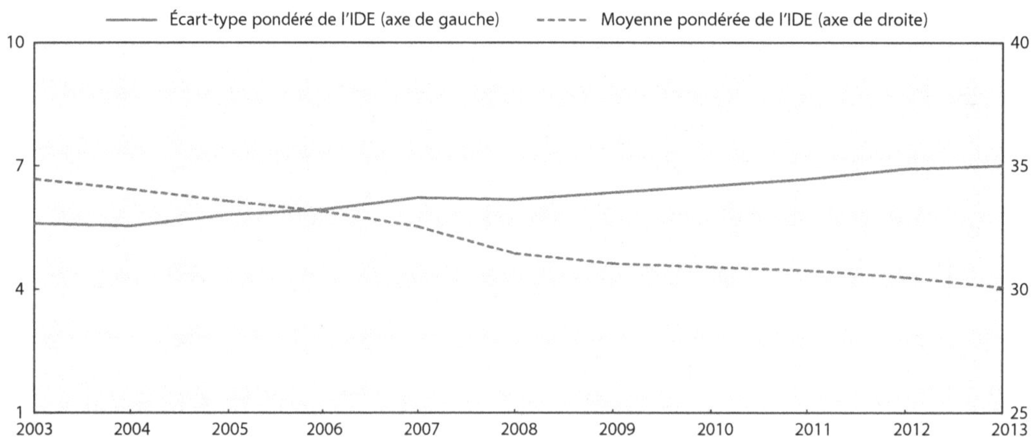

Note : Variation pondérée par positions d'IDE entrant et sortant.

Source : Base de données de l'OCDE sur l'impôt, statistiques de l'OCDE sur l'IDE.

156. La plupart des études empiriques réalisées portent sur les effets du taux d'imposition statutaire. Les incitations à éroder la base d'imposition et à transférer des bénéfices ne reposent pas uniquement sur le différentiel des taux d'imposition statutaires sur les bénéficesdes sociétés. Plusieurs pays ont des régimes préférentiels pour certains types de revenus. Par exemple, le choix délibéré de localiser certains actifs incorporels constitue une stratégie courante de BEPS, et les incitations à se livrer à des pratiques de BEPS

s'accroissent quand on applique des taux d'imposition préférentiels aux redevances tirées de l'exploitation de la propriété intelectuelle sans exigence de liens économiques. Le graphique 3.2 montre le taux moyen d'IS applicable aux redevances tirées de l'exploitation de la propriété intelectuelle et l'écart type dans les pays de l'OCDE. En 2013, huit pays de l'OCDE avaient des « patent boxes », ces régimes instaurant un taux ou une base d'imposition réduits appliqués aux produits de la propriété intelectuelle. Le reste des pays de l'OCDE appliquaient le taux légal d'IS lié aux revenus de la propriété intelectuelle. Une fois de plus, les taux d'imposition sont pondérés par l'IED pour cibler plus finement les activités transfrontalières des entreprises multinationales ainsi que les pratiques de BEPS.

Graphique 3.2. **Incitations à éroder la base d'imposition et à transférer des bénéfices : variation des taux d'IS applicables aux produits de brevets dans les pays de l'OCDE**

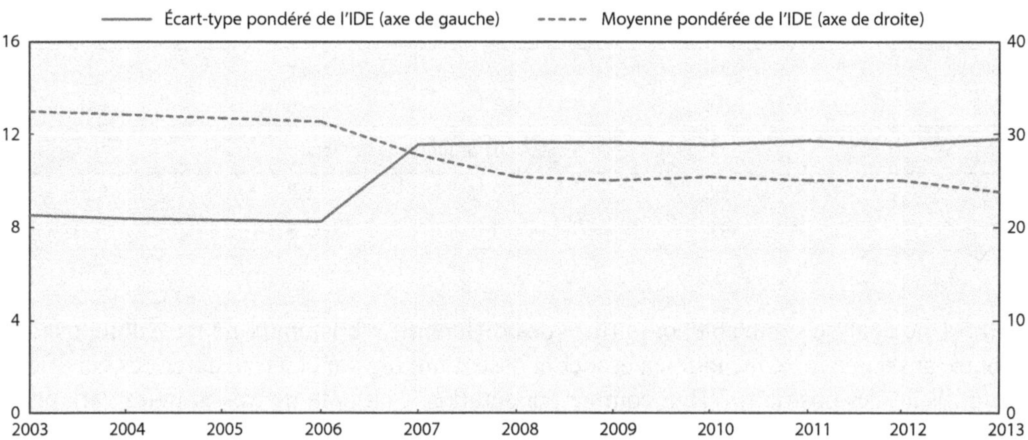

Note : Variation pondérée par les positions d'IDE entrant et sortant.

Source : Base de données de l'OCDE sur l'impôt, statistiques de l'OCDE sur l'IDE. Commission européenne (2015).

157. Le taux moyen d'IS applicable aux produits de la propriété intellectuelle est plus faible et a diminué davantage que le taux d'imposition statutaire moyen des bénéfices des sociétés. L'écart type des taux d'imposition applicables à ces produits est plus élevé et a augmenté davantage que les taux d'imposition statutaires des bénéfices des sociétés. L'écart type a fortement augmenté en 2007, soit l'année où la Belgique et les Pays-Bas ont mis en place un régime fiscal favorable aux brevets. L'écart type pondéré des taux d'IS applicables aux redevances tirées de l'exploitation de la propriété intelectuelle dans les pays de l'OCDE a augmenté de 8.6 en 2003 à 11.8 en 2013, ce qui représente une augmentation de 38 %.

158. Il est possible d'affiner ces mesures, mais elles montrent clairement les incitations liées aux pratiques de BEPS, comme le choix délibéré de l'emplacement de certains actifs incorporels, pratique qui ne cesse de s'accentuer depuis onze ans. Finalement, les incitations au transfert de bénéfices vers un pays ayant un taux d'imposition de zéro demeurent très fortes même avec un taux moyen d'imposition faible. Faire passer son taux d'impôt de 10 %, ou 20 %, à 0 % génère tout de même un bon différentiel. C'est pourquoi les sociétés domiciliées dans un pays à fiscalité faible ou forte transfèrent des bénéfices vers des pays à taux d'imposition nul.

159. Quand on analyse les effets du BEPS, il est important de préciser les mesures afin qu'elles reflètent le plus possible l'activité économique ciblée. Le tableau 3.2 montre que si on ne pondère pas l'écart type du taux statutaire d'imposition des pays de l'OCDE,

celui-ci ne montre pas l'ampleur de l'incitation à éroder la base d'imposition et à transférer des bénéfices. Par contre, lorsqu'on pondère les différentiels de taux d'imposition par le PIB, ces derniers montrent l'ampleur de l'incitation. Lorsqu'on pondère ces différentiels par l'IDE, et par les échanges, deux mesures de l'activité des entreprises multinationales, les différentiels sont plus élevés et la variation en pourcentage au cours des onze dernières années l'est aussi[10]. L'écart type du taux d'IS applicable aux redevances tirées de l'exploitation de la propriété intelectuelle est beaucoup plus élevé que si on utilisait la simple valeur du taux statutaire de l'impôt.

Tableau 3.2. **Écart type des taux d'imposition des pays de l'OCDE, 2003 et 2013**

	Non pondéré	Pondéré par le PIB	Pondéré par l'IDE	Pondéré par les échanges
		Taux de l'impôt prévu par la loi		
2003	6.5	4.7	5.6	5.6
2013	5.8	6.6	7.0	6.6
		Taux de l'IS applicable aux produits de brevets		
2003	8.5	7.2	8.6	8.3
2013	8.4	10.0	11.8	10.7

160. Une analyse semblable, qui utilise des différentiels bilatéraux de taux d'imposition, montre aussi une forte incitation à éroder la base d'imposition et à transférer des bénéfices. En utilisant des positions d'IDE comme pondération[11], on note de très grandes variations, allant de 11 % pour les États-Unis à -18 % pour l'Irlande, entre les pays de l'OCDE en 2012. Depuis 2000, les différentiels ont augmenté de 3 % pour les États-Unis et de -13 % pour l'Irlande. Le différentiel bilatéral de taux d'imposition pondéré par l'IDE de l'Allemagne a diminué, passant de 16 % en 2000 à 0 % en 2014. En utilisant comme pondérations les parts d'exportations totales de biens comptabilisées par un partenaire commercial pour chaque pays donné, on constate une grande variation dans les différentiels de taux d'imposition entre les pays de l'OCDE, allant de 14 % pour les États-Unis à -16 % pour l'Irlande.

161. Ce type d'information sur les différentiels de taux d'imposition, principale variable explicative dans les études du BEPS, devrait être rapporté dans les études empiriques sur le transfert de bénéfices. Les différentiels de taux d'imposition sont tout aussi importants que les élasticités estimées dans les études si les résultats sont utilisés pour évaluer l'impact fiscal de l'érosion de la base d'imposition et du transfert de bénéfices. Il est également à noter qu'une couverture incomplète des données relatives aux pays dans les bases de données sous-jacentes, qu'il s'agisse de données macro-économiques ou de données au niveau des entreprises, affectera la moyenne pondérée des taux d'imposition prévus par la loi dans les pays à l'étude. Si les pays (ou les entreprises dans les pays) ayant un différentiel de taux d'imposition positif relativement élevé sont sous-représentés, le différentiel global implicite des taux d'imposition sera sous-évalué.

3.3.3. Les pratiques de BEPS et les pays en développement

162. En raison des données limitées, tant concernant la qualité que la quantité, comme souligné par Fuest et Riedel (2010), la recherche empirique sur le transfert de bénéfices dans les pays en développement est très limitée. Fuest, Hebous et Riedel (2011) essayent de combler ce vide en examinant, de manière empirique, le transfert de bénéfices vers

les pays en développement en mettant l'accent sur les prêts entre parties liées. En faisant la distinction entre les entités affiliées des entreprises multinationales allemandes établies dans un pays développé et celles localisées dans un pays en développement, les résultats montrent que les dettes entre parties liées dans les pays en développement sont beaucoup plus sensibles aux variations des taux d'imposition que les pays développés. L'étude conclut que le transfert de bénéfices, lorsqu'il est mesuré par rapport aux recettes actuelles d'impôt sur les bénéfices, est environ deux fois plus important dans les pays en développement que dans les pays développés. Une étude du FMI (2014) sur les retombées fiscales internationales utilise une comparaison approximative de l'efficience fiscale des sociétés. Selon cette étude, le manque à gagner en pourcentage des rentrées d'IS des pays en développement pourraient être plusieurs fois celles des pays développés, en raison du fait qu'ils disposent de moins de ressources pour veiller à l'application de la loi.

163. De nombreuses études sur les pays en développement ne différencient pas entre les pertes de recettes qui découlent des pratiques de BEPS, de la fraude fiscale par les particuliers et des flux financiers illicites. Les pays en développement possèdent des ratios IS/PIB plus élevés, de sorte que leur base d'imposition est potentiellement plus à risque d'être érodée par les pratiques de BEPS que celle des pays développés. Les pertes en matière d'IS pourraient occasionner un manque crucial d'investissements publics, investissements qui permettraient de promouvoir la croissance économique. Dans un rapport du Forum africain sur l'administration fiscale, les administrations fiscales africaines concluent que la manipulation des prix de transfert est un obstacle majeur non seulement en ce qui concerne la mobilisation effective des recettes, mais aussi pour le développement et la réduction de la pauvreté, et que la plupart des pays ne possèdent pas les compétences nécessaires pour identifier et analyser les montages complexes[12]. Pour élaborer des politiques fiscales qui tiennent compte de la diversité des régimes fiscaux et des capacités de mise en œuvre d'un pays, il est important de mieux comprendre l'impact économique du phénomène BEPS sur les pays en développement.

164. Un document de travail récent de la CNUCED[13] aborde la question des conséquences fiscales de l'IDE sur les économies développées depuis une perspective d'investissements. L'investissement est important pour la croissance durable des pays en développement. Ce rôle doit être pris en compte lorsqu'on cherche à éliminer le transfert de bénéfices dans ces économies. Encore une fois, la façon dont les pays en développement utiliseront les recettes fiscales potentielles, réalisées grâce aux mesures issues du projet BEPS, sera déterminante pour l'effet futur de ces mesures sur leur flux mondial d'IDE.

165. L'analyse empirique de la CNUCED étudie le rôle de l'investissement comme catalyseur de l'évasion fiscal, et souligne l'utilisation d'entités *ad hoc*, des paradis fiscaux et le rôle des centres d'investissement étranger comme acteurs majeurs de l'IDE dans les pays en développement. Elle mentionne : « La cause première du rôle surdimensionné des centres étrangers dans les investissements mondiaux des entreprises est la planification financière. » L'analyse est basée sur l'approche qui cartographie les investissements internationaux entre un investisseur direct et la juridiction bénéficiaire de l'entreprise selon les apports bilatéraux des entités *ad hoc* et des paradis fiscaux. L'étude révèle que les effets de l'investissement dans les paradis fiscaux et les entités *ad hoc* sont plus importants dans les pays en développement.

3.3.4. Mesurer l'ampleur (les incidences fiscales) des pratiques de BEPS

166. Selon une étude sur les pays menée par le GT2 du Comité des affaires fiscales, et selon de nombreux commentateurs du projet de rapport sur l'Action 11, le deuxième problème le plus fréquemment cité qui se pose aux analystes des politiques fiscales, outre les limitations affectant les données, est le besoin d'élaborer une méthodologie claire destinée à mesurer l'érosion de la base d'imposition et le transfert de bénéfices. Toutes les études qui cherchent à mesurer l'ampleur des pratiques de BEPS tentent de déterminer dans quelle mesure le montant actuel de l'impôt sur les sociétés payé dans les pays diffère de celui qui aurait été payé dans un monde contrefactuel, où les pratiques de BEPS n'existent pas.

167. De nombreuses études ont tenté de comparer la localisation des bénéfices déclarés par les entreprises multinationales, qui se livrent à des pratiques de BEPS, avec un monde contrefactuel où les pratiques de BEPS n'existent pas, et où la localisation des bénéfices est conforme au lieu où l'activité économique génératrice de bénéfices est exercée. Ces études ne se penchent pas sur des pratiques ou des canaux de BEPS particuliers, elles adoptent plutôt une approche globale et examinent les effets liés au transfert de bénéfices basés sur la différence de taux d'imposition, effets autrement non expliqués par les mesures disponibles sur l'activité économique réelle. Auparavant, ces études étaient effectuées à l'aide de variables macro-économiques relatives au pays, mais, aujourd'hui, on se sert de plus en plus des données au niveau des entreprises. Cette utilisation permet d'établir une corrélation plus étroite entre la différence de rentabilité des entreprises selon l'impôt des entreprises et d'autres facteurs non fiscaux, et ce, même avec des données au niveau des entreprises considérablement limitées.

168. Les analyses qui tiennent compte de l'effet du différentiel des taux d'imposition sans réviser les mesures pour tenir compte des pratiques de BEPS (c.-à-d. des montages artificiels visant à séparer le revenu imposable de l'activité qui l'a généré) auront tendance à surestimer l'ampleur de l'érosion de la base d'imposition et le transfert de bénéfices. C'est pourquoi l'érosion de la base d'imposition et le transfert de bénéfices ne sont pas basés sur une différence des taux d'imposition en soi, mais plutôt sur des stratégies spécifiques qui cherchent à séparer un revenu imposable de l'activité qui l'a créé. Les différentiels de taux d'imposition basés sur taux d'imposition effectifs moyens rétrospectifs reflètent les baisses d'impôts non liées à l'érosion de la base d'imposition et au transfert de bénéfices, comme celles obtenues grâce aux crédits d'impôt R&D ou aux amortissements accélérés, ce qui peut conduire à surestimer l'ampleur du problème posé par le phénomène BEPS. La mise en œuvre de règles sur les les prix de transfertpermet de définir la fourchette de prix acceptables, élément non reflété dans le différentiel de taux d'imposition. En raison d'autres facteurs, particulièrement les limitationss affectant les données et le caractère incomplet de la fonction production, les estimations fondées sur les écarts entre les taux d'imposition pourraient sous-estimer l'ampleur de l'érosion de la base d'imposition et du transfert de bénéfices[14].

169. Une autre approche vise à se servir des mesures macro-économiques globales d'un pays pour tenir compte de la différence entre les taux d'imposition et des différences institutionnelles entre les régimes fiscaux. On utilise ainsi des détails spécifiques à un pays, comme la somme d'IDE provenant d'entité *ad hoc* ou de paradis fiscaux, ou le taux d'imposition statutaire d'un paradis fiscal ou d'un pays. Il est peu probable que les études qui adoptent une telle approche réussissent à séparer l'érosion de la base d'imposition et le transfert de bénéfices de l'activité économique réelle et des avantages fiscaux qui ne découlent pas du BEPS.

170. Autre approche adoptée : évaluer les pratiques spécifiques de BEPS. Dans son étude de la littérature didactique, Ridel (2015) mentionne : « La preuve empirique la plus probante a été présentée par les études universitaires qui examinent les canaux de transferts, car les essais empiriques sont plus directs et les résultats sont moins susceptibles d'être affectés par des mécanismes non liés au transfert de bénéfices. »[15] Dans les exemples, on trouve la quantification des effets de prix de transfert dans des conditions de non-concurrence, la déduction excessive d'intérêts et l'utilisation abusive des conventions fiscales. Mesurer les pratiques de BEPS permet aux chercheurs d'utiliser différents types de sources de données, comme les données sur le commerce, pour analyser les prix de transfert, le taux de rentabilité des sociétés affiliées, pour analyser les intérêts excessifs, ou le flux bilatéral d'investissements pour analyser l'utilisation abusive des conventions fiscales. Les pratiques de BEPS découlent de la différence entre les taux d'imposition et des asymétries entre les régimes fiscaux. Par le biais de montages artificiels, certains exploitent ces différences pour réduire leur charge fiscale.

171. Même si la mesure d'une action du projet BEPS est une approche plus directe, on rencontre les mêmes problèmes de données et de méthodologie. Pour déterminer l'effet sur le revenu d'une action précise du projet BEPS, on doit tenir compte des interactions entre les différents canaux de BEPS (par exemple, chevauchement ou complémentarité). Cela permettra de fournir une estimation juste des conséquences de l'érosion de la base d'imposition et du transfert de bénéfices. Par exemple, les défis fiscaux posés par l'économie numérique (Action 1) sont examinés dans les autres actions, notamment celles portant sur l'évitement du statut d'établissement stable, les prix de transfert et les règles concernant les sociétés étrangères contrôlées.

172. Les gouvernements de chaque pays pourront utiliser leurs propres bases de données administratives, qui incluent souvent les données relatives aux déclarations de revenus, pour évaluer l'approche la mieux adaptée. Les mesures issues du projet BEPS proposées ne permettront pas d'éliminer complètement l'effet des pratiques de BEPS, par souci des dépenses d'administration que cela pourrait entraîner pour les administrations fiscales et les entreprises. Voir l'annexe 3.A2 pour une description de la façon dont un gouvernement peut utiliser cette approche pour mesurer une action de BEPS.

173. Il y a peu d'autres estimations globales des conséquences fiscales liées aux pratiques de BEPS ou d'autres estimations des conséquences fiscales liées aux pratiques de BEPS sur les pays en développement. Une étude récente[16] s'appuie sur des données globales de pays, soit les investissements vers les centres d'investissements étrangers et les paradis fiscaux, pour mesurer l'incidence fiscale des pratiques de BEPS sur les pays en développement, à l'échelle mondiale. Plusieurs organisations non gouvernementales (ONG) ont publié des statistiques, le plus souvent, des estimations pluriannuelles basées sur le commerce ou sur le montant total d'impôt sur le revenu des sociétés. Toutefois, ces ONG n'essaient pas de séparer l'activité économique réelle des pratiques de BEPS et elles prennent souvent en compte les estimations reliées à l'évasion fiscale des particuliers et au non-respect des règles fiscales.

174. Étant donné toutes les incertitudes qui pèsent sur les estimations globales de l'ampleur et de l'impact économique du BEPS, aucune estimation empirique ne sera exacte, mais elles ont généralement plus de valeur pour les dirigeants que les études restreintes portant sur un nombre limité d'entreprises ou de pays à partir desquelles ils extrapolent des résultats. En présentant les approches retenues, il sera possible d'affiner la recherche à mesure que les données et les méthodologies seront disponibles.

175. Le tableau 3.3 montre les diverses estimations globales présentées dans la nouvelle estimation de l'OCDE portant sur les pertes globales de recettes liées au pratiques de BEPS (décrite ci-dessous) et dans deux autres analyses. Les estimations du manque à gagner global varient entre 4 % et 10% des recettes globales de l'IS et entre 7.5 % et 14 % des recettes de l'IS réalisées par les pays en développement. Il est à noter que les estimations effectuées par la CNUCED ne tiennent pas compte de tous les effets relatifs à la manipulations des prix[17].

Tableau 3.3. **Estimations des conséquences fiscales liées aux pratiques de BEPS à l'échelle mondiale et estimations des conséquences fiscales liées aux pratiques de BEPS sur les pays en développement**

Estimations fiscales	Champ d'application	Approximation en USD (milliards)	Année (niveau)
Agrégat sur le différentiel de taux d'imposition (OCDE)	Mondial	100-240 (4-10% de l'IS)	2014
	Autres estimations		
Efficacité de l'IS 2014 (FMI)	Mondial	5% de l'IS	
Matrice de l'investissement offshore 2015 (CNUCED)	Mondial	200 (8% de l'IS)*	2012
Efficacité de l'IS 2014 (FMI)	Pays en développement	13% de l'IS	
Matrice de l'investissement offshore 2015 (CNUCED)	Pays en développement	66-120 (7.5-14% de l'IS)*	2012

*Inclut uniquement le BEPS lié à l'investissement, et non la manipulation de prix commerciaux.

3.3.5. Une estimation globale des recettes perdues en raison des pratiques de BEPS

176. L'annexe 3.A1 présente une estimation globale des recettes perdues en raison des pratiques de BEPS, estimation basée à la fois sur une analyse du transfert de bénéfices liés aux différentiels de taux d'imposition et sur une analyse des différences des taux d'imposition effectifs entre les grandes sociétés affiliées à des entreprises multinationales et les entreprises nationales comparables, analyse qui prend en compte les disparités entre les régimes fiscaux et les avantages fiscaux. L'analyse a été effectuée à partir de données de comptes financiers de 2000 à 2010, provenant de la base ORBIS. Cette base de données contient le plus grand ensemble de comptes financiers, avec les limitations décrites au chapitre 1.

177. Dans l'analyse des recettes globales, on expose dès le début deux résultats empiriques clés. Tout d'abord, on évalue la semi-élasticité des bénéfices déclarés aux différentiels de taux d'imposition entre les taux d'imposition non ajustés des sociétés affiliées non consolidées et les taux d'imposition moyens du groupe multinational (en prenant la moyenne non pondérée des taux d'imposition prévus par la loi des autres entités affiliées). On examine tant les analyses antérieures effectuées à partir de données d'ORBIS que les liens de détention, dont les liens entre entités affiliées qui ne communiquent pas de renseignements financiers. On peut ainsi déterminer leur pays d'incorporation et, potentiellement, leur taux d'imposition légal. Cette démarche permet d'inclure plusieurs entités affiliées domiciliées dans des pays à faible fiscalité dans la moyenne non pondérée des taux d'imposition du groupe multinational. Selon l'analyse, la semi-élasticité des bénéfices déclarés aux différentiels de taux d'imposition est en moyenne de -1.0. L'analyse est fondée sur 1.2 million de données entre 2000 et 2010, bien que la couverture des données examinées soit limitée dans certains pays.

178. Ensuite, on estime que les taux d'imposition effectifs moyens des grandes entreprises multinationales (plus de 250 employés) sont inférieurs de 2.5 à 5 points de pourcentage en moyenne à ceux des groupes (non multinationaux) formés d'entités nationales comparables. Cette différence est peut-être due à la capacité des entreprises multinationales à tirer parti des disparités entre les régimes fiscaux, notamment par l'intermédiaire de montages hybrides, et à leur capacité accrue à optimiser les avantages pour diminuer leurs impôts, comme les allègements fiscaux destinés à attirer les IDE des entreprises multinationales. L'analyse est fondée sur 2 millions de données entre 2000 et 2010. En raison du transfert de bénéfices, des asymétries entre les régimes fiscaux et du recours aux avantages fiscaux nationaux, les taux d'imposition effectifs des grandes entités de l'entreprise multinationale sont inférieurs en moyenne de 4 à 8.5 points de pourcentage à ceux des entités affiliées nationales comparables. Cette différence est encore plus prononcée pour les grandes entreprises et pour les entreprises multinationales qui détiennent des brevets.

179. Pour produire une estimation des recettes perdues, il faut un nombre de paramètres et d'hypothèses pour tirer des extrapolations d'une base de données afin de les appliquer à une estimation mondiale. Comme la représentativité et la couverture des données disponibles sont limitées pour certains pays, l'estimation globale produite se fonde seulement sur des paramètres globaux. La perte de recettes résulte de deux effets : le transfert de bénéfices relié au différentiel de taux d'imposition et les différences entre les taux d'imposition effectifs moyens des entités affiliées dues aux disparités entre les régimes fiscaux et les avantages fiscaux. En combinant les deux effets, on obtient les recettes fiscales globales nettes[18] qui ont été perdues à cause de l'érosion de l'assiette fiscale et du transfert de bénéfices. Elles représentent de 4 à 10 % des recettes fiscales provenant des sociétés, ce qui se traduit par 100 à 240 milliards de dollars américains au seuil de 2014. Les trois estimations se fondent sur des bases de données, une méthodologie et des hypothèses spécifiques, décrites ci-dessous et présentées plus en détail dans l'annexe 3.A1.

180. L'équation suivante a permis de calculer le montant relié au transfert de bénéfices :

$$
\begin{aligned}
&\textit{Les rentrées d'IS perdues à cause du transfert de bénéfices} \\
&= \textit{la réactivité à l'échelle mondiale du ratio } \frac{\textit{bénéfices}}{\textit{actifs}} \textit{ aux différentiels de taux d'imposition} \\
&\times \textit{le ratio moyen } \frac{\textit{actifs}}{\textit{bénéfices}} \times \textit{l'écart moyen des taux d'imposition} \\
&\times \textit{la part moyenne des bénéfices totaux d'une multinationale} \\
&\times \textit{le montant estimé des recettes globales de l'IS}
\end{aligned}
$$

181. Les principaux paramètres utilisés sont la réactivité du ratio bénéfices/actifs aux différentiels de taux d'imposition, calculée grâce aux données de la base ORBIS et avec spécification précise de la régression pour les entités rentables (-1.0); le ratio moyen actifs/ bénéfices (6.2 %), calculé à partir de données provenant d'ORBIS; l'écart moyen entre les taux d'imposition de sociétés affiliées (3.6 %), calculé à partir de données provenant d'ORBIS; la part moyenne des bénéfices gagnés par les entreprises multinationales (59 %), calculée sur la base de données provenant d'ORBIS et de totalisations agrégées effectuées à partir des déclarations de revenus pour certains pays; les crédits d'impôt comme pourcentage de l'impôt perçu sur les sociétés avant crédits (19 %), donnée extraite d'une étude de l'OCDE[19]; le montant de l'impôt perçu sur les bénéfices des sociétés après crédits en 2014, valeur estimée à 2.3 milliards de dollars et ajustée selon la croissance prévue en 2011.

182. L'estimation s'appuie sur de nombreuses hypothèses. On suppose que : les semi-élasticités des bénéfices déclarés aux différentiels de taux d'imposition de -1.0 pour toutes les

entités multinationales et de -1.6 pour les entreprises multinationales rentables sont les mêmes pour les entreprises multinationales qui ne font pas partie de l'échantillon d'ORBIS que pour celles qui en font partie; la variable fiscale est supposée rapporter correctement la valeur du transfert de bénéfices, sur la base de la spécification de la régression et des variables utilisées; la variation des recettes fiscales est proportionnelle au montant du transfert de bénéfices; les entreprises non commerciales n'utilisent pas de pratiques de BEPS; le « lien ORBIS » entre les différentiels de taux d'imposition et le rapport actifs/bénéfices est le même pour les entreprises multinationales qui ne font pas partie de l'échantillon d'ORBIS que pour celles qui en font partie; les différences dans cette relation entre les pays n'affectent pas de façon significative l'estimation globale; le transfert de bénéfices effectué en réponse à un différentiel de taux d'imposition entre 2000 et 2010 demeure le même en 2014.

183. La disparité entre les régimes fiscaux et le recours aux avantages fiscaux nationaux se calculent à l'aide de la formule suivante :

Recettes d'IS perdues en raison des disparités entre les régimes et du recours aux avantages fiscaux = écart moyen entre les TIE des grandes entités multinationales et les entités domestiques comparables × part de la multinationale aux bénéfices totaux × part des grandes multinationales

184. Les principales variables de la formule du transfert de bénéfices sont l'écart moyen entre les taux d'imposition effectifs d'une entité de l'entreprise multinationale et d'une entité nationale comparable, calculés sur la base de données d'ORBIS et d'une spécification de la régression (3.25 %), et le nombre de grandes entreprises multinationales exprimé en pourcentage de l'effectif total d'entreprises multinationales contenues dans l'échantillon ORBIS (93 %).

185. L'estimation se base sur certaines autres hypothèses : l'estimation de l'écart des TIE entre les grandes entreprises multinationales et les entités nationales comparables est le même pour les entreprises multinationales non représentées dans l'échantillon d'ORBIS que pour celles qui en font partie; la variable différentiel de taux d'imposition n'inclut pas les avantages fiscaux qui ne découlent pas des pratiques de BEPS offerts aux entreprises multinationales et aux entreprises nationales; la variation dans les recettes fiscales est proportionnelle à la valeur estimée du différentiel entre les TIE; et l'écart moyen des TIE entre 2000 et 2010 et le même pour 2014.

186. Certains facteurs peuvent entraîner une sous-estimation de la valeur de la perte de revenu (par exemple, la non-inclusion d'un certain nombre d'entités qui utilisent des pratiques de BEPS et l'utilisation de différentes pondérations[20]) alors que d'autres peuvent entraîner une surévaluation (par exemple, ne pas prendre en compte les effets fixes de pays[21]). Puisqu'on reconnaît ces incertitudes, on présente un éventail d'estimations de recettes globales. Celles variant entre 4 % et 10 % des recettes d'IS tiennent compte d'un intervalle de confiance de 95 % autour des estimations de la sensibilité fiscale[22] et la limite supérieure suppose que les entreprises non incluses dans l'échantillon ont une intensité de gestion de 50 % supérieure à celle des entreprises comprises dans l'échantillon. Le taux de couverture de la base ORBIS et des statistiques sur la démographie des entreprises de l'OCDE STAN est en moyenne de 32 %, pondéré par l'impôt perçu des sociétés.

3.3.6. Quelques autres études et estimations financières

187. Comme mentionné précédemment, trois autres études ont évalué l'incidence fiscale du BEPS sur une échelle mondiale ainsi que sur les pays en développement. D'autres études ont évalué l'incidence fiscale pour divers groupes de pays. Les résultats de ces études sont présentés dans le tableau 3.4 et sont brièvement décrits dans l'encadré 3.4 ci-dessous.

188. Des pays ont adopté unilatéralement des mesures visant à contrecarrer le phénomène BEPS et ont effectué des estimations financières. Dans la plupart des cas, ces estimations sont des estimations *ex ante* faites au moment de l'adoption de la mesure plutôt que des analyses *ex post.* Par conséquent, celles-ci pourraient ne pas inclure des effets comportementaux. Dans plusieurs pays, on a estimé que les limites récentes sur la déduction d'intérêts excessive accroitraient les rentrées d'impôt sur le revenu des sociétés de 3 à 9%.

189. Bon nombre de pays n'ont pas estimé l'incidence fiscale des mesures qui protègent l'assiette fiscale, car ces mesures visent à préserver les recettes fiscales existantes plutôt qu'à les augmenter par rapport aux projections antérieures. Ceci constitue un autre exemple de la problématique clé que représente la détermination de la comparaison. Si on ne prend pas de mesures correctives pour lutter contre les pratiques de BEPS, alors l'assiette ne sera pas protégée et les recettes diminueront. Une fois que les recettes projetées sont réduites pour tenir compte du fait que le problème posé par le phénomène BEPS demeure non corrigé, alors les mesures législatives mises en avant pour protéger l'assiette fiscale entraîneront une hausse des recettes. Quel que soit le scénario, les mesures correctives sont importantes, car elles permettent de réduire les activités de planification fiscale des sociétés fondées sur un montage artificiel destiné à séparer des bénéfices des activités économiques qui les génèrent.

190. La plupart des chercheurs universitaires ont choisi de ne pas se servir de leur estimation sur l'effet du transfert de bénéfices pour produire une estimation financière. Bach (2103), Clausing (2009) et Vicard (2015) font exception. Ces chercheurs ont pris des mesures supplémentaires afin d'étendre les résultats empiriques de l'élasticité à l'ampleur des recettes fiscales non perçues par les gouvernements.

Encadré 3.4. **Autres analyses empiriques de l'incidence fiscale des pratiques de BEPS**

Le Fonds monétaire international (FMI). En 2014, dans le cadre de leur rapport sur les effets de « spillover » de la fiscalité internationale, le FMI examine les retombées du transfert de bénéfices et rapporte une moyenne non pondérée de recettes perdues pour les pays faisant partie de l'échantillon équivalant à 5% des recettes de l'IS actuelles. Cette perte est toutefois de 13% pour les pays non membres de l'OCDE[23]. Le calcul est basé sur la différence entre les ratios d'efficacité de l'IS des pays (c.-à-d. l'assiette fiscale estimée d'un pays par rapport à la mesure du revenu de capital tiré des comptes nationaux) comparé au ratio des pays compris dans l'échantillon. L'analyse suppose que toutes les variations dans les ratios d'efficacité de l'IS sont attribuables au transfert de bénéfices. L'estimation ne fait pas la distinction entre les incitations fiscales liées au pratiques de BEPS et celles qui ne le sont pas. Elle ne tient pas compte des différences de conformité ou d'application, ni des paradis fiscaux. Cela peut sembler paradoxal, mais, selon les calculs, les États-Unis sont bénéficiaires du transfert de bénéfices de la part des sociétés.

La CNUCED. Dans le rapport sur les investissements dans le monde de 2015, la CNUCED estime que les pertes de recettes liées au transfert de bénéfices pour les pays en développement étaient de 66 milliards à 122 milliards de dollars américains en 2012. Elle estime que le taux de rendement sur les IDE diminue de 1 à 1.5 point de pourcentage pour chaque 10% de stock d'investissement étranger provenant d'un centre d'investissement offshore et d'un paradis fiscal. Dans le rapport, la CNUCED souligne le fait que les entreprises multinationales ont de plus en plus recours aux centres d'investissement étrangers et qu'elles en font une utilisation massive. Pour évaluer le montant des recettes potentiellement perdues, elle multiplie la somme estimée des bénéfices transférés par le taux d'imposition moyen[24]. Elle estime que les bénéfices transférés équivalent à environ 50% des bénéfices actuellement déclarés par les

Encadré 3.4. **Autres analyses empiriques de l'incidence fiscale des pratiques de BEPS** *(suite)*

entreprises multinationales. Si on prend en compte tous les pays, on évalue la perte de revenus à 200 milliards USD, ce qui représente environ 10 % des recettes actuellement tirées de l'IS. Dans son rapport, elle note que les pertes de recettes résultent en grande partie des montages fiscaux reliés à l'investissement direct et elle déclare que « la manipulation des prix des échanges commerciaux ne requiert pas de lien à l'investissement direct ». Le résultat ne tient pas compte des principaux canaux de BEPS.

Le Joint Committee on Taxation (JCT) des États-Unis. Dans le cadre de leur modélisation d'un projet de réforme fiscale aux États-Unis, le JCT a calibré son modèle dynamique d'équilibre général pour analyser les effets du transfert de bénéfices entre sociétés. Il fixe le taux de bénéfices actuellement transférés à 20% de l'assiette de l'IS en 2013, « ce qui est compatible avec la moyenne des estimations de ce type de transfert en vertu de la loi actuelle »[25]. Puisque la collecte de l'impôt n'est pas proportionnelle à l'assiette fiscale, en raison des crédits d'impôt, les effets sur l'impôt des sociétés seraient plus grands que le taux de 20 % estimé (ou 70 milliards USD).

Les économistes du JCT. En utilisant les données conenues dans les déclarations fiscales de sociétés affiliées pour lesquelles la société mère est une société américaine, les économistes évaluent la réactivité fiscale du transfert de bénéfices aux taux d'imposition et réalisent une simulation des effets de la hausse du taux d'imposition sur les bénéfices déclarés. Si 6 pays disposant d'un faible taux d'imposition augmentent leurs taux de 17 %[26], des bénéfices équivalant à110 milliards USD ne seraient plus déclarés dans ces 6 pays, en raison du fait que les sociétés américaines affiliées ne transfèreraient plus des bénéfices vers ces pays.

MSCI. Le MSCI a mis à jour une analyse visant à déterminer la différence entre l'impôt déclaré par les grandes entreprises multinationales et le montant estimé de l'impôt qui aurait dû être payé selon le lieu d'exercice de l'activité de ces entreprises[27]. Selon le rapport, 22 % des entreprises avaient un taux d'imposition effectif inférieur de 10 points de pourcentage au taux d'imposition légal moyen des pays où le revenu était généré. Entre 2009 et 2013, l'analyse révèle que seulement 243 entreprises ont payé 82 milliards USD de moins en impôt chaque année que leurs homologues côtés sur l'indice mondial MSCI. L'analyse ne distingue pas entre les avantages fiscaux obtenus en raison de pratique de BEPS et ceux non obtenus en raison de pratiques de BEPS. Ces dernières réduisent aussi le taux d'imposition effectif d'une entreprise. De plus, l'analyse utilise les ventes pour répartir le montant du revenu déclaré dans les rapports financiers entre les pays.

Christian Aid. En 2009, Christian Aid a calculé que la manipulation des prix de transfert dans les pays non européens coûtait 122 milliards USD par an en recettes perdues[28]. La manipulation des prix des échanges commerciaux est définie comme incluant la facturation commerciale frauduleuse entre entreprises multinationales, et entre parties indépendantes, afin de transférer des bénéfices en dehors d'un pays en développement. L'estimation est basée sur des données relatives aux échanges bilatéraux, au niveau du produit, de pays d'Europe et des États-Unis. La manipulation est calculée à l'aide des échanges dont le prix ne se situe pas dans la fourchette interquartile (réputée représenter un prix de pleine concurrence). Ces prix sont compilés pour les exportations et les importations des pays en développement afin d'évaluer les sommes transférées par des pays non européens vers des pays d'Europe et les États-Unis. Le taux maximal d'imposition marginal est utilisé pour calculer le montant d'impôt sur les bénéfices des sociétés perdu par les pays en développement. Aucun ajustement n'a été apporté à l'analyse pour tenir compte des différences de qualité dans les produits ainsi échangés. De plus, l'analyse n'inclut pas d'informations sur les taux d'imposition spéciaux pouvant être appliqués pour certaines activités par les pays en développement. L'analyse ne prend également pas en

Encadré 3.4. **Autres analyses empiriques de l'incidence fiscale des pratiques de BEPS** *(suite)*

compte les manipulations de prix entre un pays d'Europe et les États-Unis qui transfèrent des bénéfices dans un pays en développement en réponse à un différentiel de taux d'imposition. L'analyse ne sépare pas le manque à gagner en impôts sur les sociétés pour les pays en développement résultant de la manipulation des prix de transfert, identifiés comme pratique de BEPS, de celui résultant des fausses facturations.

Oxfam. Selon Oxfam, les pays d'Afrique ont perdu 11 millards USD en ce qui concerne l'impôt sur les bénéfices des sociétés en 2010 en raison de la manipulation des prix dans les échanges commerciaux[29]. Basée sur une étude réalisée par le Groupe de haut niveau chargé de la question des flux financiers illicites, l'estimation révèle que les entreprises multinationales étaient responsables de la perte de près de 40 milliards USD en Afrique. Cette perte résulte non seulement de l'optimisation fiscale, mais aussi de l'évasion fiscale, de l'évitement des droits douaniers, ou du blanchiment d'argent.

Bach. Dans une étude de 2013 sur les bénéfices des sociétés allemandes, on compare l'assiette de l'impôt sur les bénéfices des sociétés allemandes calculée à partir de comptes nationaux avec l'assiette indiquée dans les statistiques sur l'impôt. Cette comparaison vise à déterminer le degré possible d'érosion de la base d'imposition[30]. De nombreux ajustements détaillés ont été apportés aux sommes de bénéfices inscrites dans les comptes nationaux de manière à obtenir une assiette des sociétés modifiée. Les modifications reflètent les détails institutionnels du régime fiscal des sociétés allemandes ainsi que les différences entre l'impôt sur les sociétés et les concepts de comptabilité nationale. L'étude calcule la différence entre la valeur de l'assiette fiscale indiquée dans les statistiques et l'assiette modifiée (dérivée des comptes nationaux). Cette estimation vise à déterminer s'il y a eu érosion de la base d'imposition. Pour les contribuables ayant un revenu positif, l'analyse révèle que l'assiette mentionnée dans les statistiques sur l'impôt est inférieure de 21 % à celle correspondant aux revenus des comptes nationaux. L'auteur de l'étude a pris soin de mentionner que la différence calculée entre les assiettes ne peut pas être interprétée comme étant attribuable en grande partie aux pratiques de BEPS. Des analyses supplémentaires, basées sur des études empiriques du BEPS et des données spécifiques par pays sur les échanges, l'intérêt et le flux de la balance des paiements, sont nécessaires pour déterminer quelle part de la différence entre les assiettes fiscales est liée au transfert de bénéfices vers l'étranger.

Clausing. Au moyen d'une analyse par régression, basée sur des données d'enquête agrégées à l'échelon national sur les activités menées à l'étranger par les entreprises multinationales américaines, Clausing évalue la semi-élasticité (réactivité) des bénéfices bruts déclarés par les entités américaines des entreprises multinationales dans les pays étrangers au différentiel des taux d'imposition effectifs entre les sociétés affiliées étrangères et leurs sociétés mères américaines[31]. La semi-élasticité (estimée à -3.3) est utilisée pour éliminer l'influence du différentiel de taux d'imposition sur la rentabilité des activités exercées à l'étranger. La différence dans les bénéfices déclarés, valeur qui est d'ailleurs ajustée, serait donc attribuable au transfert de bénéfices. Une partie de cette différence est due au fait que les États-Unis utilisent une valeur estimée des activités que réalisent les entreprises multinationales à l'étranger et aux États-Unis. En multipliant cette valeur par le taux d'imposition effectif appliqué aux États-Unis, on obtient la meilleure estimation possible des recettes fiscales perdues aux États-Unis en 2008 en raison du transfert de bénéfices. Cette perte est estimée à 90 milliards USD, ce qui représente 30% des revenus tirés de l'impôt sur les bénéfices des sociétés aux États-Unis. Selon une estimation de la limite inférieure, réalisée à partir de différentes séries de données, la perte était de 57 milliards USD, ce qui équivaut à 19% des revenus tirés de l'impôt sur les sociétés.

Encadré 3.4. **Autres analyses empiriques de l'incidence fiscale des pratiques de BEPS** *(suite)*

Vicard. L'étude se penche sur le transfert de bénéfices effectué par le biais des prix de transfert par les entreprises multinationales françaises[32]. Les données d'importation et d'exportation des entreprises, basées sur les données commerciales fournies par l'administration des douanes et les renseignements sur la propriété des entités de l'entreprise multinationale, sont utilisées pour analyser les échanges intra-groupe et les écarts de prix entre les transactions entre sociétés affiliées apparentées et sociétés non apparentées. Les estimations sont faites selon le produit et le pays de destination. D'après l'analyse de régression qui explique les écarts de prix, une hausse d'un point de pourcentage dans les taux d'imposition statutaires en France réduit (augmente) les prix relatifs à l'exportation (importation) de 0.22% (0.24%) pour les parties apparentées. En s'appuyant sur ces valeurs de semi-élasticité, les économistes estiment dans leur étude que la manipulation des prix de transfert réalisée entre parties apparentées a causé une perte de recettes fiscales de 10% en moyenne, ou 8 milliards USD, en 2008, en raison de l'impôt non perçu par la France sur le revenu de ces sociétés. L'étude révèle également que ce manque à gagner augmente au fil de temps, au fur et à mesure que le différentiel de taux d'imposition s'accroît.

3.3.7. L'ampleur des pratiques de BEPS et les effets dynamiques potentiels si ces pratiques demeurent non encadrées

191. Il y a une autre dimension à l'ampleur des pratiques de BEPS, à savoir à quel point ces pratiques sont répandues parmi les entreprises. Un certain nombre d'études ont montré que le transfert de bénéfices est courant dans le secteur des entreprises multinationales, mais plusieurs études récentes (Davies et al., 2014; Egger et al., 2014) rapportent une utilisation importante des pratiques de BEPS par un nombre limité de grandes entreprises multinationales ayant des entités affiliées dans quelques juridictions. La réponse à cette question influe sur l'élaboration des mesures correctives. Ce domaine devra être davantage étudié.

192. Un autre aspect est la nature dynamique des pratiques de BEPS. Même si ces pratiques ne sont pas actuellement répandues, elles pourraient le devenir si rien n'est fait, de manière coordonnée et à l'échelle internationale. La pression concurrentielle induite par la tarification et l'acquisition donne un avantage aux entreprises multinationales qui se servent des pratiques de BEPS, car elles peuvent profiter de coûts moins élevés pour prendre des parts de marché à d'autres entreprises, ou acquérir des entreprises qui n'utilisent pas de pratiques de BEPS, pour abaisser leurs coûts. Comme vu récemment avec les inversions, un changement important dans la charge fiscale des sociétés peut survenir subitement même en vertu de dispositions légales en vigueur depuis des années.

3.3.8. L'incidence fiscale des mesures issues du projet BEPS

193. Un certain nombre d'études empiriques portent sur certaines pratiques de BEPS en particulier et les effets des mesures correctives existantes. Ces études aident souvent à mieux comprendre l'importance d'un canal précis de BEPS, mais elles aident aussi à mieux comprendre les effets des mesures de lutte déjà en vigueur ou de celles qui sont recommandées. Les mesures correctives actuellement appliquées dans certains pays sont en fait des mesures anti-évasion adoptées de manière unilatérale par ces pays. Ces mesures ont des conséquences différentes que celles qu'engendreraient des mesures multilatérales prisent par tous les pays.

194. Lorsqu'on évalue l'efficacité des mesures correctives (décrites ci-dessous), il est important de prendre en considération le niveau d'application. Certains pays choisissent peut-être de ne pas appliquer fermement certaines mesures pour des raisons de compétitivité fiscale alors que d'autres n'ont peut-être pas les ressources pour appliquer pleinement leurs lois et leurs règlements ou n'ont peut-être pas la capacité de le faire[33].

Neutraliser les effets des montages hybrides (Action 2)

195. Les montages hybrides ont été traités de façon descriptive dans un certain nombre de publications, mais ils n'ont pas fait l'objet d'estimations empiriques. Grubert (2012) a essayé d'évaluer les effets du régime « check the box » et des montages hybrides structurés sur un taux d'imposition effectif étranger. La variable hybride était fondée sur la possession ou non d'une entité transparente par la SEC. Plusieurs pays ont estimé l'incidence d'un projet de loi destiné à neutraliser les effets des montages hybrides, mais ces estimations sont relativement modestes à cause des effets comportementaux liés aux déplacements d'activités et aux stratégies de minimisation de l'impôt. Selon l'analyse de l'OCDE, qui se trouve à l'annexe 3.A1, le taux d'imposition effectif moyen des sociétés affiliées aux grandes entreprises multinationales est inférieur de 2.5 à 5 points de pourcentage à celui des sociétés affiliées à un groupe national dont la situation est similaire. Cette différence pourrait être en partie attribuable aux montages hybrides. L'analyse ne montre pas une différence statistiquement significative entre les taux d'imposition effectifs des petites entreprises multinationales (sociétés affiliées ayant moins de 250 employés) et des petites sociétés nationales comparables.

Renforcer les règles concernant les SEC (Action 3)

196. De récentes analyses étudient l'effet des règles fiscales concernant les SEC sur le comportement des entreprises multinationales.

197. Ruf et Weichenrieder (2013) utilisent les données relatives aux entreprises multinationales allemandes provenant de la banque de microdonnées allemande sur l'investissement direct (Microdatabase on Direct Investment, MiDi) pour étudier l'incidence des modifications apportées aux règles sur les SEC à la suite d'une décision de la Cour de justice de l'Union européenne (CJUE). La CJUE a conclu que les règles allemandes sur les SEC restreignaient le droit d'établissement des citoyens européens dans l'UE. Par conséquent, elles ne pouvaient pas être appliquées aux SEC des pays de l'UE. Selon l'analyse, après la libéralisation des règles sur les SEC, l'investissement passif a augmenté dans les pays d'Europe en comparaison aux pays non européens à faible fiscalité, ce qui indique que les anciennes règles relatives aux SEC limitaient le transfert des investissements passifs des entreprises multinationales allemandes.

198. Markle et Robinson (2012a) tentent de déterminer si les règles concernant les SEC, les conventions fiscales bilatérales et les retenues à la source influent sur le comportement des entreprises multinationales. En utilisant des données extraites d'ORBIS et de COMPUSTAT, ils constatent que les règles sur les SEC, de même que d'autres mesures, réduisent l'activité des sociétés affiliées situées dans les paradis fiscaux. Markle et Robinson (2012b) constatent également que 44 % des 7 600 entreprises multinationales faisant partie de leur échantillon mondial ont une filiale localisée dans un paradis fiscal. Ils concluent que l'existence et la portée des règles concernant les SEC dans un pays se traduisent par une réduction de l'utilisation des paradis fiscaux dans ce pays.

Limiter l'érosion de la base d'imposition résultant des déductions d'intérêts (Action 4)

199. Plusieurs études ont montré que le placement stratégique de la dette et les déductions d'intérêts associés sont sensibles aux différentiels de taux d'imposition et aux limitations du taux d'intérêt.

200. À l'aide des données de l'enquête sur l'investissement du Bureau américain de l'analyse économique, Desai, Foley et Hines (2004) ont identifié les déterminants de la structure du capital des sociétés étrangères affiliées aux entreprises multinationales américaines. Ils constatent que les forts taux d'imposition ont pour effet d'augmenter l'utilisation de la dette intérieure et extérieure pour les sociétés étrangères affiliées aux sociétés américaines, surtout celle de la dette intérieure. Ils vérifient également si des imperfections existaient dans le marché du crédit; les entreprises peuvent accroitre leur ratio dette intérieure/dette totale non seulement dans le but de transférer des bénéfices par le biais de paiements d'intérêts, mais aussi pour pallier les imperfections du marché de crédit. Ils constatent que les entreprises domiciliées dans un pays ayant un marché de crédit moins développé empruntent généralement davantage aux entités apparentées (surtout auprès de leurs sociétés mères). Ils notent qu'« une hausse de 10 % du taux de l'impôt local entraîne une hausse de 2.8 % du ratio dette/actifs, et les emprunts nationaux sont particulièrement sensibles à l'imposition. » En utilisant des données d'entreprises allemandes, Moen et al. (2011) trouvent des preuves de transfert de la dette intérieure et de la dette extérieure, et estiment que ces deux types de transferts sont aussi importants l'un que l'autre.

201. En utilisant la base de données européenne Amadeus, Huizinga, Laeven et Nicodème (2008) vérifient si un taux d'imposition différent entre les pays a un effet statistiquement important sur la structure du capital et sur la dette intérieure d'une entreprise. Ils incluent les taux d'imposition effectifs marginaux et un indice d'incitation fiscale à transférer la dette (correspondant à la somme des différences fiscales internationales pondérée par les actifs locaux). Ils constatent un effet statistiquement considérable sur le levier d'une entreprise, ce qui signifie que ces transferts de dettes peuvent se passer tant entre sociétés mère et filiale qu'entre deux filiales étrangères. Ils notent qu'« une augmentation du taux d'imposition effectif de 0.06 % dans le pays où la filiale est localisée engendre un effet positif "international" du levier de ce pays correspondant à 0.4 % ».

202. Weichenrieder (2015) présente des études, qui sont de plus en plus nombreuses, sur les règles visant à limiter les déductions d'intérêts. Parmi celles-ci, on trouve les études sur les IDE en Allemagne (Weichenrieder et Windischbauer (2008), et Overesch et Wamser (2010)), les IDE allemands (Buettner et al. (2012)) et les IDE américains (Blouin et al. (2014)). Deux études se penchent sur la règle allemande de la « barrière d'intérêts », introduite en 2008, qui limite la déductibilité des intérêts, de manière générale, à 30 % de l'EBITDA. À l'aide de la base de données d'entreprises allemandes DAFNE, Buslei et Simmler (2012) examinent comment la barrière d'intérêts influe sur la structure du capital, l'investissement et la rentabilité d'une entreprise. Les résultats montrent que le comportement des entreprises est fortement influencé par cette règle puisque les sociétés n'ont pas dépassé la limite de la déductibilité des frais d'intérêts, ce qui a permis d'élargir rapidement l'assiette fiscale. Les entreprises concernées ont réduit leurs ratios dette/actifs et rien ne révèle que cette réduction a eu un effet négatif (à court terme) sur l'investissement. Dreßler et Scheuering (2012) ont analysé comment les entreprises allemandes assujetties à cette règle ont ajusté leurs ratios dette/actifs et leurs versements d'intérêts nets comparativement à un groupe de contrôle. Selon leur analyse, la barrière d'intérêts a mené les entreprises à réduire leurs ratios dette/actifs et leurs versements d'intérêts nets : elles y sont arrivées en réduisant principalement leurs dettes extérieures plutôt que leurs emprunts auprès d'une partie liée.

203. L'analyse de l'OCDE, à l'annexe 3.A1, montre l'existence de stratégie de localisation de la dette extérieure (tierces parties) au sein d'un groupe multinational consolidé en vue de tirer profit de l'écart des taux d'imposition entre sociétés membres du groupe. Une différence d'un point de pourcentage entre le taux légal d'imposition d'une société affiliée au groupe et la moyenne relevée pour le groupe se traduit par une hausse du ratio dette extérieure/capitaux propres de 1.3 % pour cette société. L'analyse de l'OCDE ne tient pas compte de la position de la dette intra-groupe.

Empêcher l'utilisation abusive des conventions fiscales (Action 6)

204. Il existe peu d'analyses empiriques portant sur l'application des conventions fiscales. Ces analyses font souvent partie d'une analyse qui examine les pratiques de BEPS ou sont spécifiques à un pays en particulier. Dans leur récente analyse par simulation, Van't Reit et Lejour (2014) montrent la possibilité de réduire le montant de la retenue d'impôt grâce au chalandage fiscal. Toutefois, l'analyse ne se fonde pas sur des comportements réels de contribuables.

205. Van't Reit et Lejour examinent les taux d'imposition bilatéraux applicables aux dividendes transfrontaliers de 108 pays (3 244 paires de pays) et constatent que les routes indirectes (chalandage fiscal) sont moins coûteuses que les routes directes dans 67 % des paires de pays. Selon leurs observations, 21 % des paires de pays ont un taux d'imposition effectif nul sans chalandage, mais ce pourcentage monte à 54 % quand il y a possibilité de chalandage. Ils estiment que le chalandage fiscal réduit le taux effectif de prélèvement d'impôt de 5 points de pourcentage, passant de près de 8 % à 3 %. Dans le cadre d'une de leurs simulations consistant à faire abstraction des paradis fiscaux pour étudier les mécanismes d'élimination de la double imposition (autre que les crédits d'impôts étrangers), Van't Reit et Lejour constatent que le taux effectif de retenue à la source mondial augmenterait de 0.14 point de pourcentage.

Aligner les prix de transfert calculés sur la création de valeur (Actions 8-10)

206. Les prix de transfert constituent un aspect important du BEPS, puisqu'il sert souvent de canal à l'évasion fiscale. Les prix de transfert font l'objet de quatre des actions du Plan d'action BEPS. Le transfert de bénéfices, particulièrement par le biais du transfert d'actifs incorporels, est abordé dans les analyses générales du BEPS. Quatre études clés abordent spécifiquement les prix de transfert.

207. Clausing (2003) se penche sur l'effet du taux d'imposition légal et du taux d'imposition effectif des sociétés d'un pays d'accueil sur les échanges intra-groupe de biens. En analysant des données relatives à des transactions intra-groupe, provenant du Bureau américain des statistiques de travail, Clausing constate qu'un faible taux d'imposition légal des sociétés à l'étranger entraîne une hausse du prix des importations et une baisse du prix des exportations concernant les transactions entre parties indépendantes. Clausing conclut qu'une réduction de « 1 % du taux d'imposition des sociétés du pays de destination et du pays d'origine entraîne une baisse du prix des exportations intra-groupe de 1.8 % et une hausse du prix des exportations de 2 % par rapport aux échanges entre entitiés non liées ». Plusieurs autres études basées sur une comparaison du prix des importations et des exportations entre sociétés indépendantes et entre sociétés apparentées, dont la récente étude réalisée par Davies et al. (2014) à partir de données sur les échanges français de 1999, montrent que les prix de transfert ont des effets fiscaux significatifs.

208. En analysant les données relatives aux déclarations de revenus des entreprises multinationales américaines, Grubert (2003) constate que les sociétés américaines sous contrôle étranger domiciliées dans un pays où le taux légal de l'IS est faible, ou élevé, effectuent un volume considérablement plus élevé de transactions intra-groupe. Ce comportement correspond à des activités d'érosion de la base d'imposition et de transfert de bénéfices. Grubert note également que les entreprises qui investissent dans la R&D ont un plus gros volume de transactions intra-groupe.

209. En examinant des données provenant de déclarations de revenus d'entreprises multinationales américaines, Mutti et Grubert (2009) cherchent à savoir si le régime « check the box » appliqué aux États-Unis, a favorisé la relocalisation des actifs incorporels à l'étranger, en particulier dans les pays à faible fiscalité, par l'entremise d'entités hybrides et d'accords de répartition des coûts. Ils constatent qu'il y a eu une forte relocalisation des actifs incorporels à l'étranger, en particulier vers les pays à faible fiscalité, et que ces transferts ont été effectués grâce à des entités hybrides et des accords de répartition des coûts. Par ailleurs, des données statistiques descriptives indiquent que les paiements de redevances entre sociétés affiliées à l'étranger ont fortement augmenté durant la période considérée. Les paiements ont été réalisés par des entités soumises à un taux élevé d'imposition à des entités soumises à un taux faible d'imposition.

210. Karkinsky et Riedel (2012) se penchent sur les effets des taux d'imposition légaux et autres variables relatives à l'impôt (comme les règles contraignantes sur les SEC et la retenue à la source sur les redevances) et sur le nombre de demandes de brevets réalisées par les entreprises multinationales. Ils établissent un ensemble de données d'entreprises européennes, en regroupant les données financières extraites de la base Amadeus avec les informations issues de PATSTAT. Ils constatent que des taux d'imposition peu élevés augmentent la probabilité qu'une entreprise demande un brevet dans un pays à faible fiscalité. Ce résultat est similaire à ce qui a été observé dans l'étude de Griffith, Miller et O'Connell (2011).

211. L'analyse de l'OCDE, à l'annexe 3.A1, montre que la sensibilité fiscale du transfert de bénéfices est presque deux fois plus élevées pour les groupes multinationaux qui possèdent des brevets que pour ceux qui ne déposent pas de demandes de brevets, après prise en compte de l'effet d'un certain nombre de facteurs sur la rentabilité des sociétés. Une analyse distincte, qui combine des données sur les brevets provenant de PATSTAT et des données sur les caractéristiques d'entreprises tirées d'états financiers extraits de la base ORBIS, semble indiquer que le traitement fiscal préférentiel des brevets augmente à la fois le nombre de demandes de brevets déposées dans un autre pays et les activités de R&D.

Les avantages d'une transparence accrue (Actions 5, 11, 12 et 13)

212. Hoopes (2015) présente un certain nombre d'études qui analysent les effets relatifs à la divulgation d'informations. Dans leur étude, Dyreng, Hoopes et Wilde (2014) trouvent des preuves empiriques qui semblent indiquer que les sociétés publiques du Royaume-Uni ont diminué leurs pratiques d'évitement fiscal et réduit leurs recours aux filiales dans les paradis fiscaux lorsqu'elles font face à des exigences accrues en matière de transparence. Plusieurs études (Lohse et al., 2012 ; Lohse et Riedel, 2012 ; annexe 3.A1) présentent des preuves empiriques d'une diminution des pratiques de transfert de bénéfices lorsque des règles strictes ont été mises en œuvre en matière de documentation des prix de transfert. Une plus grande transparence des règles fiscales (Action 5), et l'échange des décisions administratives rendues par un État quant aux possibles pratiques de BEPS, participeront à une réduction de la concurrence fiscale dommageable.

213. L'annonce d'une modification législative à venir peut avoir des effets sur le comportement d'une entreprise même avant l'adoption de la disposition. Certaines entreprises ont déjà commencé à modifier leurs structures fiscales internationales en raison du projet BEPS et des changements législatifs attendus[34].

3.3.9. L'impact des mesures adoptées unilatéralement pour contrer les pratiques de BEPS

214. Plusieurs études universitaires révèlent que les mesures anti-évasion ont réduit les transferts de bénéfices par le biais de la documentation des prix de transfert (Lohse et Riedel, 2012) et des limites de déductibilité des intérêts (Blouin et al., 2014). Ces études rapportent des effets positifs résultant de l'application de mesures anti-évasion unilatérales par certains pays. Toutefois, elles pourraient aussi avoir pour effet de favoriser les pratiques de BEPS dans les pays qui n'ont pas de mesures anti-évasion. L'analyse de l'OCDE, à l'annexe 3.A1, regroupe quatre mesures anti-évasion (divers niveaux en matière de documentation des prix de transfert, divers niveaux de limites de déductibilité d'intérêts, l'existence de règles concernant les SEC, l'existence de dispositions générales anti-évasion (DGAE), ainsi que le taux de retenue à la source (en tenant compte de l'application éventuelle des conventions fiscales), dans une seule mesure d'évaluation. Cette mesure est ensuite appliquée aux transferts de bénéfices effectués dans les pays de l'OCDE et du G20 au cours de la période de 2000 à 2010. Cette analyse montre que les bénéfices transférés et la mesure d'évaluation sont négativement corrélés. Conclusion : les pays à forte fiscalité ne perdent pas nécessairement plus de recettes fiscales en raison des pratiques de BEPS s'ils ont des mesures anti-évasion strictes.

3.3.10. L'impact économique des pratiques de BEPS et des mesures issues du projet BEPS

215. L'impact fiscal des pratiques de BEPS est important sur les recettes publiques, mais il s'étend aussi à d'autres sphères de l'économie. L'ampleur de l'effet fiscal constitue un aspect intermédiaire significatif dans l'analyse des autres effets économiques. Les changements qui affectent l'imposition sur le revenu des entreprises en raison des pratiques de BEPS et des mesures correctives ont un effet réel sur l'économie. L'incidence des taxes (ou la charge économique), l'ampleur de la dette, la localisation stratégique de la dette, l'imposition différentielle des entreprises, les investissements et la croissance économique, la concurrence fiscale internationale s'en trouvent aussi touchés (effets d'entraînement).

3.3.11. Considérations importantes dans l'analyse économique des pratiques de BEPS et des mesures issues du projet BEPS

216. Par définition, les pratiques de BEPS impliquent le transfert artificiel de bénéfices imposables à partir de l'endroit où les activités générant les profits ont lieu et l'interaction de différentes règles d'imposition qui résultent en une double non-imposition ou en une imposition d'un montant inférieur à une imposition habituelle. Dans certains cas, les entreprises multinationales génèrent des activités économiques dans la limite de ce qui est nécessaire pour pouvoir transférer des bénéfices et tirer parti des avantages fiscaux octroyés par le régime fiscal du pays d'accueil.

217. Lutter contre le phénomène BEPS permettra d'augmenter les taux d'imposition effectifs des entreprises multinationales qui se soustraient à l'impôt, ce qui pourra avoir des retombées économiques à l'endroit où les activités ont lieu. Une fois les mesures correctives

implantées, les taux d'imposition effectifs pour ces entreprises se rapprocheront des taux d'imposition statutaires dans les pays touchés. Certes, il y aura encore des différences dans les taux d'imposition effectifs et statutaires selon les pays après la mise en œuvre du projet BEPS, mais ces taux différents ne seront pas réduits par des montages artificiels de BEPS. Pour analyser les effets du BEPS, plusieurs problématiques entrent en ligne de compte.

218. Premièrement, les effets économiques résultant de changements législatifs unilatéraux d'un pays isolé sont très différents de ceux causés par des changements multilatéraux coordonnés à l'échelle internationale, comme ceux proposés dans le Plan d'action BEPS. Si tous les pays (ou la vaste majorité des pays au sein desquels les activités économiques réelles prennent place) adoptent des mesures correctives similaires, les entreprises multinationales ne seront plus en mesure de changer l'emplacement de leurs activités liées aux pratiques de BEPS pour se soustraire à l'imposition. En l'état actuel, si un pays adoptait des mesures correctives strictes issues du projet BEPS, les entreprises multinationales n'auraient qu'à changer l'emplacement de leurs activités et continuer leurs pratiques de BEPS dans un autre pays.

219. Deuxièmement, l'analyse économique des mesures correctives devrait être réalisée dans un contexte de neutralité budgétaire. Dans le cadre de cette analyse, tout revenu additionnel d'imposition potentiel généré par les mesures correctives serait prétendument utilisé pour réduire l'imposition des autres acteurs économiques ou pour investir dans les infrastructures et dans les services publics. Toute hausse d'impôt provoquera certains effets indésirables, mais le phénomène BEPS est un changement de politique d'imposition de nature structurelle et non pas macro-économique. Les mesures correctives sont conçues pour contrer les imperfections non intentionnelles des politiques fiscales ; elles ne sont pas destinées à changer le PIB. Les effets indésirables causés par une hausse d'imposition des entreprises pourraient être contrebalancés par des effets positifs chez les entreprises, les investisseurs et les consommateurs qui voient leur charge fiscale réduite. Le développement des infrastructures et des services publics pourraient aussi avoir des effets positifs. Des suppositions sont utilisées dans plusieurs analyses des politiques fiscales pour isoler les effets structurels de l'imposition, de la même façon qu'un groupe d'entreprises ne constitue qu'une partie d'un effet d'ensemble, puisque d'autres entreprises et ménages bénéficieront de la correction du BEPS.

220. Troisièmement, les effets des mesures correctives diffèrent des modifications relatives aux taux d'imposition des entreprises ou de tout autre changement concernant les taux d'imposition en général. L'augmentation des taux d'imposition des bénéfices des sociétés dans le but de lutter contre les montages artificiels mis en place par un groupe multinational pratiquant l'évasion fiscale ne ralentira pas la croissance économique. Au contraire, l'imposition différenciée entre les entreprises sera moins répandue et les avantages fiscaux retirés de l'imposition préférentielle n'existeront plus. Les capacités des entreprises multinationales prises individuellement à bénéficier d'un taux d'imposition réduit en raison de pratiques de BEPS ont pour conséquence des distorsions en matière de répartition des dépenses publiques. Ces entreprises utilisent leurs ressources pour la planification fiscale plutôt que d'augmenter leurs activités de production[35]. Selon les conditions du marché, une partie considérable de l'économie d'impôts provenant des pratiques de BEPS résiderait simplement dans la recherche d'activités de maximisation de la rente des sociétés, contrairement à la recherche de réduction du coût marginal de l'investissement en capital[36].

221. Quatrièmement, la prévalence des pratiques de BEPS parmi les entreprises multinationales influe sur le degré et le type de distorsions causées par le phénomène BEPS. Le secteur des entreprises multinationales est hétérogène et est enclin à le rester en cas de

pratiques de BEPS. Si une majorité d'entreprises multinationales se servaient des pratiques de BEPS, les effets économiques seraient plus répandus que si le phénomène BEPS était utilisé de manière concentrée et intensive par un petit groupe d'entreprises multinationales ou s'il était limité à certaines industries seulement. Les effets économiques du BEPS causeront des distorsions supplémentaires entre les entreprises parmi toutes les industries et tous les types d'investissements (même au sein du secteur des entreprises multinationales) si l'ampleur de la pratique se limite à un groupe précis d'entreprises multinationales plutôt qu'à toutes les entreprises multinationales. Les distorsions résultant des taux d'imposition différentiels sont souvent classées par ordre de facilité à appréhender les taux différentiels : la planification fiscale qui tient compte des problématiques de conjoncture, comme la fin de l'année fiscale ou les modifications de taux, est la plus facile à appréhender. Suivent la planification fiscale qui repose sur la comptabilité financière et la mobilité des contrats (ce qui inclut le phénomène BEPS), puis la mobilité de l'activité économique réelle, et enfin, les changements les plus difficiles à exécuter se retrouvent dans la part d'activité économique totale[37]. Il est bien plus facile de transférer des bénéfices que de transférer ou d'augmenter l'activité économique réelle.

222. Cinquièmement, les analyses économiques et les estimations du BEPS et des mesures correctives sont confrontées à beaucoup d'incertitude. Il est difficile de séparer les pratiques de BEPS de l'activité économique réelle des entreprises multinationales et des avantages fiscaux qui ne sont pas liés au phénomène BEPS, sans compter les limitations dues à la quantité de données disponibles. Une multitude d'approches avec un vaste champ d'étude démontrent l'ampleur du BEPS avec plus de certitude que les études individuelles utilisant une seule méthodologie et une source de données unique. Toute estimation statistique est exposée à une marge d'erreur en raison de l'échantillon utilisé et de la variance inexpliquée de l'activité économique sous-jacente. Extrapoler au-delà de l'échantillon à partir duquel une analyse est réalisée représente une autre source d'erreurs puisqu'il est impossible de savoir si les entreprises manquantes ont les mêmes pratiques que celles qui sont incluses.

223. Sixièmement, malgré le fait que le sujet des effets de l'imposition des entreprises soit grandement débattu, la majorité des analyses concluent que les bénéfices imposables des sociétés influencent et le capital et la main-d'œuvre, selon le degré de mobilité du capital, de l'ouverture de l'économie et la part des retours compétitifs ou des rentes économiques perçus par les sociétés[38]. Comme le phénomène BEPS n'est pas une réduction générale du taux d'imposition des bénéfices des sociétés, mais bien une réduction d'imposition recherchée par certaines entreprises multinationales, le fardeau des mesures correctives ne serait pas le même que celui obtenu par un changement de politique fiscale à l'échelle internationale. Ce ne sont pas toutes les hausses d'impôt sur les sociétés multinationales ayant recours aux pratiques de BEPS qui influenceront leurs décisions sur les investissements, puisque certaines pourraient s'appliquer aux rentes économiques ou être transférées aux autres acteurs économiques.

224. Septièmement, il faut considérer les comportements des contribuables. Si les mesures correctives ne sont pas adoptées par la majorité des pays, ou s'il existe des mécanismes de détournement profitables aux entreprises multinationales qui ne sont pas stoppés par les mesures correctives, alors les effets positifs du Projet BEPS seront moins efficaces. Si le phénomène BEPS est résorbé, les différentiels de taux d'imposition de certaines entreprises multinationales pourraient augmenter, ce qui causerait des changements dans l'activité économique réelle, et la concurrence fiscale pourrait augmenter, ce qui a tendance à influencer l'activité économique réelle. La recherche en économie sur la mobilité de l'activité économique réelle (les fonds de recherche, l'investissement physique, les employés) devra être approfondie, car les mesures actuelles de la mobilité se basent souvent sur la mobilité des bénéfices, lesquels reflètent d'importantes pratiques de BEPS.

225. Finalement, une analyse détaillée des impacts économiques des mesures correctives inclurait aussi une évaluation du changement net des coûts liés au respect des règles et l'efficacité concernant l'application des règles fiscales. L'analyse identifierait toute double imposition indésirable qui résulterait d'une application inconsistante des conventions fiscales et de l'amélioration des mécanismes de résolution de conflits par le biais de la procédure amiable.

226. À l'échelle mondiale, les impacts fiscaux et économiques du BEPS et des mesures correctives sont importants, de même que les estimations initiales basées sur les données disponibles, les outils et les méthodologies connus le sont pour les dirigeants. La modélisation du BEPS et des mesures correctives n'étant pas exhaustive et n'étant pas un modèle d'équilibre géneral en raison des limitations conceptuelles et du manque de données, les analyses des impacts économiques démontrent que le phénomène BEPS influence les décisions de nombreuses entreprises. Des analyses devront être faites par l'institut de statistique et de politique fiscale de chaque pays dans le but d'obtenir davantage d'informations détaillées sur leur économie et sur leur système fiscal pour bien distinguer les effets du Plan d'action BEPS dans chaque pays.

3.3.12. L'incidence prévue des changements du taux d'imposition des sociétés en réponse aux mesures issues du projet BEPS

227. Les effets économiques de BEPS et des mesures correctives dépendront de la différence dans la redistribution du fardeau fiscal avec les pratiques actuelles de BEPS après l'adoption potentielle des mesures correctives. Cette analyse porte sur le changement dans le fardeau fiscal causé par les mesures issues du projet BEPS.

228. L'analyse des incidences fiscales a pour but d'identifier quel acteur porte le fardeau fiscal. Le fardeau fiscal est défini comme étant le point d'appui final de la taxe après avoir identifié tout transfert qui aurait pu avoir lieu après l'imposition. Le transfert fiscal est le procédé selon lequel le contribuable ayant la responsabilité légale de payer l'impôt (« incidence légale ») change ses pratiques et transfère le fardeau fiscal à d'autres parties (par exemple, les consommateurs, les travailleurs, les détenteurs de capital) en changeant les prix de la production ou des intrants. Le point d'appui final d'une taxe se trouve dans l'« incidence économique » de la taxe. Donc, l'incidence économique, ou le fardeau fiscal, peut être bien différente de l'incidence légale initiale de la taxe[39].

229. L'étendue des transferts fiscaux générés par les mesures issues du projet BEPS dépendra de plusieurs facteurs, notamment la manière dont les gouvernements utiliseront les revenus supplémentaires générés par les mesures correctives : quels impôts sont modifiés, quelles dépenses sont modifiées et dans quelle mesure l'équilibre budgétaire est modifié. L'étendue des transferts fiscaux dépendra aussi des conditions du marché dans lequel on retrouve des entreprises multinationales ayant recours à des pratiques de BEPS : sensibilité des consommateurs face aux variations de prix, présence de concurrence, sensibilité par rapport à la mise à disposition de la main-d'œuvre et des capitaux si la rémunération ou le rendement du capital investi sont modifiés[40].

230. Plusieurs suppositions sont utilisées dans cette analyse pour identifier l'incidence économique des changements dans l'imposition des bénéfices des sociétés à l'échelle mondiale comme résultat de la mise en place des mesures correctives. Toute analyse de l'incidence économique des mesures correctives nécessite de formuler des suppositions relatives à ces problématiques.

- Tous les pays adoptent les mesures issues du projet BEPS. Si une part significative des activités économiques n'est pas concernée par les mesures correctives, les conclusions en seront différentes. Ce processus en est un de longue haleine pour constater l'incidence des changements fiscaux.

- Le capital se déplace entre les industries dans un même pays et à l'international sur une période de temps moyenne (3 à 10 années), tandis que la main-d'œuvre est moins mobile que le capital.
- L'impact des mesures correctives sur l'activité économique globale variera principalement en fonction du changement moyen mondial de la collecte totale de l'impôt sur les bénéfices des sociétés et du taux de rendement sur l'investissement en capital après impôt.
- L'impact sur l'activité économique dépendra de la variation initiale du taux de rendement après impôt dans un même pays comparativement au taux de rendement après impôt dans les autres pays (résultant des mesures correctives).
- Les taux nationaux d'impôt sur les bénéfices des sociétés demeurent constants.

231. Selon les prévisions de l'impact fiscal causé par les mesures correctives retenues, les recettes de la collecte fiscale seront marquées par une augmentation nette à l'échelle mondiale. Toutefois, même si la majorité des pays verront une augmentation de leurs recettes fiscales relatives à l'impôt sur les entreprises générée par les mesures correctives, certains pays pourraient collecter moins de recettes fiscales relatives à l'impôt sur les sociétés en raison des mesures correctives qui coordonnent les bénéfices imposables avec le lieu où l'activité économique génère les bénéfices. En vue de l'augmentation nette mondiale des taux d'imposition des sociétés, les développements suivants décrivent le processus de transfert fiscal selon la situation du fardeau de toutes taxes supplémentaires perçues.

232. À court terme, l'augmentation nette des revenus provenant de l'imposition des sociétés abaissera le taux de rendement après impôt sur l'investissement en capital des entreprises se servant déjà des pratiques de BEPS. La question incontournable est donc : le capital sera-t-il redéployé en réaction aux mesures visant à réduire le phénomène BEPS qui ont des effets sur le taux de rendement après impôt pour les entreprises ayant recours à des stratégies de BEPS ? La réponse dépend de l'étendue à laquelle les pratiques de BEPS ont amélioré les taux de rendement après impôt pour ces dites entreprises (relativement à ce qu'ils seraient sans le phénomène BEPS), de même que des conditions du marché dans lequel elles opèrent.

233. Les entreprises multinationales qui ont utilisé des stratégies de BEPS pour réduire le taux d'imposition de leurs bénéfices ont pu, en moyenne, réduire efficacement les taux d'imposition dans certains pays (souvent dans les pays qui ont des mesures peu contraignantes contre le détournement et des taux d'imposition en vigueur qui sont juste au-deçà de la normale). Certes, les entreprises multinationales prennent ces taux d'imposition effectifs en considération pour le choix de l'emplacement initial de l'investissement, ce faisant, le phénomène BEPS peut se traduire en une augmentation des taux de rendement après impôt sans que le capital existant en investissement de ces entreprises augmente pour autant. La recherche de l'OCDE présentée à l'annexe 3.A1 montre que le retour sur investissement par rapport aux taux d'imposition est moindre pour les investissements des autres firmes que pour les industries avec une forte concentration d'entreprises multinationales associées à des pays sans imposition. Cette conclusion s'explique par le fait que la planification fiscale des entreprises multinationales permet de réduire l'imposition par des manipulations artificielles qui ne changent pas l'emplacement de la création de la valeur ou de l'activité économique réelle. Les mesures correctives auront pour effet de limiter principalement l'accessibilité à cette forme d'allègement autogénéré. Les taux de rendement après impôt seront donc réduits pour ces entreprises.

234. Si les mesures correctives ont pour conséquence la réduction des taux de rendement après impôt pour les entreprises utilisant des pratiques de BEPS, quels seront les impacts sur l'investissement réel et sur les activités économiques pour les industries et les pays touchés ? La réponse à cette question est complexe et dépendra dans une certaine mesure des marchés (compétitifs ou imparfaits) où les entreprises multinationales exercent et de l'horizon temporel de l'analyse.

235. Si les entreprises multinationales fortement imposées opèrent dans des marchés compétitifs (c.-à-d. qu'elles gagnent tout juste le taux de rendement requis sur leur capital à la marge, donc une rente économique nulle), l'analyse de l'incidence du standard d'imposition des sociétés prédirait qu'à long terme, les entreprises multinationales redistribueraient le capital provenant des industries fortement imposées des pays avec de faibles taux de rendement après impôts vers d'autres industries et d'autres pays offrant des taux de rendement après impôt maintenant plus élevés en comparaison. Pendant le processus, l'activité économique réelle sera réduite dans les industries et dans les pays à fiscalité relativement élevée, et l'activité économique réelle augmentera dans les industries et dans les pays à faible fiscalité. Le recours à des manipulations se terminera quand le taux de rendement après impôt égalisera le nouveau taux : un taux de rendement après impôt abaissé sur tout le capital mondial qui tient compte de la part du taux d'imposition sur les bénéfices des sociétés global plus élevé en raison de l'augmentation nette mondiale des taux d'imposition sur les bénéfices des sociétés suite à l'adoption des mesures correctives.

236. Une fois le capital réel redistribué dans le marché compétitif, les impacts prévus d'un taux d'imposition global accru sur les bénéfices des sociétés sont :

- Les détenteurs de capitaux porteront la plus grande partie du fardeau fiscal de l'augmentation moyenne d'imposition globale causée par l'adoption des mesures correctives. Pendant le processus d'ajustement, le capital pourrait être redistribué dans de multiples industries et pays et engendrer des variations dans les prix à la consommation et dans le salaire. Toutefois, le fardeau de l'augmentation totale nette sera porté par les détenteurs de capitaux situés dans tous les pays et dans toutes les industries parce que la redistribution du capital ne peut pas éliminer ce fardeau renforcé[41]. L'augmentation de l'imposition sur les bénéfices des sociétés réduit le taux de rendement après impôt sur tout le capital. Un taux de rendement réduit pour l'épargne et l'investissement pourrait réduire l'investissement de capital global général à long terme. Il en va de même pour la productivité de la main-d'œuvre qui verra ses salaires réduits.

- Les industries et les pays où les augmentations du taux d'impôt sur les bénéfices des sociétés sont au-dessus de la moyenne pourraient voir amoindri le niveau d'investissement en capital requis pour contrebalancer toute réduction du taux de rendement après impôt qui surpasserait la réduction moyenne mondiale.

- Le fardeau de cette augmentation différentielle d'imposition des sociétés sera principalement porté par la main-d'œuvre dans les salaires, par les consommateurs dans les prix augmentés des biens et services en raison de la réduction du stock de capital et du niveau de production dans les industries ou dans les pays et par les propriétaires fonciers.

- Les industries et les pays où les augmentations d'imposition sur le revenu des sociétés sont en dessous de la moyenne pourraient voir que le total d'investissements en capital augmente puisque le capital est acquis à partir des industries et des pays où les augmentations du taux d'impôt sur les bénéfices des sociétés sont supérieures à la moyenne. La main-d'œuvre se trouvant dans ces industries et dans ces pays bénéficiera de salaires bonifiés et de prix à la baisse pour les biens et services, comme le stock de capital et la productivité sont à la hausse[42].

237. Plusieurs éléments expliquent pourquoi l'analyse de l'incidence théorique des mesures correctives amplifierait les impacts potentiels réels sur l'économie à moyen terme.

- Le modèle théorique simplifié de l'incidence fiscale présuppose que l'horizon temporel est suffisamment long pour permettre la redistribution du capital réel par-delà les frontières. En fait, il faut plusieurs années pour redistribuer les ressources économiques réelles entre les industries et entre les pays. La mobilité du capital est forte quand le capital est mesuré en termes de contrats légaux ou de revendication de propriété, mais la mobilité du capital est bien faible et lente quand elle implique le transfert géographique de chercheurs scientifiques et de capital physique. Les modèles d'incidence fiscale ne démontrent pas vraiment les dynamiques du processus d'ajustement dans le temps. De plus, les mesures de la vitesse de la mobilité du capital réel et de la main-d'œuvre spécialisée entre les pays sont insuffisantes dans la littérature empirique. Dans la transition de redistribution, les propriétaires de capital qui bénéficiaient auparavant de taux d'imposition en vigueur faibles grâce aux pratiques de BEPS auront maintenant à supporter le fardeau de l'augmentation du taux d'impôt sur les bénéfices des sociétés dans les pays. Bien que l'élasticité de l'investissement augmente plus le temps avance et en fonction des changements de taux de rendement après impôt, les preuves empiriques sur la manière dont l'élasticité change dans le temps sont limitées.
- Bien des multinationales adeptes de pratiques de BEPS ne font pas affaire dans des marchés parfaitement compétitifs. L'accent mis sur l'importance de la contribution de la propriété incorporelle au revenu net des entreprises multinationales serait l'une des raisons expliquant cette tendance[43]. Le capital incorporel unique, pas seulement la propriété intellectuelle, mais aussi les marques et les compétences économiques, peut générer des retombées économiques excédentaires sur une longue période de temps[44]. En raison de ces retombées sur le capital, les entreprises multinationales soumises à des taux de rendement après impôt faibles pourraient gagner encore plus qu'avec une autre alternative d'investissement après l'adoption des mesures correctives. Donc, l'augmentation d'imposition créée par les mesures correctives pourrait avoir très peu ou aucun effet sur les décisions d'investissement marginal de ces entreprises[45].
- Si les entreprises multinationales perçoivent des retombées économiques excédentaires, la redistribution des investissements réels en réponse aux mesures correctives sera minime[46]. Le fardeau serait plutôt légèrement redistribué aux consommateurs et à la main-d'œuvre. Dans ce cas spécifique, le capital supporterait la presque totalité du fardeau fiscal sur les rentes économiques sur une longue période de temps et il n'y aurait pas de redistribution importante du capital entre les pays.

238. L'incidence économique, en particulier celle de l'imposition des sociétés dans une économie globale, demeure toujours une problématique non résolue pour les économistes. L'incidence économique des mesures unilatérales qui augmentent le coût du capital pour les entreprises dans un pays comparativement aux autres pays avec du capital mobile dans des marchés compétitifs se trouverait parmi les facteurs fixes. L'analyse de l'incidence économique des mesures correctives coordonnées et multilatérales en la présence d'une concurrence imparfaite pourrait toutefois mener à des conclusions bien différentes de celles d'une analyse des mesures unilatérales dans des marchés concurrentiels.

3.3.13. L'efficacité économique et la croissance

239. L'efficacité économique et la croissance sont grandement importantes pour tous les pays. Cette section traite des effets de BEPS sur les structures de capital, sur les différentiels d'imposition entre les entreprises, des effets sur les choix d'investissement, des effets sur les dépôts de brevets et des dépenses en recherche et développement et des effets sur les coûts liés à l'incertitude et aux respect des règles.

240. Le rapport « Tax Policy Reform and Economic Growth » (Réforme de la politique fiscale et croissance économique) de 2010 a classé l'imposition sur les bénéfices des sociétés comme étant l'aspect le plus dommageable pour la croissance économique. Certains ont exprimé leur inquiétude par rapport aux mesures correctives; elles feraient augmenter les taux d'imposition effectifs des sociétés pour certaines entreprises multinationales et engendreraient des conséquences économiques non intentionnelles. Le projet BEPS propose des réformes fiscales structurelles pour contrer les interactions non intentionnelles des différentes politiques fiscales des pays en adoptant des mesures coordonnées dans tous les pays. S'il advenait que les effets spécifiques d'imposition sur la croissance macro-économique représentent une inquiétude, tout revenu fiscal additionnel généré par les mesures correctives retenues annulerait la réduction d'impôt des contribuables ou l'augmentation des dépenses des gouvernements.

241. En la présence de pratiques de BEPS, les taux d'imposition effectifs sont réduits par rapport aux taux d'imposition statutaires. Grâce aux mesures correctives, les taux d'imposition effectifs des entreprises multinationales ayant recours aux stratégies de BEPS se rapprocheront des taux statutaires d'imposition applicables. Le changement dans les taux d'imposition effectifs de ces entreprises peut influencer leur activité économique réelle à différents niveaux, mais dépend de nombreux facteurs : l'incidence économique des mesures correctives, l'utilisation des revenus, la sensibilité de l'activité économique réelle aux taux marginaux effectifs et aux taux moyens effectifs, pour ne nommer que ceux-ci. L'effet de la réduction des déplacements des profits variera entre les pays selon l'importance relative de l'implication dans le phénomène BEPS des entreprises multinationales, des politiques actuelles pour contrer l'évitement, de la structure de l'économie et de l'intensité des transactions transfrontalières d'une même entreprise.

242. La discussion précédente sur l'incidence économique de l'impôt sur les bénéfices des sociétés dans une économie mondialisée composées de marchés imparfaitement concurrentiels s'expliquant par l'existence d'actifs incorporels uniques, et particulièrement sur les réductions d'impôt sur les bénéfices liées aux pratiques de BEPS, suggère que les augmentations de taux d'impôt sur les bénéfices pour les entreprises multinationales se servant de pratiques de BEPS ne signifient pas que leur coût du capital marginal pour investissement augmentera de manière proportionnelle. En outre, l'impôt sur les bénéfices n'est pas la seule taxe professionnelle touchant l'IDE et l'investissement. D'autres sources d'imposition, notamment les retenues à la source, l'impôt foncier, les remboursements d'impôt non remboursables ou différés à valeur ajoutée sur les intrants, les taxes environnementales, etc. influencent les décisions de localisation des entreprises. Ainsi, une augmentation de 10% de l'impôt sur les bénéfices des sociétés se traduira par une augmentation de moins de 10% sur le total de la fiscalité des entreprises en fonction de la source d'activité des entreprises multinationales. Les calculs standards du coût du capital n'incluent pas d'autres sources d'imposition des entreprises, ont souvent des taux de rendement réels pour les investissements de capitaux propres relativement faibles et n'assument aucune rente économique.

243. ***Taux d'imposition différentiel dans les entreprises***. Les distorsions économiques sont possibles lorsque les règles fiscales créent un terrain de jeu inégal entre les secteurs

et entre les entreprises. Les taux d'imposition effectifs varient considérablement entre les différents secteurs en raison de règles fiscales plus utilisées dans certaines industries, selon les taux rétrospectifs reportés par de nombreux pays. On note l'amortissement accéléré, les crédits d'impôt pour la recherche et le développement et les règles fiscales spéciales pour un certain secteur parmi ces règles fiscales. Les réductions des recettes fiscales provenant du BEPS sont également susceptibles de varier d'un secteur à l'autre. Par exemple, la possibilité de déplacer les actifs incorporels et les revenus associés aux actifs incorporels sans changer l'emplacement de la création de la valeur est une importante source du BEPS, et elle est susceptible de se produire dans certains secteurs plutôt que d'autres. Cette possibilité peut créer des distorsions économiques entre les industries sous différents taux d'imposition effectifs. Bon nombre d'analyses empiriques démontrent de fortes distorsions de profits en réponse à l'imposition pour les entreprises qui ont des brevets, où l'entreprise multinationale a des actifs incorporels, ou pour les entreprises qui sont dans les industries avec de vastes actifs incorporels. L'annexe 3.A1 démontre que le différentiel de taux d'imposition effectif est plus élevé chez les entreprises multinationales ayant des brevets, car elles ont une intensité plus élevée de transfert de profits et parce qu'elles peuvent tirer un meilleur résultat de ces avantages fiscaux, comme c'est le cas pour la R&D, comparativement à ce que les entreprises nationales peuvent faire concernant le placement stratégique que constitue le domaine de la R&D et des brevets.

244. Les entreprises multinationales peuvent profiter à la fois de la planification fiscale nationale et du BEPS pour faire baisser leurs taux d'imposition effectifs en dessous de ceux de leurs concurrents nationaux, ce qui leur donne un avantage pour obtenir des parts de marché grâce à des prix à la consommation inférieurs ou leur capacité à acquérir des entreprises nationales. Selon Egger, Eggert et Winner (2010) et l'annexe 3.A1, les taux d'imposition effectifs des entreprises multinationales ou de leurs sociétés affiliées sont plus faibles que ceux des sociétés nationales comparables ou de leurs sociétés affiliées. L'annexe 3.A1 estime que le phénomène BEPS réduit le taux d'imposition effectif des grandes filiales d'entreprises multinationales de 4 à 8,5 points de pourcentage, en moyenne, par rapport aux filiales seulement nationales dans la même situation, en raison, à la fois du transfert de bénéfices, de l'inadéquation entre les systèmes fiscaux et des préférences fiscales nationales[47]. L'écart est plus grand pour les sociétés affiliées des entreprises multinationales avec plus de 1000 employés et pour les entreprises multinationales ayant des brevets. Identifier les entreprises multinationales et les entreprises strictement nationales qui sont comparables, peut s'avérer impossible, compte tenu des différences inhérentes entre les entreprises multinationales et celles opérant uniquement au niveau national[48]. Identifier des sociétés qui sont un quelque peu comparables représente un défi, particulièrement pour les petits pays, mais des techniques statistiques telles que le score de propension et l'analyse de régression ont été utilisées pour le faire.

245. Les études universitaires n'ont généralement pas analysé les implications économiques de la planification fiscale sur la concurrence entre les entreprises. L'analyse de l'OCDE à l'annexe 3.A1 évalue si les industries avec une forte présence d'entreprises multinationales se servant de la planification fiscale sont plus concentrées et si les groupes multinationaux engagés dans la planification fiscale obtiennent des majorations de prix différentes par rapport à d'autres entreprises ayant des caractéristiques similaires. L'analyse empirique suggère que les industries ayant une forte présence d'entreprises multinationales sont plus concentrées. L'analyse empirique montre également que les groupes multinationaux avec une filiale dans un pays sans impôt sur les sociétés sont associés à des majorations de prix (bénéfices d'exploitation avant impôts divisés par le chiffre d'affaires) en contrôlant d'autres facteurs qui influent sur les majorations telles

que la taille, la productivité, l'effet de levier, la présence de brevets et l'exposition à la concurrence étrangère. Sikes et Verrecchia (2014) constatent un effet négatif sur le coût du capital des entreprises dans les économies où une proportion importante des entreprises s'adonne à l'évasion fiscale, et que l'effet est le plus écrasant sur les entreprises qui ne s'adonnent pas à l'évasion fiscale.

246. ***Distorsions dirigées par le phénomène BEPS dans l'emplacement de la dette des entreprises***. L'efficacité économique est également influencée par les effets de BEPS sur la structure du capital des entreprises multinationales. Un certain nombre d'études montre que le phénomène BEPS résultant de déductions d'intérêts excessives se produit à la fois avec des parties liées et une dette extérieure. Comme les déductions d'intérêts sont appliquées dans les pays à taux d'imposition élevés, et que les revenus d'intérêts sont attribués à des pays dont le taux d'imposition est faible ou nul, le coût après impôt de la dette est réduit. Les différences dans le traitement fiscal de la dette et des capitaux propres peuvent être exploitées dans un contexte transfrontalier. Ainsi, le déplacement de la dette intensifie la préférence des entreprises dans le recours au financement par la dette.

247. Une partialité au profit de la dette des entreprises et une partialité contre les capitaux propres des sociétés existent déjà dans la plupart des systèmes d'imposition des sociétés. Les intérêts sont généralement déductibles et imposés au niveau du bénéficiaire. Les revenus de capitaux propres des entreprises sous la forme de bénéfices non répartis et de dividendes sont imposés au niveau de l'entité et généralement à nouveau chez l'investisseur, bien qu'un certain nombre de pays prévoient des exonérations pour les dividendes et les gains en capital. La localisation de la dette par les entreprises multinationales intensifie les biais en matière d'IS en augmentant efficacement l'avantage fiscal de la déduction des intérêts en localisant stratégiquement la dette extérieure et intérieure dans les pays à taux d'imposition élevé. L'utilisation de dispositifs hybrides peut entraîner de multiples couches d'emprunt à l'intérieur d'un groupe multinational et donc de mutltiples déductions d'intérêts, ou des déductions d'intérêts dans un pays mais une exonération du paiement dans un autre pays, celui-ci étant traité comme un dividende exonéré dans ce dernier. L'intensification du déplacement de la dette externe et interne fait donc grimper le niveau global du recours à la dette.

248. Des propositions visant à réduire le recours à la dette par le biais d'intérêts notionnels pour capitaux propres (ICP) ont été adoptées dans plusieurs pays. Les entreprises multinationales peuvent changer la structure de leur capital pour maximiser les avantages fiscaux de la dette externe et interne dans les pays à taux d'imposition élevés sans limitation des intérêts, tout en augmentant leurs apports de capitaux dans les pays avec un système d'ICP existant.

249. ***Distorsions induites par le phénomène BEPS dans l'emplacement des brevets***. De nombreuses études démontrent que le phénomène BEPS affecte l'emplacement des investissements directs à l'étranger et des brevets, puisque le revenu imposable peut être séparé de l'endroit où la valeur est créée. Cette possibilité peut affecter l'emplacement de certains emplois et du capital physique pour atteindre de traitement fiscal souhaité, et varie en fonction du traitement fiscal, généralement sous la forme d'un régime préférentiel de propriété intellectuelle, de l'offre, et en fonction de l'exigence d'activité requise pour bénéficier d'un tel traitement. L'analyse présentée à l'annexe 3.A1 se base sur une combinaison de données sur les brevets provenant de PATSTAT et sur les caractéristiques des entreprises provenant de la base de données ORBIS. L'analyse indique que les différences de taux d'imposition influencent l'emplacement des dépôts de brevets. Une récente étude de la Commission européenne estime que les taux d'imposition faibles sur

certains revenus immatériels favorisent le développement d'un lien entre la résidence des inventeurs et l'emplacement du dépôt des brevets, si les conditions exigent une telle liaison. À l'inverse, les taux d'imposition inférieurs favorisent le déplacement du dépôt des brevets et des revenus imposables sans changement remarquable dans l'activité économique réelle[49].

250. Des études sur les effets de l'imposition sur l'emplacement des dépenses réelles investies en recherche et développement et des ingénieurs-chercheurs et des scientifiques seront nécessaires dans le futur. Les études portant sur les effets de la R&D ont porté sur l'emplacement de dépôt des brevets et le pays de résidence d'un investisseur associé au dépôt, mais n'ont pas analysé l'activité réelle de la recherche et du développement[50]. De telles études auront à tenir compte des crédits existants pour la R&D et des déductions fiscales qui représentent plus de 100 % des dépenses en R&D. L'impôt sur le revenu pour les inventeurs ainsi que les facteurs non fiscaux, tels que les effets d'agglomération et les investissements publics des pays en R&D, devront aussi être inclus dans les études.

251. ***Effets sur l'emplacement de l'activité économique réelle***. L'imposition est d'une importance capitale dans le choix de l'emplacement, comme il est indiqué dans plusieurs analyses empiriques. De Mooij (2008) a fait une méta-analyse qui démontre que les taux marginaux effectifs d'imposition et les taux d'imposition marginaux moyens, plutôt que les taux d'imposition prévus par la loi, ont des effets significatifs sur l'investissement direct à l'étranger. De Mooij signale une semi-élasticité négative de 0.4 de l'effet du taux marginal d'imposition en vigueur sur la marge intensive des IDE (augmente dans un pays donné), tout en trouvant une semi-élasticité négative de 0.65 du taux d'imposition moyen en vigueur sur la marge extensive des IDE (change entre les pays). Il est à noter que l'IDE comprend plus que les investissements entièrement nouveaux et l'expansion des activités ; l'IDE se compose aussi de bénéfices réinvestis et des opérations de fusion ou d'acquisition. Les estimations de la sensibilité de l'activité économique réelle pourraient être sous-estimées si les entreprises peuvent actuellement obtenir des avantages fiscaux sans déplacer l'activité économique réelle. L'analyse présentée à l'annexe 3.A1 soutient l'hypothèse suivante : l'investissement des entreprises multinationales en planification fiscale est présentement moins sensible aux taux d'imposition que l'investissement des autres firmes peut l'être, car la planification fiscale des entreprises multinationales réduit leurs taux d'imposition effectifs par des arrangements artificiels sans modifier l'emplacement de l'activité économique réelle.

252. Relier l'activité économique réelle aux avantages fiscaux sur les revenus de brevets ou à tout type de revenu ou d'activité économique aura plutôt pour effet d'aligner le revenu imposable à l'activité économique réelle. L'offre d'avantages fiscaux associés à un type de revenu ou de comportement sans exiger en retour l'exercice d'une activité réelle ou substantielle, est plus susceptible de résulter en l'atteinte de l'objectif de la politique d'un pays de création d'activité économique que dans le pays d'origine, mais risque d'encourager les entreprises multinationales à se livrer à des pratiques de BEPS. Augmenter le lien par les mesures visant à lutter contre les pratiques fiscales dommageables, et par l'assurance que les résultats de prix de transfert calculés sont alignés sur la création de valeur, se traduira par une hausse de l'imposition des entreprises qui transfèrent actuellement leurs bénéfices. Aligner le revenu imposable avec l'activité économique réelle fera en sorte que davantage de revenus imposables seront déclarés par les entreprises actuellement impliquées dans le transfert de bénéfices, et ce, dans les juridictions où l'activité économique suscitant ce revenu est réellement créée. Cet alignement ne signifie pas que les entreprises paieront moins d'attention aux taux d'imposition statutaires des pays, mais que les taux d'imposition seront pris en compte lorsque les décisions seront prises au sujet de l'emplacement réel ou du transfert des activités réelles et des fonctions qui génèrent des revenus.

253. Alors que les impôts influencent les décisions sur l'emplacement et l'investissement, ils ne représentent pas l'unique facteur considéré par les entreprises multinationales. Il est important pour les chercheurs de considérer les effets de toutes les taxes professionnelles, pas seulement des charges d'impôt des sociétés, et de tenir compte des effets de facteurs qui ne sont pas de nature fiscale. Le tableau 3.4 présente en bref les facteurs clés qui déterminent l'emplacement des opérations des entreprises multinationales à partir de deux enquêtes auprès des entreprises. La colonne de droite montre le classement d'une enquête de la Banque mondiale de près de 200 décideurs des plus grandes entreprises multinationales. La colonne de gauche montre le classement des décideurs européens provenant d'un rapport récent de EY.

Tableau 3.4. **Classement des facteurs clés pour le choix de l'emplacement des opérations des entreprises multinationales**

	Europe 2014	Globalement 2002
Environnement social et politique stable	1	2
Consommateurs accessibles	2	1
Facilité pour les affaires	-	3
Potentiel d'augmentation de la productivité pour la compagnie	3	-
Coût de la main-d'œuvre	4	8
Fiabilité et qualité des infrastructures et des services publics	5	4
Possibilité d'embaucher des professionnels techniques	6	5
Possibilité d'embaucher du personnel de gestion	6	6
Possibilité d'embaucher de la main-d'œuvre qualifiée	6	10
Criminalité et sécurité	7	9
Niveau de corruption	-	7
Taxes nationales	8	11
Impôt municipal	8	17
Infrastructure des télécommunications	9	-
Relations de travail et mouvement syndical	10	19

Note : le classement de l'Europe provient de l'enquête sur l'attractivité de EY réalisée en 2014, et le classement mondial provient de l'enquête sur l'investissement direct à l'étranger menée par la Banque mondiale en 2002. Dans l'enquête de EY, le « niveau d'expertise de la main-d'œuvre locale » était à 6 et l'« imposition des sociétés » à 8. Les facteurs qui ne concordaient pas sont marqués par un tiret.

254. Le tableau montre plusieurs facteurs influençant le choix de l'emplacement des opérations des entreprises multinationales qui sont à égalité entre l'Europe et le reste du monde. Les facteurs suivants se classent au top du classement pour les deux territoires : « Environnement social et politique stable » et « Consommateurs accessibles ». Le coût de la main-d'œuvre et les qualifications des employés potentiels sont aussi très importants. Les taux d'imposition nationaux et municipaux sont classés au huitième rang ou même plus bas et ne semblent pas être aussi importants que les autres facteurs[51]. Cependant, quand les différences d'imposition sont grandes ou que les autres facteurs sont sensiblement les mêmes entre les divers endroits, les impôts influenceront certainement le choix de l'emplacement, tel que démontré dans les études empiriques.

255. ***Distorsions des types d'investissement induites par le phénomène BEPS***. Le phénomène BEPS fausse la répartition des ressources d'investissements et de capitaux,

favorisant les types de capitaux qui sont les plus propices à engendrer des pratiques de BEPS[52]. Le tableau 3.5 montre un calcul illustratif du taux d'imposition effectif marginal pour le capital immatériel (CI) de la publication « Supporting Investment in Knowledge Capital, Growth and Innovation » (Encourager l'investissement dans le capital intellectuel, la croissance et l'innovation) de l'OCDE (2013). L'analyse démontre un coin fiscal : la différence entre le taux minimal de rendement avant impôt exigé à la marge sur la R&D et le taux de rendement après impôt requis pour l'investisseur. Le coin fiscal de la R&D pour le droit national d'exploitation et de production, ou pour les besoins de production d'une société même, est de 16 points de pourcentage. Le coin fiscal de la recherche et développement devient un négatif de 32 points de pourcentage avec le transfert du CI vers une société de portefeuille extraterritoriale avec un taux d'imposition effectif sensiblement plus faible. Plutôt que le revenu de l'investissement du CI ne soit imposé, et à un taux beaucoup plus faible que le taux d'imposition statutaire, le traitement fiscal du revenu du CI devient une subvention importante résultant du BEPS.

Tableau 3.5. **Sommaire du coin fiscal de la recherche et développement avec la planification fiscale des entreprises multinationales**

		Coin fiscal de la R et D Sans crédit d'impôt pour la R et D (points de pourcentage)	Coin fiscal de la R et D Crédit d'impôt de 5 % pour la R et D (points de pourcentage)
1	Exploitation et production au niveau national/au niveau de la société	16.2	6.1
2	Exploitation et production à l'étranger (système de territoires)	11.7	2.0
3	Transfert du CI vers une société de portefeuille extraterritoriale, production à l'étranger, inclusion nationale de 80 %	-3.0	-11.5
4	Transfert du CI vers une société de portefeuille extraterritoriale, production à l'étranger, inclusion nationale de 20 %	-32.4	-38.4
5	Accord de partage des coûts de la R et D avec une société de portefeuille extraterritoriale, fabrication de contrat à l'étranger, déplacement de l'assiette fiscale nationale de 200 % des coûts de production	-14.5	-17.3

Source : OCDE (2013b). Hypothèses principales.

256. Une autre distorsion économique, et effet de l'efficacité économique, survient lorsque le système fiscal favorise un type d'entreprise à une autre. Ce phénomène survient lorsque les entreprises multinationales se livrant à des pratiques de BEPS sont en mesure de réduire leur taux d'imposition effectif grâce au BEPS par rapport aux entreprises multinationales qui ne se livrent pas à de telles pratiques et aux entreprises œuvrant au niveau national seulement. Les entreprises multinationales ont un avantage inhérent sur les entreprises œuvrant au niveau national seulement comme elles sont en mesure de déplacer leurs activités dans les juridictions qui offrent des avantages fiscaux nationaux spéciaux de manière stratégique, comme ceux applicables sur les dépenses d'investissement en R&D. Ces différences, qui peuvent entraîner des taux d'imposition effectifs différentiels, ne sont pas des pratiques de BEPS.

257. Les entreprises multinationales profitent des pratiques de BEPS pour séparer artificiellement le revenu imposable de l'activité générant ce revenu et réduire le taux d'imposition effectif global du groupe multinational (c.-à-d. que la filiale dans un pays donné sera confrontée au même taux d'imposition statutaire qu'un groupe œuvrant au niveau

national le serait, mais aura un revenu imposable augmenté ou réduit dans ce pays en raison des transferts de bénéfices)[53]. Le taux effectif de l'ensemble du groupe peut être réduit, ce qui peut constituer un avantage concurrentiel potentiel concernant la réduction des coûts par rapport aux entreprises multinationales avec une planification fiscale moins agressive ou aux entreprises nationales seulement qui n'ont pas les possibilités de planification fiscale internationale. Les allègements fiscaux des pratiques de BEPS accordent un avantage concurrentiel aux entreprises multinationales avec une planification fiscale dans l'obtention de financement favorable, dans le domaine des acquisitions et dans l'abaissement des prix des produits.

3.3.14. Renforcer la concurrence entre les gouvernements sur les assiettes fiscales et attirer l'activité économique (effets d'entraînement)

258. Le projet BEPS propose une réforme structurelle du système d'imposition des sociétés à l'échelle mondiale. L'ensemble des réformes, comme recommandé dans le Plan d'action, représente un effort multilatéral pour aborder les interactions imprévues entre les systèmes fiscaux nationaux. Alors que la mise en œuvre des mesures correctives augmentera l'ensemble des recettes fiscales nettes, les pays pourront être touchés différemment d'un point de vue individuel. Il est donc important de comprendre comment les externalités fiscales ou les effets d'entraînement des politiques fiscales et des pratiques d'une juridiction en particulier agissent sur les recettes fiscales et sur les politiques des autres pays.

259. Les pays se font concurrence pour les IDE et pour l'emploi en utilisant des politiques gouvernementales nationales, dont la politique fiscale. Ils sont en concurrence, non plus seulement par rapport aux taux d'imposition statutaires, aux crédits d'impôt pour la recherche et le développement, mais de plus en plus par rapport aux modifications de l'assiette fiscale[54]. Les pertes de revenus en raison du BEPS émergent à la fois d'une planification fiscale agressive de certaines entreprises multinationales et de la concurrence fiscale entre certains gouvernements. La concurrence fiscale et la littérature économique sur leur retombées augmentent à mesure que les pays sont en concurrence pour leur intérêt national et qu'ils se trouvent confrontés à des situations, de BEPS par exemple, où la coopération multilatérale est importante[55].

260. Les politiques nationales concernant l'imposition des sociétés peuvent avoir un impact financier sur les autres pays par de multiples canaux interreliés. Comme l'ont mis en évidence les recherches liées au BEPS précédemment étudiées, des effets fiscaux transfrontaliers importants peuvent survenir de changements motivés par des fins fiscales dans les habitudes des IDE et dans les structures de financement des entreprises multinationales. D'une part, ces changements ont des retombées *directes* sur l'assiette fiscale, dès lors que les changements dans l'activité économique réelle et le transfert de bénéfices affectent l'assiette fiscale des sociétés dans les autres pays. Toutefois, l'anticipation des effets fiscaux indésirables pourrait également provoquer des changements *stratégiques* dans la politique fiscale des gouvernements (réaction aux politiques fiscales des autres pays). Les effets des retombées d'impôt stratégiques pourraient conduire, dans le pire des cas, à une concurrence fiscale excessive (« nivellement par le bas »), et donc à la baisse correspondante des revenus, des services gouvernementaux et de l'investissement public.

261. Un rapport de 2014 du FMI évalue les effets fiscaux des retombées directes et stratégiques en reliant les assiettes fiscales et les taux d'impôt statutaires sur les bénéfices des sociétés pour 103 pays sur une période allant de 1980 à 2013. Les résultats de l'analyse d'un panel de données pointent fortement vers les retombées fiscales directes, laissant supposer qu'une réduction d'un point de pourcentage du taux de l'impôt sur les bénéfices

des sociétés de tous les pays fait baisser l'assiette fiscale d'un pays de 3.7 %, en moyenne. Bien que ces effets ne concernent que l'activité économique réelle, l'isolation des effets du transfert des bénéfices donne lieu à des résultats d'une ampleur similaire et même d'une importance plus élevée. Une analyse séparée pour les pays émergents démontre que les effets de retombées directes sont de deux à trois fois plus significatifs que dans les pays de l'OCDE.

262. Pour quantifier les effets des retombées stratégiques, l'analyse du FMI utilise l'approche de Devereux et al. (2008), associant les taux légaux (ou effectifs) de l'impôt sur les bénéfices des sociétés à l'étranger à ceux en vigueur au niveau national. Alors que les estimations basées sur les taux *effectifs* ne fournissent pas de résultats statistiquement concluants, elles sont prouvées pour le cadre stratégique des taux d'imposition statutaires. L'analyse confirme l'effet négatif des taux légaux de l'impôt sur les bénéfices des sociétés à l'étranger sur les assiettes fiscales nationales. En précision, une réduction d'un point de pourcentage des taux légaux de l'impôt sur les bénéfices des sociétés dans tous les autres pays engendre une diminution de 6.5 % dans l'assiette de l'impôt sur les bénéfices des sociétés du pays moyen et une diminution simultanée du taux d'impôt sur les bénéfices des sociétés de 0.5 point de pourcentage. Cette baisse stratégique du taux de l'impôt sur les bénéfices des sociétés conduit à une augmentation de l'assiette de l'impôt sur les bénéfices des sociétés de 4 % et à une perte nette de l'assiette de 2.5 %.

263. La présence d'externalités budgétaires soutient que les approches unilatérales envers les problèmes internationaux des politiques fiscales sont susceptibles de provoquer des résultats inefficaces à l'échelle mondiale. Les pays adoptant des mesures correctives unilatérales sont susceptibles de protéger leurs assiettes fiscales, tout en déplaçant l'érosion de la base d'imposition vers d'autres pays[56]. Les pays qui encouragent la modification de la base d'imposition avec des attributions facilitant les pratiques de BEPS, comme le manque de transparence accompagné d'un faible taux ou d'un taux inexistant d'impôt sur les sociétés[57], contribuent à réduire les recettes fiscales dans d'autres pays et même dans le monde par les effets directs et stratégiques des retombées.

3.4. Les nouveaux domaines de recherche économique qui permettront de mieux mesurer l'ampleur et les effets économiques des pratiques de BEPS

264. Le mandat de l'Action 11 prévoyait, entre autres, d'effectuer une analyse économique de l'ampleur et des effets des pratiques de BEPS (incluant les répercussions sur les autres pays) et de proposer des mesures pour remédier au problème. Ce chapitre résume la compréhension actuelle de l'ampleur et de l'impact du phénomène BEPS en se fondant sur les recherches universitaires, et autres analyses réalisées par des organisations internationales, dont la nouvelle étude effectuée par l'OCDE. Des progrès sont accomplis pour mieux comprendre le phénomène BEPS et les mesures correctives correspondantes. L'analyse économique montre que les effets du BEPS sont importants et que le phénomène influence de nombreuses décisions économiques, tant celles prises par les gouvernements que par les contribuables. Le problème posé par le phénomène BEPS et par la bonne répartition géographique des revenues et des dépenses relatives aux activités exercées sont importants non seulement parce qu'ils influent sur l'imposition actuelle des sociétés, mais aussi parce qu'ils ont un effet sur d'autres impôts théoriques suggérés par certains universitaires, comme l'impôt sur les excédents de trésorerie des sociétés ou l'impôt global sur le revenu des sociétés.

265. La littérature empirique actuelle sur l'incidence fiscale et les répercussions économiques des pratiques de BEPS révèle que les enjeux sont élevés. Cependant, d'autres recherches doivent encore être menées. Le chapitre 1 décrit les limitations affectant les

données actuellement disponibles, et le présent chapitre présente plusieurs problèmes de méthodologie auxquels sont confrontés les chercheurs au cours de leurs analyses du phénomène BEPS. Le chapitre 2 montre certains indicateurs du BEPS qui pourraient être plus précis si on disposait de meilleures données et qu'on réalisait une analyse plus approfondie de ces données. L'annexe 3.A1 présente des estimations empiriques quant aux effets économiques de la planification fiscale. Ces estimations sont basées sur des données tirées de comptes financiers, mais elles pourraient être plus précises si elles étaient basées sur de meilleures données. L'annexe 3.A2 offre une trousse d'outils pour analyser les incidences fiscales liées à certaines mesures correctives. Cette trousse sert souvent de point de départ à une analyse des autres effets économiques. Le chapitre 4 formule des recommandations sur la façon dont les données actuelles et les données futures pourraient être mieux utilisées, et il propose des outils pour évaluer l'efficacité et l'impact économique des mesures adoptées pour corriger le problème posé par le phénomène BEPS à l'avenir. Le présent chapitre, quant à lui, présente certains domaines reliés aux pratiques de BEPS qui n'ont pas encore été étudiés ou pour lesquels l'analyse est limitée en raison du manque de données. Nous identifions ci-dessous des domaines pour la recherche future qui dépassent le mandat de l'Action 11, mais qui contribueront à la compréhension du phénomène BEPS et du comportement des entreprises multinationales, puisque la simple collecte de données plus précises ne sera pas suffisante en soi pour effectuer la meilleure analyse possible du BEPS.

266. Voici certains domaines qui devront faire l'objet d'une analyse complémentaire :

- La prévalence et l'intensité des pratiques de BEPS. À quel point les pratiques de BEPS sont-elles répandues ? Ces pratiques sont-elles limitées à un nombre restreint d'entreprises multinationales ou sont-elles plus généralisées ? Est-ce que certaines entreprises multinationales se livrent plus à des pratiques de BEPS que d'autres et, le cas échéant, pour quelles raisons (coût de la planification fiscale, la gouvernance d'entreprise, profil de risque, etc.)[58] ? Si les pratiques de BEPS n'étaient assujetties à pratiquement aucune restriction, cela encouragerait-il, d'une part, les petites entreprises multinationales à recourir à de telles pratiques et, d'autre part, les entreprises nationales à partir à la conquête de marchés étrangers simplement pour profiter des avantages fiscaux reliés aux pratiques de BEPS ?
- Les différences entre la rentabilité des entreprises multinationales et celle des entités nationales comparables. Y a-t-il des différences économiques inhérentes entre les entreprises multinationales et les entités nationales qui rendent la comparaison des taux d'imposition effectifs difficile ? Si oui, comment la compétitivité entre les entreprises multinationales et les entités nationales peut-elle être mesurée ?
- Les facteurs contribuant à la rentabilité du groupe. Quels sont les facteurs qui contribuent à la rentabilité d'un groupe multinational consolidé ayant des implantations partout dans le monde ? À quel point les biens corporels, la main-d'œuvre et/ou les ventes permettent-ils d'expliquer la rentabilité comparés à d'autres facteurs (type de biens incorporels, infrastructure publique, diversification des risques d'un pays, etc.) ?
- Les facteurs contribuant à la rentabilité d'une société affiliée. Quels sont les facteurs qui contribuent à la rentabilité d'une entité du groupe multinational ? Comment les fonctions, les actifs et les risques peuvent-ils être pris en compte lors des analyses futures du BEPS, étant donné qu'ils sont à la base des prix de pleine concurrence ? À quel point les biens corporels, la main-d'œuvre et/ou les ventes permettent-ils d'expliquer le phénomène BEPS comparés à d'autres facteurs (actifs incorporels de l'entreprise multinationale mondiale, infrastructure publique,

qualité de la main-d'œuvre, stabilité de la main-d'œuvre, etc.). Comment ces autres variables, qui peuvent évoluer au fil du temps, peuvent-elles être intégrées plus pleinement aux analyses ?

- Autres facteurs qui influencent les décisions en matière de localisation. L'impôt sur les bénéfices des sociétés n'est qu'une imposition à la source qui influence les décisions en matière de localisation. Comment les autres impôts influencent-ils les décisions fiscales prises par une entreprise multinationale ? Comment les mesures de transfert de bénéfices peuvent-elles séparer les effets des avantages fiscaux liés aux pratiques de BEPS des pratiques de BEPS elles-mêmes ?
- Les effets de l'incertitude, de la réputation, des coûts de conformité et de la divulgation. L'incertitude, la réputation[59] et les coûts liés au respect des règles constituent en quelque sorte des impôts implicites. Celles-ci peuvent-elles être mesurées et intégrées dans les analyses économiques des impôts et des pratiques de BEPS ? Quels sont les effets des divulgations faites auprès des administrations fiscales[60] ?
- La mobilité de différents types de main-d'œuvre et de capital. Quel est le degré de mobilité des différentes formes de l'activité économique réelle, du personnel scientifique, des travailleurs de la production, du personnel administratif, des immeubles, de l'équipement, des différents types d'actifs incorporels, etc. ?
- Les comportements stratégiques adoptés par les gouvernements. Comment le milieu institutionnel affecte-t-il le comportement d'un pays (coopératif contre compétitif) ? Combien d'États doivent être concernés par les accords multilatéraux pour les résultats soient positifs ?

267. Les progrès accomplis depuis 2013 par les analystes ont permis d'étayer la preuve de l'existence des pratiques de BEPS, mais ils ont aussi permis de mieux comprendre certains des canaux utilisés pour éroder la base d'imposition et transférer des bénéfices. Les analystes, qui cherchent à mesurer l'effet du BEPS et celui des mesures correctives proposées peuvent seulement observer la situation actuelle et doivent, par conséquent, estimer un point de comparaison pour leurs analyses. Ce point de comparaison peut être ce qu'aurait été la situation si personne n'avait recours aux pratiques de BEPS, si aucune mesure multilatérale coordonnée n'est prise ou encore si toutes les mesures correctives proposées sont adoptées. En ce qui concerne les analyses futures du BEPS, des pratiques de BEPS, et de la concurrence fiscale, la disposition de données de meilleure qualité devra nécessairement s'accompagner d'un perfectionnement des méthodologies d'estimations.

Notes

1. Dans le document de travail, beaucoup de commentateurs ont noté la possibilité de biais de publication, où les études empiriques qui ne trouvent aucun effet statistiquement significatif de transfert de bénéfices ne sont pas publiées dans les revues spécialisées.

2. Plusieurs des études mentionnées plus loin dans le chapitre décrivent les effets de certaines mesures correctives existantes, dont la limitation des intérêts. Plusieurs pays ont rapporté dans l'enquête réalisée par le GT2 du Comité des affaires fiscales de l'OCDE un revenu de la limitation des intérêts variant entre trois et neuf pour cent des rentrées d'impôt sur le revenu des sociétés.

3. Kleinbard (2011).
4. OCDE (2013), p. 10.
5. Voir Fryt et al. (2015).
6. Corrado et al. (2012).
7. Devereux et Griffith (1998).
8. Un certain nombre de déclarations de revenus n'ont pas été prises en compte dans l'analyse parce que la base de données ne fait pas la distinction entre un zéro et une information non déclarée. Donc, il se peut que des structures *ad hoc* (appelées « cash boxes ») sans personnels et sans substance aient été exclus de l'analyse en raison de données manquantes.
9. Dharmapala (2014), pp. 28-29.
10. Cet écart type pondéré par l'IDE est calculé à partir d'un coefficient de pondération qui varie chaque année, à mesure que l'IDE change. En utilisant la valeur de la position d'IDE moyenne pour la période 2003-2013 comme constante pour toutes les années, on voit une tendance se confirmer.
11. L'IDE inclut l'activité économique réelle et le BEPS. Par conséquent, il ne s'agit pas d'une mesure non idéale. Toutefois, l'information relative aux entités *ad hoc*, aux autres voies de financement et à la destination finale de certains IDE ne sont pas disponibles.
12. Monkam, N. (2012).
13. CNUCED, Rapport de 2015 sur l'investissement dans le monde.
14. Une différence dans les méthodologies, les variables et les sources des données utilisées peuvent expliquer les écarts entre les estimations. Certaines études réalisées à partir de microdonnées expliquent en partie la variation de rentabilité d'un affilié.
15. Riedel (2015).
16. CNUCED (2015).
17. CNUCED, Rapport de 2015 sur l'investissement dans le monde, p. 201 : « Les pertes de revenu et le transfert de bénéfices ici estimés se limitent à ceux résultant de stratagèmes d'évitement fiscal, stratagèmes qui exploitent les investissements directs au moyen de capitaux propres ou de dettes. » « Les prix erronés n'exigent pas un lien d'investissement direct : une entreprise multinationale peut transférer des bénéfices entre deux affiliés domiciliés dans des juridictions ayant un taux d'imposition différent. »
18. Les différentiels de taux d'imposition sont à la fois positifs et négatifs, donc les pratiques de BEPS permettent de redistribuer des revenus d'un pays à l'autre. Puisque les pratiques de BEPS permettent à une entité soumise à certain un taux de l'impôt marginal de transférer des bénéfices vers une entité dont le taux de l'impôt marginal est moins élevé que le sien. Le transfert de bénéfice n'est pas un jeu à somme nulle : il entraîne de lourdes pertes de revenus dans le monde. Les pays n'effectuent pas les estimations de coûts parce qu'ils n'ont pas les données nécessaires pour le faire et que les règles fiscales sont complexes.
19. Les moyennes sont pondérées par la part de l'impôt perçu sur le revenu des sociétés après crédits d'impôt pour la période de 2005-2010 pour les pays inclus dans l'analyse. Pour l'estimation fiscale finale des bénéfices transférés, l'impôt perçu sur le revenu des sociétés après crédits d'impôt a été ajusté à la hausse de 23 % pour mieux refléter l'effet du transfert des bénéfices sur la base fiscale imposable, en fonction d'une enquête du CFA/WP2 sur les crédits d'impôt des entreprises, au niveau de 2011 principalement.
20. Un test de sensibilité montre l'effet d'un différentiel de taux d'imposition et d'un facteur de pondération différent. Le différentiel de taux d'imposition calculé pour les entités des multinationales dans la base ORBIS pourrait être remplacé par le différentiel de taux d'imposition entre pays pondéré par leur macro-niveau d'exportations de marchandises. Les

échanges bilatéraux de marchandises peuvent souvent donner lieu à une manipulation de prix. Ces informations ne sont pas disponibles dans le cas d'échanges entre sociétés apparentées pour de nombreux pays. Les services, incluant les redevances, ont un différentiel de taux d'imposition plus élevé. Cependant, les données relatives à l'exportation des services sont incomplètes. Le deuxième ajustement pourrait pondérer les différentiels de taux d'imposition entre les pays par l'impôt des sociétés avant crédits, plutôt que par l'impôt des sociétés après crédits. Procéder à ces deux ajustements permet d'obtenir une perte globale des recettes provenant de l'impôt sur le revenu des sociétés se situant entre 6 % et 14 % de l'IS. Si on met de côté les revenus perdus en raison des discordances et des avantages fiscaux, les deux modifications produisent une estimation des pertes liées seulement aux transferts de bénéfices, qui se situent dans les plages de valeur du scénario de référence.

21. L'analyse de l'annexe 3.A1 teste la sensibilité de la réactivité fiscale du transfert de bénéfices eu égard aux effets fixes de pays. Le coefficient de régression était inférieur d'un tiers par rapport à l'estimation de base. Les effets fixes de pays sont utilisés pour maintenir les facteurs non fiscaux constants entre les pays, mais l'estimation de la relation fiscale est alors basée uniquement sur la variation des taux d'imposition *dans* ces pays au cours du temps, étant donné que la variation des taux d'imposition *entre* les pays est représentée par les effets fixes du pays. Lorsqu'on utilise l'estimation du transfert de bénéfices avec les effets fixes de pays, les recettes fiscales globales perdues sont de 3 % à 8 % de l'IS. Les effets fixes de pays sont déjà utilisés dans l'estimation par régression des disparités et des avantages fiscaux.

22. L'intervalle de confiance de 95 % est près de deux écarts types autour de la moyenne. L'erreur type de l'estimation des bénéfices transférés est de 0,0164 et celui de l'estimation du différentiel de taux d'imposition effectif est de 0.0026.

23. FMI (2014), pp. 20 et 61-65.

24. CNUCED, Rapport de 2015 sur l'investissement dans le monde, pp. 201-204 et Annexe II, pp. 24-26.

25. Joint Committee on Taxation des États-Unis (2014).

26. Dowd, Landefeld et Moore (2015).

27. MSCI (2015).

28. Christian Aid (2009).

29. Oxfam (2015).

30. Bach (2013).

31. Clausing (2011).

32. Vicard (2015).

33. Annexe 3.A1.

34. Scottmay (2015).

35. Slemrod et Wilson (2009) et Dharmapala (2014).

36. Cederwall (2015).

37. Slemrod (2010).

38. Voir Fuest (2015).

39. Voir Clausing (2012), Gravelle (2010), Harberger (1995) et Harberger (2006).

40. Les analyses classiques sur l'incidence de l'impôt des sociétés sont basées sur le modèle Harberger de l'incidence des changements apportés à l'impôt général du revenu des sociétés. Pour des explications faciles à suivre, voir Harberger (1995). Dans cet article, Harberger explique comment son modèle original en économie fermée doit être modifié pour analyser l'incidence

de l'IS dans un contexte international. Randolph (2006) fournit une analyse plus détaillée de l'incidence attendue de l'impôt général sur le revenu des sociétés.

41. Il a été noté que les effets de l'incidence présentés dans cette section sont similaires de nature à la nouvelle perception de l'incidence de la propriété dans les économies nationales à frontière ouverte. Voir Mieszkowski et Zodrow (1986). Selon ce point de vue, les propriétaires supportent le fardeau d'un taux d'imposition moyen dans les juridictions où les taux d'imposition sont au-dessus et en dessous de la moyenne, créant des effets de « taxe d'accise » dans différentes juridictions, ce qui fait que la portion restante du fardeau est transférée aux ménages. Voir Gravelle (2010).

42. Ce résultat dans un contexte de concurrence parfaite est fondamentalement le même résultat prévu d'une augmentation de l'IS dans une économie à frontière fermée. Ce résultat n'est pas vrai pour la réallocation du capital entre les secteurs de sociétés et ceux qui ne le sont pas ni à l'étranger. Harberger (2006) a indiqué que : « si tous les pays (ou un ensemble de pays influents dans l'économie mondiale) choisissaient de modifier leurs taux IS de manière parallèle, le modèle [d'incidence] approprié serait celui d'une économie fermée. » (p. 7)

43. Corrado et al. (2009) et Corrado et al. (2012).

44. Cronin et al. (2012) estiment que 63 % du total du rendement du capital représentent des profits excédentaires, tandis que seulement 37 % sont qualifiés de « normaux ».

45. Clausing (2012) traite de l'influence des rentes économiques sur l'augmentation du fardeau de l'IS pour les propriétaires de capital. Elle note aussi que les études empiriques sur l'incidence de l'IS dans un contexte international sont marquées par la présence des pratiques de BEPS comme les entreprises multinationales réduisent leurs taux d'imposition effectifs par le déplacement des profits non lié aux changements dans l'affectation du capital à l'international. Dans ce cas, il pourrait avoir une part minime du fardeau fiscal qui serait déplacée. Voget (2015) cite quelques études empiriques qui « pourraient laisser croire que certaines rentes des entreprises multinationales sont localisées de manière spécifique et qu'elles sont relativement immobiles. »

46. Devereux et Griffith (1998) notent que les entreprises multinationales faisant des choix distincts pour l'investissement avec une limitation de capital choisiront l'emplacement en fonction du taux d'imposition effectif moyen, plutôt qu'en fonction du taux effectif marginal sur l'investissement. L'analyse de cette incidence suggère que les entreprises ont accès au capital quand elles reçoivent des rendements excédentaires, et qu'elles gagneraient encore plus qu'avec une autre alternative d'investissement.

47. L'estimation de l'étendue inclut deux effets : 1) une étendue négative de 2.5 à 5.0% selon l'estimation moyenne, une baisse de 3.25% sur les taux d'imposition effectifs en raison de disparités entre les systèmes fiscaux et les avantages fiscaux nationaux, et 2) une étendue négative de 1.5 à 3.5% en raison du transfert de profit de toutes les entreprises multinationales. Cette dernière estimation multiplie la réduction du revenu de l'IS mondial provenant du transfert de profit, passant de -2.8 à -7.5 %, et de l'estimation de 59% de la part des profits des entreprises multinationales qui est divisée par l'alourdissement du taux d'imposition effectif moyen de 30% dans les pays inclus dans l'analyse.

48. Malgré le fait que les études diffèrent en fonction des entreprises analysées et qu'elles utilisent différentes méthodologies, plusieurs études n'ont pas indiqué de différences statistiques. Voir Markle et Shackelford (2012), Dyreng et Markle (2014) et CNUCED (2015). L'estimation présentée à l'annexe 3.A1 montre une différence significative entre les grandes entreprises multinationales et les filiales similaires œuvrant au niveau national seulement. Une différence statistique significative n'est pas trouvée entre les grandes entreprises multinationales, les petites entreprises multinationales et les filiales œuvrant au niveau national seulement.

49. Commission européenne (2015).

50. Akcigit et coll. (2015) analysent la mobilité internationale des inventeurs et de l'impôt sur les particuliers. Il ressort de cette analyse que les inventeurs employés par les entreprises multinationales sont plus enclins à tirer avantage des différentiels de l'impôt sur les particuliers.

51. Il se peut que les dirigeants des entreprises mettent moins d'accent sur les impôts nationaux en raison de la possibilité des pratiques de BEPS.

52. Chen et Mintz (2008).

53. Hanlon et Heitzman (2010) discutent du grand nombre d'activités de planification fiscale qui réduisent à la fois les bénéfices déclarés et le revenu imposable (planification « conforme »). Conséquemment, cette planification n'influe pas sur le taux d'imposition effectif. Seule la planification « non conforme » qui a pour effet de réduire l'impôt ou le revenu imposable, mais non les bénéfices déclarés, provoque une baisse du taux d'imposition effectif. Par exemple, les déductions d'intérêts réduisent à la fois les bénéfices déclarés et le revenu imposable, alors que les dividendes exonérés d'impôt n'influent pas sur les bénéfices, mais réduisent le revenu imposable.

54. Commission européenne (2015).

55. Voir Genschel et Schwarz (2011) et Keen et Konrad (2014).

56. De Mooij (2011).

57. Hebous et Ruf (2015).

58. La littérature sur la comptabilité fiscale a commencé cette analyse, mais celle-ci est limitée par l'insuffisance de données disponibles quant aux états financiers. Pour un exemple, voir Armstrong et coll. (2015).

59. Mintz et Venkatachalam (2015).

60. Voir Hoopes (2015) pour un résumé de la littérature actuelle.

Bibliographie

Acciari, P., F. Tomarelli, L. Limosani, et L. Benedetti (2015), « Measurement of Base Erosion and Profit Shifting Phenomena through the Analysis of FDI Stocks », ministère italien de l'Économie et des Finances – Documents de travail du Département du Trésor. www.dt.mef.gov.it/export/sites/sitodt/modules/documenti_en/analisi_progammazione/working_papers/WP_3.pdf

Akcigit, U., S. Baslandze et S. Stantcheva (2015), « Taxation and the International Mobility of Inventors », *National Bureau of Economic Research Working Paper*, n° 21024.

Armstrong, C. S., J. L. Blouin, A. D. Jagolinzer et D. F. Larcker (2015), « Corporate governance, incentives and tax avoidance », *Journal of Accounting and Economics*, vol. 60, n° 1, pp. 1-17, 10.1016/j.jacceco.2015.02.003.

Azémar, C. (2010), « International corporate taxation and U.S. multinationals' behaviour: An integrated approach », *Revue canadienne d'économique*, vol. 43, n° 1, pp. 232-253.

Bach, S. (2013), « Has German business income taxation raised too little revenue over the last decades? », DIW Berlin.

Banque mondiale (2002), « Foreign Direct Investment Survey », Washington, DC, Banque mondiale, http://documents.worldbank.org/curated/en/2002/01/2524561/foreign-direct-investment-survey.

Becker, J. et N. Riedel (2012), « Cross-border tax effects on affiliate investment – Evidence from European multinationals », *European Economic Review*, vol. 56, pp. 436-450.

Beer, S. et J. Loeprick (2013), « Profit shifting: Drivers and potential countermeasures », *WU International Taxation Research Paper Series*, vol. 2013, n° 03, http://dx.doi.org/10.2139/ssrn.2271539.

Beuselinck, C., M. Deloof et A. Vanstraelen (2014), « Cross-jurisdictional income shifting and tax enforcement: Evidence from public versus private multinationals », *Review of Accounting Studies*, vol. 20, n° 2, pp. 710-746.

Blouin, J., L. Robinson et J. Seidman (2011), « Coordination of transfer prices on intrafirm trade », *document de travail*.

Blouin, J. et al. (2014), « Thin capitalisation rules and multinational firm capital structure », *IMF Working Paper*, n° 14/12.

Buettner, T. et al. (2012), « The impact of thin-capitalization rules on the capital structure of multinational firms », *Journal of Public Economics*, n° 96, pp. 930-938.

Bureau Van Dijk, ORBIS Database, Bureau Van Dijk Electronic Publishing.

Buslei, H. et M. Simmler (2012), « The impact of introducing an interest barrier: Evidence from the German corporation tax reform 2008 », DIW Berlin Discussion Paper n° 1215.

Cederwall, E. (2015), « Making sense of profit shifting: Jack Mintz », entrevue accordée à la Tax Foundation interview, http://taxfoundation.org/blog/making-sense-profit-shifting-jack-mintz.

Chen, D. et J. M. Mintz (2008), « L'imposition des investissements étrangers au Canada et des investissements canadiens à l'étranger », Rapport de recherche préparé pour le Groupe consultatif sur le régime canadien de fiscalité internationale.

Christian Aid (2009), « False profits: Robbing the poor to keep the rich tax-free », https://www.christianaid.org.uk/Images/false-profits.pdf.

Clausing, K. A. (2015), « The Nature and Practice of Capital Tax Competition », http://dx.doi.org/10.2139/ssrn.2489224.

Clausing, K. A. (2013), « The future of corporate tax », *Tax Law Review*, vol. 66, n° 4.

Clausing, K. A. (2012), « In search of corporate tax incidence », *Tax Law Review*, vol. 65, pp. 433-472.

Clausing, K. A. (2011), « The Revenue Effects of Multinational Form Income Shifting », *Tax Notes*, http://ssrn.com/abstract=2488860.

Clausing, K.A. (2009), « Multinational firm tax avoidance and tax policy », *National Tax Journal*, vol. 62, n° 4.

Clausing, K. A. (2003), « Tax-motivated transfer pricing and US intrafirm trade », *Journal of Public Economics*, vol. 87, n° 9-10, pp. 2207-2223.

CNUCED (2015), « FDI, Tax and Development », document de travail, Division de l'investissement et des entreprises, CNUCED.

CNUCED (2015), « World Investment Report 2015: Reforming international investment governance », UNCTAD/WIR/2015, CNUCED.

Commission européenne (2015), « Patent boxes design, patents location and local R&D », *IPTS Working Papers on Corporate R&D and Innovation*, n° 6/2015.

Commission européenne (2014), « A study on R&D tax incentives », document de travail n° 52-2014.

Corrado, C., C. Hulton et D. Sichel (2009), « Intangible Capital and U.S. Economic Growth », *Review of Income and Wealth*, Series 55, n° 3.

Corrado, C., J. Haskel., C. Jona-Lasinio et M. Iommi (2012), « Intangible capital and growth in advanced economies: Measurement methods and comparative results », Institute for the Study of Labor Discussion Paper Series, n° 6733.

Cronin, J. A., E. Y. Lin, L. Power et M. Cooper (2012), « Distributing the corporate income tax: revised U.S. Treasury methodology », U.S. Treasury Office of Tax Analysis, document de travail n° 5.

Davies, R.B. et al. (2014), « Knocking on Tax Haven's Door: Multinational Firms and Transfer Pricing », *CEPII Working Paper*, n° 2014-21.

De Mooij, R. A. (2011), « Tax Biases to Debt Finance: Assessing the Problem, Finding Solutions », *IMF Staff Discussion Note*.

De Mooij, R. A. et S. Ederveen (2008), « Corporate Tax Elasticities: A Reader's Guide to Empirical Findings », *document de travail n° 8/22*, Oxford University Centre for Business Taxation.

Desai, M.A., F. Foley et J.R. Hines (2004), « A multinational perspective on capital structure choice and internal capital markets », *The Journal of Finance*, vol. 59, n° 6.

Devereux, M. et R. Griffith (1998), « Taxes and the location of production: evidence from a panel of US multinationals », *Journal of Public Economics*, vol. 68, n° 3, pp. 335-367.

Devereux, M., B. Lockwood et M. Redoano (2008), « Do countries compete over corporate tax rates? », *Journal of Public Economics*, vol. 92, pp. 1210-35.

Dharmapala, D. (2015), « Base erosion and profit shifting: A simple conceptual framework », *CESifo DICE Report*, vol. 12, n° 4, pp. 8-14.

Dharmapala, D. (2014), « What do we know about base erosion and profit shifting? A review of the empirical literature », *Fiscal Studies*, vol. 35, pp. 421-448.

Dharmapala, D. et N. Riedel (2013), « Earnings shocks and tax-motivated income-shifting: Evidence from European multinationals », *Journal of Public Economics*, Elsevier, vol. 97(C), pp. 95-107.

Dischinger, M., B. Knoll et N. Riedel (2014), « The role of headquarters in multinational profit shifting strategies », *International Tax Public Finance*, vol. 21, n° 2, pp. 248-271. http://hdl.handle.net/10.1007/s10797-012-9265-5.

Dowd, T. P. Landesfeld et A. Moore (2015), « Profit shifting of U.S. multinationals », *Joint Committee on Taxation Working Paper.*

Dreßler, D. et U. Scheuering (2012), « Empirical evaluation of interest barrier effects », *ZEW Discussion Paper*, n° 12-046.

Dyreng, S. et K. Markle (2014), « The effect of financial constraints on tax-motivated income shifting by U.S. multinationals », *document de travail*, Duke University.

Dyreng, S., J. L. Hoopes et J. H. Wilde (2014), « Public pressure and corporate tax behaviour », document de travail disponible à l'adresse : http://ssrn.com/abstract=2474346 ou http://dx.doi.org/10.2139/ssrn.2474346.

Egger, P. et al. (2014), « Corporate taxes and internal borrowing within multinational firms », *American Economic Journal: Economic Policy*, vol. 6, n° 2, pp. 54-93.

Egger, P., W. Eggert, et H. Winner (2010), « Saving taxes through foreign plant ownership », *Journal of International Economics*, n° 81, pp. 99-108.

Ernst and Young (2014), « European attractiveness survey 2014 – Back in the game », www.ey.com/GL/en/Issues/Business-environment/european-attractiveness-survey.

FMI (2014), « Spillovers in International Corporate Taxation », *IMF Policy Papers*.

Fryt, M. D., A. Lyon, W. McBride, D. Shackelford et T. Treichel (2015), « Session 3: Evaluating the U.S. corporate income tax », *The Tax Magazine*, juin 2015.

Fuest, C. (2015), « Who bears the burden of corporate income taxation? », document produit pour l'European Tax Policy Forum, www.etpf.org/papers/PP001CorpTax.pdf.

Fuest, C. et N. Riedel (2010), « Tax evasion, tax avoidance and tax expenditures in developing countries: A review of the literature », rapport préparé pour le DFID (U.K. Department for International Development), Oxford University Centre for Business Taxation.

Fuest, C., S. Hebous et N. Riedel (2011), « International debt shifting and multinational firms in developing economies », *Economics Letters*, pp. 135-138.

Fullerton, D. et G. E. Metcalf (2002), « Tax incidence », dans Auerback, A.J. et M. Feldstein (dir. pub.), *Handbook of Public Economics*, Edition 1, vol. 4, chapitre 26, pp. 1787-1872, Elsevier.

Genschel, P. et P. Schwarz (2011), « Tax competition: A literature review », *Socio-Economic Review,* n° 9, pp. 339-370.

Gouvernement australien (2014), « Parliament of Australia: Inquiry into tax disputes », www.aph.gov.au/Parliamentary_Business/Committees/House/Tax_and_Revenue/Inquiry_into_Tax_Disputes (consulté le 19 décembre 2014).

Gravelle, J. C. (2010), « Corporate tax incidence: Review of general equilibrium estimates and analysis », document de travail n°2010-03, U.S. Congressional Budget Office, pp. 30-33.

Griffith, R., H. Miller et M. O'Connell (2011), « Corporate taxes and the location of intellectual property », *CEPR Discussion Papers*, n° 8424.

Grubert, H. (2012), « Foreign taxes and the growing share of U.S. multinational company income abroad: profits, not sales, are being globalized », *National Tax Journal*, vol. 65, n° 2, pp. 247-282.

Grubert H. (2003), « Intangible income, intercompany transactions, income shifting, and the choice of location », *National Tax Journal*, vol. 56, n° 1, partie 2, pp. 221-242.

Grubert, H. et J. Mutti (1991), « Taxes, Tariffs and Transfer Pricing in Multinational Corporate Decision Making », *The Review of Economics and Statistics*, vol. 73, n° 2, pp. 285-293.

Hanlon, M. et S. Heitzman (2010), « A Review of Tax Research », http://dx.doi.org/10.2139/ssrn.1476561.

Harberger, A. C. (1995), « The ABCs of corporation tax incidence: Insights into the open-economy case », chapitre 2, American Council for Capital Formation, Policy and Economic Growth.

Harberger, A. C. (2006), « Corporate tax incidence: reflections on what is known, unknown and unknowable », www.econ.ucla.edu/harberger/ah-corptax4-06.pdf.

Hebous, S. et M. Ruf (2015), « Evaluating the effects of ACE systems on multinational debt financing and investment », *CESIFO Working Paper*, n° 5360.

Heckemeyer, J. H. et M. Overesch (2013), « Multinationals' profit response to tax differentials: Effect size and shifting channels », *ZEW Discussion Paper*, n° 13-045.

Hines, J.R. et E.M. Rice (1994), « Fiscal paradise: Foreign tax havens and American business », The *Quarterly Journal of Economics*, MIT Press, vol. 109, n° 1, pp. 149-82.

Hoopes, J. (2015), « Taxes and disclosure: A brief summary of the research », document non publié.

Huizinga, H. et L. Laeven (2008), « International profit shifting within multinationals: A multi-country perspective », *Journal of Public Economics*, vol. 88, n° 6, pp. 1149-1168.

Huizinga, H., L. Laeven et G. Nicodeme (2008), « Capital structure and international debt shifting », *Journal of Financial Economics*, vol. 88, pp. 80-118.

Karkinsky, T. et N. Riedel (2012), « Corporate taxation and the choice of patent location within multinational firms », *Journal of International Economics*, n° 88, pp. 176-185.

Keen, M. et K. Konrad (2012), « The Theory of International Tax Competition and Coordination », Max Planck Institute for Tax Law and Public Finance, *document de travail*, vol. 2012, n° 06, http://ssrn.com/abstract=2111895.

Kleinbard, E. (2011), « Stateless Income », *Florida Tax Review*, vol. 11, n° 9, http://ssrn.com/abstract=1791769.

Liu, L. et R. Altshuler (2013), « Measuring the burden of the corporate income tax under imperfect competition », *National Tax Journal*, vol. 66, n° 1, pp. 215-237.

Lohse, T. et N. Riedel (2013), « Do transfer pricing laws limit international income shifting? Evidence from European multinationals », *Oxford University Centre for Business Taxation Working Papers*, n° 13/07.

Lohse, T. et N. Riedel (2012), « The impact of transfer pricing regulations on profit shifting within European multinationals », *FZID Discussion Paper*, n° 61-2012, https://ideas.repec.org/p/zbw/fziddp/612012.html.

Lohse, T,, N. Riedel et C. Spengel (2012), « The increasing importance of transfer pricing regulations: A worldwide overview », *Oxford Center for Business Taxation Working Papers*, n° 12/27.

Loretz, S. et S. Mokkas (2011), « Evidence for profit shifting with tax sensitive capital stocks », *Oxford University Centre for Business Taxation Working Papers*, n° 1116.

Maffini, G. et S. Mokkas (2011), « Profit shifting and measured productivity of multinational firms », *Oxford Bulletin of Economics and Statistics*, vol. 73, n° 1, pp. 1-20.

M Markle, K.S. (2015), « A comparison of the tax-motivated income shifting of multinationals in territorial and worldwide countries », http://dx.doi.org/10.2139/ssrn.1764031.

arkle, K.S. et D. Shackelford (2012), « Cross-Country Comparison of Corporate Income Tax », *National Tax Journal*, vol. 65, n° 3, pp. 493-527.

Markle, K.S. et L. Robinson (2012), « Tax Haven Use across International Tax Regimes », *document de travail.*

McDonald, M. (2008), « Income shifting from transfer pricing: Further evidence from tax return data », U.S. Department of the Treasury, Office of Tax Analysis, OTA Technical Working Paper 2.

Mieszkowski, P. et G.R. Zodrow (1986), « The new view of the property tax: A reformulation », *Regional Science and Urban Economics*, vol. 16, n° 3, pp. 309-327.

Mintz, J. M. et V. B. Venkatachalam (2015), « The problem with the low-tax backlash: Rethinking corporate tax policies to adjust for uneven reputational risks », *University of Calgary School of Public Policy Research Paper*, vol. 8, n° 24.

Møen, J., D. Schindler, G. Schjelderup et J. Tropina (2011), « International debt shifting: Do multinationals shift internal or external debt? », *CESIFO Working Paper*, n° 3519.

Monkam, N. (2012), « ATAF Regional studies on reform priorities of African tax administrations: Africa-wide report », Forum sur l'administration fiscale africaine, http://10.100.15.87:15871/cgi-bin/blockpage.cgi?ws-session=18446744072250628799.

MSCI (2015), « Re-examining the tax gap », https://www.msci.com/documents/10199/4043da8b-4d49-4449-ac0e-28b09df3b220.

Mutti, J. et H. Grubert (2009), « The Effect of Taxes on Royalties and the Migration of Intangible Assets Abroad », dans Reinsdorf, M. et M. Slaughter (dir. pub.), *International Trade in Services and Intangibles in the Era of Globalization*, University of Chicago Press.

Nicodème, G. (2008), « Corporate Income Tax and Economic Distortions », *CEB Working Paper*, n° 08-033.

OCDE (2014), *Rapport du Groupe de travail du G20 pour le développement sur l'impact du projet BEPS dans les pays à faibles revenus (Partie 1)*, OCDE, Paris, www.oecd.org/fr/ctp/fiscalite-internationale/partie-1-du-rapport-au-g20-développement-impact-projet-beps-2014.pdf.

OECD (2013), « Action Plan on Base Erosion and Profit Shifting », Éditions OCDE, Paris. www.oecd.org/tax/closing-tax-gaps-oecd-launches-action-plan-on-base-erosion-and-profit-shifting.htm.

OCDE (2013), *Supporting Investment in Knowledge Capital, Growth and Innovation*, Éditions OCDE, Paris, http://dx.doi.org/10.1787/9789264193307-en.

OCDE (2010), « Tax Policy Reform and Economic Growth », *Études de politique fiscale de l'OCDE*, Éditions OCDE, Paris, http://dx.doi.org/10.1787/9789264091085-en.

Overesch, M. et G. Wamser (2010), « The effects of company taxation in EU accession countries on German FDI », *Economics of Transition*, n° 18, pp. 429-457.

Oxfam (2015), « Africa: Rising for the few », https://www.oxfam.org/sites/www.oxfam.org/files/world_economic_forum_wef.africa_rising_for_the_few.pdf.

Perspectives économiques en Afrique (2010), « L'imposition directe en Afrique », *La mobilisation de ressources publiques et l'aide en Afrique,* www.africaneconomicoutlook.org/fr/thematique/la-mobilisation-de-ressources-publiques-et-laide-en-afrique-2010/etat-de-la-mobilisation-des-ressources-publiques-en-afrique/l%e2%80%99imposition-directe-en-afrique/.

Randolph, W. C. (2006), « International Burdens of the Corporate Income Tax », Congressional Budget Office, Washington, DC.

Riedel, N. (2015), « Quantifying International Tax Avoidance: A review of Academic Literature », *European Tax Policy Forum Policy Papers*, n° 2. www.etpf.org/papers/PP002QuantAvoid.pdf.

Ruf, M. et A. J. Weichenrieder (2013), « CFC legislation, passive assets and the impact of the ECJ's Cadbury-Schweppes decision », *CESifo Working Paper*, n° 4461.

Schwarz, P. (2009), « Tax-Avoidance Strategies of American Multinationals: An Empirical Analysis », *Managerial and Decision Economics*, vol. 30, pp. 539-549, 10.1002/mde.1471.

Scottmay, M. (2015), « Amazon to Stop Funnelling European Sales through Low-Tax Haven », *The New York Times*, 24 mai 2015.

Sikes, S. et R. Verrecchia (2014), « Externalities of corporate tax avoidance », University of Pennsylvania, *document de travail*, https://www.mccombs.utexas.edu/~/media/Files/MSB/Departments/Accounting/TARC/2014/Sikes%20Verrecchia%20Paper.pdf.

Slemrod, J. (2010), « Location, (Real) Location, (Tax) Location: An Essay on Mobility's Place in Optimal Taxation », *National Tax Journal*, vol. 63, n° 4, partie 2, pp. 843-864.

Slemrod, J. et J. Wilson (2009), « Tax competition with parasitic tax havens », *Journal of Public Economics*, Elsevier, vol. 93, n° 11-12, pp. 1261-1270.

US Joint Committee on Taxation (2014), « Technical explanation, estimated revenue effects, distributional analysis, and macroeconomic analysis of the Tax Reform Act of 2014: A discussion draft of the Chairman of the House Committee on Ways and Means to reform the Internal Revenue Code », U.S. Government Printing Office, Reference n° JCS-1-14.

Van't Riet, M. et A. Lejour (2014), « Ranking the Stars: Network Analysis of Bilateral Tax Treaties », *CPB Discussion Paper*, n° 290.

Vicard, V. (2015), « Profit shifting through transfer pricing: Evidence from French firm level trade data », Banque de France, document de travail n° 555, http://dx.doi.org/10.2139/ssrn.2614864.

Voget, J. (2015), « The effect of taxes on foreign direct investment: A survey of the empirical evidence », European Tax Policy Forum, Policy Paper n° 3. www.etpf.org/papers/PP003FDI.pdf.

Weichenrieder, A.J. (2015), « Does exchange of information between tax authorities influence multinationals' use of tax havens? », *ZEW Discussion Paper*, n° 15-015.

Weichenrieder, A.J. (2009), « Profit shifting in the EU: Evidence from Germany », *International Tax Public Finance*, vol. 16, pp. 281-297, 10.1007/s10797-008-9068-x.

Weichenrieder, A.J. et H. Windischbauer (2008), « Thin-capitalization rules and company responses: Experience from German legislation », *CESifo Working Paper*, n° 2456.

Annexe 3.A1

Conséquences économiques de la planification fiscale internationale

Encadré 3.A1.1. Synthèse des principales conclusions

Cette annexe réunit des preuves convaincantes des pratiques de planification fiscale auxquelles se livrent les entreprises multinationales. L'analyse se fonde sur un échantillon de données considérées comme étant la meilleure source d'informations disponibles sur les entreprises à l'échelle internationale. Les données souffrent néanmoins de limitations considérables quant à leur représentativité dans certains pays, elles ne couvrent pas toutes les entités membres d'entreprises multinationales et elles sont établies à partir de comptes financiers plutôt que de déclarations de revenu.

Le champ d'action de la présente annexe est plus vaste que le projet de l'OCDE/G20 relatif à l'érosion de la base d'imposition et au transfert de bénéfices (le projet BEPS)[1]. Le projet BEPS porte principalement sur les « circonstances dans lesquelles les interactions entre des règles fiscales différentes débouchent sur une double non-imposition ou sur une imposition insuffisante »; il a aussi trait aux « dispositifs utilisés pour aboutir à un impôt nul ou faible en transférant des bénéfices hors des pays dans lesquels se déroulent les activités qui génèrent ces bénéfices ». L'analyse contenue dans la présente étude évalue les conséquences économiques et budgétaires des différences internationales de taux d'imposition statutaires et de taux d'imposition effectifs sur les bénéfices des sociétés; par conséquent, elle couvre également les mesures fiscales incitatives nationales.

La planification fiscale est répandue chez les entreprises multinationales, et elle entraîne une perte de recettes fiscales.

- **De solides preuves empiriques montrent que les entreprises multinationales pratiquent la planification fiscale internationale.** Elles transfèrent leurs bénéfices de pays où les taux d'imposition sont élevés vers des pays où ces taux sont plus faibles. Les grandes entreprises multinationales exploitent également, pour réduire leur charge fiscale, les asymétries entre les systèmes fiscaux (par exemple, les différences dans le régime fiscal applicable à certaines entités, à certains instruments et à certaines transactions) et le traitement fiscal préférentiel réservé à certaines activités ou à certaines catégories de revenus.
- **La manipulation des prix de transfert, la répartition stratégique des actifs incorporels et la manipulation des niveaux de la dette interne et de la dette externe constituent d'importantes méthodes de transfert des bénéfices.**
- **L'analyse empirique des brevets suggère que le traitement fiscal préférentiel de la propriété intellectuelle (PI) influe sur la localisation des actifs incorporels.** Des régimes de PI préférentiels attirent les activités de recherche et la propriété de brevets développés dans d'autres pays. Ils peuvent en outre encourager la reclassification de certains revenus afin de tirer avantage de ces régimes.

Encadré 3.A1.1. **Synthèse des principales conclusions** *(suite)*

- **La planification fiscale réduit le taux effectif d'imposition des grandes entreprises multinationales de 4 à 8.5 points de pourcentage en moyenne.** La baisse est encore plus importante pour les très grandes entreprises et pour celles qui font une utilisation intensive d'actifs incorporels. Les petites entreprises multinationales pratiquent aussi la planification fiscale, mais dans une moindre mesure.
- La **perte nette de recettes due à la planification fiscale est estimée entre 4 % et 10 % des recettes mondiales tirées de l'impôt sur les bénéfices des sociétés.** Ces estimations, établies à partir des données de 2000 à 2010, sont teintées d'incertitudes et doivent être interprétées avec prudence.
- **Des règles anti-évasion strictes freinent la planification fiscale.** Des règles anti-évasion strictes, par exemple des dispositions sur les prix de transfert, la déductibilité des intérêts ou les dispositions générales anti-évasion (DGAE) et les règles relatives aux SEC, sont d'autres moyens de contrer le transfert de bénéfices. Toutefois, des règles complexes entraînent pour toutes les entreprises des coûts liés à leur respect qui nuisent à leur rentabilité ; elles induisent aussi, pour les autorités fiscales, des coûts administratifs et liés à l'application de la loi. La coordination internationale pourrait sans doute alléger ces coûts.

Les effets de la planification fiscale sur l'efficience économique sont peu clairs.

- **La planification fiscale peut aider certaines entreprises multinationales à accroître leur pouvoir de marché, ce qui se traduit par une plus grande concentration des marchés.** La réduction de la pression concurrentielle peut entraîner des pertes de bien-être. Toutefois, ces pertes peuvent être compensées en partie par la réaffectation des ressources en faveur des entreprises multinationales très productives.
- **La possibilité de jouer sur la localisation de la dette interne et externe réduit le coût de la dette pour les groupes multinationaux et peut accentuer la tendance du recours à l'endettement que l'on retrouve dans la plupart des systèmes fiscaux.** Même lorsque c'est le cas, l'endettement externe des entreprises nationales est en moyenne plus élevé que celui des entreprises multinationales. Aucune information sur la dette interne n'est disponible.
- **La planification fiscale internationale réduit le taux effectif d'imposition et atténue l'effet des différences de taux de l'impôt sur les sociétés entre pays sur le choix du lieu d'implantation des investissements par les entreprises multinationales qui pratiquent la planification fiscale.** Ce résultat est cependant obtenu au prix de distorsions supplémentaires (par exemple, inégalité de traitement entre les entreprises multinationales qui se livrent à la planification fiscale et les autres entreprises) par rapport à une situation où la baisse des taux d'imposition serait généralisée.

Introduction

La conception des systèmes d'imposition des bénéfices des sociétés influe sur le comportement des entreprises multinationales. Les différences internationales en matière de fiscalité peuvent inciter les entreprises multinationales à localiser une plus grande partie de leur activité économique dans des pays où les taux d'imposition sont peu élevés. Cela peut en outre les inciter à pratiquer la planification fiscale internationale afin de réduire leur charge fiscale. Elles peuvent déclarer les bénéfices dans des pays où les taux d'imposition sont faibles, sans égard au lieu où s'exerce l'activité qui génère les bénéfices, par exemple en manipulant le prix des transactions intra-groupe ou la localisation de la dette externe et de la dette envers une partie liée. Elles peuvent également exploiter les différences dans le traitement fiscal de certaines entités ou de certains instruments (ci-après appelées asymétries entre systèmes fiscaux) ou le traitement préférentiel accordé à certaines activités ou à certains types de revenus pour réduire leur charge fiscale. Dans certains cas, les entreprises multinationales peuvent aussi reporter indéfiniment le rapatriement des bénéfices réalisés à l'étranger pour se soustraire à l'impôt. Cela soulève, aux chapitres de la fiscalité, de la fonction redistributive des États et de l'efficience économique, des questions qui sont abordées dans cette étude (voir le graphique 3.A1.1 pour un aperçu général).

Graphique 3.A1.1. **Questions couvertes par l'analyse**

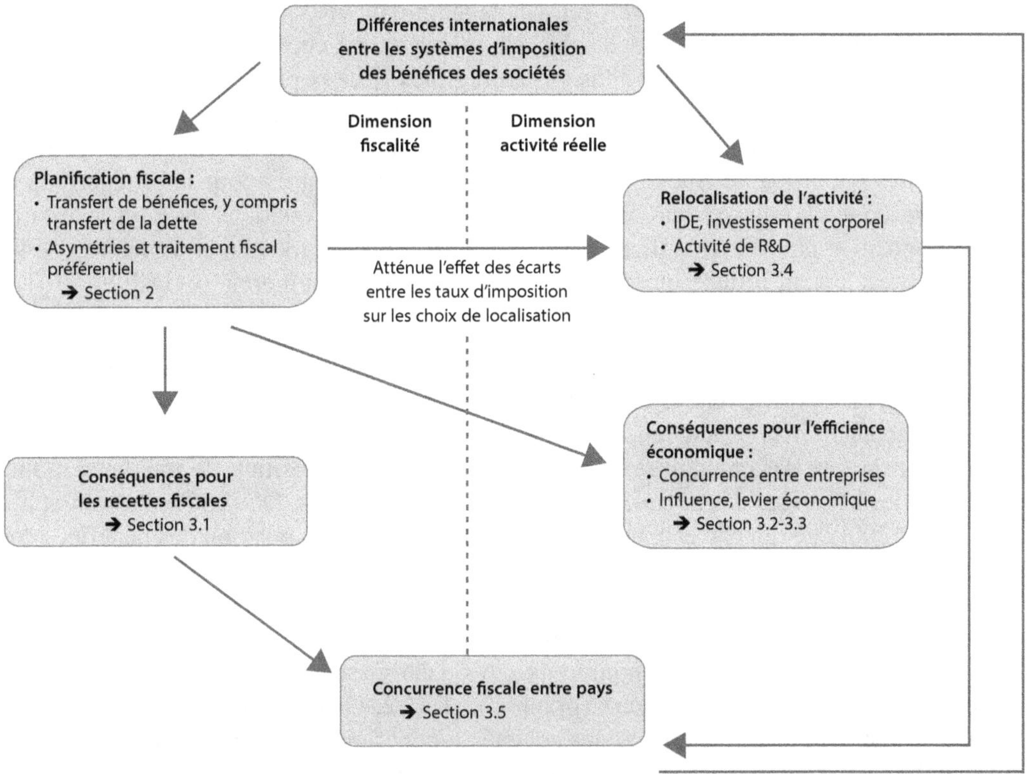

Cette annexe présente une estimation de la planification fiscale établie à partir de données sur les comptes financiers tirées de la plus grande base de données commerciale sur les entreprises (ORBIS)[2]. L'étude évalue, à l'aide de données d'information financière, la relation entre les disparités au chapitre des taux d'imposition et le transfert de bénéfices. On sait très bien que les normes juridiques et comptables applicables aux entreprises font une différence entre la comptabilité générale et la comptabilité fiscale (voir Lisowsky, 2010), et qu'un meilleur accès aux données, en particulier aux données contenues dans les déclarations d'impôt, aiderait à établir des estimations plus précises des effets de la planification fiscale. En l'absence de telles données, la présente étude s'en remet aux meilleures données d'information financière sur les entreprises des pays actuellement disponibles.

L'étude examine les questions relatives à la fiscalité et à l'efficience liées au comportement des entreprises multinationales en matière de planification fiscale. La planification fiscale a des incidences sur les bases d'imposition et sur les recettes fiscales des pays, ce qui entraîne des considérations d'ordre budgétaire. En réduisant le taux effectif de l'impôt sur les bénéfices des sociétés de certaines entreprises multinationales par rapport à d'autres entreprises multinationales et à des entreprises nationales, la planification fiscale peut fausser la concurrence et mener à des pertes d'efficience (par exemple, si la croissance des entreprises nationales est compromise). Les possibilités de planification fiscale peuvent aussi être un facteur qui incite les entreprises à modifier leurs décisions de financement parce qu'elles accentuent, au détriment du financement par capitaux propres, la tendance du recours à l'endettement qui existe dans le système fiscal de la plupart des pays, avec des effets potentiels sur le choix des investissements par les entreprises et les risques de faillite pour les groupes multinationaux.

La localisation des investissements et des actifs corporels et incorporels des entreprises multinationales dépend, entre autres facteurs (impôt sur le travail, règlements, accès au marché, effets d'agglomération, savoir-faire de la main-d'œuvre, qualité des infrastructures, etc.) de l'impôt sur les bénéfices des sociétés. Toutes autres choses étant égales, les pays ayant les taux d'imposition les plus bas ou des régimes fiscaux préférentiels pour certains investissements attirent plus d'investissements étrangers, y compris des investissements en R&D, que les pays où les taux d'imposition sont plus élevés. Ces investissements peuvent entraîner des retombées technologiques et avoir des effets positifs pour la productivité et la croissance (et, en contrepartie, réduire les retombées positives dans les pays ayant des taux d'imposition plus élevés) (Blomström et Kokko, 1998; Markusen et Venables, 1999). Ils peuvent également influer sur la structure des échanges commerciaux (Dahlby, 2011).

La mondialisation et l'intégration continue des marchés financiers mondiaux peuvent accroître la mobilité des bases d'imposition des entreprises et la sensibilité de l'investissement aux différences entre les pays en matière d'impôt (Braconier et al., 2014). Cela peut intensifier la concurrence fiscale. Les preuves portent en effet à croire qu'une mobilité croissante des capitaux est associée à des taux d'imposition de référence moins élevés sur les bénéfices des sociétés (Devereux et al., 2008; OCDE, 2009; Arnold et al., 2011; IMF, 2014), ce qui correspond à la réduction des taux d'imposition des bénéfices des sociétés qui est apparue au cours des dernières décennies (graphique 3.A13, Groupe A). Même là, les revenus provenant de l'impôt sur les bénéfices des sociétés pour les pays de l'OCDE sont restés relativement stables, en moyenne, en tant que pourcentage du PIB, ce qui suggère que dans de nombreux pays, l'élargissement de la base d'imposition a accompagné les réductions de taux (graphique 3.A1.2, Groupe B). Dans certains pays, la base de l'impôt sur les bénéfices des sociétés a bénéficié d'une augmentation du taux des bénéfices et, peut-être aussi, des effets de substitution entre l'impôt sur le revenu des particuliers et l'impôt sur les bénéfices des sociétés.

Graphique 3.A1.2. **Taux d'imposition des sociétés et recettes fiscales**

Groupe A : Taux d'imposition de référence sur les bénéfices des sociétés, %[3]

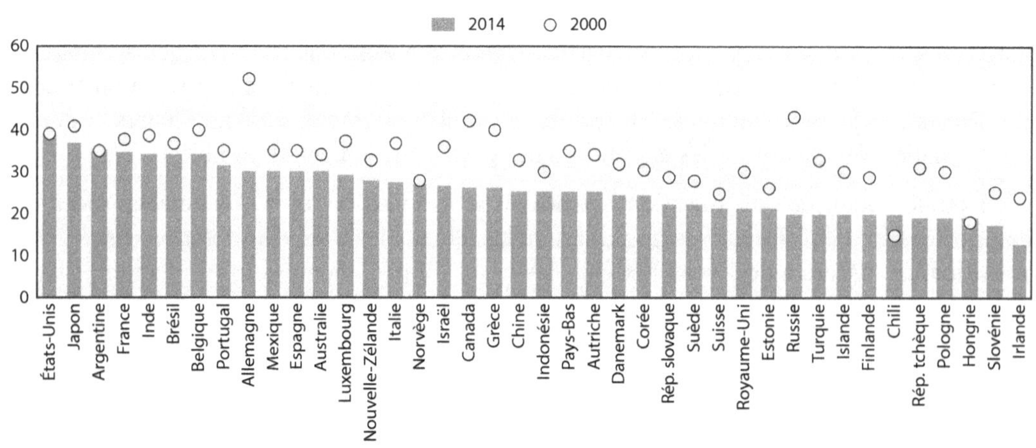

Groupe B : Revenus au titre de l'impôt sur les bénéfices des sociétés dans les pays de l'OCDE, % du PIB[4]

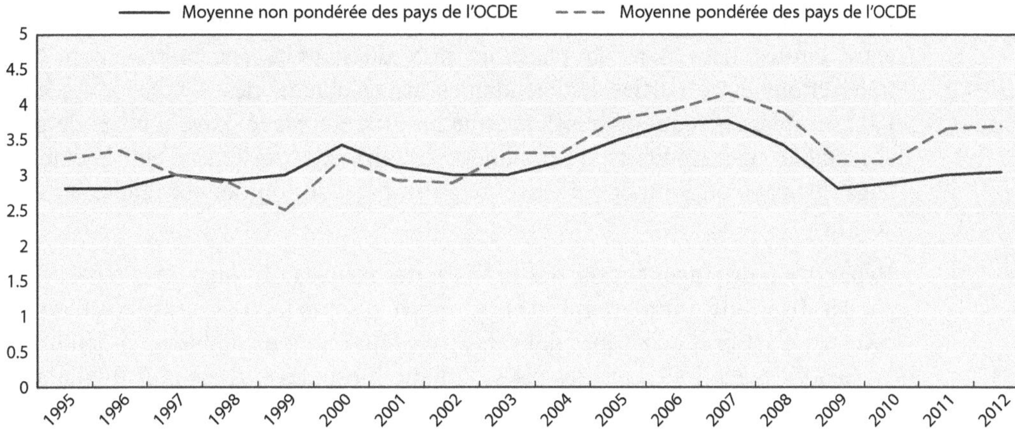

Source : Base de données de l'OCDE et KPMG.

Évaluation de la planification fiscale des entreprises multinationales

Principales stratégies de planification fiscale

La planification fiscale, telle qu'elle est définie dans la présente annexe, est un peu plus inclusive que les pratiques d'érosion de la base d'imposition et de transfert des bénéfices décrites dans le Plan d'action concernant le BEPS OCDE-G20 (OCDE, 2013). Le projet BEPS porte principalement sur les « circonstances dans lesquelles les interactions entre des règles fiscales différentes débouchent sur une double non-imposition ou sur une imposition insuffisante » ; il a aussi trait aux « dispositifs utilisés pour aboutir à un impôt nul ou faible en transférant des bénéfices hors des pays dans lesquels se déroulent les activités qui génèrent ces bénéfices » (OCDE, 2013).

Dans la présente étude, la planification fiscale s'entend de situations où s'opère un découplage entre le lieu où les entreprises génèrent des bénéfices, d'une part, et le lieu où elles exercent leurs activités réelles, d'autre part. Elle s'entend également de situations où le taux effectif d'imposition des entreprises multinationales est réduit artificiellement – comparativement au taux effectif d'imposition d'entreprises nationales similaires – grâce à des stratégies de planification fiscale qui exploitent les failles des systèmes fiscaux et un traitement fiscal préférentiel. Certaines pratiques prises en compte dans la mesure de la planification fiscale de la présente étude ne sont pas des pratiques de BEPS ; il s'agit notamment de la décision d'exercer une activité substantielle afin de bénéficier de certains traitements fiscaux préférentiels (par exemple, des subventions à caractère fiscal pour la R&D). C'est un reflet des limitations affectant les données disponibles qui font qu'il est impossible de différencier certaines pratiques d'érosion de la base d'imposition et de transfert des bénéfices de celles qui n'en sont pas. Cela étant, la plupart des méthodes de planification fiscale incluses dans l'analyse de la présente étude comportent des pratiques d'érosion de la base d'imposition et de transfert des bénéfices et représentent des flux artificiels qui n'ont aucun lien avec le lieu où s'exerce l'activité. Une description non exhaustive et simplifiée des méthodes de planification fiscale incluses dans l'analyse est donnée ci-dessous.

- **Stratégies de transfert de bénéfices :** les entreprises multinationales disposent de différentes stratégies pour réduire leur charge fiscale en localisant dans des pays où les taux d'imposition sont faibles les bénéfices générés dans des pays où les taux d'imposition sont élevés[5].

- **Optimisation des prix de transfert :** Il s'agit d'optimiser le prix des transactions entre entités liées dans la plage de prix du marché acceptables pour des transactions entre parties indépendantes afin d'obtenir des avantages fiscaux. Par exemple, une entreprise sélectionne un prix peu élevé dans la plage de prix acceptables pour les droits, les produits et les services transférés d'entités établies dans des pays où l'impôt est élevé vers des pays où l'impôt est faible, ou *vice versa*.
- **Répartition des incorporels, des actifs et des risques :** Il s'agit de la répartition, par des dispositifs intra-groupe, de la propriété d'actifs incorporels générateurs de revenus, d'actifs et de risques dans des pays où l'impôt est faible pour détourner les bénéfices réalisés dans des pays où l'impôt est élevé. Il est plus difficile de relocaliser les fonctions d'exécution et, en vertu de contrats avec le propriétaire légal, les principales activités génératrices de valeur responsables pour la gestion et l'exploitation des actifs incorporels, des actifs et des risques peuvent être exercées dans des pays où l'impôt est élevé.
- **Manipulation de la localisation de la dette :** Les paiements d'intérêts sur la dette sont habituellement déductibles des bénéfices imposables. Attribuer les dettes externe et interne d'une entreprise multinationale (et les paiements d'intérêts connexes) à une entité située dans un pays où l'impôt est élevé est un moyen de compenser les bénéfices et de réduire les paiements d'impôt de cette entité.

• **Asymétries entre systèmes fiscaux, y compris le traitement fiscal préférentiel et les taux d'imposition négociés :** Les entreprises multinationales peuvent tirer parti des différences entre le traitement d'entités, d'instruments ou de transferts entre pays pour réduire leur charge fiscale (OCDE, 2014b). Cela est possible même en l'absence de différence entre les taux d'imposition statutaires. Les entreprises multinationales peuvent également réduire leur charge fiscale grâce à un traitement fiscal préférentiel et à des taux d'imposition réduits négociés qui leur sont spécifiques.

- **Instruments hybrides et transferts :** Ce sont des instruments assujettis à un régime fiscal différent selon les pays concernés : ils sont considérés comme titres de dette dans un pays et comme titres de participation dans un autre. Cela peut avoir comme résultat des intérêts déductibles dans le premier pays et des bénéfices non-imposables dans le second (les bénéfices étant considérés comme dividende non imposable).
- **Entités hybrides** : La même entité peut recevoir un traitement fiscal différent dans deux pays. Par exemple, une entité peut être considérée comme n'étant résidente d'aucun pays (appelée « entité apatride ») à des fins fiscales et bénéficier ainsi de la double non-imposition des bénéfices. Par ailleurs, une entité peut être traitée comme entité non imposable, par exemple un partenariat (les partenaires étant imposés plutôt que l'entité elle-même) dans un pays et comme entité imposable dans un autre. Un tel traitement peut avoir comme résultat qu'il y ait déduction dans le premier pays et non-inclusion des bénéfices dans le second.
- **Traitement fiscal préférentiel** : Les entreprises multinationales peuvent transférer certains revenus pour bénéficier du régime fiscal spécial offert par certains pays (ou par des régions à l'intérieur de certains pays), entre autres pour

la PI (par exemple, des pays dont le régime fiscal est favorable aux brevets) ou les services financiers. Les entreprises nationales peuvent aussi bénéficier d'un traitement fiscal préférentiel, mais dans une moindre mesure que les entreprises multinationales puisqu'elles ne peuvent pas transférer leurs bénéfices à l'étranger pour profiter de ces traitements à grande échelle[6].

- **Taux d'imposition négociés** : Taux d'imposition réduits spécifiques à une entreprise multinationale obtenus grâce à des négociations entre l'entreprise et l'administration fiscale.

Les stratégies de planification fiscale sont souvent complexes et peuvent faire appel à une combinaison de plusieurs des méthodes ci-dessus. Pour prendre en compte cette complexité, la présente étude adopte une approche descendante systématique. Elle se penche d'abord sur le pays où les bénéfices des entreprises multinationales sont déclarés (transfert de bénéfices); elle évalue ensuite le taux effectif d'imposition des bénéfices déclarés dans chaque pays (asymétries entre systèmes fiscaux, y compris les régimes préférentiels). Ainsi, l'uniformité est assurée et il n'y a pas de double comptabilisation. L'exploitation des régimes fiscaux préférentiels et des taux d'imposition négociés est incluse dans l'analyse des asymétries puisqu'il n'est pas possible, avec les données disponibles, de les dissocier.

La formule choisie prend aussi en compte les interactions potentielles entre le transfert de bénéfices et les asymétries entre régimes fiscaux. Par exemple, si les bénéfices sont transférés dans un pays pour bénéficier d'un traitement fiscal préférentiel, la différence entre les taux effectifs d'imposition résultant de ce traitement est appliquée à la totalité de la base d'imposition (c'est-à-dire que les bénéfices transférés sont inclus) pour évaluer les conséquences de la planification fiscale.

Les entreprises multinationales pratiquent la planification fiscale internationale

L'analyse empirique, qui couvre un vaste échantillon d'entreprises de 46 pays (principalement des pays de l'OCDE et du G20) et se fonde sur les données des comptes financiers, étaye l'hypothèse que les entreprises multinationales pratiquent la planification fiscale internationale. Elle confirme les anecdotes qui circulent, les études de cas portant sur des entreprises en particulier et les conclusions d'autres études menées sur diverses entreprises. Le plus souvent, ces études portent sur un seul pays – ou uniquement sur des pays d'Europe – et visent un échantillon d'entreprises beaucoup plus petit (par exemple Huizinga et Leaven, 2008; Clausing, 2009; Fuest et Riedel, 2010; Heckemeyer et Overesch, 2013). Il résulte que tant le transfert de bénéfices que l'exploitation des asymétries entre systèmes fiscaux (notamment l'exploitation d'un traitement fiscal préférentiel) sont d'importantes stratégies de planification fiscale[7].

Les analyses du transfert de bénéfices dans la documentation reposent soit sur les données des comptes financiers (la base de données ORBIS ou ses échantillons régionaux secondaires) ou sur les déclarations d'impôt (par exemple Grubert, 2012 pour les États-Unis), ces dernières étant uniquement disponibles pour les pays et sur une base non harmonisée et confidentielle (Dharmapala, 2014). L'analyse dans le présent rapport est élaborée à partir des données commerciales sur les comptes financiers, lesquelles offrent l'avantage de couvrir un large éventail de pays et d'être établies selon des règles comptables uniformes dans ces pays (voir l'encadré 3.A1.2. pour des détails sur les données). Une mise en garde s'impose toutefois : les bénéfices déclarés dans les comptes financiers peuvent différer des bénéfices imposables étant donné les divergences entre les normes comptables et la planification fiscale[8]. Plus particulièrement, les bénéfices déclarés peuvent différer des bénéfices imposables à cause des différences quant au moment où sont comptabilisés les bénéfices et les dépenses (par exemple des règles différentes pour l'amortissement des immobilisations), quant à la définition des bénéfices (Hanlon, 2003 ; Boynton et al., 2014), parce que les bénéfices imposables peuvent refléter le report de pertes antérieures ou parce que la résidence fiscale d'une filiale n'est pas l'État où elle a été constituée. Néanmoins, il est raisonnable de s'attendre à ce que les bénéfices déclarés dans les comptes financiers et les bénéfices imposables soient affectés de la même façon par le transfert de bénéfices, ce qui justifie l'utilisation de bénéfices déclarés comme bénéfices imposables. Il n'en reste pas moins que les différences entre les bénéfices et les impôts déclarés dans les comptes financiers et les déclarations d'impôt constituent une limitation de l'information actuellement disponible sur les entreprises.

Encadré 3.A1.2. Limites des données utilisées dans l'analyse empirique

L'étude de la planification fiscale des entreprises multinationales présente de nombreux défis sur le plan des données. Les données contenues dans les dossiers fiscaux sont confidentielles et ne sont pas disponibles pour tous les pays. En outre, dans la plupart des pays, les données fiscales ne comportent aucune information sur les activités, les bénéfices et les paiements d'impôt du groupe à l'étranger, données qui sont nécessaires pour évaluer adéquatement le transfert de bénéfices. En l'absence de données fiscales uniformes, la présente étude utilise la base de données ORBIS (commercialisée par Bureau Van Dijk), généralement considérée comme étant la base de données commerciale la plus complète sur les comptes financiers des entreprises et les structures de participation (Fuest et Riedel, 2012 ; Dharmapala, 2014).

La base de données ORBIS et l'échantillon

La base de données ORBIS est constituée à partir des comptes financiers d'entreprises déclarés à des institutions comme des répertoires d'entreprises, les chambres de commerce ou des établissements de crédit locaux. Les données ont été épurées et vérifiées par la Direction des statistiques de l'OCDE pour assurer l'uniformité entre les pays (Ragoussis et Gonnard, 2012); elles ont fait l'objet d'un examen attentif en vue du présent projet pour en retirer les valeurs improbables et marginales. L'échantillon final est constitué de 1.2 millions observations de comptes non consolidés d'entreprises multinationales de 46 pays pour la période 2000-10. Même si les économies elles-mêmes couvrent environ 90 % du PIB mondial, les données échantillonnées varient considérablement d'un pays à l'autre. Par conséquent, il est probable que seule une petite fraction de l'activité soit traitée dans les pays faiblement représentés (voir ci-dessous des renseignements plus détaillés sur la couverture). De plus, les liens des entreprises multinationales avec des pays qui ne font pas partie de l'échantillon (notamment ceux qui n'imposent aucun impôt sur les bénéfices des entreprises) sont aussi pris en compte. L'identification des groupes multinationaux reprend l'information de la base de données ORBIS sur la propriété directe afin de prendre en compte l'information manquante sur le propriétaire final d'une entreprise. Deux entreprises sont présumées être liées si l'une détient une participation d'au moins 50 % dans l'autre. Les entreprises multinationales représentent une part importante des grandes entreprises et des bénéfices dans de nombreux pays, particulièrement dans les plus petites économies (plus ouvertes) (voir le graphique ci-dessous).

Encadré 3.A1.2. **Limites des données utilisées dans l'analyse empirique** *(suite)*

Répartition des entreprises dans l'échantillon, par type d'entreprise[9,10,11]

Groupe A : En pourcentage du nombre total d'entreprises (entreprises de plus de 250 salariés uniquement)

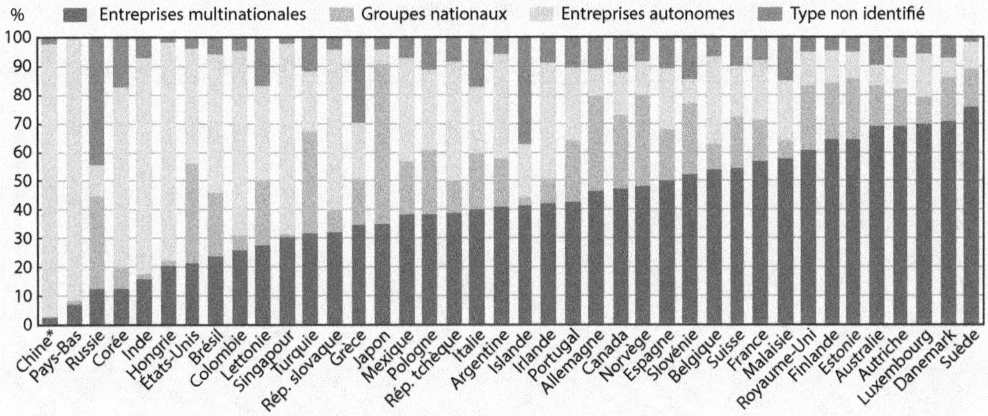

Groupe B : En pourcentage des bénéfices avant impôt déclarés (entreprises rentables uniquement

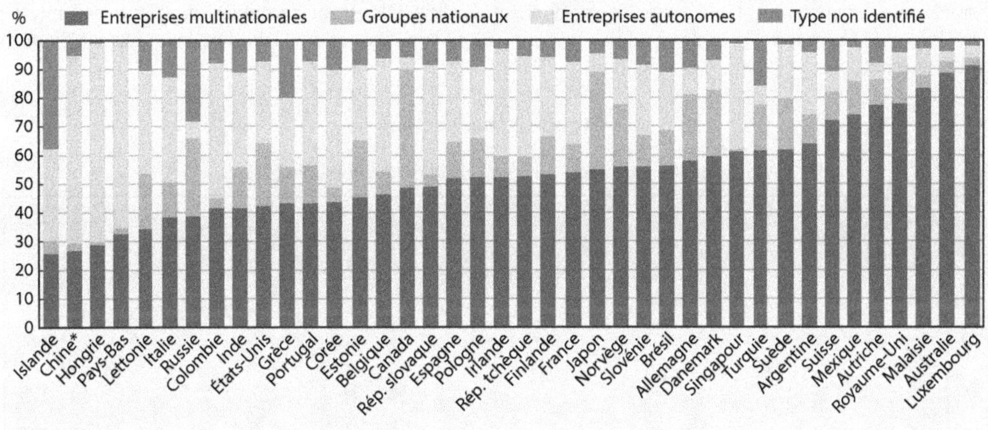

* République populaire de Chine (Chine)

Qualité de l'échantillon et de l'identification du groupe multinational

La couverture des entreprises disposant de données sur les états financiers varie d'un pays à l'autre. Par rapport à la population réelle des entreprises (lorsque les données sur la population réelle sont disponibles), la couverture est supérieure à 50 % dans la plupart des pays européens et inférieure à 10 % dans la plupart des pays non européens. Cependant, elle est limitée dans certains pays, notamment aux États-Unis, en Nouvelle-Zélande et au Chili (voir le graphique ci-dessous). La répartition des observations entre les industries est un peu plus élevée dans le secteur manufacturier que dans les services.

Encadré 3.A1.2. **Limites des données utilisées dans l'analyse empirique** *(suite)*

Représentativité de l'échantillon final

Nombre d'entreprises dans l'échantillon ORBIS final, en pourcentage du total de la base de données STAN pour l'analyse structurelle, 2006[12]

Groupe A : par pays

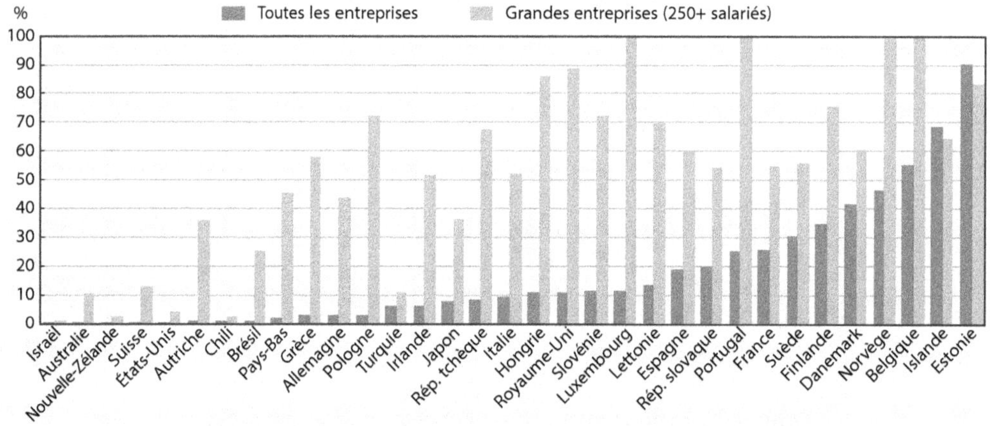

Note : Les données statistiques concernant Israël sont fournies par et sous la responsabilité des autorités israéliennes compétentes. L'utilisation de ces données par l'OCDE est sans préjudice du statut des hauteurs du Golan, de Jérusalem Est et des colonies de peuplement israéliennes en Cisjordanie aux termes du droit international.

Groupe B : par secteur

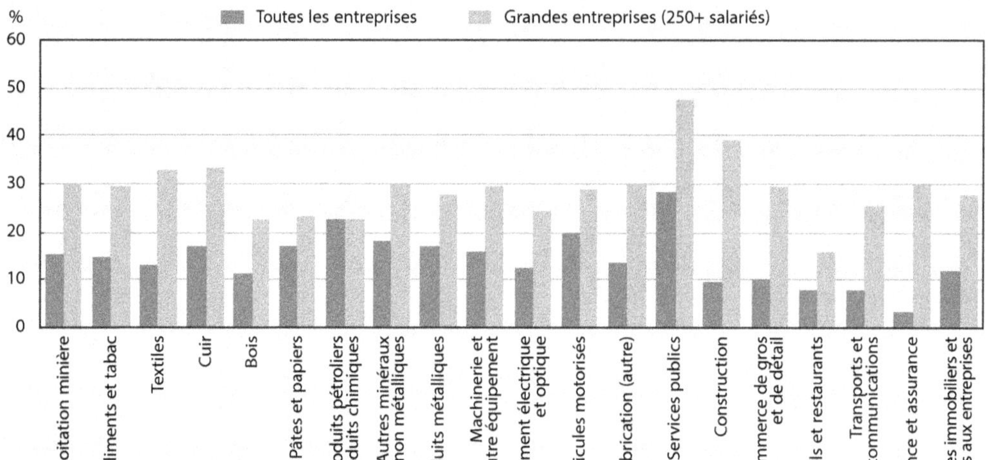

Source : Calculs de l'OCDE à partir de la base de données ORBIS et de la base de données STAN de l'OCDE pour l'analyse structurelle.

Plus de 50 % de l'activité mondiale est couverte pour un groupe multinational moyen, ce qui représente une fraction plus élevée que dans d'autres études récentes (Huizinga et Laeven, 2008). L'absence de données financières dans certains pays qui n'imposent pas les bénéfices des entreprises est problématique. La méthodologie utilisée atténue cependant le problème : elle

Encadré 3.A1.2. Limites des données utilisées dans l'analyse empirique *(suite)*

s'appuie uniquement sur l'identification des liens vers ces pays, non sur la disponibilité des comptes financiers dans ces pays. Par contre, tous les liens ne sont pas identifiés dans la base de données ORBIS. Il est difficile d'évaluer l'ampleur et l'importance des liens manquants, vu l'absence de données sur les liens véritables. De nombreux liens vers des pays qui ne prélèvent aucun impôt sur les bénéfices des sociétés sont néanmoins relevés (voir le graphique ci-dessous). Par exemple, l'organisation Citizens for Tax Justice a déterminé que 362 des 500 plus grandes sociétés américaines (liste Fortune 500 pour 2013) (CTJ, 2014) ont des liens avec des paradis fiscaux. De ces 362 sociétés, 266 (c.-à-d. 72 %) sont incluses dans l'échantillon ORBIS. Pour 184 (69 %) de ces 266 sociétés, au moins un lien vers un paradis fiscal est mentionné dans ORBIS (ce qui signifie que plus de la moitié des plus grandes entreprises américaines ont des liens avec des paradis fiscaux).

Les exigences en matière de rapports financiers applicables aux grandes entreprises étant généralement plus strictes, ces dernières sont habituellement mieux couvertes. Cela porte à penser que la couverture des entités appartenant à des groupes est supérieure à la moyenne puisque ce sont habituellement de grandes entités, même si certaines des entités qui font partie de grands groupes peuvent être de petite taille. Il est possible que les entreprises multinationales fortement impliquées dans la planification fiscale ou celles qui utilisent des stratégies complexes (par exemple, des entités apatrides) choisissent de ne pas publier leurs comptes si les conséquences du non-respect des exigences en matière de déclaration sont limitées. Le résultat peut être la sous-représentation de ces entreprises dans l'échantillon, ce qui entraîne une distorsion des résultats lorsqu'il n'y a « aucun motif non aléatoire pour l'absence de renseignements (par exemple, les comptes dans des pays où l'impôt est faible sont moins susceptibles d'être inclus dans les données) » (Cobham et Loretz, 2014). Ce problème est abordé dans l'analyse de sensibilité.

Enfin, la base de données OCDE-ORBIS comporte des données jusqu'à 2010, et l'analyse couvre la période 2000-10. Depuis, les comportements en matière de planification fiscale ont pu changer pour refléter divers facteurs, entre autres l'importance croissante de l'économie numérique et des changements dans les règles anti-évasion pour contrer la planification fiscale ainsi que la transformation des chaînes de valeur mondiales. En outre, les taux d'imposition des bénéfices des sociétés ont été réduits dans certains pays.

Liens relevés entre des entreprises de l'échantillon et des pays où il n'existe pas d'impôt sur les bénéfices des sociétés

Pourcentage des grandes entités d'entreprises multinationales de l'échantillon ayant des liens avec des pays qui ne prélèvent pas d'impôt sur les bénéfices des sociétés[13, 14]

Groupe A : par pays où est établi le siège social

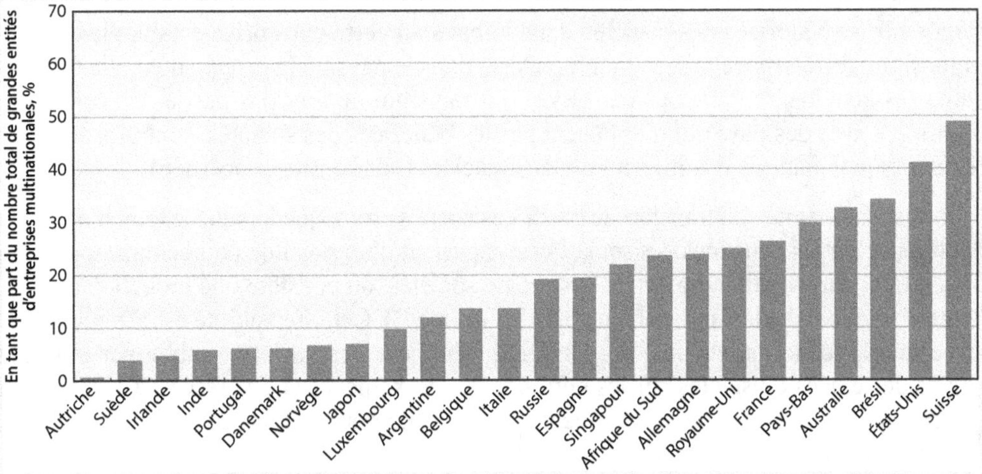

Encadré 3.A1.2. **Limites des données utilisées dans l'analyse empirique** *(suite)*

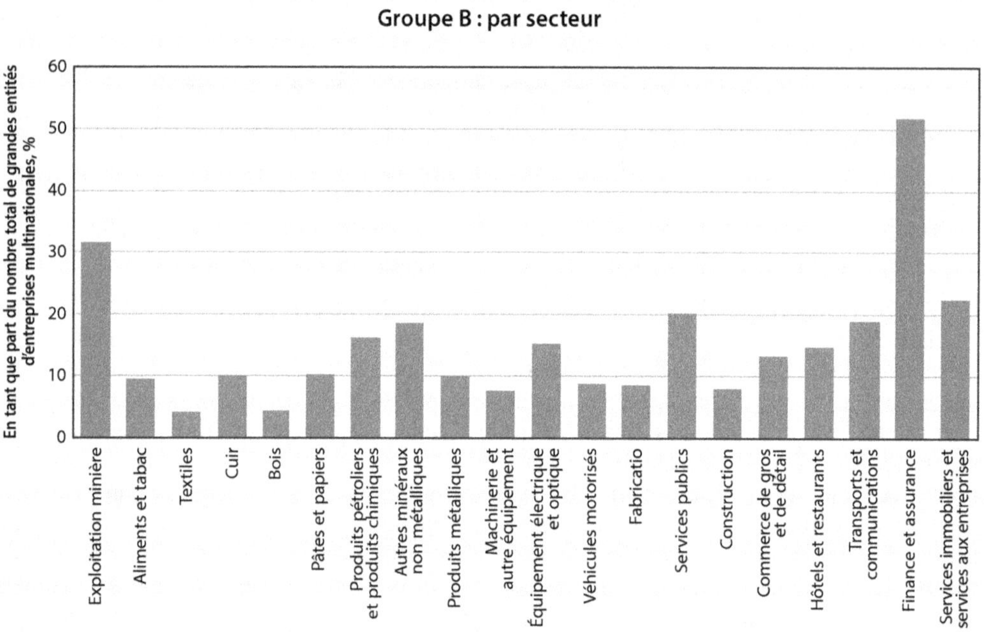

Transfert de bénéfices

La stratégie empirique utilisée pour identifier le transfert de bénéfices est de comparer la rentabilité (mesurée comme étant le ratio de bénéfices avant impôt par rapport au total de l'actif ou à l'emploi) des entités d'entreprises multinationales ayant des caractéristiques similaires (taille, industrie, etc.), mais des possibilités différentes de transférer les bénéfices (voir l'encadré 3.A1.3 pour des détails, et le graphique 3.A1.3, Groupe A). Ces possibilités sont tributaires du lieu où sont établies les autres entités du groupe. Les entités ayant des liens avec des pays où la fiscalité est faible ont des possibilités de transférer leurs bénéfices à l'étranger, alors que celles qui ont des liens avec des pays à fiscalité élevée peuvent recevoir des bénéfices de l'étranger. Dans la présente étude, la possibilité pour une entreprise multinationale de transférer ses bénéfices se mesure à la différence entre le taux légal de l'impôt sur les bénéfices des sociétés dans le pays où cette entreprise est établie et le taux d'imposition de référence moyen (non pondéré) dans le pays où le groupe dont elle fait partie exerce ses activités[15], [16], [17]. Les liens avec des pays qui ne font pas partie de l'échantillon, notamment avec des pays qui n'imposent pas les bénéfices des sociétés, sont pris en compte même lorsqu'il manque des informations financières sur l'entité concernée.

L'élasticité estimée du transfert de bénéfices porte à croire que lorsque le taux d'imposition de référence sur les bénéfices des sociétés est supérieur d'un point de pourcentage (ou environ 3 %) au taux d'imposition moyen du groupe de sociétés, on constate une réduction d'environ 1 % des bénéfices déclarés (graphique 3.41.3, Groupe B). Cette sensibilité est légèrement plus élevée que la réduction estimée de 0.8 % des bénéfices des sociétés établie par une méta-analyse des études existantes sur les entreprises (Heckemeyer et Overesch, 2013). Les deux mesures de la rentabilité (bénéfices avant impôt par rapport au total de l'actif ou à l'emploi) donnent des résultats similaires.

De plus, les résultats sont robustes à la prise en compte de nombreuses variables : (i) lorsque des structures différentes ont des effets fixes (par exemple, les effets fixes du pays et les effets fixes basés sur l'interaction entre la dimension pays et la dimension temps); (ii) lorsque l'échantillon est limité aux pays de l'UE; (iii) lorsque l'échantillon est limité aux entreprises manufacturières; (iv) lorsque l'échantillon est limité à des sous-périodes; (v) lorsque les observations sont ré-échantillonnées pour ajuster la représentation relativement faible de certains pays dans l'analyse; (vi) lorsque toutes les entités qui ont au moins une filiale sont éliminées, c.-à-d. que seule la partie inférieure de la structure d'entreprise est conservée (pour éviter la distorsion potentielle créée par les dividendes payés par les filiales); (vii) lorsque des taux d'imposition prospectifs sont utilisés au lieu des taux de référence; (viii) lorsque sont exclus de la variable impôt les liens vers des pays ayant des résultats inférieurs à la moyenne pour ce qui est du respect de la règle de droit ou des indicateurs de la qualité de la réglementation; (ix) lorsqu'un seuil de propriété de 90% (au lieu de 50%) est utilisé dans l'identification des groupes de sociétés[18]. La robustesse des résultats par rapport à l'extrapolation au-delà de l'échantillon est un point traité dans le cadre de l'analyse de sensibilité (voir ci-dessous).

Graphique 3.A1.3. **Approche empirique du transfert de bénéfices : Exemple**[19]

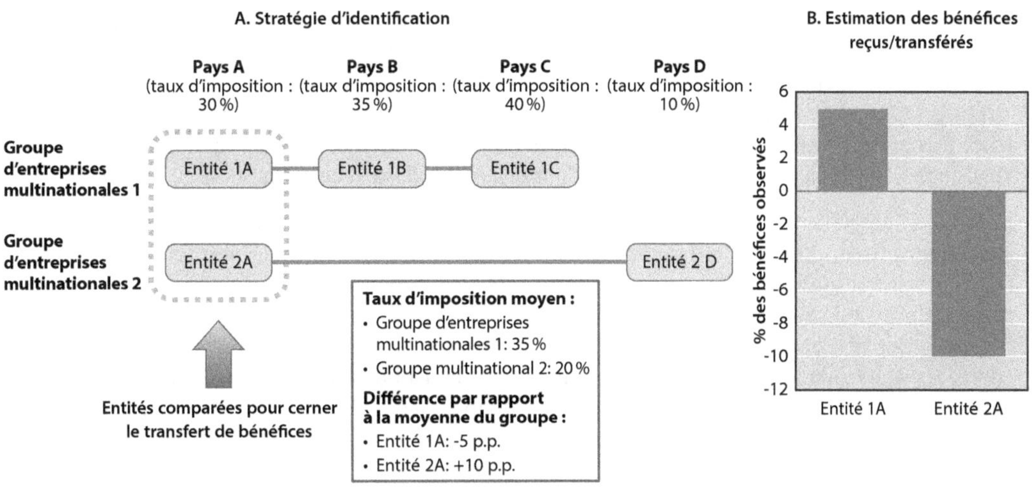

Encadré 3.A1.3. **Approche empirique : évaluer la planification fiscale en se fondant sur les données des entreprises**

La stratégie pour évaluer le transfert de bénéfices est de comparer la rentabilité d'entités d'entreprises multinationales ayant des caractéristiques similaires, sauf pour ce qui est des liens avec des pays où les taux d'imposition sont différents. L'hypothèse posée est que les entreprises multinationales ayant des liens avec des pays où les taux d'imposition sont faibles déclarent des bénéfices relativement peu élevés pour les entités localisées dans des pays où les taux d'imposition sont plus élevés par rapport à des entreprises similaires qui n'ont pas de tels liens. En pratique, l'équation est la suivante :

$$Profitability_{f,g,c,i,t} = \alpha X_{f,g,c,i,t} + \beta\left(STAT_{c,t}\text{-}STAT\_group\_avg_{g,c,i,t}\right) + \delta_t + \delta_i$$

où $Profitability_{f,g,c,i,t}$ est la rentabilité (le ratio des bénéfices avant impôt déclarés par rapport au total de l'actif ou de l'emploi) de l'entreprise *f* (exploitée au sein du groupe multinational

Encadré 3.A1.3. Approche empirique : évaluer la planification fiscale en se fondant sur les données des entreprises *(suite)*

g, dans le pays c et dans le secteur i) au cours de l'année t. $X_{f,g,c,i,t}$ est un vecteur de déterminants de la véritable rentabilité, et inclut tant les caractéristiques particulières à chaque entreprise (taille, position au sein du groupe, présence de brevets dans le groupe) que des variables macroéconomiques (croissance du PIB, taux de change, inflation, PIB par habitant). $(STAT_{c,t}\text{-}STAT\_group\_avg_{g,c,i,t})$ est la différence entre le taux d'imposition de référence dans le pays c au cours de l'année t et la moyenne non pondérée des taux d'imposition de référence dans les pays où le groupe multinational g exerce des activités. Les taux de référence sont les moyennes nationales (c.-à-d. qu'ils ne reflètent pas les disparités régionales entre les taux) et ne prennent pas en compte les exonérations temporaires d'impôt. La sensibilité des bénéfices à l'impôt est mesurée par le coefficient β, dont on s'attend qu'il soit négatif si les bénéfices sont transférés dans des pays où les taux d'imposition sont plus faibles. δ_t et δ_i sont respectivement des effets fixes des dimensions temps et secteur pour contrôler les facteurs non observés (non fiscaux) qui ont des incidences sur la rentabilité*.

L'exclusion des effets fixes des pays de l'estimation de base peut fausser (à la hausse ou à la baisse) la sensibilité estimée à l'impôt puisque certains facteurs non observés spécifiques aux pays peuvent être récupérés par la sensibilité à l'impôt. Ces effets fixes peuvent toutefois récupérer une partie du transfert de bénéfices, ce qui conduirait à une sous-estimation du transfert (Clausing, 2009; Buettner et Wamser, 2013). Les résultats sont qualitativement robustes face aux effets fixes du pays et aux effets fixes basés sur l'interaction entre la dimension pays et la dimension temps, mais la sensibilité à l'impôt serait réduite d'environ 30 %.

La stratégie pour évaluer (conjointement) les asymétries entre systèmes fiscaux et le traitement fiscal préférentiel est de comparer le taux effectif d'imposition d'une entité d'une entreprise multinationale dans un pays particulier au taux effectif d'imposition d'une entité nationale (c.-à-d. non multinationale) ayant des caractéristiques similaires. Le taux effectif d'imposition pris en compte est le ratio de la charge d'impôt par rapport aux bénéfices déclarés dans les états financiers de l'entreprise, mais non consolidés (c.-à-d. pour chaque entité du groupe). Avec une réserve cependant : il est probable que la charge d'impôt déclarée dans les comptes financiers diffère des montants apparaissant dans les données fiscales à cause, par exemple, des différences quant à l'inclusion de la charge d'impôt différé, d'autres différences entre les bénéfices comptables et les bénéfices imposables et des différences relatives à la résidence fiscale de la filiale.

L'hypothèse est que si une entité multinationale exploite les asymétries pour réduire sa charge fiscale, elle peut déclarer des bénéfices plus élevés dans ses états financiers, mais ses bénéfices imposables (et, par conséquent, sa charge fiscale) seraient plus faibles en conséquence, par exemple, de l'utilisation d'un instrument ou d'une entité hybride. Un instrument hybride peut entraîner une déduction d'intérêts dans un pays parce qu'il y est traité comme une dette, et être considéré comme revenu non imposable dans un autre pays parce qu'il y est traité comme capital. Comparativement à un instrument de dette, cette situation aurait pour résultat un taux effectif d'imposition plus faible (mesuré à l'aide de données de comptes financiers données) dans le pays destinataire. Il n'y aurait toutefois aucune différence visible dans les comptes financiers comparativement à un titre de participation standard. L'utilisation d'une entité hybride a généralement pour résultat un taux effectif d'imposition plus faible, une entité d'une entreprise multinationale pouvant alors déclarer des bénéfices dans un pays où le taux d'imposition est élevé tout en payant l'impôt dans un pays où le taux d'imposition est faible, voire nul. Un autre exemple est une entité à double résidence qui peut demander plus d'une déduction fiscale pour la même dépense d'intérêts, réduisant ainsi son taux effectif d'imposition. Le taux effectif d'imposition d'entités appartenant à un groupe peut

Encadré 3.A1.3. **Approche empirique : évaluer la planification fiscale en se fondant sur les données des entreprises** *(suite)*

être réduit grâce au traitement fiscal préférentiel de certaines activités ou de certains revenus (par exemple, par le transfert de brevets dans un pays dont le régime fiscal est favorable aux brevets), dans la mesure où ces entités en bénéficient davantage que les entreprises nationales, ou à cause de taux d'imposition négociés. Il convient de faire une mise en garde : les différences non observées et inhérentes entre entités d'une entreprise multinationale et les entités nationales qui ne sont pas liées à la planification fiscale (par exemple, le niveau d'immobilisations) peuvent aussi influer sur leurs taux effectifs d'imposition relatifs.

L'exploitation des asymétries entre systèmes fiscaux peut exiger des stratégies complexes ayant des coûts fixes élevés, ce qui incite à croire que seules de grandes entreprises multinationales peuvent se le permettre. Pour le refléter, la méthode empirique consiste à comparer le taux effectif d'imposition d'entités multinationales et d'entités nationales de différentes tailles. L'équation est la suivante :

$$ETR_{f,c,i,t} = \beta_1 Large\_firm_{f,c,i,t} + \beta_2 Small\_firm_{f,c,i,t} \times MNE_{f,c,i}$$
$$+\beta_3 Large\_firm_{f,c,i,t} \times MNE_{f,c,i} + \beta_4 X_{f,c,i,t} + \delta_i + \delta_{c,t}$$

où $ETR_{f,c,i,t}$ est le taux effectif d'imposition de l'entreprise f (exerçant ses activités dans le pays c et le secteur i) au cours de l'année t, mesuré en tant que charge d'impôt sur les bénéfices déclarés. $Large\_firm_{f,c,i,t}$ et $Small\_firm_{f,c,i,t}$ sont des variables muettes pour, respectivement, de grandes entités (plus de 250 salariés, conformément à la définition de l'UE) et de petites entités. $MNE_{f,c,i}$ est une variable muette égale à un lorsqu'une société fait partie d'un groupe multinational. $X_{f,c,i,t}$ est un vecteur des contrôles caractéristiques de chaque entreprise (position au sein du groupe, présence de brevets, rentabilité). Les coefficients β_2 et β_3 mesurent la différence entre les taux effectif d'imposition de petites (respectivement grandes) entreprises multinationales et des entreprises nationales comparables. Le postulat est que ces coefficients devraient être négatifs si les entreprises multinationales exploitent les asymétries entre systèmes fiscaux et traitement fiscal préférentiel pour réduire leur charge fiscale. δ_i et $\delta_{c,t}$ sont des variables muettes pour le secteur et pour l'interaction entre la dimension pays et la dimension temps, qui récupèrent l'effet des taux d'imposition différents des pays (et des taux qui varient selon la période d'imposition).

* Il est très difficile d'estimer, à l'aide des données disponibles, la rentabilité des filiales individuelles, comme le révèle le fait que seul 1.5 % de l'écart entre les filiales est expliqué. Cela est fréquent dans les études transversales d'entreprises où les observations sont très nombreuses (voir par exemple Beer et Loeprick, 2014). C'est le reflet de la volatilité intrinsèque du taux des bénéfices qui est fortement tributaire de facteurs particuliers (non observés) à chaque entreprise. Si la rentabilité n'est pas récupérée par les variables non fiscales, la réactivité fiscale estimée pourrait être touchée.

Asymétries entre systèmes fiscaux et traitement fiscal préférentiel

Les asymétries entre systèmes fiscaux n'ont pas retenu autant l'attention des chercheurs universitaires que le transfert de bénéfices, et on en sait très peu sur leur envergure[20]. Elles sont plus difficiles à cerner que le transfert de bénéfices, puisqu'une asymétrie peut exister entre toute paire de systèmes fiscaux (et être aggravée par l'utilisation d'un pays tiers dans une stratégie de planification fiscale), sans égard à leur taux d'imposition de référence. Le postulat est qu'en exploitant les asymétries entre systèmes fiscaux, par exemple en utilisant des entités ou des instruments hybrides, les entreprises multinationales peuvent réduire leur taux effectif d'imposition tel qu'il est mesuré avec les données des comptes financiers. La stratégie empirique consiste à comparer le taux effectif d'imposition d'une entité d'une entreprise multinationale sur ses bénéfices déclarés au taux effectif d'imposition d'une entité d'un groupe national ayant des caractéristiques similaires (voir les détails à l'encadré 3.A1.3). Les différences de taux effectif d'imposition entre entités multinationales et entités nationales ayant des caractéristiques similaires peuvent en outre refléter les taux d'imposition plus faibles négociés pour les entreprises multinationales. Les différences peuvent en outre refléter le traitement fiscal préférentiel de certaines activités et de certains revenus si les entreprises multinationales ont structuré leurs activités de façon à tirer un plus grand bénéfice de ce traitement que les entreprises nationales (par exemple, en transférant leurs brevets dans des pays où le revenu tiré de brevets jouit d'un traitement préférentiel).

Il convient d'émettre une réserve : les charges d'impôt inscrites dans les comptes financiers peuvent différer des charges fiscales réelles ou des impôts réellement acquittés. Les charges d'impôt inscrites dans les comptes financiers comprennent les charges d'impôt actuelles et les charges d'impôt différé, et elles peuvent être touchées par des modifications aux taux d'imposition des pays sur les actifs et les passifs d'impôt différé. Par contre, la comptabilité fiscale n'inclut pas la charge fiscale de l'impôt différé.

L'analyse empirique montre que le taux effectif d'imposition de grandes (plus de 250 salariés) entités appartenant à un groupe est en moyenne inférieur de 3.3 points de pourcentage à celui de grands groupes nationaux comparables, même après prise en compte de nombreux facteurs qui influent sur le taux d'imposition effectif des entités (taille, secteur, position au sein du groupe, présence de brevets, rentabilité, etc.). On ne relève pas de telle différence entre les plus petites entreprises (moins de 250 salariés), ce qui peut indiquer l'existence de coûts fixes élevés pour la mise en place de stratégies visant à exploiter les asymétries entre systèmes fiscaux (par exemple, structures ou instruments financiers complexes, conseils fiscaux et conseils juridiques). Il peut aussi exister des possibilités plus élevées pour les grandes entreprises de négocier des taux d'imposition réduits et d'exploiter un traitement fiscal préférentiel. Tout comme c'est le cas pour les résultats empiriques du transfert de bénéfices, les résultats sont robustes face à de nombreuses variantes mettant en cause l'échantillon d'entreprises disponible.

Tendances en matière de planification fiscale internationale

Les changements d'intensité de la planification fiscale peuvent uniquement être évalués pour la période 2000-10 à l'aide des données disponibles sur les entreprises. L'analyse empirique montre qu'aucune tendance claire ne se dégage pour cette période (graphique 3.A1.4.). Une explication possible est qu'une augmentation potentielle de l'intensité de la planification fiscale en conséquence d'une mondialisation croissante et du fait que les entreprises s'en remettent davantage aux actifs incorporels a été compensée par des règles anti-évasion plus rigoureuses (voir la section 2.5).

Graphique 3.A1.4. **Tendances en matière de planification fiscale internationale, 2000-10**

Groupe A : Transfert de bénéfices

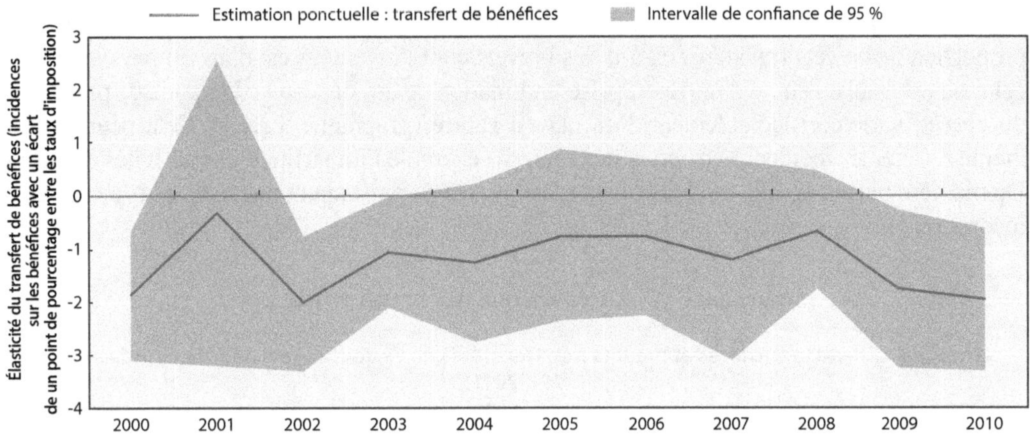

Groupe B : Asymétries entre systèmes fiscaux, y compris le traitement fiscal préférentiel

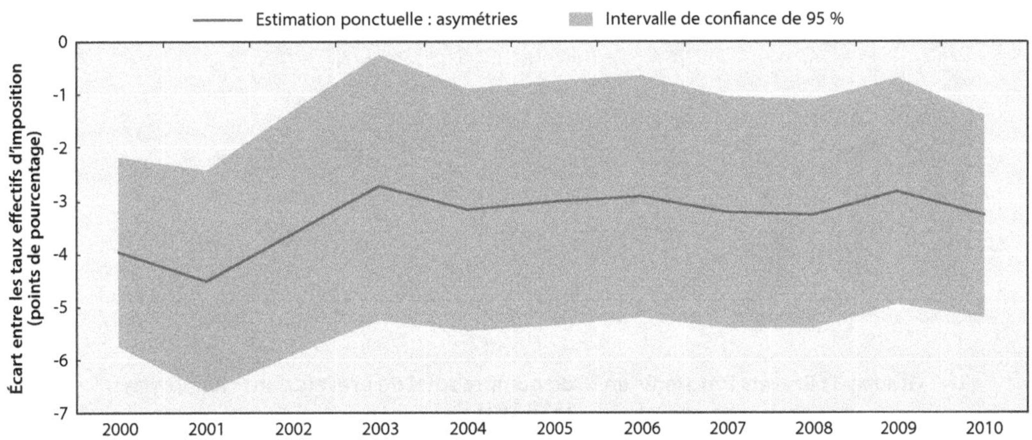

Note : Le Groupe A montre qu'en 2000, un taux d'impôt sur les bénéfices des sociétés plus élevé d'un point de pourcentage que le taux d'impôt moyen de référence du groupe d'entreprises était associé à une réduction d'environ 1.9 % des bénéfices déclarés. Le Groupe B montre que la même année, le taux effectif d'imposition des grandes entités appartenant à un groupe était en moyenne près de 4 points de pourcentage inférieur à celui de grands groupes nationaux comparables. Les estimations pour ces années sont obtenues en faisant interagir les sensibilités à la planification fiscale décrites à l'encadré 3.A1.3 avec une variable muette relative à l'année.

Déterminer les principaux outils de planification fiscale

La méthode empirique utilisée dans la présente étude repose sur une estimation de l'importance de la planification fiscale parce qu'il est difficile de séparer les diverses méthodes, par exemple la manipulation des prix de transfert et la localisation stratégique de la dette externe et de la dette interne, et de les quantifier. Il est néanmoins possible, avec les données disponibles, de cerner certaines méthodes et certains types d'entreprises multinationales qui pratiquent la planification fiscale de manière intensive.

Les actifs incorporels sont d'importants outils de planification fiscale

Les entreprises multinationales peuvent transférer leurs bénéfices en localisant leurs actifs incorporels (par exemple, les brevets, les droits de propriété intellectuelle, les marques, le savoir-faire, etc.) et leurs produits associés dans des pays où le taux d'imposition est peu élevé. Cette manœuvre est facilitée parce que les actifs incorporels (et les produits associés) peuvent être plus facilement transférés que d'autres types d'actifs ; par contre, comme il est plus difficile d'établir leur prix, ils sont plus sensibles à la manipulation des prix de transfert. En effet, la proportion de brevets transférés, c.-à-d. les brevets dont l'inventeur est dans un pays autre que celui où est établie l'entité d'une entreprise multinationale qui dépose la demande de protection du brevet, varie considérablement d'un pays à l'autre (graphique 3.A1.5). Cela peut tout de même refléter les incidences d'autres facteurs, par exemple l'impartition des activités de R&D. De manière plus générale, les données sur les brevets ne regroupent pas tous les types d'actifs incorporels.

Graphique 3.A1.5. **Répartition des brevets entre pays**

Groupe A : Brevets transférés et brevets non transférés en % des brevets dans le monde entier, 1998-2011[21]

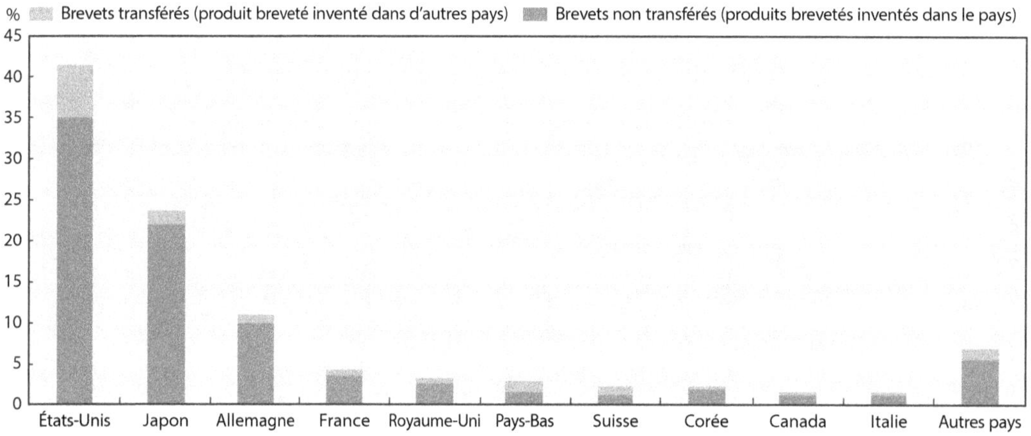

Groupe B : Brevets transférés en % du nombre total de brevets dans chaque pays, 1998-2011[22]

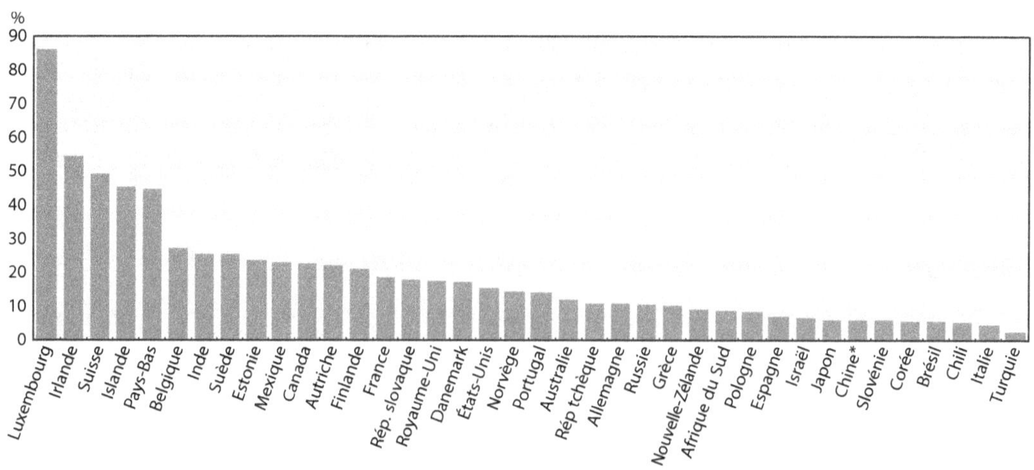

* République populaire de Chine (Chine)

Note : Les données statistiques concernant Israël sont fournies par et sous la responsabilité des autorités israéliennes compétentes. L'utilisation de ces données par l'OCDE est sans préjudice du statut des hauteurs du Golan, de Jérusalem Est et des colonies de peuplement israéliennes en Cisjordanie aux termes du droit international.

Source : base de données PATSTAT.

Un nombre croissant de pays accordent un traitement fiscal préférentiel aux revenus tirés d'activités en matière de propriété intellectuelle (pays dont le régime fiscal est favorable aux brevets ou à la PI) (voir le tableau 3.A1.1). Dans certains pays, mais pas tous, le traitement fiscal préférentiel est accordé à diverses conditions liées au respect d'exigences quant aux activités et ne s'applique pas à la PI acquise, à moins qu'elle ne soit développée ou perfectionnée dans le pays où elle est achetée (Evers et al. 2013 ; PWC, 2013)[23].

Tableau 3.A1.1. **Traitement fiscal de la propriété intellectuelle (PI) dans des pays choisis de l'OCDE et du G20 pays, 2014**[24]

Pays	Taux de l'impôt sur les bénéfices des sociétés	Taux d'imposition dans les pays ayant un régime fiscal favorable aux brevets	Propriété intellectuelle admissible	Propriété intellectuelle acquise	Année de mise en place
Belgique	34	6,8	Brevets, certificats supplémentaires de protection	Oui, si le développement du produit se poursuit	2007
République populaire de Chine	33	0-12.5	Brevets, innovation de procédés	s.o.	2008
France	34,4	15,5	Brevets, certificat d'obtention de brevet, inventions brevetables, procédés de fabrication associés à des brevets, améliorations à des produits brevetés	Oui, dans certaines conditions	2001
Hongrie	19	9,5	Brevets, dessins industriels, marques de commerce, droits d'auteur, savoir-faire, secrets commerciaux	Oui	2003
Luxembourg	29,2	5,84	Brevets, dessins, marques de commerce, marques, nom de domaine, droits d'auteur sur logiciel	Oui	2008
Pays-Bas	25	5	Brevets, propriété intellectuelle de projets de R&D	Oui, si le développement du produit se poursuit	2007
Portugal	31,5	50 % du revenu brut sont exonérés	Brevets, dessins industriels ou autres droits de propriété intellectuelle protégés	Oui, si le transfert est conforme aux règles sur les prix de transfert et que le pays n'est pas considéré comme étant un paradis fiscal	2014
Espagne[2]	30	60 % des revenus générés par brevets sont exonérés	Brevets, formules et procédés secrets, plans, modèles	Oui, dans certaines conditions	2008
Suisse (Niedwalden)	21,1	8,8	Brevets, formules et procédés secrets, marques de commerce, droits d'auteur, logiciels, savoir-faire	Oui	2011
Turquie (Zones de développement de la technologie)	20	20	Brevets, licences, propriété intellectuelle découlant de projets de R&D	Non	2001
Royaume-Uni	21	10	Brevets, certificats supplémentaires de protection, certains autres droits similaires à ceux qui sont associés aux brevets	Oui, si le développement du produit se poursuit	2013

Notes : 1. Les régimes de propriété intellectuelle des pays de l'OCDE et du G20 qui ne respectent pas la norme convenue concernant une activité substantielle devraient être fermés aux nouveaux entrants en juin 2016 et ne plus être utilisés à compter de juin 2021 (communiqué du G20, février 2015).

2. Le taux d'imposition des entreprises est réduit à 28 % en 2015 et à 25 % en 2016 et par la suite.

Source : Evers et al. (2013) et PWC (2013).

La stratégie empirique pour évaluer la sensibilité à l'impôt de la localisation des brevets est de comparer les demandes de brevet par des entités appartenant à un groupe possédant des caractéristiques similaires, sauf pour ce qui est des liens avec des pays ayant des taux d'imposition différents (encadré 3.A1.4)[25]. L'hypothèse posée est que les entreprises multinationales ayant des liens avec des pays où le taux effectif d'imposition sur les revenus tirés de brevets (taux de référence ou taux réduit pour les brevets) est faible présenteraient moins de demandes de brevets par des entités localisées dans des pays où les taux d'imposition sont élevés que des entreprises similaires qui n'auraient pas de tels liens. Tout comme c'est le cas pour l'analyse du transfert de bénéfices, les impôts sont mesurés par la différence entre le taux de l'impôt sur les bénéfices des sociétés ou le taux d'imposition préférentiel sur les revenus générés par la propriété intellectuelle (PI) dans le pays d'une entité et le taux d'imposition moyen (non pondéré) dans les pays où le groupe exerce ses activités. L'analyse examine l'impact des impôts sur les brevets transférés et sur les brevets non transférés. Les brevets non transférés sont utilisés comme indicateur pour les activités de recherche et de développement.

Encadré 3.A1.4. Approche empirique : localisation des brevets

La méthode empirique pour évaluer la sensibilité à l'impôt de la localisation des brevets est de comparer les demandes de brevet par des entités appartenant à un groupe ayant des caractéristiques similaires, sauf pour ce qui est de leurs liens avec des pays ayant des taux d'imposition différents. L'hypothèse posée est que les entreprises multinationales ayant des liens avec des pays où les taux d'imposition sont faibles déposeraient moins de demandes de brevets au sein d'entités localisées dans des pays où les taux d'imposition sont faibles que des entreprises similaires qui n'ont pas de tels liens. En pratique, l'équation est la suivante :

$$\boldsymbol{Patents_{f,g,i,c,t}} = \boldsymbol{f\{(EffectiveTaxPatent_{c,t}\text{-}EffectiveTaxPatent\_group\_avg_{g,i,c,t}), X_{f,g,i,c,t}, Y_{g,i,c,t}, Z_{c,t}, \delta_i, \delta_c, \delta_t, \varepsilon_{f,g,i,c,t}\}}$$

où $\boldsymbol{Patents_{f,g,i,c,t}}$ est le nombre de demandes de brevet déposées dans les trois principaux bureaux de brevet dans le monde par l'entreprise $\boldsymbol{f}$ (propriété du groupe $\boldsymbol{g}$ qui exerce ses activités dans le pays $\boldsymbol{c}$ et dans le secteur $\boldsymbol{i}$) pendant l'année $\boldsymbol{t}$. $\boldsymbol{(EffectiveTaxPatent_{i,t}\text{-}EffectiveTaxPatent\_group\_avg_{g,i,c,t})}$ est la différence entre le taux effectif d'imposition sur les revenus générés par des brevets dans le pays du domicile et le taux moyen d'imposition sur les revenus générés par des brevets au sein du groupe. Le taux effectif d'imposition sur les revenus générés par brevets est le taux d'imposition dans un pays ayant un régime fiscal favorable aux brevets, le cas échéant ; sinon, c'est le taux d'imposition de référence. $\boldsymbol{X_{f,g,i,c,t}, Y_{g,i,c,t}}$ and $\boldsymbol{Z_{c,t}}$ sont des vecteurs de variables de contrôle, notamment : stock amorti et déféré de demandes de brevet de l'entité, concentration de chercheurs et de taux d'imposition légaux sur les bénéfices des sociétés (définis en termes différentiels par rapport à la moyenne du groupe, de la même façon que la variable impôt), variables muettes de la taille d'entités, variable muette du siège social, variable muette de la société mère, taille du groupe, subventions à la R&D dans le pays de domicile et en moyenne dans les pays où le groupe exerce ses activités. $\boldsymbol{\delta_i}$ $\boldsymbol{\delta_c}$ et $\boldsymbol{\delta_t}$ sont les effets fixes des dimensions secteur, pays et temps. Dans un deuxième temps, l'effet du traitement fiscal préférentiel est séparé de l'effet des taux d'imposition de référence sur les bénéfices des sociétés en faisant interagir le taux effectif d'imposition et une variable muette indiquant si le pays a un régime fiscal favorable aux brevets. Le modèle est estimé successivement pour tous les brevets, c'est-à-dire les brevets transférés et les brevets non transférés.

Encadré 3.A1.4. **Approche empirique : localisation des brevets**

Les données sur les brevets sont tirées de la base de données PATSTAT de l'OCDE et corrélées avec celles de la base de données ORBIS pour ce qui est des caractéristiques des entreprises. L'échantillon comprend des entités de 25 pays et couvre les années de 2004 à 2010. L'équation est estimée à l'aide d'un modèle binomial négatif, soit un modèle non linéaire convenant aux données chiffrées à variance élevée, par exemple les nombres de brevets.

L'analyse empirique suggère que le traitement fiscal préférentiel attire les brevets sur des inventions réalisées dans d'autres pays ainsi que les activités de R&D. Par exemple, une réduction de 5 points de pourcentage du taux d'imposition préférentiel sur les revenus générés par un brevet est associée à une augmentation de 17% du nombre de brevets transférés, soit une augmentation de 2% du nombre total de brevets (transférés et non transférés). La même réduction du taux d'imposition est aussi associée à une augmentation de 5% du nombre de brevets non transférés, ce qui correspond à une augmentation de 4% du nombre total de brevets (graphique 3.A1.6). L'importance relative de ces deux effets est susceptible de varier en fonction des critères du traitement fiscal préférentiel, par exemple les exigences concernant les activités.

Graphique 3.A1.6. **Effet du traitement fiscal préférentiel sur le nombre de demandes de brevet**

Variation du nombre de demandes de brevet provoquée par une réduction de 5 points de pourcentage du taux d'imposition préférentiel sur les revenus générés par les brevets

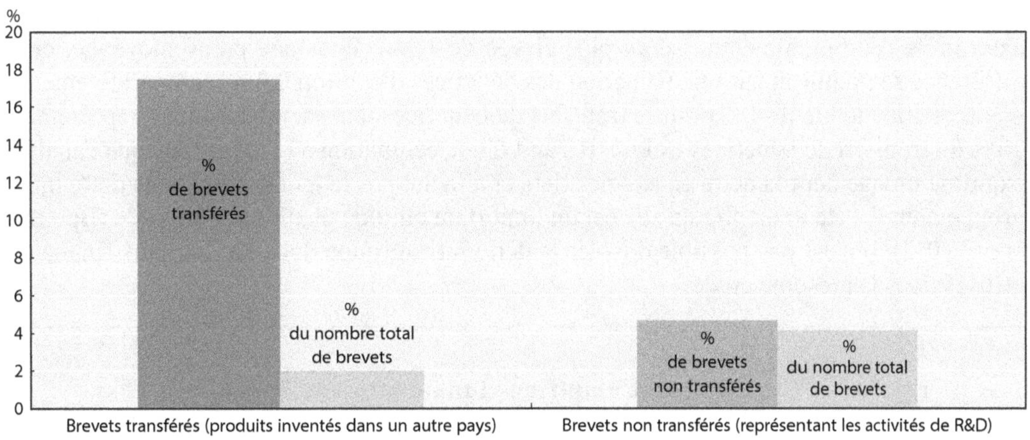

Note : Les brevets transférés (non transférés) sont des brevets dont l'inventeur est dans un pays différent (le même pays) que l'entité d'une entreprise multinationale qui dépose une demande de protection pour le brevet. Une réduction de 5 points de pourcentage du taux d'imposition préférentiel sur les revenus générés par les brevets est associée à une augmentation de 17% du nombre de brevets transférés, ce qui correspond à 2% de tous les brevets (transférés et non transférés). L'effet est évalué pour un pays moyen où la proportion de brevets transférés est de 11% (moyenne pondérée des pays pour lesquels l'information est disponible).

Dans le même ordre d'idées, l'analyse du transfert de bénéfices confirme que ce transfert est considérablement plus élevé – la sensibilité à l'impôt étant environ deux fois plus grande – entre groupes titulaires de brevets que chez les groupes qui ne détiennent pas de brevets. De plus, toutes choses étant par ailleurs égales, il a été constaté que le taux effectif d'imposition des entreprises titulaires de brevets est plus faible que celui des entreprises qui n'en détiennent pas, ce qui confirme l'existence, dans certains pays, d'un traitement préférentiel pour la PI et de crédits d'impôt pour la R&D. Cette différence est plus marquée pour les entreprises multinationales que pour les entreprises nationales, ce qui suggère que les entreprises multinationales tirent de plus grands avantages de ces stimulants fiscaux en transférant les brevets et les investissements en R&D dans des pays qui offrent un traitement préférentiel pour les revenus générés par brevets et pour les investissements en R&D.

Les entreprises multinationales manipulent la localisation de leur dette

Une stratégie de transfert des bénéfices utilisée par les entreprises multinationales est de localiser leur dette externe et leur dette interne dans des pays ayant des taux d'imposition élevés ; elles peuvent ainsi réduire leur charge fiscale en déduisant les paiements d'intérêts des bénéfices imposables à un taux plus élevé[26]. De nombreuses études ont analysé la sensibilité de la structure du capital des entreprises multinationales à la fiscalité des entreprises et conclu que l'influence des entreprises est fonction de la fiscalité nationale et internationale (par exemple, Huizinga et al., 2008 ; Dischinger et al., 2010 ; Buettner et Wamser, 2013). Utilisant des données allemandes sur les entreprises, Møen et al. (2011) ont trouvé des preuves de transfert de la dette interne et de la dette externe, et ils estiment que les deux types de dette sont à peu près également pertinents.

Une analyse en profondeur de l'attribution de leur dette externe par les entreprises multinationales (c.-à-d. par exemple le recours à l'emprunt auprès d'établissements de crédit) effectuée à l'aide d'une méthode similaire à celle qui a été utilisée pour l'analyse du transfert de bénéfices, confirme que les entreprises multinationales ont tendance à localiser leur dette externe dans les pays ayant un taux d'imposition élevé (voir l'encadré 3.A1.5). Plus particulièrement, l'élasticité estimée de la manipulation de la dette implique qu'un taux d'imposition de référence sur les bénéfices d'une entité qui serait plus élevé d'un point de pourcentage que le taux de l'impôt moyen au sein du groupe est associé au fait que la dette externe de cette même entité serait plus élevée de 1.3 %. Pour une entité moyenne, cette différence se traduirait par une réduction des bénéfices d'environ 0.2 % (comparativement à une réduction totale de 1 % pour le transfert de bénéfices dans son ensemble), représentant 20 % du transfert de bénéfices estimé. Il s'agit d'une estimation à la baisse puisque l'analyse examine uniquement la dette envers des tiers et n'inclut pas la localisation de la dette intra-groupe dont il a été démontré qu'elle est un important outil de planification fiscale (Buettner et al., 2012). Il n'est pas possible d'isoler la dette intra-groupe dans les comptes financiers utilisés dans la présente étude.

Encadré 3.A1.5. **Approche empirique : manipulation de la localisation de la dette externe**

La stratégie pour évaluer la manipulation de la localisation de la dette s'inspire des travaux de Huizinga et al. (2008), et elle est similaire à l'analyse du transfert de bénéfices. L'idée est que la dette observée d'une entité est la somme d'une « vraie » dette et d'une dette manipulée. La dette manipulée est généralement positive dans les pays où les taux d'imposition sont élevés et négative dans les pays où les taux d'imposition sont faibles. La stratégie est de comparer le levier financier d'entités appartenant à un groupe qui disposent de différentes possibilités de manipuler leur dette (c.-à-d. de la transférer ou de la recevoir), tout en contrôlant d'autres caractéristiques qui influent sur la « vraie » dette. Les possibilités de manipulation sont évaluées en fonction du lieu où se trouvent les autres entreprises du groupe et du taux d'imposition statutaire en vigueur à cet endroit. Un taux d'imposition inférieur au taux d'imposition moyen du groupe est présumé être associé avec le transfert de la dette vers un pays où le taux d'imposition est élevé, alors qu'un taux d'imposition plus élevé est associé au pays où la dette est reçue. Reflétant cette stratégie, l'équation de base est la suivante :

Encadré 3.A1.5. **Approche empirique : manipulation de la localisation de la dette externe** *(suite)*

$$\frac{Debt}{Equity}_{f,g,c,i,t} = \alpha X_{f,g,c,i,t} + \beta(STAT_{c,t}\text{-}STAT\_group\_avg_{g,c,i,t}) + \delta_t + \delta_i$$

où $\frac{Debt}{Equity}_{f,g,c,i,t}$ est le ratio de levier financier (c.-à-d. le ratio de la dette externe par rapport aux capitaux propres) de l'entité *f* d'une entreprise multinationale qui fait partie du groupe *g* et exerce ses activités dans le pays *c,* dans l'industrie *i* au cours de l'année *t.* La dette renvoie à la dette envers des institutions financières telle qu'elle est déclarée dans les comptes financiers d'une entité publiés dans la base de données ORBIS. Il importe de signaler qu'elle n'inclut pas la dette intra-groupe, ce qui illustre les limites des données. $(\boldsymbol{STAT_{c,t}\text{-}STAT\_group\_avg_{g,c,i,t}})$ est la différence entre le taux d'imposition de référence dans le pays *c* et est la moyenne non pondérée des taux d'imposition de référence dans les pays où le groupe multinational de l'entreprise *f* exerce des activités. Un $\boldsymbol{\beta}$ positif indiquerait que la dette est localisée dans un pays où le taux d'imposition est élevé. $\boldsymbol{X_{f,g,c,i,t}}$ est un vecteur de déterminants de la vraie dette, y compris des caractéristiques spécifiques de l'entreprise : taille, position au sein du groupe (siège social, autre entité mère ou entité tierce) et le nombre de pays où le groupe exerce des activités. Les caractéristiques spécifiques au pays ou au secteur sont : la croissance du PIB, la croissance à valeur ajoutée dans le secteur, le degré de développement (PIB par habitant) et la taille du secteur du crédit (mesuré par le crédit privé en tant que part du PIB et part de l'emploi dans l'industrie de la finance). $\boldsymbol{\delta_t}$ et $\boldsymbol{\delta_i}$ sont, respectivement, les effets fixes des dimensions temps et secteur.

Une autre façon d'évaluer l'importance relative des stratégies de transfert de bénéfices est de comparer la sensibilité fiscale des bénéfices avant impôt à la sensibilité des bénéfices d'exploitation (c.-à-d. les bénéfices avant les charges d'intérêts et les produits financiers). La sensibilité fiscale des bénéfices avant impôt englobe toutes les stratégies de transfert de bénéfices (prix de transfert, localisation des actifs incorporels, localisation de la dette, manipulation des taux d'intérêt, etc.), tandis que la sensibilité fiscale des bénéfices d'exploitation n'inclut ni la localisation de la dette ni la manipulation des taux d'intérêt. Par exemple, si la sensibilité fiscale des bénéfices avant impôt était deux fois plus grande que la sensibilité fiscale des bénéfices d'exploitation, la manipulation de la dette représenterait la moitié de l'ensemble des transferts de bénéfices. L'analyse empirique ne révèle pas de différence statistiquement importante entre la sensibilité fiscale des bénéfices d'exploitation et celle des bénéfices avant impôt. Une mise en garde s'impose : les bénéfices avant impôt comprennent les produits financiers, c.-à-d. les produits d'intérêts et les dividendes reçus. Toutefois, les résultats sont confirmés même si toutes les entités comptant au moins une filiale identifiée sont éliminées, soit les principales entités qui reçoivent des dividendes.

En résumé, l'analyse suggère que la manipulation des prix de transfert, l'attribution artificielle de la propriété juridique des actifs incorporels et la manipulation des niveaux d'endettement sont d'importants dispositifs de transfert de bénéfices. Cette constatation est conforme aux récentes conclusions publiées (Heckemeyer et Overesch 2013 ; Buettner et Wamser, 2013)[27].

L'utilisation abusive des conventions est une façon de structurer la planification fiscale

Les grands groupes multinationaux présents dans de nombreux pays bénéficient de plus grandes possibilités de planification fiscale. Ils ont en effet accès à un plus large éventail de systèmes fiscaux (potentiellement asymétriques) et à des paires de conventions fiscales bilatérales, ce qui crée des opportunités favorables à ce qui peut être qualifié d'utilisation abusive des conventions. Les preuves empiriques portent à croire que tant le transfert de bénéfices que l'exploitation des asymétries entre systèmes fiscaux sont beaucoup plus fréquents chez les entreprises multinationales présentes dans plus de cinq pays. Leur propension à avoir recours au transfert de bénéfices est plus de deux fois plus grande que chez les autres entreprises multinationales, et leur propension à exploiter les asymétries est 1.5 fois plus élevée.

Effet global de la planification fiscale sur le taux effectif d'imposition des entreprises multinationales

En conséquence du transfert de bénéfices et des asymétries entre systèmes fiscaux, le taux effectif d'imposition des grandes entités (plus de 250 salariés) des entreprises multinationales est inférieur, en moyenne, de 4 à 8,5 points de pourcentage à celui d'entités de groupes nationaux présentant des caractéristiques similaires pour une étendue de dimensions (Tableau 3.A1.2). Cette différence est encore plus marquée chez les très grandes entreprises (plus de 1 000 salariés). La différence est aussi plus élevée chez les entreprises multinationales qui obtiennent des brevets; ces dernières sont en effet plus enclines que les autres entreprises multinationales à pratiquer le transfert de bénéfices et plus susceptibles que les entreprises nationales de tirer parti des avantages fiscaux en matière de R&D (en localisant la R&D et les brevets de manière stratégique). En revanche, la différence entre les taux effectifs d'imposition est moins élevée pour les petites entités (qui ne détiennent pas de brevets) des entreprises multinationales, les petites entreprises multinationales semblant exploiter les possibilités de transfert de bénéfices mais non les asymétries entre systèmes fiscaux.

Tableau 3.A1.2. **Le transfert de bénéfices et les asymétries réduisent le taux effectif d'imposition des entreprises multinationales**

Différence moyenne du taux effectif d'imposition des entreprises multinationales et des groupes nationaux ayant des caractéristiques similaires

Points de pourcentage

	Induite par :		
	Transfert de bénéfices	**Asymétries entre systèmes fiscaux et traitement fiscal préférentiel**	**Total**
Petite entité d'une entreprise multinationale (< 250 salariés) comparativement à une petite entité d'une entreprise qui n'est pas multinationale (nationale)	-2,0 [-1½ à 3½]	0,0	-2,0 [-1½ à -3½]
Grande entité d'une entreprise multinationale (250+ salariés) comparativement à une grande entité d'une qui ne fait pas partie d'une entreprise multinationale (entité nationale)	-2,0 [-1½ à -3½]	-3,3 [-2½ à -5]	-5,3 [-4 à -8½]

Note : Les plages d'écarts autour de la différence moyenne sont établies à l'aide des postulats sur la sensibilité décrits dans la section 3.1.

Dans l'ensemble, les résultats suggèrent qu'il existe deux catégories d'entreprises multinationales qui pratiquent la planification fiscale. La première est constituée des grands groupes qui ont mis en place des stratégies complexes pour exploiter les asymétries entre systèmes fiscaux, obtenir un traitement fiscal préférentiel, utiliser de façon abusive les conventions fiscales bilatérales et parvenir au transfert de bénéfices vers des pays où le taux d'imposition est faible ou inexistant. L'analyse empirique montre que pour ces groupes, la planification fiscale peut considérablement réduire les taux d'imposition réels sur les bénéfices des sociétés. L'autre catégorie regroupe de plus petites entreprises multinationales qui transfèrent leurs bénéfices en ayant recours à la manipulation des prix dans le cadre de transactions intra-groupe et à la localisation de la dette, mais qui ne procèdent pas à des manœuvres fiscales plus complexes. Elles réduisent ainsi leur charge fiscale, mais dans une mesure moindre que les entreprises multinationales de la première catégorie.

Les règles anti-évasion peuvent atténuer les effets de la planification fiscale internationale

Il existe, dans la plupart des pays, diverses règles anti-évasion pour prévenir les stratégies de planification fiscale. Il s'agit le plus souvent de règles qui encadrent la manipulation des prix de transfert entre entreprises liées (règles sur les prix de transfert), de règles qui limitent l'érosion de la base d'imposition par la déduction des paiements d'intérêts (par exemple les règles relatives à la sous-capitalisation et les règles de plafonnement des intérêts déductibles, en pourcentage du résultat), de règles spécifiques applicables aux revenus générés dans des pays étrangers (règles sur les sociétés étrangères contrôlées) ainsi que de règles générales et d'autres règles anti-évasion spécifiques (DGAE et DSAE) (voir l'encadré 3.A1.6).

Encadré 3.A1.6. **Règles anti-évasion**

Certaines des principales dispositions anti-évasion existantes dans les systèmes fiscaux des pays de l'OCDE et du G20 sont (OCDE, 2013) :

- Des règles en matière de prix de transfert exigent que les opérations transfrontalières entre entreprises liées soient évaluées au prix du marché (principe qu'il est convenu d'appeler « principe de pleine concurrence »). S'il n'existe aucune transaction comparable, différentes méthodes d'évaluation peuvent être utilisées, par exemple une méthode du prix de revient majoré ou sur des modèles économiques pour répartir les bénéfices pertinents entre entités.
- Des règles relatives à la sous-capitalisation et des règles qui limitent les déductions d'intérêts annulent la déduction de certaines charges d'intérêts lorsque le ratio emprunts/capitaux propres ou le ratio intérêts/revenus du débiteur est considéré comme étant excessif. Ces règles s'appliquent soit à l'endettement total ou à l'endettement d'une partie liée.
- Les dispositions sur les sociétés étrangères contrôlées (SEC) visent à éliminer le report de l'impôt sur certains revenus par l'utilisation de filiales dans des pays à faible taux d'imposition ou par l'exonération d'impôt sur certains revenus mobiles de source étrangère.
- Des dispositions anti-évasion générales ou spécifiques interdisent l'optimisation fiscale agressive, par exemple en refusant d'accorder les avantages fiscaux tirés d'une transaction dépourvue de substance économique.

Encadré 3.A1.6. **Règles anti-évasion** *(suite)*

- Des dispositions anti-entités hybrides lient le traitement fiscal national d'instruments ou d'entités au régime fiscal dans le pays étranger, éliminant ainsi l'asymétrie entre systèmes fiscaux. Elles peuvent, par exemple, refuser la déduction d'intérêts s'ils sont traités comme dividende non-imposable dans le pays destinataire.

De nombreuses études universitaires ont classé les pays en fonction du degré de sévérité des dispositions anti-évasion en place, par exemple les règlements en matière de prix de transfert et les dispositions à l'encontre de la manipulation de la dette (par exemple, Lohse et al., 2012 ; Lohse et Riedel, 2012 ; Blouin et al., 2014). Il n'existe cependant aucune classification fondée sur la sévérité de la position anti-évasion.

À partir de ces études, une nouvelle classification (cependant limitée) du degré de sévérité des dispositions anti-évasion et des retenues à la source dans les pays de l'OCDE et du G20 est élaborée dans la présente étude. Les règles fiscales détaillées varient considérablement d'un pays à l'autre, et la classification vise à regrouper les pays en fonction des principales dimensions des dispositions anti-évasion qui sont relativement faciles à quantifier et à comparer entre pays à l'aide de règles simples et mécaniques. La classification repose principalement sur : (i) les exigences relatives à la documentation sur les prix de transfert ; (ii) les dispositions qui limitent les déductions d'intérêts (c.-à-d. les règles de sous-capitalisation et les règles sur le ratio intérêt/revenus) ; (iii) l'existence d'une disposition générale anti-évasion (DGAE) ; et (iv) l'existence d'une règle sur les sociétés étrangères contrôlées (SEC). La classification prend également en considération le niveau des retenues à la source sur les intérêts, les dividendes et les redevances dans la mesure où ces retenues peuvent inciter les entreprises multinationales à transférer les bénéfices. À l'intérieur de l'Union européenne, les retenues à la source sont fixées à zéro par la loi.

En ce qui a trait aux prix de transfert, à la déductibilité des intérêts et aux retenues à la source, la classification est établie selon une échelle 0-1-2 qui prend en compte la rigueur générale des dispositions mais peut laisser échapper des détails importants spécifiques aux pays. Pour les règles DGAE et SEC, une échelle plus simple 0-1 basée sur l'existence d'une règle est utilisée et reflète la difficulté consistant à classifier de manière harmonisée les règles spécifiques aux pays. La classification d'ensemble résume les 5 composants. Résultat : la classification va de 0 à 8.

Une mise en garde s'impose quant à cette classification : elle ne reflète pas certains aspects des dispositions anti-évasion plus difficiles à comparer entre pays, non plus que certaines méthodes d'application et certains détails particuliers à des pays (par exemple, la fréquence des audits fiscaux, les pénalités en cas de non-conformité). En outre, la classification ne fait aucune distinction entre les systèmes fiscaux territoriaux et mondiaux.

Les retenues à la source sur les intérêts, les redevances et les dividendes (c.-à-d. les impôts prélevés sur ces types de paiements à des entités non résidentes) peuvent influer sur les possibilités de planification fiscale transfrontalière, même si, à proprement parler, il ne s'agit pas de dispositions anti-évasion. Les retenues à la source influent sur les incitations qu'ont les entreprises à transférer leurs bénéfices lorsque ces retenues sont prélevées à des taux plus élevés sur les paiements faits à des résidents de pays à faible taux d'imposition. Par exemple, des retenues à la source sur les revenus d'intérêts et sur les redevances peuvent décourager le transfert de bénéfices par l'attribution stratégique de la dette et des actifs incorporels, puisqu'elles réduisent le revenu après impôt de l'entreprise dans le pays où ils sont reçus.

L'information sur certaines des principales dispositions anti-évasion et retenues à la source entre pays de l'OCDE et du G20 pays est la base d'une nouvelle classification anti-évasion composite mais néanmoins limitée, expliquée à l'encadré 3.A1.6 et illustrée par le graphique 3.A1.7. Ce regroupement s'appuie sur des travaux antérieurs de classification dans la documentation (Lohse et al., 2012 ; Lohse et Riedel, 2012 ; Blouin et al., 2014). Si on se fie à ce regroupement des pays, les dispositions anti-évasion semblent être comparativement strictes dans les pays où les taux d'imposition des bénéfices des sociétés sont relativement élevés. Cela peut refléter le fait que dans les pays où les taux d'imposition sont relativement élevés, les entreprises ont des incitations plus fortes à se soustraire à l'impôt, ce qui incite les gouvernements à adopter des règles plus strictes.

Graphique 3.A1.7. **Illustration de la classification des règles anti-évasion**

Distribution des pays par degré de sévérité des dispositions anti-évasion et des retenues à la source

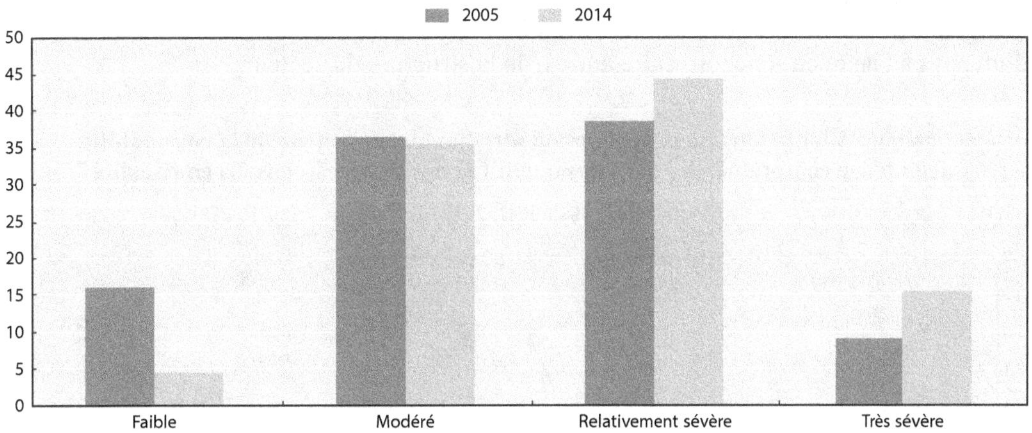

Note : En 2014, des dispositions anti-évasion très strictes étaient en place dans 15 % des pays de l'échantillon (lequel comprend tous les pays de l'OCDE et du G20). Une disposition anti-évasion très sévère correspond à un pointage de 7-8 sur l'indicateur 0-8 des dispositions anti-évasion et des retenues à la source décrites à l'encadré 3.A1.6. Un pointage de 8 est défini comme étant la combinaison d'exigences strictes en matière de documentation sur les prix de transfert, d'une disposition sévère contre la manipulation de la dette, de l'existence d'une DGAE et d'une règle SEC ainsi que de retenues à la source relativement élevées sur les intérêts, les dividendes et les redevances. Une disposition relativement sévère correspond à un pointage de 5-6, une disposition modérément stricte à un pointage de 3-4 et une disposition faible à 0-2. L'indicateur ne reflète pas les règles d'application de la loi existantes.

Quelques études ont évalué le rôle de dispositions spécifiques anti-évasion (DSAE) pour ce qui est du comportement des entreprises, par exemple l'impact des règles en matière de prix de transfert sur le transfert de bénéfices (Lohse et Riedel, 2012) et l'effet des règles de sous-capitalisation sur la structure du capital des entreprises (Blouin et al., 2014). En règle générale, ces études concluent que les dispositions anti-évasion individuelles peuvent réduire la planification fiscale. Il n'existe toutefois aucune preuve de l'impact global des dispositions anti-évasion et de leur mise en œuvre sur la planification fiscale.

Fondées sur la classification légèrement plus large, mais tout de même limitée, des dispositions anti-évasion présentées par le graphique 3.A1.7, les estimations de la présente étude portent à croire que des dispositions anti-évasion relativement strictes sont associées à un transfert de bénéfices plus faible dans les pays de l'OCDE et du G20[28]. Par exemple, une augmentation de la sévérité des dispositions anti-évasion de « modérées » à « relativement strictes » est associée à une réduction de moitié du transfert de bénéfices réalisés dans le pays concerné. L'analyse empirique apporte aussi des preuves que les règles qui limitent l'érosion de la base d'imposition par la déduction d'intérêts sont associées à une réduction de la manipulation de la dette.

La planification fiscale et les dispositions anti-évasion entraînent des coûts liés au respect des règles pour les entreprises, ce qui réduit leur rentabilité

Non seulement des règles fiscales complexes entraînent-elles un gaspillage de ressources pour les entreprises et les administrations fiscales, mais elles peuvent également contribuer à décourager les investissements étrangers. La planification fiscale internationale implique aussi un gaspillage collectif de ressources, compte tenu des coûts associés à l'élaboration de stratégies fiscales complexes (par exemple, conseils fiscaux et conseils juridiques). Une indication de la quantité de ressources consacrées à la planification fiscale est la part de production du secteur des services-conseils en fiscalité par rapport à l'ensemble du PIB (graphique 3.A1.8). Cette indication est néanmoins rudimentaire puisque cette catégorie de production englobe également des activités étrangères à la fiscalité, notamment la comptabilité ordinaire et les activités liées à la tenue comptable, dont l'importance varie d'un pays à l'autre en fonction, entre autres, de la structure du secteur.

Graphique 3.A1.8. **Part de la production attribuable au secteur de la comptabilité, de la tenue comptable, des activités d'audit et des services-conseils en fiscalité**[29]

% du PIB, 2011

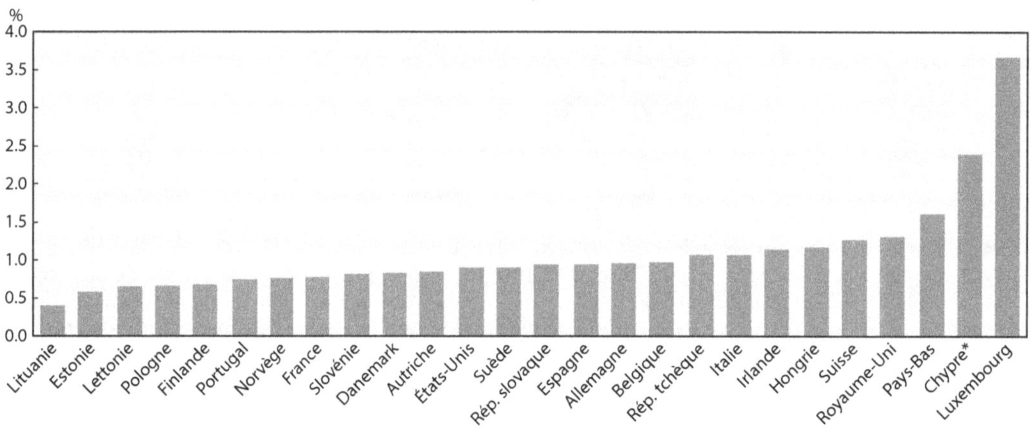

* Note de la Turquie : L'information contenue dans le document relativement à « Chypre » a trait à la partie sud de l'île. Aucune autorité ne représente les Turcs et les Chypriotes grecs sur l'île. La Turquie reconnaît la République turque de Chypre du Nord. Jusqu'à ce qu'une solution durable et équitable soit trouvée dans le contexte des Nations Unies, la Turquie préservera sa position concernant la question chypriote.

Note de tous les États de l'Union européenne membres de l'OCDE et de l'Union européenne. La République de Chypre est reconnue par tous les membres des Nations Unies à l'exception de la Turquie. L'information dans les documents a trait à la région sous le contrôle effectif du gouvernement de la République de Chypre.

Source : Eurostat, BEA, calculs de l'OCDE.

Une explication de la complexité du système fiscal est que les gouvernements réagissent à la planification fiscale de certaines entreprises en adoptant des dispositions anti-évasion qui augmentent les coûts administratifs pour toutes les entreprises. Par exemple, Slemrod et al. (2007) suggèrent que la complexité du système fiscal au Royaume-Uni s'est accrue principalement parce qu'un nombre considérable de dispositions anti-évasion ont été ajoutées au code des impôts. Dans le même ordre d'idées, l'analyse empirique montre que les dispositions anti-évasion atténuent le transfert de bénéfices, mais qu'elles sont aussi associées à une rentabilité (avant impôt) considérablement moindre. La rentabilité plus basse est peut-être une conséquence des dépenses des ressources au titre des coûts liés au respect des règles. Cet effet négatif sur la rentabilité moyenne est confirmé par le contrôle du niveau de revenus d'un pays, par une réglementation astreignante dans d'autres domaines et par le taux légal de l'impôt sur les bénéfices des sociétés. Les coûts de discipline pour les entreprises ainsi que les coûts administratifs et d'application pour les autorités fiscales sont importants pour évaluer dans son ensemble le rapport coût-avantage des règles anti-évasion. La coordination des règles anti-évasion entre les pays pourrait réduire les coûts de discipline pour les entreprises multinationales.

Conséquences fiscales et économiques de la planification fiscale internationale

La planification fiscale internationale a des incidences tant sur le montant des recettes fiscales mondiales provenant de l'impôt sur les bénéfices des sociétés que sur la répartition des bases d'imposition et des recettes fiscales entre les pays[30]. Puisque les revenus auraient été utilisés pour financer des mesures visant à assurer l'assistance publique, pour améliorer l'efficience des dépenses publiques ou pour réduire d'autres impôts à l'origine de distorsions, cette répartition a des effets non négligeables. La planification fiscale peut également influer de nombreuses façons sur l'activité réelle. Comparativement à une situation où la planification fiscale serait impossible, les entreprises multinationales qui la pratiquent ont une charge fiscale moins élevée, ce qui peut leur procurer un avantage concurrentiel sur d'autres entreprises. En outre, la possibilité de manipuler la localisation de la dette interne et de la dette externe réduit le coût réel de la dette pour les entreprises multinationales, ce qui peut leur donner, dans l'ensemble, un levier financier plus fort. De plus, les possibilités de planification fiscale atténuent l'importance des taux d'imposition des bénéfices des sociétés pour ce qui est de la répartition entre divers pays des investissements (corporels et incorporels) par des entreprises multinationales.

Conséquences fiscales

Le transfert de bénéfices redistribue les bases d'imposition des sociétés entre divers pays et a pour conséquence des pertes mondiales de recettes fiscales puisque les bénéfices transférés sont imposés à un taux moyen plus faible qu'ils ne l'auraient été en cas d'absence de transfert. Même si le transfert de bénéfices entraîne des gains ou des pertes pour les pays en fonction des caractéristiques des systèmes fiscaux, lorsqu'il existe des asymétries entre les systèmes fiscaux (notamment pour ce qui est du traitement fiscal préférentiel), il n'en résulte généralement pas de gains au titre des recettes fiscales, mais il peut exister une certaine ambiguïté pour déterminer qui a perdu des revenus. Par exemple, les deux parties touchées par une stratégie mettant en cause une sûreté hybride peuvent (ou ne peuvent pas) prétendre avoir perdu des revenus. Une autre difficulté consiste à cerner les stratégies et les pays les plus souvent impliqués dans ces asymétries.

Les effets sur les revenus sont présentés pour des combinaisons hypothétiques de bases d'imposition et d'écarts entre les taux d'imposition auxquels fait face l'entité moyenne d'une entreprise multinationale dans son pays de résidence et le taux d'imposition moyen de la même entreprise multinationale hypothétique, dans les autres pays où elle exerce des activités. Ces effets doivent être considérés comme étant des illustrations, et des plages de chiffres reflétant les nombreuses incertitudes sont présentées. Les estimations de revenus s'appuient sur la propension moyenne à pratiquer la planification fiscale (tant pour ce qui est du transfert de bénéfices que des asymétries) et englobent l'échantillon complet de pays, en combinaison avec divers écarts hypothétiques entre les taux d'imposition et les bases d'imposition (c.-à-d. la fraction du total des bénéfices des sociétés que représentent les bénéfices de l'entreprise multinationale). Il est important de souligner que la propension moyenne ne prend pas en compte certaines différences spécifiques entre pays pour ce qui est de l'intensité de la planification fiscale, par exemple les différences découlant du degré de sévérité et de l'application plus ou moins rigoureuse des règles visant à lutter contre la planification fiscale.

Résultats d'un cas hypothétique

Un certain nombre de suppositions sont nécessaires pour traduire la propension à la planification fiscale en effets estimatifs sur les recettes provenant de l'impôt sur les bénéfices des sociétés. Une de ces suppositions est la part du PIB attribuable aux bénéfices imposables des entreprises multinationales, donnée qui n'est pas clairement indiquée dans les statistiques fiscales. Si on prend pour base l'échantillon de données sur les comptes financiers d'entreprises utilisé pour la présente étude, cette part représente entre 40% et 80% du PIB de la plupart des pays de l'OCDE et du G20. Les effets de la planification fiscale sur les revenus sont aussi établis à partir de l'hypothèse que les revenus provenant de l'impôt sur les bénéfices des sociétés changent proportionnellement aux bénéfices financiers déclarés. Il s'agit d'une approximation étant donné les écarts potentiels entre les bénéfices déclarés et les bénéfices imposables, écarts dus, entre autres, aux différences entre les bénéfices comptables et les bénéfices imposables et aux crédits d'impôts. L'incidence des différences entre les bénéfices comptables et les bénéfices imposables sur les effets estimatifs sur les revenus est ambiguë (encadré 3.A1.7.). Au contraire, la prise en compte des crédits d'impôt augmenterait les effets sur les revenus lorsque les crédits d'impôt sont élevés. L'information sur les crédits d'impôt est fragmentaire, et les données disponibles suggèrent qu'ils peuvent varier considérablement entre les pays et au fil du temps. La supposition, dans cet exemple hypothétique, est que les crédits d'impôt représentent 15% des revenus tirés de l'impôt sur les sociétés avant les crédits d'impôt. Une autre supposition importante est que les entreprises qui ne font pas partie de l'échantillon ont des structures et un comportement similaires à la structure et au comportement des entreprises de l'échantillon. L'analyse de la sensibilité de cette supposition est présentée ci-dessous.

Encadré 3.A1.7. **Impact sur les estimations de recettes fiscales des différences comptables/différences d'imposition et les crédits d'impôt**

Il n'existe que très peu d'estimations de la différence entre les bénéfices comptables et les bénéfices imposables. Aux États-Unis, cette différence était volatile entre 2006 et 2010. Sauf en 2008, année marquée par une crise, la différence était relativement faible en moyenne au cours de la période (Boynton et al., 2014; voir le graphique ci-dessous). Cela suggère que les différences quant aux moments où sont comptabilisés les revenus et les dépenses sont importantes pour expliquer les différences entre les bénéfices comptables et les bénéfices imposables (voir la section 2.2 ci-dessus sur la source de ces différences). En Allemagne, en 2009, les bénéfices financiers étaient inférieurs de 10% aux bénéfices imposables. Cette différence était plus marquée chez les entreprises en restructuration, mais l'information correspondante n'est pas disponible pour les autres années (Zinn et Spengel, 2012).

Différences entre les bénéfices comptables et les bénéfices imposables aux États-Unis[1]

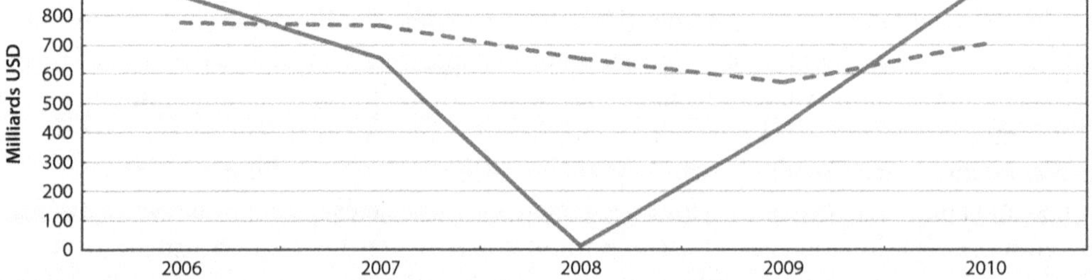

Source : Boynton et al. (2014). Les données sont pour les sociétés par actions qui doivent produire leur rapport annuel sur le formulaire 10-K de la SEC.

Encadré 3.A1.7. **Impact sur les estimations de recettes fiscales des différences comptables/différences d'imposition et les crédits d'impôt** *(suite)*

Les différences entre les bénéfices comptables et les bénéfices imposables peuvent avoir des incidences sur la propension moyenne à pratiquer la planification fiscale, cette propension étant fondée sur les comptes financiers plutôt que sur les données fiscales. Les différences entre les bénéfices comptables et les bénéfices imposables qui sont indépendantes de la planification fiscale (par exemple, les différences quant au moment de la comptabilisation) créent vraisemblablement une certaine interférence dans les estimations, mais elles sont peu susceptibles de fausser, dans un sens ou dans l'autre, la sensibilité fiscale estimée. Par contre, certaines différences entre les bénéfices comptables et les bénéfices imposables sont le résultat de stratégies de planification fiscale (par exemple, une stratégie de double résidence qui fait que la même charge d'intérêts est déduite dans plus d'un pays). Ces stratégies réduiraient les revenus imposables par rapport aux revenus comptables (Lisowsky, 2010). Elles ne sont pas mentionnées dans l'analyse du transfert de bénéfices, mais sont récupérées dans l'analyse empirique des asymétries entre systèmes fiscaux, cette dernière s'intéressant à la façon dont sont imposés les bénéfices déclarés.

Les différences entre les bénéfices comptables et les bénéfices imposables peuvent aussi avoir des incidences sur les estimations de recettes fiscales pour une sensibilité particulière de bénéfices déclarés. Ces différences impliquent en effet qu'il est possible que les recettes provenant de l'impôt sur les bénéfices des sociétés ne changent pas proportionnellement aux bénéfices déclarés dans les comptes financiers. Par exemple, si les bénéfices imposables sont systématiquement inférieurs (respectivement supérieurs) aux bénéfices comptables, le transfert de 5 % des bénéfices comptables équivaudrait au transfert de plus (respectivement moins) de 5 % des bénéfices imposables, entraînant par conséquent une perte de recettes supérieure (respectivement inférieure) à 5 % des revenus.

De même, l'existence de crédits d'impôt, s'ils ne sont pas touchés par le transfert de bénéfices, peut influer sur les estimations de recettes. La prise en compte des crédits d'impôt augmenterait les effets sur les estimations de recettes (voir le tableau ci-dessous).

Illustration de l'effet des différences entre les bénéfices comptables, les bénéfices imposables et les crédits d'impôt

	Aucune planification fiscale	Planification fiscale	Proportion de planification fiscale
(1) Bénéfices dans les comptes financiers	105.0	100.0	5.0%
(2) Bénéfices imposables (en présumant un taux d'imposition inférieur de 10 % au taux d'imposition des bénéfices comptables)	94.5	89.5	5.6%
Taux d'imposition	*30 %*	*30%*	
(3) Impôt avant crédits	28.4	26.9	5.6%
(4) Crédits d'impôt (en présumant un taux d'imposition de 15 % avant déduction des crédits d'impôt)	4.0	4.0	
(5) Impôt après déduction des crédits d'impôt	24.3	22.8	6.6%

Note : Le transfert de bénéfices est présumé réduire de 5% les bénéfices inscrits dans les comptes financiers (c.-à-d. les bénéfices déclarés) (ligne 1). Si l'on présume que les bénéfices imposables sont inférieurs de 10% aux bénéfices financiers, le transfert de bénéfices représente 5,6% des bénéfices imposables (ligne 2). Si l'on présume que les crédits d'impôt représentent 15% de l'impôt avant déduction des crédits et qu'ils ne sont pas touchés par le transfert de bénéfices, les pertes de recettes résultant du transfert de bénéfices équivaudraient à 6,2% des recettes fiscales plutôt qu'à 5% (ligne 5).

Des illustrations fondées sur ces hypothèses des effets sur les recettes fiscales de la planification fiscale dans des cas hypothétiques sont présentées dans le graphique 3. A1.9. Ces estimations représentent les effets moyens pour différentes combinaisons de disparités entre les taux d'imposition de référence et les bases d'imposition (c.-à-d. les parts du total des bénéfices des sociétés que constituent les bénéfices des entreprises multinationales). Évidemment, les recettes fiscales réelles dans un pays particulier peuvent différer considérablement de ces estimations hypothétiques. En effet, les estimations reposent sur l'observation que les entités appartenant à un groupe qui font face à des écarts élevés entre les taux d'imposition tendent à avoir plus de liens avec des pays à faible taux d'imposition et, par conséquent, plus de possibilités de transférer les bénéfices que les entités qui font face à des écarts plus faibles entre les taux d'imposition. Les possibilités de transfert de bénéfices peuvent cependant différer de ces moyennes, entre autres à cause des différences de sévérité des mesures anti-évasion et de la rigueur avec laquelle elles sont appliquées. L'ampleur des pertes dues aux asymétries entre les systèmes fiscaux et le traitement fiscal préférentiel peut aussi différer de la moyenne des pays à cause des différences entre les règles fiscales et à cause des dispositions spécifiques anti-évasion spécifiques (graphique 3.A1.10). Ainsi, les pays où les taux d'imposition de référence sont plus élevés ne subissent pas nécessairement de plus grandes pertes de recettes à cause de la planification fiscale internationale. Pour prendre la mesure du transfert de bénéfices, il faut prendre en compte l'activité économique réelle des entreprises dans chaque pays, notamment l'investissement direct à l'étranger (IDE). Des estimations sont illustrées dans les graphiques 3.A1.9 et 3.A1.11, mais il importe de souligner qu'il n'est pas possible d'expliquer l'ampleur des pertes de recettes uniquement par les écarts entre les taux d'imposition des bénéfices des sociétés. Particulièrement lorsque les pays ont bel et bien mis en place des règles anti-évasion de fond, comme le montre le graphique 3.A1.10, la relation entre les taux d'imposition des bénéfices des entreprises et l'ampleur de la perte de recettes résultant de la planification fiscale internationale pourrait différer considérablement des résultats montrés dans les graphiques 3A1.9 et 3.A1.11.

Graphique 3.A1.9. **Effets sur les recettes fiscales de la planification fiscale internationale dans des cas hypothétiques**

Groupe A : En tant que part des recettes tirées de l'impôt sur les bénéfices des sociétés

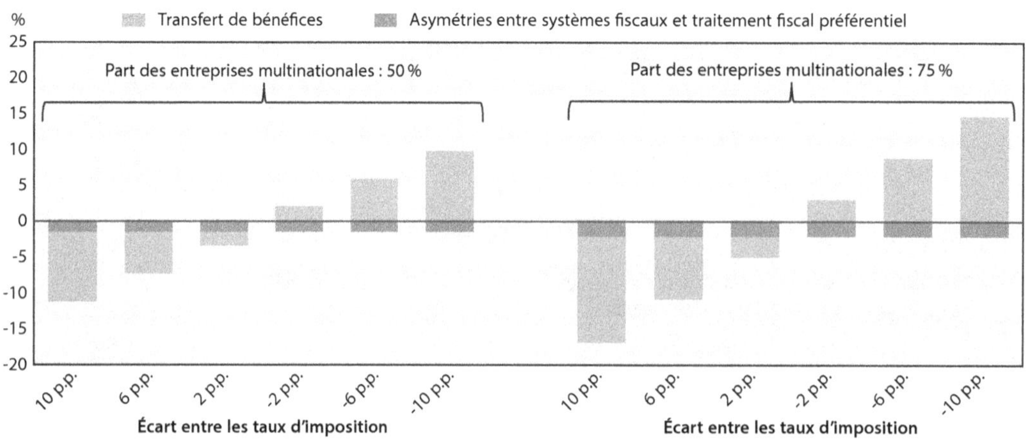

Groupe B : En tant que part du PIB[31]

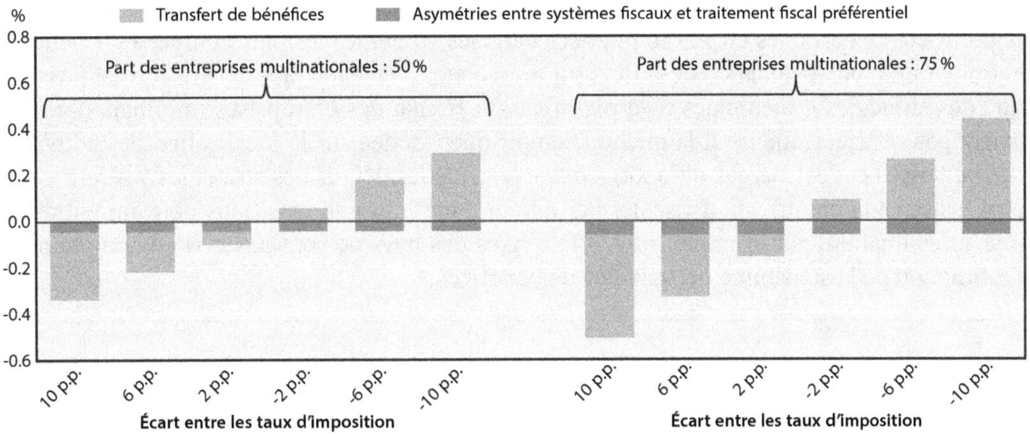

Note : Pour un pays où l'entreprise multinationale résidente moyenne ferait face à un taux d'imposition plus élevé de 10 points de pourcentage que le taux d'imposition moyen dans d'autres pays où ce groupe exerce des activités, et avec une part de 50 % du total des bénéfices des entreprises multinationales, la perte de recettes fiscales due à la planification fiscale représenterait en moyenne environ 11 % des revenus tirés de l'impôt des sociétés (ou environ 0,3 % du PIB), la plus grande partie étant due au transfert de bénéfices. Ces moyennes sont présentées à titre d'illustration de l'ampleur de la planification fiscale. Cependant, les effets réels sur les recettes fiscales de pays en particulier peuvent varier beaucoup autour de ces moyennes, pour une multitude de raisons, notamment les différences quant à la sévérité des règles anti-évasion contre la planification fiscale et d'autres règles fiscales spécifiques à chaque pays.

Graphique 3.A1.10. **Illustration des effets sur les recettes fiscales en fonction de la sévérité des règles anti-évasion**

L'exemple suivant présuppose qu'il existe un écart de 6 points de pourcentage entre les taux d'imposition des résidents et le taux moyen dans les pays où les grands groupes exercent des activités

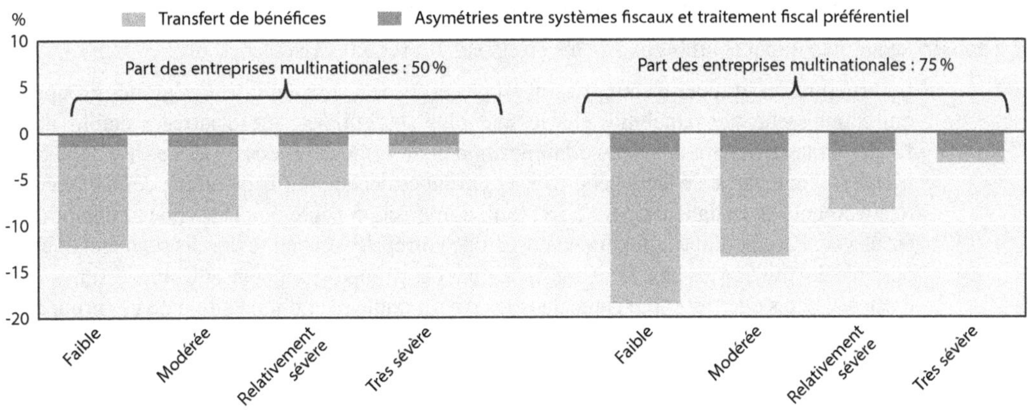

Note : Pour un pays moyen où existe un écart de 6 points de pourcentage entre les taux d'imposition, des entreprises multinationales représentant une part de 50 % du total des bénéfices des sociétés et des règles anti-évasion peu strictes, la perte de recettes fiscales due à la planification fiscale représenterait en moyenne environ 12 % des recettes au titre de l'impôt des sociétés. L'effet des règles anti-évasion sur l'intensité du transfert de bénéfices est estimé en raffinant l'équation présentée à l'encadré A.3. Le raffinement consiste à faire interagir l'écart entre les taux d'imposition et la rigueur de classification des règles anti-évasion. Le résultat est positif, ce qui suggère qu'il y a réduction du transfert de bénéfices lorsque les règles anti-évasion sont relativement strictes. L'effet potentiel des mesures anti-évasion sur les asymétries entre systèmes fiscaux n'est pas pris en compte puisqu'il n'est pas possible de l'établir de manière empirique à partir des données disponibles.

Les effets sur les recettes sont entourés de nombreuses incertitudes (encadré 3.A1.8). Certains facteurs – par exemple l'absence potentielle d'informations financières ou d'informations sur la propriété de certaines entités impliquées dans les stratégies les plus complexes – peuvent entraîner une sous-estimation des effets sur les recettes. De façon plus générale, il est possible que des stratégies « inconnues » de planification fiscale des entreprises multinationales ne soient pas reflétées, même si la méthode empirique (fondée sur la localisation des activités, des bénéfices et des charges d'impôt) n'exige pas que les détails des stratégies soient connus pour estimer la planification fiscale. Par ailleurs, certaines suppositions peuvent entraîner une surestimation, par exemple si les effets fixes des pays ne sont pas pris en compte dans l'estimation de la sensibilité du transfert de bénéfices.

Encadré 3.A1.8. **Principales incertitudes entourant les estimations de recettes fiscales**

Facteurs pouvant mener à la sous-estimation des effets sur les recettes fiscales :

- L'absence d'informations financières ou d'information sur la propriété concernant certaines entreprises impliquées dans des stratégies fiscales complexes (par exemple, cas d'entités apatrides à des fins fiscales qui peuvent être moins susceptibles de déclarer des comptes financiers que les entités « normales ») a pour résultat la sous-représentation de ces entreprises dans l'échantillon.
- L'épurement des données (par exemple, élimination des valeurs marginales) peut avoir fait en sorte que certaines observations sur la planification fiscale extrême ont été exclues.

Facteurs pouvant mener à la surestimation des effets sur les recettes fiscales :

- La méthode empirique ne prend pas en compte les effets fixes des pays, et certains facteurs spécifiques à des pays mais non contrôlés peuvent être récupérés par la sensibilité fiscale. Lorsque les effets fixes des pays sont inclus, l'élasticité estimée du transfert de bénéfices est réduite d'environ 30 %.
- L'inclusion de mesures fiscales incitatives, par exemple les crédits d'impôt pour la R&D ou les avantages fiscaux négociés, si les entreprises multinationales exploitent ces mesures incitatives de manière plus importante que les entreprises nationales similaires. Ces pratiques ne sont pas considérées comme étant des pratiques de BEPS.

Facteurs ayant des impacts ambigus sur les effets sur les recettes fiscales :

- La structure des groupes d'entreprises n'est pas exogène à la rentabilité. Les grands groupes qui connaissent une rentabilité élevée sont plus susceptibles que d'autres à établir des filiales dans des pays à faible taux d'imposition pour y transférer des bénéfices. En dépit du transfert d'une partie de leurs bénéfices, ces groupes déclarent tout de même des bénéfices relativement élevés dans les pays à fort taux d'imposition parce que la « vraie » rentabilité est élevée. Partant d'une comparaison avec une entreprise moyenne (moins rentable), il est possible de dire que les bénéfices transférés par ces groupes sont peut-être sous-estimés. Il existe toutefois un effet symétrique dans les pays à faible taux d'imposition où ces groupes qui connaissent une forte rentabilité déclarent potentiellement des bénéfices relativement élevés à cause non seulement du transfert de bénéfices, mais aussi à cause d'une « vraie » rentabilité plus forte. Ainsi, l'effet global sur la sensibilité fiscale est ambigu.
- On présume que les recettes provenant de l'impôt sur les bénéfices des sociétés changent proportionnellement avec les bénéfices financiers déclarés. Les différences entre les bénéfices financiers et les bénéfices imposables ainsi que les crédits d'impôt peuvent faire en sorte que cela n'est pas toujours le cas (voir l'encadré 3.A1.7).
- Les taux d'imposition des bénéfices des sociétés ont été récemment abaissés dans certains pays, ce qui peut avoir comme résultat des pertes moins importantes (ou des gains plus grands) dans ces pays. Le résultat pourrait aussi être des pertes plus importantes (ou des gains moindres) dans d'autres pays qui n'ont pas réduit les taux d'imposition.

Reflétant ces incertitudes, les effets sur les recettes intègrent la sensibilité aux deux sources de variation suivantes (graphique 3.A1.11) : (i) un intervalle de confiance de 95 % autour de l'estimation de la sensibilité à l'impôt; et (ii) la présomption que les entreprises qui ne font pas partie de l'échantillon ont une sensibilité à l'impôt supérieure de 50 % à celle des entreprises de l'échantillon, lorsque le champ d'application de l'échantillon est comparé à l'ensemble des entreprises répertoriées dans la base de données des statistiques structurelles et démographiques des entreprises (SDBS) de l'OCDE (la moyenne pondérée de la couverture est d'environ 40 %)[32].

Graphique 3.A1.11. **Effets sur les recettes de la planification fiscale, compte tenu des incertitudes**

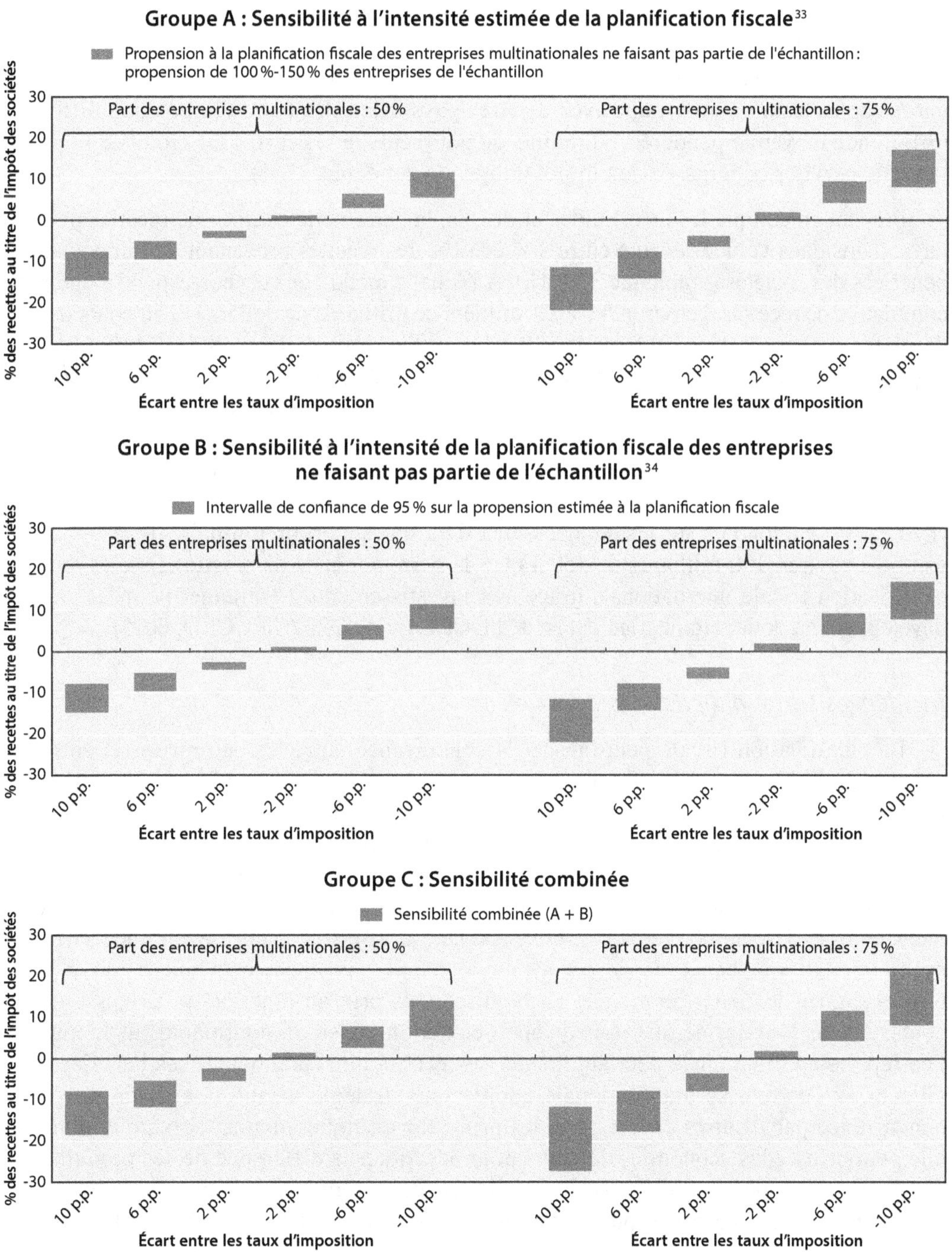

Perte mondiale de recettes fiscales

Une estimation de la perte mondiale de recettes fiscales due à la planification fiscale est établie à partir de la moyenne pondérée des paramètres pertinents pour les pays visés par la présente étude. Les pondérations sont fondées sur les revenus provenant de l'impôt sur les bénéfices des sociétés. Puisque seules les entreprises multinationales peuvent transférer leurs bénéfices à l'étranger, les pertes de recettes fiscales sont proportionnelles à la part des entreprises multinationales des bénéfices des sociétés, multipliée par l'ampleur moyenne du transfert de bénéfices par les entreprises multinationales (c.-à-d. la sensibilité à l'impôt estimée appliquée à la différence moyenne des taux d'imposition). Plus précisément, les paramètres qui sous-tendent la perte mondiale de recettes fiscales se fondent sur : (i) la part des entreprises multinationales dans les données des comptes financiers, auxquelles s'ajoutent les données fiscales recueillies dans le cadre de l'Action 11 (moyenne pondérée, 59 %) ; (ii) la différence moyenne entre les taux d'imposition à partir des liens réels des entités appartenant à un groupe avec d'autres pays ayant des taux d'imposition différents (différence moyenne pondérée, 3.6 points de pourcentage[35]) ; et (iii) les crédits d'impôt en tant que part des bénéfices avant impôt (moyenne pondérée, 17 %)[36].

Prenant en compte les incertitudes ci-dessus, la perte nette estimée de recettes pour les pays inclus dans l'étude se situe entre 4 % et 10 % des recettes provenant de l'impôt sur les bénéfices des sociétés (graphique 3.A1.11.). À l'échelle mondiale, cela correspond à une perte cumulative de recettes d'environ 0.9 à 2.1 milliers de milliards de dollars US au cours des dix dernières années (2005 – 2014) ou de 100 à 240 milliards de dollars US en 2014[37]. Les deux tiers environ de ces pertes sont attribuables au transfert de bénéfices, l'autre tiers étant dû aux asymétries entre les systèmes fiscaux et au traitement fiscal préférentiel. Un rapport récent du FMI donne une estimation qui se situe dans cette plage pour l'ensemble des pertes de recettes, avec une analyse fondée sur des données macroéconomiques et une comparaison du surplus d'exploitation brut avec les revenus réels tirés de l'impôt sur les bénéfices des sociétés (IMF, 2014). Se fondant sur les données sur l'IDE, un rapport préliminaire de la CNUCED estime à environ 100 milliards de dollars US la perte annuelle de recettes fiscales due à la planification fiscale internationale grâce aux investissements à l'étranger pour les pays en développement dont certains font partie de l'OCDE ou du G20 (CNUCED, 2015).

Incidences sur le plan de la concurrence

La planification fiscale peut fausser la concurrence entre les entreprises et entraîner des pertes d'efficience. En effet, comme illustré ci-dessus, le taux effectif de l'impôt sur les bénéfices des sociétés des grands groupes qui pratiquent la planification fiscale peut être considérablement plus faible que le taux assumé par certaines autres entreprises. Ce taux effectif d'imposition plus faible peut aboutir à un avantage concurrentiel non voulu pour les entreprises multinationales comparativement à d'autres entreprises puisqu'il réduit leurs charges fiscales (Overesch, 2009 ; OCDE, 2013). Cela signifie qu'une entreprise multinationale qui bénéficie de cet avantage relatif aux coûts peut, du moins à court terme, gagner des parts de marché en réduisant ses prix en fonction de la baisse de ses coûts. À plus long terme, une fois qu'elle occupe une position dominante sur le marché, l'entreprise multinationale peut augmenter ses prix et ainsi augmenter ses bénéfices. Par ailleurs, si l'entreprise multinationale adopte une stratégie visant à se distinguer de la concurrence par d'autres critères que les prix (par exemple, qualité, service et marque), elle peut utiliser les économies de coûts pour accentuer la différence de ses produits afin d'accaparer une plus grande part de marché et, éventuellement, demander un prix plus élevé et réaliser des bénéfices plus élevés que ses concurrents (Porter, 1980). Enfin, puisque la planification fiscale réduit les coûts des entreprises multinationales par rapport à ceux d'autres entreprises (intrants), les entreprises multinationales peuvent relever les obstacles à l'entrée sur le marché, notamment en consacrant leurs économies d'impôt à la publicité ou à la R&D (Sutton, 1991). Dans l'ensemble, l'effet attendu de la planification fiscale est d'augmenter, au détriment des autres entreprises, la part de marché et la rentabilité après impôt des entreprises multinationales qui pratiquent la planification fiscale.

Il est difficile d'évaluer la distorsion potentielle de la concurrence, et il n'existe que peu de preuves empiriques. La présente étude utilise une combinaison de données sur les entreprises et sur les secteurs pour voir si la concentration est plus forte dans les secteurs qui regroupent un grand nombre d'entreprises multinationales ayant des possibilités de planification fiscale que dans les autres secteurs (voir l'encadré 3.A1.9). Une façon d'évaluer l'impact de la planification fiscale sur la concentration dans un secteur est de comparer cet impact dans des pays ayant des règles anti-évasion différentes, le postulat étant que la planification fiscale est plus répandue dans les pays où les règles anti-évasion sont moins strictes, ce qui provoque une concentration des activités. Comparaison faite avec les caractéristiques d'autres pays et d'autres secteurs, l'analyse suggère que les secteurs ayant une forte présence d'entreprises multinationales sont moins concentrés lorsque les règles anti-évasion sont plus strictes. La concentration d'un secteur est mesurée comme étant la part de marché des 10 plus grandes entités divisée par la part de marché des 100 plus grandes entités d'un secteur et d'un pays. Par exemple, dans un secteur où des entreprises multinationales sont majoritaires parmi les 10 plus grandes entreprises (le 75e percentile de la distribution), un resserrement de deux crans des règles anti-évasion (voir le graphique 3.A1.7) réduirait d'environ 6 points de pourcentage la part de marché combinée des dix plus grandes entreprises du secteur.

L'étude examine également les implications de la planification fiscale pour ce qui est de la majoration des prix de groupes d'entreprises multinationales en se fondant sur les données des entreprises (voir l'encadré 3.A1.9). Les majorations sont représentées par les bénéfices d'exploitation avant impôt divisés par le chiffre d'affaires, comme le font Aghion et al. (2005). Tout comme la concentration accrue sur le marché, les estimations montrent que la planification fiscale est associée à des majorations plus considérables des prix compte tenu d'autres facteurs qui touchent les majorations, par exemple la taille des groupes, la productivité, l'influence, l'existence de brevets et l'exposition à la concurrence étrangère. Par exemple, la majoration appliquée par un groupe est supérieure d'environ 10 % à la majoration appliquée par une entreprise nationale, alors que pour une entreprise multinationale qui pratique la planification fiscale, la différence de majoration appliquée peut atteindre 23 % (graphique 3.A1.12, groupe de gauche). L'effet est moindre dans les pays où les mesures anti-évasion sont plus strictes (graphique 3.A1.12, groupe de droite). Une mise en garde s'impose quant à ces analyses : en effet, la causalité n'est pas clairement établie puisque les entreprises les plus rentables peuvent décider d'établir des filiales dans des pays où les taux d'imposition sont faibles (ce qui incite à considérer qu'elles pratiquent la planification fiscale). Il faut par conséquent interpréter les résultats avec prudence.

Les distorsions de la concurrence entraînent des pertes de bien-être puisque dans certains marchés, les consommateurs font face à des prix plus élevés qu'ailleurs. Elles peuvent aussi, dans certaines circonstances, réduire l'innovation (Aghion et al., 2005 ; Gilbert, 2006). Les pressions concurrentielles moindres peuvent freiner les incitations à l'innovation pour les entreprises multinationales elles-mêmes puisqu'elles atténuent l'incitation à innover pour tenir tête à la concurrence (Aghion et al., 2005). Les différences de taux d'imposition effectif entre les entreprises multinationales et les autres entreprises peuvent également contribuer à une attribution sous-optimale des capitaux dans l'économie puisqu'en déclarant des taux de rendement artificiellement modifiés par les distorsions fiscales, les entreprises multinationales peuvent empêcher les investissements par d'autres entreprises multinationales et des entreprises nationales (potentiellement plus productives).

Graphique 3.A1.12. **Taux de majoration et planification fiscale internationale**

Prime du taux de majoration pour un groupe d'entreprises non multinational ayant des caractéristiques similaires[1]

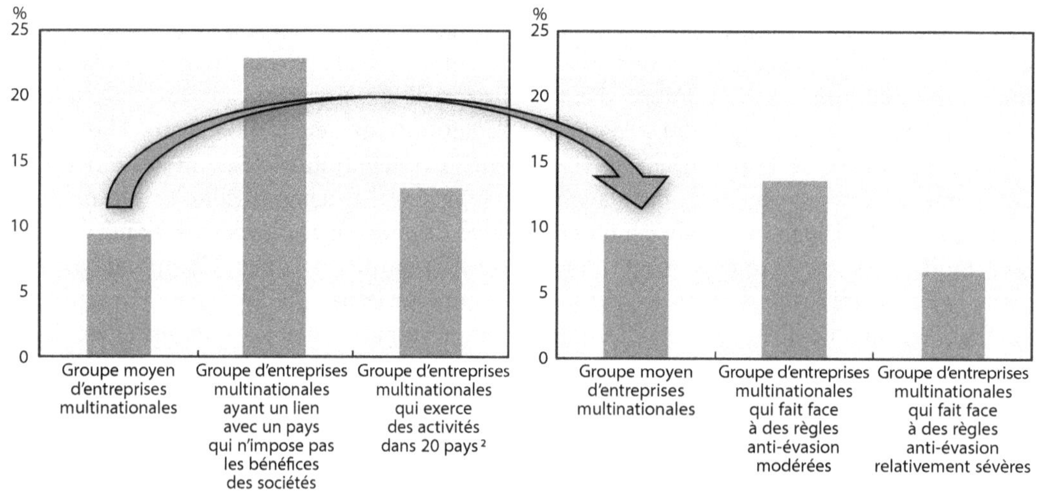

Notes : 1. Les différences de majoration entre différents types d'entreprises sont statistiquement significatives à partir de 5%.

2. Le groupe moyen d'entreprises multinationales exerce des activités dans 5 pays. Il a été constaté que les groupes qui ont des activités dans de nombreux pays pratiquent plus intensément la planification fiscale internationale.

Pourtant, les entreprises multinationales sont en général plus productives et plus exposées que d'autres à la concurrence (par exemple, Helpman et al., 2004; Bloom et al., 2012), et elles peuvent être source de retombées positives sur la technologie et sur la productivité pour d'autres entreprises. Si les entreprises multinationales qui pratiquent la planification fiscale sont plus productives que les entreprises qu'elles évincent, l'effet global sur l'efficience est incertain.

Encadré 3.A1.9. **Approche empirique : planification fiscale et concurrence**

La méthode empirique pour déterminer si la planification fiscale a des incidences sur la concurrence comporte deux volets : (i) déterminer si les industries où existe une solide présence d'entreprises multinationales qui pratiquent la planification fiscale sont plus concentrées; et (ii) déterminer si les groupes multinationaux qui pratiquent la planification fiscale obtiennent des majorations de prix différentes comparativement à d'autres entreprises ayant des caractéristiques similaires. L'analyse utilise des données sur les entreprises individuelles tirées d'ORBIS pour mesurer la concentration sur le marché, les majorations et la propension des grands groupes à pratiquer la planification fiscale internationale.

L'équation pour déterminer la concentration sur le marché est la suivante :

$$Concentration_{i,c} = \gamma TaxPlanningIntensity_{i,c} + \delta_i + \delta_c$$

où $Concentration_{i,c}$ est la concentration sur le marché de l'industrie i dans le pays c, mesurée comme étant la part de marché combinée (établie en fonction du chiffre d'affaires) des 10 plus

Encadré 3.A1.9. Approche empirique : planification fiscale et concurrence *(suite)*

grandes entités (déterminées à partir des comptes non consolidés) du secteur *i* et du pays *c*, divisée par la part de marché combinée des 100 plus grandes entités du même secteur et du même pays. L'analyse est fondée sur 28 secteurs dans 28 pays de l'OCDE et du G20. L'intensité de la planification fiscale ($TaxPlanningIntensity_{i,c}$) est mesurée par la part de marché d'entités appartenant à un groupe qui font partie des 10 plus grandes entreprises du secteur multipliée par la rigueur des règles anti-évasion dans le pays *c*. Le postulat est que la planification fiscale est plus intense dans les secteurs où de très nombreuses entreprises multinationales sont actives, mais moins intense dans les pays ayant des dispositions relativement strictes contre l'évasion fiscale. δ_i et δ_c, variables muettes pour le secteur et pour le pays, récupèrent des caractéristiques communes de certaines industries et de certains pays.

L'équation pour déterminer la majoration se décline comme suit :

$$Markup_{g,i,c,t} = \alpha TaxPlanning_{g,i,c,t} + \beta X_{g,i,c,t} + \delta_i + \delta_t + \delta_c$$

où $\boldsymbol{Markup_{g,i,c,t}}$ est le taux de majoration du groupe *g* (comptes consolidés) qui exerce des activités dans le secteur *i* au cours de l'année *t* et dont le siège social est situé dans le pays *c*. Le taux de majoration est remplacé par l'indice Lerner ou par la marge entre les prix et les coûts, mesuré comme étant le bénéfice d'exploitation divisé par le chiffre d'affaires, comme le font Aghion et al. (2005). La propension à la planification fiscale ($\boldsymbol{TaxPlanning_{g,i,c,t}}$) est mesurée à l'aide de quatre variables substituts : (i) une variable muette pour les groupes multinationaux (par opposition aux groupes nationaux) ; (ii) une variable muette pour les grands groupes ayant des liens avec des pays où il n'existe pas d'impôt sur les bénéfices des entreprises ; (iii) le nombre de pays où un groupe exerce des activités ; (iv) la sévérité moyenne des règles anti-évasion (mesurée par l'indicateur défini à l'encadré 3.A1.6) dans les pays où le groupe exerce ses activités*. Le vecteur de contrôle $\boldsymbol{X_{g,i,c,t}}$ est un ensemble de variables spécifiques au groupe qui ont la possibilité d'influer sur le taux de majoration, et il comprend la taille, la productivité, l'influence, l'existence de brevets (en tant que mesure des activités d'innovation) et l'exposition à la concurrence étrangère (considérée comme étant la pénétration moyenne des importations dans les marchés où le groupe est actif). $\boldsymbol{\delta_i}$, $\boldsymbol{\delta_t}$ et $\boldsymbol{\delta_c}$ sont les effets fixes de l'industrie, de l'année et du pays où est établi le siège social.

Les quatre mesures de l'intensité de la planification fiscale ont chacune des avantages et des inconvénients. La comparaison d'entreprises multinationales et d'entreprises nationales (option i) comporte la possibilité que des différences entre elles ne soient pas relevées ; le nombre élevé de variables de contrôle devrait néanmoins atténuer le problème. La comparaison d'entreprises multinationales qui pratiquent la planification fiscale (par exemple, celles qui ont un lien avec des pays qui n'imposent pas les bénéfices des entreprises, option ii) avec d'autres entreprises multinationales peut présenter des problèmes de causalité inverse puisque *ex ante* les entreprises multinationales les plus rentables ont plus de motifs que les autres d'établir des filiales dans des pays où les taux d'imposition sont faibles. Le nombre de pays où une entreprise multinationale exerce des activités (option iii) est aussi sujet à la causalité inverse puisque les entreprises rentables sont plus susceptibles que leurs homologues de se développer dans d'autres pays. Enfin, les grands groupes qui doivent tenir compte de dispositions anti-évasion strictes (option iv) peuvent adopter une majoration inférieure à celle mise en place par d'autres groupes à cause des coûts liés au respect des règles. En dépit de ces limites ou de ces restrictions, les résultats sont cohérents avec les diverses caractéristiques, qui appuient l'hypothèse initiale que la planification fiscale fausse la concurrence.

* L'analyse du transfert de bénéfices de la section 2 donne une estimation de l'ampleur du transfert de bénéfices à l'échelle des pays. Ainsi, les estimations ne peuvent pas être utilisées pour les analyses à l'échelle du secteur et des entreprises décrites ci-dessus.

Manipulation de la localisation de la dette envers des parties liées et des tiers : implications pour l'influence du groupe

Dans la plupart des pays de l'OCDE, le régime d'impôt sur les bénéfices des sociétés influe sur les décisions des entreprises en matière de financement qui préfèrent l'endettement à la prise de participation, puisque les paiements d'intérêts sur la dette sont habituellement déductibles des bénéfices imposables alors que les versements de dividendes ne le sont pas (de Mooij, 2012)[38]. Il peut en résulter des incidences sur la productivité s'il y a distorsion de l'attribution d'investissements vers les entreprises qui peuvent facilement obtenir du financement par emprunt par rapport à celles qui doivent avoir recours au financement par émission d'actions, notamment les entreprises fondées sur le savoir qui investissent dans des actifs incorporels (Arnold et al., 2011). C'est un argument qui appuie l'idée que les systèmes d'imposition des bénéfices des sociétés devraient chercher à traiter de la même façon l'investissement financé par emprunt et l'investissement financé sur fonds propres[39].

La planification fiscale internationale peut accentuer ce biais en faveur du recours à l'endettement (par exemple, de Mooij, 2011)[40]. La possibilité de localiser la dette externe et la dette interne dans des entités établies dans des pays à fort taux d'imposition réduit le coût marginal de la dette pour le groupe, ce qui peut avoir comme résultat que ces dernières augmentent leur levier financier[41]. En effet, partant de l'information sur la dette externe totale des entreprises multinationales disponible au niveau des groupes (dette consolidée au niveau des groupes d'entreprises), l'analyse empirique donne des preuves que dans son ensemble, ce levier financier est sensible à la possibilité de localiser la dette externe et la dette interne dans des pays à taux d'imposition élevé – volet qui n'a toujours pas été examiné dans la documentation (voir l'encadré 3.A1.10.). Le levier externe d'un groupe est en effet sensible aux taux d'imposition dans les pays où le groupe est présent qui ont les plus forts taux d'imposition (la moyenne des deux plus forts taux d'imposition) et, par conséquent, au coût effectif de la dette dans ces pays. Cela suggère que les groupes multinationaux qui ont la possibilité de manipuler la localisation de leur dette ont, dans l'ensemble, un levier plus élevé que les autres groupes.

Encadré 3.A1.10. **Approche empirique : Planification fiscale et levier externe des groupes**

L'objectif est d'évaluer la sensibilité du levier global des groupes multinationaux aux modifications des taux d'imposition dans les différents pays où ils exercent des activités. Ces modifications peuvent avoir des incidences non seulement sur la localisation de la dette du groupe, mais également sur la dette totale parce qu'elles touchent le coût réel de la dette pour le groupe. On s'attend à ce que le levier global du groupe soit sensible au taux d'imposition dans le pays où se trouve le siège social, où une fraction importante de la dette du groupe est localisée, ainsi que dans les pays à fort taux d'imposition où le groupe est présent, dans les situations où il a pu être montré que les groupes multinationaux ont transféré leur dette.

L'équation est la suivante :

$$\left(\frac{Debt}{Equity}\right)_{g,c,t} = \beta_1 STAT_{c,t} + \beta_2 STAT\_max_{g,c,t} + \alpha X_{c,t} + \delta_t + \delta_g$$

où $\frac{Debt}{Equity}_{g,c,t}$ est le ratio dette/capitaux propres externe (c.-à-d. consolidé) du groupe d'entreprises multinationales *g*, dont le siège social est dans le pays *c*, au cours de l'année *t*. β_1 est la sensibilité du levier au taux d'imposition de référence dans le pays où est situé le siège social ($STAT_{c,t}$) et β_2

Encadré 3.A1.10. Approche empirique : Planification fiscale et levier externe des groupes *(suite)*

est la sensibilité à la moyenne des deux plus hauts taux d'imposition dans les pays où le groupe exerce des activités ($STAT\_max_{g,c,t}$). Dans d'autres hypothèses, le taux d'imposition moyen dans les pays où le groupe exerce des activités et la moyenne des deux plus faibles taux sont aussi pris en considération. $X_{c,t}$ est un ensemble de variables spécifiques aux entreprises et de variables macroéconomiques (par exemple, rentabilité, croissance du PIB, taux d'intérêt). δ_t et δ_g sont, respectivement, les effets fixes des dimensions temps et secteur.

Les données sont tirées des comptes financiers consolidés de groupes dans la base de données ORBIS de 2000 à 2010. Les observations portent sur environ 15 000 jumelages groupe-année et couvrent la plupart des pays de l'OCDE et du G20. Les résultats sont confirmés par les variations suivantes : (i) lorsque la moyenne des deux plus hauts taux d'imposition au sein du groupe est remplacée par le plus haut taux d'imposition, ou par la moyenne des trois plus hauts ; (ii) lorsque l'échantillon est limité aux pays de l'UE ; (iii) lorsque les entreprises financières sont exclues.

Par exemple, un grand groupe multinational qui a un nombre relativement élevé de possibilités de manipuler sa dette (par exemple, la moyenne des deux plus forts taux d'imposition du groupe est de 40 %, comparativement à 35 % pour l'entreprise multinationale moyenne) a un levier externe plus élevé de 8 % (graphique 3.A1.13, groupe de gauche). Cette conclusion est confirmée lorsque diverses variantes sont utilisées, par exemple lorsque sont ajoutées des variables de contrôle pour les développements macroéconomiques ou lorsque l'échantillon est limité aux pays de l'UE ou aux entreprises autres que les entreprises financières. De plus, des règles de capitalisation restreinte relativement strictes et des règles

Graphique 3.A1.13. **Levier externe et planification fiscale internationale de grands groupes multinationaux**

Levier (ratio externe consolidé dette/capitaux propres) comparé à un groupe moyen[1]

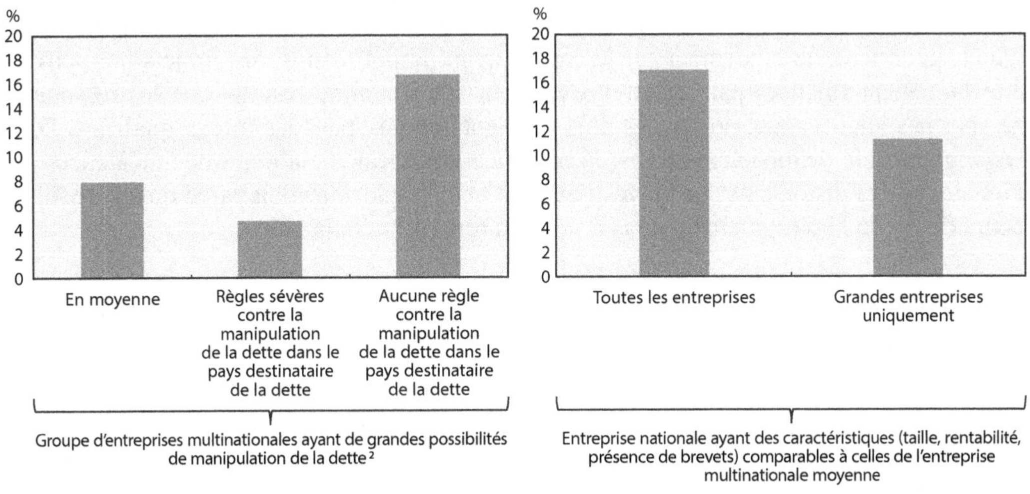

Notes : 1. Toutes les différences sont considérables lorsqu'elles atteignent 5 %.

2. Les groupes ayant beaucoup de possibilités de manipuler leur dette sont ceux qui font face à un taux d'imposition de référence plus élevé, en moyenne, de 5 points de pourcentage dans les deux pays où le taux d'imposition est le plus élevé où elles exercent des activités, comparativement au groupe moyen d'entreprises multinationales. Pour le groupe moyen, cette moyenne s'établit à 35 %, alors que pour les groupes qui ont de grandes possibilités de manipuler la dette, elle est de 40 % (ce qui correspond au 90e percentile de la distribution de cette variable).

de plafonnement des intérêts déductibles (en pourcentage du résultat) contre la manipulation de la dette contribuent à atténuer la propension des groupes à utiliser la manipulation de la dette pour augmenter leur levier externe.

Les preuves empiriques suggèrent que la localisation stratégique de la dette (interne et externe) peut accroître l'endettement total des groupes. On constate cependant que le levier externe du groupe moyen est plus faible que celui d'une entreprise nationale moyenne ayant des caractéristiques comparables (graphique 3.A1.13, groupe de droite), comme le montrent les études empiriques (par exemple, Burgman, 1996). Cela suggère que la manipulation de la localisation de la dette ne fait pas partie des principaux déterminants du niveau de la dette externe des groupes puisqu'elle n'élève pas leur levier externe moyen au-delà de celui des entreprises nationales. En outre, les entreprises multinationales ont souvent des sources de revenus plus diversifiées que les entreprises nationales, ce qui les rend moins vulnérables aux chocs négatifs touchant les revenus (par exemple, Baker et Riddick, 2013). En dépit du levier externe additionnel qui résulte de la manipulation de la dette, l'entreprise multinationale moyenne est par conséquent moins susceptible qu'une entreprise nationale d'avoir une dette externe élevée qui la rend vulnérable aux chocs sur le revenu.

Différences fiscales internationales, planification fiscale et localisation des investissements

En l'absence de différences entre les taux de l'impôt sur les bénéfices des sociétés et les systèmes fiscaux entre les pays, les décisions concernant les investissements et le pays où ils sont faits se prendraient uniquement en fonction des taux de rendement économique (si on présume une mobilité parfaite des capitaux et aucune autre différence de nature politique entre les pays). Toutefois, les taux d'imposition et les systèmes diffèrent, ce qui entraîne des distorsions. L'impôt sur le bénéfice a des incidences sur les investissements des entreprises parce qu'il réduit le taux de rendement après impôt. En effet, des travaux récents de l'OCDE ont conclu que l'impôt sur les bénéfices des sociétés réduit les investissements de ces dernières, sauf pour ce qui est des petites entreprises et des entreprises jeunes (OCDE, 2009; Arnold et al., 2011). L'impôt peut aussi influer sur les choix d'investissement des entreprises qui favorisent alors des projets offrant un fort taux de rendement après impôt plutôt qu'un taux de rendement sur le capital avant impôt (c.-à-d. des projets qui peuvent être largement financés par la dette). Cela peut avoir comme résultat que les ressources ne sont pas allouées aux projets les plus efficients ou aux pays les mieux qualifiés. Dans les situations de distorsions fiscales, la planification fiscale peut avoir des incidences sur l'impact de ces distorsions sur l'investissement et sur sa localisation parce qu'elle réduit le coût effectif de l'investissement dans les pays à fort taux d'imposition.

Les différences fiscales internationales ont des incidences sur la localisation des investissements étrangers

Les différences en matière de fiscalité des entreprises entre les pays influent sur la localisation des investissements étrangers et des filiales étrangères des entreprises multinationales. L'investissement étranger, en particulier l'investissement dans des activités innovantes, peut contribuer à la diffusion des connaissances et entraîner des retombées pour le capital humain et la productivité. L'investissement étranger peut également accroître la concurrence d'entreprises étrangères sur le marché national et avoir des effets positifs sur la productivité. Une abondante documentation, notamment des travaux de l'OCDE, suggère que le taux de l'impôt sur les bénéfices des sociétés du pays hôte a un effet négatif sur les investissements étrangers (Hajkova et al., 2006; OCDE, 2007a; Feld et Heckemeyer, 2011).

L'impôt sur les bénéfices des sociétés n'est qu'un des nombreux facteurs qui influent sur le choix de localisation d'une entreprise (par exemple, règlements concernant la main-d'œuvre et le marché de produits, taille du marché, impôt sur le travail, infrastructure, etc.). L'influence de l'impôt sur les bénéfices des sociétés semble relativement faible en comparaison, par exemple, à l'impôt frappant les salaires et autres rémunérations (Hajkova et al., 2006).

Un exemple illustre l'effet des différences qui existent entre pays quant à l'impôt sur les bénéfices des sociétés pour les investissements étrangers, à partir de la sensibilité estimée à l'impôt sur les données bilatérales sur les stocks d'investissement direct à l'étranger (IDE) (voir l'encadré 3.A1.11.). Plus particulièrement, la sensibilité de l'IDE à l'impôt sur les bénéfices des sociétés est tirée d'ouvrages empiriques de l'OCDE, qui contrôle d'autres déterminants de l'IDE (par exemple, le niveau de revenus, le PIB, la taille du marché, la distance entre pays, la réglementation sur le marché de produits, les lois sur la protection de l'emploi, l'impôt sur le travail, etc.). Cette estimation implique qu'une augmentation de un point de pourcentage de l'écart entre les taux d'imposition de deux pays entraîne une baisse de 1.5 % du stock bilatéral d'IDE dans le pays où le taux d'imposition est plus élevé (Hajkova et al., 2006). Par ailleurs, une estimation fondée sur une méta-analyse par Feld et Heckemeyer (2011) est utilisée, avec une sensibilité fiscale de 3 au lieu de 1.5. Cette sensibilité plus élevée est due au fait que la méta-analyse ne prend pas en compte l'effet des déterminants politiques (autres que l'impôt sur les bénéfices des sociétés) sur l'IDE.

Une réserve à ajouter est que les statistiques disponibles sur l'IDE et la sensibilité fiscale estimée de l'IDE sont faussées par la planification fiscale internationale, par exemple par d'imposants flux de revenus d'intérêts entre pays. Cela est dû au fait que les statistiques bilatérales sur l'IDE ne peuvent séparer les revenus d'intérêts qui découlent d'une activité réelle des flux financiers dus au transfert de bénéfices[42]. Même avec cette réserve, l'illustration donne une indication de l'importance de l'impôt pour les investissements étrangers.

Graphique 3.A1.14. **Fraction du stock d'IDE entrant expliquée par les différences entre les taux d'imposition de divers pays**

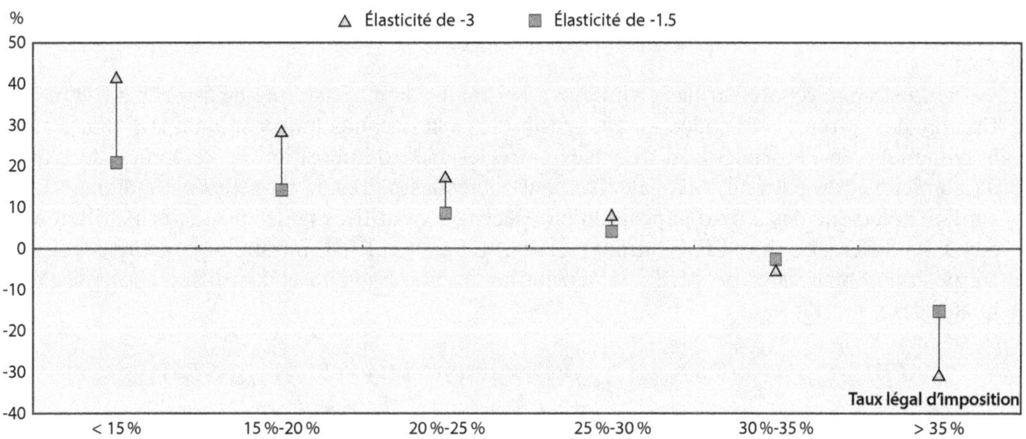

Notes : 1. Un chiffre positif indique que les différences fiscales existantes contribuent positivement à l'IDE. Par exemple, en l'absence de différences fiscales avec d'autres pays, le stock d'IDE dans un pays où le taux d'imposition est inférieur à 15 % serait moindre de 20 % à 40 % (en fonction de l'élasticité) que le stock réel.

2. Les estimations sont basées sur les différences entre les taux d'imposition de référence (les plus largement disponibles dans les pays). Les estimations sont similaires lorsqu'elles sont basées sur les taux d'imposition prospectifs au lieu des taux d'imposition légaux.

À partir de ces données et de cette sensibilité, un stock d'IDE ajusté en fonction des impôts est calculé, avec l'hypothèse que le taux légal de l'impôt sur les bénéfices des sociétés est égal à celui du pays hôte pour toutes les paires de pays. Pour beaucoup des paires de pays, cela exigerait un changement considérable en matière de fiscalité. Dans la plupart des pays, les positions d'IDE expliquées par les différences existantes entre l'impôt sur les bénéfices des sociétés représentent moins de 15 % de l'IDE entrant (pourcentage fondé sur l'estimation prudente de la sensibilité par l'OCDE) (graphique 3.A1.14.)[43].

En plus des différences entre les taux d'imposition de référence sur les bénéfices des sociétés, les régimes fiscaux préférentiels (par exemple, pour actifs incorporels) et d'autres caractéristiques des systèmes fiscaux peuvent influer sur la localisation de l'IDE. Autre facteur potentiellement important : dans le pays du domicile d'une entreprise multinationale, les dividendes de source étrangère sont-ils exonérés d'impôt (c.-à-d. système fiscal territorial/ retenues à la source) ou sont-ils assujettis aux mesures fiscales nationales tout en bénéficiant d'un crédit pour l'impôt payé dans le pays hôte (c.-à-d. régime mondial d'imposition/ imposition dans le pays de résidence). Les études existantes ne révèlent pas de différence significative pour ce qui est de la sensibilité fiscale de l'IDE dans d'autres systèmes fiscaux (e.g. Hajkova et al., 2006). Cette constatation peut refléter les reports d'impôt et d'autres stratégies de planification fiscale des entreprises multinationales ainsi que le fait que la plupart des pays n'ont pas de système purement territorial ou mondial. Un système purement territorial imposerait de la même façon tous les investissements dans un pays spécifique, sans égard au pays de la résidence, mais imposerait différemment, dans chaque pays, les investissements de la même entreprise multinationale. Un système purement mondial ferait le contraire : il imposerait de la même façon les investissements d'une entreprise multinationale dans son pays domicile et à l'étranger, mais traiterait différemment les investissements de diverses entreprises multinationales dans un même pays. On a relevé récemment une tendance à l'adoption de systèmes territoriaux entre pays de l'OCDE et du G20.

Encadré 3.A1.11. Différences entre pays pour ce qui est de l'imposition et de la localisation des investissements

L'illustration repose sur des estimations existantes de la sensibilité des stocks d'IDE à la fiscalité des entreprises. Fondée sur ces sensibilités à la fiscalité, une position d'IDE bilatérale hypothétique en l'absence de différences entre les taux d'imposition de référence du pays de domicile et du pays hôte est calculée pour toutes les paires de pays (les estimations sont similaires lorsque des taux d'imposition prospectifs sont utilisés pour un sous-échantillon de pays). La différence entre l'IDE intrant réel dans un pays et l'IDE intrant hypothétique reflète les positions bilatérales de l'IDE, la sensibilité fiscale assumée et les différences fiscales bilatérales :

$$\Delta \boldsymbol{FDI_{IN,host}} = \sum_{p} \boldsymbol{FDI_{home\rightarrow host}} \times \boldsymbol{Tax\ sensitivity} \times (\boldsymbol{STAT_{host}} \text{-} \boldsymbol{STAT_{home}})$$

Les données sur les stocks bruts bilatéraux d'IDE sont tirées de la base de données de l'OCDE sur l'investissement direct à l'étranger, portent sur 34 pays qui déposent des rapports et plus de 200 pays partenaires au cours de la période 2006-11. Dans les statistiques, l'investissement direct à l'étranger est constitué d'actions participatives et de réserves, notamment les bénéfices non répartis, ainsi que les positions nettes de prêts, les crédits commerciaux et les sûretés.

La fiscalité influe également sur le choix de la localisation des activités de R&D et des actifs incorporels. Comme on l'a déjà mentionné, les entreprises multinationales peuvent déclarer les revenus associés aux brevets et à d'autres éléments de propriété intellectuelle (PI) dans des pays où le taux d'imposition est faible ou dans des pays qui accordent un traitement fiscal préférentiel à ces revenus. Toutefois, les entreprises multinationales ne choisissent pas la localisation de leur PI uniquement en fonction de la fiscalité. Elles installent souvent la PI au même endroit que les activités de R&D qui y sont associées (Griffith et al., 2014). En effet, l'analyse empirique suggère que les activités de R&D (représentées par les brevets lorsque l'inventeur est dans le même pays que l'entreprise qui demande la protection par brevet) sont sensibles aux écarts entre les taux d'imposition (voir l'encadré 3.A1.4).

La planification fiscale réduit l'effet des différences entre les taux d'imposition sur le choix de localisation des investissements par les entreprises multinationales qui la pratiquent

Les preuves existantes, notamment parmi les travaux récents de l'OCDE, montrent que dans un pays, un taux d'imposition élevé sur les bénéfices des sociétés a pour effet de réduire les investissements des entreprises dans ce pays (OCDE, 2009 ; Djankov et al., 2010 ; Arnold et al., 2011). Toutefois, la possibilité, pour les entreprises multinationales ayant des liens avec des pays à faible fiscalité, de réduire leur taux d'imposition effectif grâce à la planification fiscale peut faire en sorte que la localisation de leur investissement soit moins sensible aux différences de taux d'imposition entre les pays. Ainsi, une façon indirecte de déterminer la présence de planification fiscale consiste à effectuer des tests (en contrôlant d'autres facteurs qui ont des incidences sur les investissements) pour voir si les effets de taux élevés d'imposition des bénéfices réalisés par les sociétés sur leurs investissements sont moins marqués pour ces entreprises multinationales que pour des entreprises similaires n'ayant pas de liens avec des pays à faible fiscalité[44],[45]. Pour les entreprises multinationales qui la pratiquent, la planification fiscale internationale peut atténuer l'effet de taux d'imposition relativement élevés sur les bénéfices réalisés au titre de leurs investissements corporels et incorporels, mais au prix de l'introduction de distorsions liées à la fois aux pertes implicites de recettes fiscales et aux inégalités découlant des différences entre les taux d'imposition pour divers types d'entreprises. Par conséquent, des réductions généralisées de taux d'imposition des bénéfices des sociétés et l'élargissement de la base d'imposition auraient sur l'économie des effets plus bénéfiques que les réductions de taux d'imposition que peuvent saisir des entreprises multinationales choisies en pratiquant la planification fiscale. Des preuves recueillies sur le secteur et sur les entreprises d'un vaste groupe de pays de l'OCDE et du G20 confirment que même si l'augmentation du taux d'imposition des bénéfices des sociétés tend à réduire les investissements par ces dernières dans un secteur particulier, la réduction des investissements est plus faible dans les secteurs comptant une forte proportion d'entreprises multinationales qui pratiquent la planification fiscale (voir l'encadré 3.A1.12). Par exemple, à long terme, une augmentation de 5 points de pourcentage du taux d'imposition marginal (prospectif) sur les bénéfices des sociétés[46] réduirait les investissements dans l'ensemble des secteurs d'environ 5 % en moyenne (graphique 3.A1.15, Groupe A). Cependant, dans les secteurs à grande concentration d'entreprises multinationales ayant de fortes motivations pour transférer des bénéfices, cet effet serait diminué de presque la moitié. Cela étaye l'hypothèse que les investissements faits par des entreprises multinationales qui pratiquent la planification fiscale sont moins sensibles aux taux d'imposition que les investissements d'autres entreprises. Il en est ainsi parce que les entreprises multinationales qui pratiquent la planification fiscale peuvent parvenir, en utilisant des montages artificiels, à abaisser leurs taux d'imposition sans changer l'endroit où s'exerce l'activité économique qui génère de la valeur. De plus, il a été constaté que des règles anti-évasion plus strictes contre la planification fiscale accroissent la sensibilité des investissements aux changements de taux d'imposition (graphique 3.A1.15, Groupe B).

Graphique 3.A1.15. **Pour les entreprises multinationales qui la pratiquent, la planification fiscale réduit l'effet sur les investissements de l'impôt sur les bénéfices des sociétés**

Changement à long terme estimé de l'investissement à la suite d'une augmentation de 5 points de pourcentage du taux de l'impôt sur les bénéfices des sociétés[47]

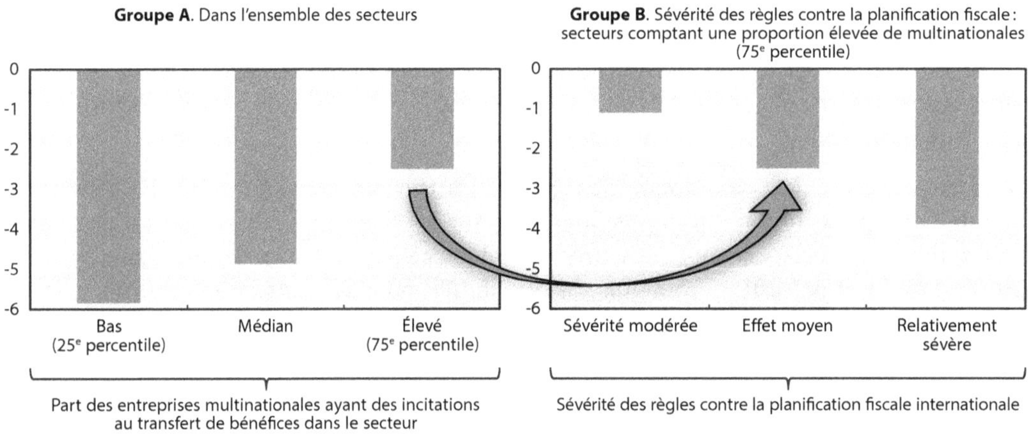

Encadré 3.A1.12. **Approche empirique : investissement et planification fiscale**

L'effet sur l'investissement de l'impôt sur les bénéfices des sociétés est estimé à l'aide d'une méthode similaire à celle utilisée dans OCDE (2009) (pour obtenir des détails, voir Schwellnus et Arnold, 2008 ; Vartia, 2008). L'objectif est de poser une équation d'investissement fondée sur un modèle néoclassique (Hall et Jorgenson, 1967) pour évaluer l'impact d'un changement de taux d'imposition sur les entreprises ayant des mesures incitatives et des possibilités différentes en matière de planification fiscale. L'analyse est effectuée pour les secteurs et pour les entreprises. L'analyse qui porte sur les secteurs donne une meilleure mesure de l'investissement, tandis que celle qui porte sur les entreprises donne une meilleure mesure des incitations à la planification fiscale. Les deux méthodes donnent des résultats cohérents.

S'agissant des secteurs, l'équation est la suivante :

$$Ivt\,rate_{c,i,t} = \alpha Ivt\,rate_{c,i,t-1} + \beta ETR_{c,t-1} + \gamma ETR_{c,t-1} \times Profit\_shifting\_MNEs_{c,i} + \theta VAgrowth_{c,i,t-1} + \delta_{c,i} + \delta_t$$

où $\boldsymbol{Ivt\,rate_{c,i,t}}$ est le taux d'investissement (investissement divisé par le capital social décalé) dans le pays *c*, dans le secteur *i* au cours de l'année *t*, tel que ces données apparaissent dans la base de données World Input-Output (WIOD). $\boldsymbol{ETR_{c,t}}$ est le taux marginal prospectif d'imposition établi par le Centre for Business Taxation Institute, de l'université d'Oxford (les résultats obtenus à l'aide du taux d'imposition moyen sont cohérents mais moins importants statistiquement). $\boldsymbol{Profit\_shifting\_MNEs_{c,i}}$ est le nombre d'entités appartenant à un groupe « incité » au transfert de bénéfices parmi les 100 plus grandes entreprises dans le pays *c* et le secteur *i*, conformément aux données sur les entreprises tirées de la base de données ORBIS. Une entité est considérée comme étant incitée au transfert de bénéfices si elle

Encadré 3.A1.12. **Approche empirique : investissement et planification fiscale** *(suite)*

fait face, dans son pays de résidence, à un taux d'imposition plus élevé que la moyenne (non pondérée) des entreprises de son groupe, comme le montre l'analyse du transfert de bénéfices (encadré 3.A1.3.). Le coefficient $\boldsymbol{\beta}$ reflète la sensibilité fiscale de l'entreprise moyenne et $\boldsymbol{\gamma}$ indique si les secteurs à forte concentration d'entreprises multinationales qui pratiquent le transfert de bénéfices sont plus sensibles que les autres. $\boldsymbol{VAgrowth_{c,i,t}}$ est la croissance de la valeur ajoutée du secteur – on s'attend à un taux d'investissement plus élevé dans un secteur à forte croissance. $\boldsymbol{\delta_{c,i}}$ et $\boldsymbol{\delta_t}$ sont, respectivement, les effets fixes sur l'interaction entre la dimension pays et la dimension temps.

L'échantillon est composé de 30 secteurs dans 29 pays pendant la période de 1997 à 2009. L'équation est estimée à l'aide de la méthode des moindres carrés ordinaires (MCO) ou une méthode des moments (formule généralisée) pour éviter la possibilité de fausser les résultats qui découlerait de l'utilisation simultanée de la variable dépendante retardée et des effets fixes. Les résultats obtenus à l'aide des deux méthodes d'estimation sont cohérents.

S'agissant des entreprises, l'équation est la suivante :

$$Ivt\ rate_{f,c,i,t} = \beta ETR_{c,t\text{-}1} + \gamma ETR_{c,t\text{-}1} \times Profit\_shifting\_incentives_{f,c,i,t}$$
$$+ \theta VAgrowth_{c,i,t\text{-}1} + \delta_f + \delta_t$$

où $\boldsymbol{Ivt\ rate_{f,c,i,t}}$ est le taux d'investissement de l'entreprise *f* exerçant des activités dans le pays *c* et le secteur *i* au cours de l'année *t*. Le taux d'investissement est mesuré comme étant le changement de la valeur des immobilisations (à leur valeur comptable), nette de l'amortissement (aussi à sa valeur comptable), divisée par la valeur des immobilisations, selon les données publiées dans la base de données ORBIS. Cette mesure est similaire à celle qui est mentionnée dans Gal (2013). Dans cette analyse, le taux effectif d'imposition et les variables de croissance de la valeur ajoutée sont les mêmes que pour l'analyse portant sur le secteur. $\boldsymbol{Profit\_shifting\_incentives_{f,c,i,t}}$ est la différence entre le taux d'imposition statutaire dans le pays *i* au cours de l'année *t* et la moyenne (non pondérée) entre les pays où le groupe multinational *f* exerce des activités. $\boldsymbol{\delta_f}$ et $\boldsymbol{\delta_t}$ sont des effets fixes des dimensions entreprise et temps. L'échantillon est un amalgame d'environ 50 000 observations de comptes d'entités appartenant à un groupe dans 18 pays de l'OCDE sur dix années (2001 à 2010).

Concurrence fiscale internationale

Dans une économie mondiale intégrée, les pays peuvent se faire concurrence par rapport aux actifs mobiles (corporels et incorporels) en abaissant leurs taux d'imposition effectifs et légaux sur les bénéfices des sociétés. Une justification pour réduire le taux d'imposition est que cela peut attirer des investissements intérieurs, avec des effets positifs sur la croissance. Ces investissements peuvent, par ricochet, provoquer des activités (par exemple, possibilités d'emplois, investissements par des fournisseurs intermédiaires, etc.) qui alimentent la croissance et les recettes fiscales.

Une prévision claire relevée dans les documents traitant de la concurrence fiscale est une réduction des taux d'imposition avec, dans le cas extrême d'une petite économie ouverte où la mobilité des capitaux est parfaite, une course vers le bas (Devereux et Lorentz, 2012 ; Keen et Konrad, 2012). Dans la mesure où l'impôt sur les bénéfices des sociétés est considéré comme entraînant des distorsions plus prononcées que les autres types d'impôt, une certaine concurrence fiscale peut améliorer l'efficience économique. Toutefois, la concurrence fiscale peut aussi avoir comme conséquence une baisse des dépenses publiques et des impôts sous leur niveau d'efficience et avoir des retombées négatives sur le bien-être, même si cela dépend de ce qui est considéré comme étant le niveau optimal de prestation de service public (Wilson, 1999). Tout compte fait, dans la pratique, il est difficile de déterminer le point de bascule où la concurrence fiscale devient dommageable pour la croissance et le bien-être.

La documentation empirique confirme qu'au cours des dernières décennies, les pays se sont livrés une concurrence fiscale lorsque, en réaction aux faibles taux d'imposition des bénéfices des sociétés en vigueur ailleurs, ils ont réduit leurs propres taux d'imposition (Devereux et Sorensen, 2006 ; FMI, 2014). De plus, la concurrence fiscale sur le plan des bases d'imposition des sociétés peut avoir eu des retombées indirectes sur d'autres bases d'imposition. Les pressions pour réduire les taux d'imposition des bénéfices des sociétés ont pu créer des pressions pour réduire les taux d'imposition les plus élevés sur le revenu des particuliers, étant donné la possibilité pour ces derniers de constituer une société afin de réduire leur charge fiscale (OCDE, 2009 ; Arnold et al., 2011 ; FMI, 2014). Un changement marqué en matière de fiscalité au cours de la dernière décennie est la réduction des taux d'imposition les plus élevés du revenu des particuliers et de la progressivité de l'impôt sur le revenu dans les pays de l'OCDE (OCDE, 2009).

La planification fiscale présente des incitations à la concurrence fiscale alors que les pays se font concurrence pour attirer chez eux les bénéfices générés ailleurs par les activités des entreprises multinationales. Cette forme de concurrence fiscale n'est pas toujours transparente puisqu'elle peut se manifester par des régimes préférentiels plutôt que par des taux de référence. Toutefois, même en l'absence de planification fiscale, la concurrence n'est peut-être pas nécessairement moins intense, la sensibilité d'investissements réels à l'impôt pouvant augmenter, comme cela a été démontré ci-dessus. Par exemple, les estimations obtenues avec la méthode expliquée dans l'encadré 3.A1.12 suggèrent que dans un secteur, la sensibilité au taux de l'impôt sur les bénéfices des sociétés des investissements augmenterait d'environ 30 % si planification fiscale était réduite de moitié. En l'absence de planification fiscale, les pays où les taux d'imposition sont élevés pourraient devenir des destinations moins attractives pour les investissements de certaines entreprises multinationales et, au bout du compte, se livrer une concurrence plus intense pour les attirer. Parallèlement, les recettes fiscales additionnelles obtenues à court terme parce que la planification fiscale est contenue pourraient être utilisées pour réduire l'ensemble des taux d'imposition ou pour financer les dépenses publiques, ce qui, à long terme, pourrait appuyer les investissements dans le secteur privé.

Effet global sur l'efficience et la croissance

La planification fiscale internationale touche l'efficience économique de nombreuses façons (Tableau 3.A1.3). Il n'est pas aussi facile d'évaluer l'effet global de la planification fiscale sur l'efficience économique que d'évaluer les facteurs défavorables en jeu. Une façon d'étudier cet effet est de procéder à un examen empirique et de voir si les secteurs où existe une forte proportion des entreprises multinationales qui pratiquent la planification fiscale connaissent une croissance différente par rapport aux autres secteurs. L'analyse empirique visant à déterminer si la croissance à valeur ajoutée diffère entre les secteurs en fonction de la présence d'entreprises multinationales qui pratiquent la planification fiscale, une fois que sont contrôlés les autres facteurs touchant la croissance du secteur, n'a permis de dégager aucune preuve claire (positive ou négative) de l'impact sur la croissance des secteurs de la présence d'entreprises multinationales qui pratiquent la planification fiscale.

Tableau 3.A1.3. **Implications économiques de la planification fiscale internationale : synthèse des principales conclusions**

	Effet négatif sur le bien-être	Effet positif sur le bien-être
Conséquences fiscales	La planification fiscale entraîne des pertes de recettes fiscales. Les recettes fiscales perdues pourraient être utilisées pour financer des dépenses publiques visant à améliorer le bien-être ou l'efficience ou pour réduire d'autres impôts qui provoquent des distorsions. La planification fiscale peut aussi miner la légitimité du système fiscal et réduire les coûts de discipline fiscale chez un plus grand nombre de contribuables.	-
Concurrence entre entreprises	La planification fiscale est un outil utilisé par certaines entreprises multinationales pour accroître leur pouvoir sur le marché, ce qui a pour résultat une plus grande concentration des marchés et de plus fortes majorations de prix. La pression concurrentielle réduite peut freiner l'innovation et entraîner des pertes pour ce qui est du bien-être des consommateurs.	Les pertes de bien-être peuvent être partiellement compensées par la réaffectation des ressources à des entreprises multinationales à grande productivité.
Dette	La possibilité de manipuler la localisation de la dette interne et de la dette externe réduit le coût effectif de la dette pour les entreprises multinationales et peut les inciter à s'endetter plus fortement à l'étranger.	-
Investissement	La planification fiscale réduit le taux effectif d'imposition au prix de distorsions additionnelles (par exemple, règles du jeu inégales entre les entreprises multinationales et d'autres entreprises) comparativement à une situation où tous les taux d'imposition des bénéfices des sociétés ont été réduits.	La planification fiscale réduit les taux d'imposition – et les retombées connexes sur l'investissement – pour les entreprises multinationales qui pratiquent la planification fiscale. Elle réduit également l'effet des différences entre les pays au chapitre de l'impôt sur les bénéfices des sociétés pour ce qui est de la localisation des investissements par les entreprises multinationales qui pratiquent la planification fiscale.
Concurrence fiscale	La planification fiscale offre des incitations à la concurrence fiscale alors que les pays se font concurrence pour attirer chez eux les bénéfices dégagés par les activités des entreprises multinationales.	En l'absence de planification fiscale, la concurrence ne serait pas nécessairement moins intense puisque la sensibilité des investissements réels pourrait augmenter.

En toute hypothèse, les conséquences de la planification fiscale se font ressentir au-delà de l'efficience économique. Elle redistribue les bases d'imposition des entreprises entre les pays, ce qui entraîne des pertes de recettes dans les pays à taux d'imposition élevé. Ces pertes peuvent mener à une baisse des dépenses gouvernementales (avec le risque associé de détérioration du bien-être), ou alors elles doivent être compensées par une hausse d'autres impôts avec effets de distorsion sur des bases d'imposition moins mobiles, ce qui peut avoir des retombées négatives sur le bien-être. Plus largement, la planification fiscale peut miner la légitimité du système fiscal et réduire les coûts de discipline fiscale chez un plus grand nombre de contribuables. La capacité des gouvernements de mobiliser des recettes fiscales peut par conséquent être entravée par le manque de confiance et par la perception selon laquelle le système fiscal est inéquitable, entraînant dès lors des coûts liés au respect des règles très élevés.

Discussion et conclusions

L'impôt sur les bénéfices des entreprises entraîne des distorsions, et il a été constaté que cet impôt est plus nocif que d'autres pour la croissance économique, du moins au niveau d'observation privilégié (OCDE, 2007b; OCDE, 2009; Arnold et al. 2011). Néanmoins, la plupart des pays prélèvent des impôts sur les bénéfices des sociétés. Un motif à l'appui de cette décision est que l'impôt sur les bénéfices des sociétés joue un rôle de substitution par rapport à l'impôt sur le revenu des particuliers. En l'absence d'impôt sur les bénéfices des sociétés, les gains des entreprises ne seraient pas imposés avant d'être réalisés sous forme de dividendes ou de gains en capital, lesquels sont souvent exonérés d'impôt. En percevant un impôt sur les bénéfices des sociétés, les gouvernements réduisent le nombre de possibilités pour les actionnaires, en particulier les non-résidents, de faire échapper leurs revenus à l'impôt. Dans ce domaine, de nouvelles normes en matière d'échange automatique d'informations entre les pays (OCDE, 2014d) peuvent renforcer les moyens d'imposer une partie des bénéfices des sociétés au niveau des particuliers. Autre argument pour la perception de l'impôt sur les bénéfices des sociétés : cet impôt pourrait être conçu de façon à viser uniquement les rentes économiques (c.-à-d. les bénéfices supérieurs à un taux de rendement « normal »), auquel cas les distorsions économiques causées par l'impôt seraient moindres (OCDE, 2008)[48], [49].

La mondialisation crée des défis additionnels pour les systèmes d'imposition des bénéfices des sociétés. La plupart des systèmes d'imposition des bénéfices des sociétés ont été conçus et mis en place à une époque où les transactions transfrontalières, les entreprises multinationales et le commerce international étaient moins importants qu'aujourd'hui. La question est de déterminer comment allouer les bénéfices réalisés par les entreprises entre les pays où elles sont actives. Des dispositions sur le commerce international et des dispositions pour éviter la double imposition ou la double non-imposition de bénéfices ont graduellement été ajoutées aux systèmes fiscaux nationaux. Néanmoins, comme nous l'avons vu, les entreprises multinationales peuvent souvent exploiter les différences entre les systèmes fiscaux pour réduire leur charge fiscale, avec comme résultat des pertes élevées de recettes fiscales pour les gouvernements et à l'échelle mondiale.

La présente étude apporte de preuves solides qui démontrent que certaines entreprises multinationales pratiquent la planification fiscale. Elle fait ressortir le fait qu'à l'échelle mondiale, la planification fiscale internationale affecte considérablement les rentrées de recettes provenant de l'impôt sur les bénéfices des sociétés, malgré la grande incertitude quant à l'ampleur de la perte totale, incertitude due aux limites des données actuellement disponibles. Les entreprises multinationales transfèrent leurs bénéfices de pays à taux d'imposition élevé vers des pays où les taux d'imposition sont faibles. Les grandes entreprises multinationales exploitent aussi les asymétries entre systèmes fiscaux et tirent parti du traitement fiscal préférentiel pour réduire leur charge fiscale. Il a été constaté que la manipulation des prix de transfert, la répartition stratégique des actifs incorporels et la manipulation des niveaux de la dette interne et de la dette externe sont d'importantes stratégies de transfert des bénéfices. Il a également été constaté qu'en plus de ses implications fiscales, la planification fiscale a des incidences variées sur l'efficience économique : entre autres, elle touche la sensibilité de la localisation, par les entreprises multinationales qui la pratiquent, de leurs investissements corporels et incorporels. Des règles anti-évasion plus strictes, par exemple des exigences relatives à la documentation exhaustive sur les prix de transfert, des règles contre la manipulation de la dette, des règles DGAE et SEC ainsi que des retenues à la source plus importantes sont associées à une planification fiscale restreinte, mais également à des coûts liés aux respect des règles plus élevés pour les entreprises. La coordination des règles anti-évasion par les pays pourrait permettre de réduire ces coûts.

Notes

1. Cette annexe a été réalisée par le Département des affaires économiques de l'OCDE en coopération avec le Centre de politique et d'administration fiscales et a été approuvée par le Comité de politique économique et le Comité des affaires fiscales de l'OCDE.

2. L'encadré 3.A1.2 donne de plus amples informations sur la base de données ORBIS.

3. Le taux d'imposition est la somme des taux d'imposition nationaux et infranationaux. Pour les pays non membres de l'OCDE, les données proviennent de KPMG et se réfèrent à la période des années 2000 (la Fédération de Russie se réfère à l'année 2011 au lieu de l'an 2000) et 2013.

4. La moyenne pondérée ne prend pas en compte le Mexique en raison de données manquantes.

5. S'agissant du commerce électronique ou de la vente de services en ligne, il peut régner une certaine ambiguïté quant à l'endroit où les bénéfices d'une entreprise sont générés. Par exemple, une entreprise peut réaliser des ventes considérables de produits et de services dans un marché à partir d'un lieu éloigné, en utilisant un minimum de personnel (OCDE, 2014a). Puisqu'il n'est pas possible d'isoler l'économie numérique du reste de l'économie, aucune analyse séparée du transfert de bénéfices associé à l'économie numérique n'a été menée. Le postulat qui sous-tend l'analyse empirique est que le lieu où se trouvent les actifs (y compris les actifs incorporels achetés et inscrits dans les comptes financiers) ou les salariés est un indicateur représentatif de la « véritable » activité d'une entreprise.

6. Les entreprises multinationales peuvent en outre transférer certaines activités (par exemple les activités de recherche et de développement) pour bénéficier du traitement fiscal préférentiel sur les revenus correspondants. Cette façon de faire n'est pas considérée comme du BEPS, mais elle est prise en compte dans l'analyse empirique puisqu'il n'est pas possible, avec les données disponibles, de la dissocier des pratiques de BEPS. Il a été convenu, dans le cadre du projet BEPS, que le traitement préférentiel de la PI devrait être associé aux exigences concernant « l'activité substantielle » pour empêcher la concurrence fiscale dommageable (OCDE, 2014c).

7. Dans les systèmes fiscaux mondiaux, l'endroit où est situé le siège de l'entreprise détermine le taux d'imposition applicable aux bénéfices dans le monde entier. Ainsi, les entreprises multinationales sont incitées à installer leur siège dans des pays à fiscalité faible (ce qu'il est convenu d'appeler « inversion fiscale »). L'analyse empirique n'a cependant révélé aucune preuve concluante que les sièges des entreprises multinationales sont en majorité situés dans des pays à fiscalité faible.

8. Dans certains cas, les bénéfices déclarés et les bénéfices imposables diffèrent parce qu'une entreprise exploite les asymétries entre les systèmes fiscaux pour réduire ses bénéfices imposables (c.-à-d. en déduisant les mêmes charges dans plusieurs pays) et, par conséquent, sa charge fiscale (Lisowsky, 2010). Il n'est pas possible de cerner les cas de planification fiscale de ce genre en analysant, à l'aide des données sur les comptes financiers, le lieu où sont réalisés les bénéfices ; ils ressortent cependant dans l'analyse empirique des asymétries entre systèmes fiscaux, laquelle cherche à déterminer la façon dont les bénéfices déclarés sont imposés.

9. Les « entreprises multinationales » sont celles qui appartiennent à des groupes de sociétés présents dans au moins deux pays. Les « groupes nationaux » sont les entreprises de groupes présents dans un seul pays. Les « entreprises autonomes » sont celles qui n'appartiennent à aucun groupe (c.-à-d. qu'elles n'ont ni filiale ni société mère). Les entreprises « non identifiées » sont placées dans différentes catégories par l'algorithme d'identification en fonction du seuil de propriété (c.-à-d. 50 % ou 90 %) choisi pour relier les entreprises entre elles. Tous les types d'entreprises (sociétés par action, sociétés en commandite simple, etc.) sont inclus dans la base de données ORBIS.

10. Pour les Pays-Bas, les pourcentages de groupes nationaux et d'entreprises multinationales semblent improbablement faibles, ce qui reflète sans doute le manque de liens sur la propriété dans la base de données ORBIS pour ce pays. Il en est peut-être de même pour d'autres pays.

11. Les données sont fondées sur l'échantillon ORBIS utilisé dans l'analyse et peuvent ne pas être représentatives du nombre d'entreprises, en particulier pour certains pays.

12. Seuls les pays couverts par la base de données STAN de l'OCDE pour l'analyse structurelle sont présentés. Les grandes entreprises sont celles qui comptent plus de 250 salariés. Lorsque le nombre de salariés n'est pas mentionné dans ORBIS, le roulement de la main-d'œuvre ou le total de l'actif sont utilisés comme mesures de rechange pour déterminer la taille des entreprises (les niveaux-seuils respectifs étant fixés à 50 millions d'euros et à 43 millions d'euros, conformément à la définition en vigueur pour l'UE). Les données sur le Brésil et l'Islande sont les données sur la fabrication; les données sur le Japon sont celles de 2012 dans la base de données STAN et celles de 2009 dans la base de données ORBIS (une grande entreprise compte 50 salariés ou plus), les données sur l'Islande remontent à 2005, à 2008 pour le Brésil et à 2009 pour la Suisse.

13. Une entité appartenant à une entreprise multinationale est considérée comme ayant un lien avec un pays si au moins une entité de son groupe y est présente. Une entité appartenant à une entreprise multinationale est considérée comme étant une grande entité si elle compte plus de 250 salariés. Les chiffres ci-dessus sont établis à partir de toutes les observations dans l'échantillon ORBIS utilisé pour la présente étude au cours de la période 2000 – 2010. Les pays pour lesquels moins de 1200 observations de grandes entités appartenant à des entreprises multinationales sont relevées ne sont pas présentés.

14. Les données sont fondées sur l'échantillon ORBIS utilisé dans l'analyse et peuvent ne pas être représentatives du nombre d'entreprises, en particulier pour certains pays.

15. Le taux d'imposition statutaire des bénéfices des sociétés est habituellement considéré comme étant le taux d'imposition légal pertinent des bénéfices transférés (Gravelle, 2014). Les taux effectifs d'imposition plus faibles (à cause, par exemple, d'un traitement fiscal préférentiel) sont reflétés dans la deuxième partie de l'analyse empirique (asymétries entre systèmes fiscaux).

16. L'utilisation d'une moyenne pondérée n'est pas simple. Il est possible que les pondérations fondées sur les volumes d'activités ne reflètent pas les possibilités de transfert de bénéfices, les bénéfices pouvant être transférés à des entités dans des pays où le groupe n'exerce que peu d'activités. Les pondérations fondées sur les bénéfices ou sur les ventes peuvent poser des problèmes au chapitre de l'endogénéité, même si la variable pertinente est en retard, puisqu'il existe une forte corrélation entre les ventes et les bénéfices passés et actuels.

17. Dans une autre spécification, la variable impôt est scindée afin d'évaluer séparément le transfert de bénéfices vers des pays qui n'imposent pas les bénéfices des sociétés et le transfert entre pays ayant des taux d'imposition positifs (mais différents). Le résultat suggère que les entreprises utilisent les deux types de transfert de bénéfices, la propension à transférer les bénéfices (par rapport aux écarts entre les taux d'imposition) étant plus forte entre les pays où les taux d'imposition sont positifs.

18. Un seuil de 50 % est habituellement utilisé dans les ouvrages sur la fiscalité pour définir les groupes de sociétés (Huizinga et Laeven, 2008; Maffini et Mokkas, 2011). Le raisonnement exige qu'il n'y ait pas transfert de bénéfices entre deux sociétés qui ne sont pas sous le même contrôle. Par contre, les statistiques sur l'investissement direct à l'étranger utilisent un seuil de propriété de 10 %.

19. L'approche empirique consiste à comparer, dans le cadre d'une analyse de régression, les entreprises multinationales ayant des possibilités différentes de transférer les bénéfices, par exemple les entités 1A et 2A. L'entité 1A doit recevoir les bénéfices d'autres membres du groupe puisque son taux d'imposition est inférieur aux leurs. En revanche, l'entité 2A doit transférer des bénéfices à d'autres membres du groupe. La sensibilité estimée à l'impôt implique qu'une différence de 1 point de pourcentage du taux d'imposition de référence est associée à un bénéfice plus élevé (ou plus bas) de 1 %. Cela signifie que l'entité 1A est présumée recevoir des bénéfices représentant environ 5 % du total de ses bénéfices tandis que l'entité 2A est présumée transférer environ 10 % de ses bénéfices. Les détails de la méthode sont expliqués dans l'encadré 3.A1.3.

20. Quelques articles (par exemple Markle et Shackelford, 2011) incluent l'effet des asymétries dans leurs estimations, sans toutefois les séparer du transfert de bénéfices.

21. Les brevets transférés (non transférés) sont des brevets dont l'inventeur est dans un pays différent (le même pays) que l'entité d'une entreprise multinationale qui dépose une demande de protection pour le brevet. Par exemple, les États-Unis représentent 42 % des demandes mondiales de brevet; de ce nombre, 35 % portent sur des inventions dans le pays et 7 % pour des inventions dans un autre pays. Le nombre de demandes de brevet dans le monde est la somme des demandes de brevet (transférés et non transférés) déposées par les 38 pays inclus dans l'analyse (voir Groupe B). Les demandes de brevet sont les demandes déposées auprès de deux grands offices de brevets (c.-à-d. l'Office américain des brevets et des marques (USPTO) et l'Office européen des brevets [OEB]) et les brevets déposés en vertu du Traité de coopération en matière de brevets (PCT).

22. Par exemple, dans environ 85 % des demandes de brevet au Luxembourg, l'inventeur se trouve en dehors du Luxembourg.

23. Il a été convenu, dans le cadre du projet BEPS, que le traitement préférentiel de la PI devrait être associé aux exigences concernant « l'activité substantielle » pour empêcher la concurrence fiscale dommageable (OCDE, 2014c).

24. Les régimes de PI des pays de l'OCDE et du G20 qui ne respectent pas la norme convenue concernant une activité substantielle devraient être fermés aux nouveaux entrants en juin 2016 et ne plus être utilisés à compter de juin 2021 (communiqué du G20, février 2015).

25. La protection conférée par un brevet peut s'appliquer dans des pays autres que celui où est localisée l'entreprise qui dépose la demande, selon l'endroit où est situé le bureau des brevets auprès duquel le brevet est enregistré.

26. Il existe aussi des avantages fiscaux dont les entreprises multinationales tirent profit pour s'écarter des taux d'intérêt du marché sur leur dette interne afin de transférer leurs bénéfices. Toutefois, les paiements d'intérêts entre entités liées sont habituellement régis par le principe de pleine concurrence, à l'instar d'autres transactions internes.

27. Heckemeyer et Overesch (2013), s'appuyant sur une méta-analyse de 25 études, estiment que la manipulation de la dette est la source d'environ 30 % du total des transferts de bénéfices.

28. L'indicateur est compilé pour 2005 et 2014. Dans l'analyse empirique, la valeur pour 2005 est utilisée, ce qui correspond au milieu de la période d'échantillonnage.

29. Le schéma montre le pourcentage du PIB consacré à la comptabilité, à la préparation de déclarations de revenus, à la tenue de livres et aux services des salaires, en tant que représentatif du secteur du conseil en fiscalité. Il inclut des services autres que la fiscalité, mais exclut les ressources économiques consacrées à la fiscalité, notamment les services juridiques et fiscaux ainsi que les coûts liés au personnel interne du département fiscal des sociétés.

30. Les effets de la planification fiscale internationale sur d'autres impôts et cotisations sociales vont bien au-delà de la portée de la présente étude. Si la planification fiscale internationale résulte de flux financiers artificiels et n'a pas d'incidence sur la localisation de la véritable activité économique, l'impact sur les autres impôts et sur les cotisations sociales devrait être limité.

31. Les chiffres de la part du PIB sont établis en présumant que les revenus tirés de l'impôt sur les sociétés représentent 3 % du PIB, ce qui est près de la moyenne dans les pays de l'OCDE.

32. Dans le cas de la Fédération de Russie, pour laquelle aucune donnée n'est disponible dans la base de données des statistiques structurelles et démographiques des entreprises de l'OCDE, un ratio de couverture de 70 % est présumé. Cela correspond à la moyenne des pays d'Europe pour lesquels la comparaison est possible. Dans le cas des pays hors Europe pour lesquels aucune donnée n'est disponible dans la base de données des statistiques structurelles et démographiques des entreprises de l'OCDE, un ratio de couverture de 5 % est présumé.

33. La plage est basée sur la sensibilité autour de l'estimation ponctuelle de la sensibilité de la planification fiscale. L'analyse de la sensibilité présume un intervalle de confiance de 95 % (c.-à-d. environ deux erreurs normales de chaque côté) autour de l'estimation ponctuelle du transfert de bénéfices et des estimations des asymétries.

34. L'effet sur les recettes est basé sur l'hypothèse que les entreprises à l'extérieur de l'échantillon ont la même élasticité sur le plan de l'impôt (c.-à-d. élasticité quant au transfert de bénéfices et à la différence moyenne des taux d'imposition) que les entreprises de l'échantillon. L'analyse de la sensibilité présume que les entreprises qui ne font pas partie de l'échantillon ont une élasticité sur le plan de l'impôt qui est 50 % plus élevée que celle des entreprises de l'échantillon. La présomption est que 50 % des entreprises sont couvertes dans le pays hypothétique.

35. Dans l'exemple hypothétique, la différence moyenne des taux d'imposition correspond à un taux d'imposition de référence de 33 %, ce qui correspond, en gros, à la moyenne pondérée des taux d'imposition de référence au cours de la période 2005-2009 dans les pays de l'OCDE et du G20.

36. Les données sur les crédits sont fragmentaires et les données utilisées dans la présente étude ont été fournies à l'OCDE dans le cadre de l'Action 11 et concernent le plus souvent l'année 2011. Une mise en garde s'impose : les crédits d'impôt sont volatiles, et les données d'une seule année ne sont pas nécessairement représentatives de la hauteur générale des crédits d'impôt.

37. Le postulat sous-jacent est que les pays qui ne font partie ni de l'OCDE ni du G20 perdent en moyenne 4 % à 10 % des revenus provenant de l'impôt sur les bénéfices des sociétés, soit la même proportion que les pays de l'échantillon. En moyenne, dans les pays qui ne font partie ni de l'OCDE ni du G20, la part du PIB constituée des recettes provenant de l'impôt sur les bénéfices des sociétés est plus élevée d'environ 50 % que dans les pays de l'échantillon (les données sur les recettes provenant de l'impôt sur les bénéfices des sociétés pour ces pays sont tirées des sources nationales disponibles et du FMI).

38. D'autres facteurs, notamment l'imposition du capital au niveau des particuliers peut aussi avoir des incidences sur les décisions de financement.

39. Une possibilité est d'autoriser la déduction fiscale pour le coût d'opportunité du financement par capitaux propres (appelée déduction pour fonds propres (DFP) d'une société) comme l'ont fait la Belgique et l'Italie au cours de la dernière décennie. Une autre solution est de supprimer entièrement la déductibilité des intérêts [comprehensive business income tax, ou CBIT (impôt sur l'ensemble des bénéfices d'entreprise)]. Ces possibilités sont discutées en profondeur dans les ouvrages et la documentation (par exemple OCDE, 2007 ; de Mooij, 2012).

40. Dans un marché global et avec une information parfaite, il n'existe pas de ratio optimal dette/capitaux propres pour les entreprises (Modigliani et Miller, 1958). En réalité, les marchés financiers souffrent d'imperfections au chapitre de l'information et de fiscalité non neutre. Dans un monde presque parfait, les changements au levier dus à la fiscalité peuvent atténuer ou exacerber les distorsions existantes (de Mooij, 2011).

41. La manipulation de la localisation de la dette du groupe peut accroître les risques de faillite des entités là où la dette est localisée s'il n'y a pas, au sein du groupe, de partage parfait du risque. Toutefois, les entités appartenant à des entreprises multinationales sont en général considérées comme bénéficiant de garanties explicites ou implicites de leurs sociétés mères (voir Huizinga et al., 2008, note 9).

42. La mise en place de nouvelles lignes directrices internationales pour la compilation de statistiques sur l'IDE est en cours. Les lignes directrices recommandent, entre autres, de préciser les capitaux transmis par l'intermédiaire d'entités *ad hoc* dont on sait qu'elles sont utilisées à des fins de planification fiscale. Une fois que ces données seront disponibles, l'effet des différences fiscales sur l'IDE pourra être raffiné grâce à l'exclusion d'entités spéciales (voir www.oecd.org/fr/daf/inv/statistiquesetanalysesdelinvestissement/40632182.pdf).

43. S'agissant de la localisation de l'investissement, le taux d'imposition pertinent est le taux effectif d'imposition puisqu'il prend en compte la générosité de la déduction au titre d'une dotation aux amortissements de l'investissement et d'autres dispositions fiscales. Les résultats présentés dans l'étude sont établis à l'aide des taux d'imposition de référence puisque les taux effectifs d'imposition ne sont disponibles que pour un nombre limité de pays. Les résultats sont toutefois confirmés lorsque les taux effectifs sont utilisés pour un plus petit groupe de pays.

44. Il n'existe que peu d'études sur le rôle de la planification fiscale internationale à des fins d'investissement, et la plupart des études existantes s'intéressent spécifiquement à un pays, par exemple les États-Unis ou l'Allemagne (Grubert 2003 ; Overesch, 2009).

45. Utilisant des données fiscales pour les États-Unis, Grubert (2003) montre que les multinationales très actives en matière de R&D sont plus susceptibles que certaines de leurs homologues d'investir dans des pays où les taux d'imposition sont soit très élevés, soit très faibles. Les investissements dans des pays où l'impôt est très faible peuvent servir lorsqu'il s'agit de mettre en place des stratégies de planification fiscale. Les investissements dans des pays à très fort taux d'imposition sont attractifs pour les entreprises multinationales qui pratiquent la planification fiscale parce qu'elles peuvent éviter la plupart des contraintes fiscales avec lesquelles doivent composer, dans ces pays, les entreprises qui ne pratiquent pas la planification fiscale.

46. Les taux marginaux prospectifs sont ceux qui ont été calculés par le Centre for Business Taxation Institute de l'université d'Oxford. Ils dérivent de la modélisation d'un projet hypothétique d'investissement qui prend en considération toutes les dispositions fiscales pertinentes. Par leur nature même, ils ne prennent pas en compte l'effet de la planification fiscale internationale.

47. Le taux d'imposition utilisé est le taux marginal prospectif. Les différences au titre de la réaction de l'investissement face aux changements de taux d'imposition sont importantes, à 5 %.

48. L'incohérence dynamique et le manque d'engagement en matière de politique gouvernementale sont une autre explication possible concernant l'impôt positif sur le capital, le responsable de l'élaboration de politiques ayant une incitation à imposer le capital pour accroître les recettes une fois les investissements réalisés (Kydland et Prescott, 1977 ; Piketty et Saez, 2012).

49. Une autre justification pour les impôts sur les revenus du capital est que ces impôts peuvent constituer une assurance contre de futurs résultats insatisfaisants du marché du travail (Golosov et al., 2006). Dans une situation où règne l'incertitude relative aux habiletés futures des particuliers (productivité) et où les loisirs sont un bien usuel, toutes autres considérations étant égales, des économies plus élevées aujourd'hui réduiront les incitations au travail à une date ultérieure. Ainsi, décourager l'économie en imposant les revenus sur le capital rehausse la capacité des gouvernements d'offrir une assurance contre les risques quant au futur marché du travail.

Bibliographie

Aghion, P., N. Bloom, R. Blundell, R. Griffith et P. Howitt (2005), « Competition and Innovation: An Inverted-U Relationship », *The Quarterly Journal of Economics*, MIT Press, vol. 120.

Arnold, J., B. Brys, C. Heady, A. Johansson, C. Schwellnus et L. Vartia (2011), « Tax Policy for Economic Recovery and Growth », *Economic Journal,* vol. 121.

Atkinson, A. et J. Stiglitz (1976), « The Design of Tax Structure: Direct Versus Indirect Taxation », *Journal of Public Economics*, n° 6.

Baker, H. et L. Ridick (2013), *International Finance: A Survey*, Oxford University Press.

Beer, S. et J. Loeprick (2014), « Profit Shifting: Drivers of Transfer (Mis)Pricing and the Potential of Countermeasures », *International Tax and Public Finance,* n° 1.

Blomström, M. et A. Kokko (1998), « Multinational Corporations and Spillovers », *Journal of Economic Survey*, vol. 12, n° 3.

Bloom, N., R. Sadun et J. Van Reenen (2012), « Americans Do IT Better: US Multinationals and the Productivity Miracle », *American Economic Review,* n° 102.

Blouin, J., H. Huizinga, L. Laeven et G. Nicodème (2014), « Thin Capitalization Rules and Multinational Firm Capital Structure », *IMF Working paper*, WP/14/12.

Boynton, C., P. De Filippes, E. Legel et T. Reum (2014), « A First Look at 2010 Schedule M-3 Reporting and Schedule UTP », *Special Report, Tax Notes*, Internal Revenue Service.

Braconier, H., G. Nicoletti et B. Westmore (2014), « Policy Challenges for the Next 50 Years », *Documents d'orientation du Département des affaires économiques de l'OCDE*, n° 9, Éditions OCDE, Paris.

Buettner, T. et G. Wamser (2013), « Internal Debt and Multinational Profit Shifting: Empirical Evidence from Firm-Level Panel Data », *National Tax Journal*, vol. 66, n° 1.

Buettner, T., M. Overesch, U. Schreiber et G. Wamser (2012), « The impact of thin capitalisation rules on the capital structure of multinational firms », *Journal of Public Economics*, vol. 96, n° 11 et 12.

Burgman, T. (1996), « An Empirical Examination of Multinational Corporate Capital Structure », *Journal of International Business Studies*, n° 27.

Chamley, C. (1986), « Optimal Taxation of Capital Income in General Equilibrium with Infinite Lives », *Econometrica*, vol. 54, n° 3.

Clausing, K. (2009), « Multinational firm tax avoidance and tax policy », *National Tax Journal*, vol. 62, n° 4.

CNUCED (2015), « FDI, Tax and Development, The fiscal role of multinational enterprises: towards guidelines for Coherent International Tax and Investment Policies », *Working paper for review and feedback,* 26 mars 2015.

Cobham, A. et S. Loretz (2014), « International distribution of the corporate tax base: Impact of different apportionment factors under unitary taxation », *document non publié.*

CTJ (2014), « Offshore Shell Games », Citizens for Tax Justice.

Dahlby, B. (2011), « Global Value Chains, Foreign Direct Investment, and Taxation », *document non publié*, University of Alberta.

De Mooij, R. (2012), « Tax Biases to Debt Finance: Assessing the Problem, Finding Solutions », *Fiscal Studies, Institute for Fiscal Studies*, vol. 33, n° 4.

De Mooij, R. (2011), « The Tax Elasticity of Corporate Debt: A Synthesis of Size and Variations », *IMF Working Paper WP/11/95*, Fonds monétaire international.

Devereux, M. et P. Sorensen (2006), « The Corporate Income Tax: International Trends and Options for Fundamental Reform », Commission européenne, *Economic Papers*, n° 264.

Devereux, M. et S. Loretz (2012), « What Do We Know about Corporate Tax Competition? », Oxford University Centre for Business Taxation, document de travail, vol. 12, n° 29, octobre.

Devereux, M., B. Lockwood et M. Redoano (2008), « Do countries compete over corporate tax rates? », *Journal of Public Economics* vol. 92, n° 5-6.

Dharmapala, D. (2014), « What do we know about base erosion and profit shifting? A review of the empirical literature », *CESifo Working Paper*, n° 4612.

Dischinger, M., U. Glogowsky et M. Strobel (2010), « Leverage, Coporate Taxes and Debt Shifting of Multinationals: The Impact of Firm-specific Risk », *document non publié*, Université de Munich.

Djankov, S., T. Ganser, C. McLiesh, R. Ramalho et A. Shleifer (2010), « The Effect of Corporate Taxes on Investment and Entrepreneurship », *American Economic Journal: Macroeconomics*, vol. 2, n° 3.

Evers, L., H. Miller et C. Spengel (2013), « Intellectual property box regimes: Effective tax rates and tax policy considerations », *ZEW Discussion Papers*, n° 13-070.

Feld, L. et J. Heckemeyer (2011), « FDI and Taxation: A Meta-Study », *Journal of Economic Surveys*, vol. 25, n° 2.

FMI (2014), « Spillovers in International Corporate Taxation », *IMF Policy Paper*, Fonds monétaire international.

Fuest, C. et N. Riedel (2012), « Tax Evasion and Tax Avoidance: The Role of International Profit Shifting », dans Reuter, P. (dir. pub.), *Draining Development?*, Banque mondiale.

Fuest, C. et N. Riedel (2010), « Tax Evasion and Tax Avoidance in Developing Countries: The Role of International Profit Shifting », *Oxford University Centre for Business Taxation Working Papers*, vol. 10, n° 12.

Gal, P. (2013), « Measuring Total Factor Productivity at the Firm Level using OECD-ORBIS », *Documents de travail du Département des affaires économiques de l'OCDE*, n° 1049, Éditions OCDE, Paris.

Gilbert, R. (2006), « Looking for Mr. Schumpeter: Where Are We in the Competition-Innovation Debate? », dans Jaffe, A., J. Lerner et S. Stern (dir. pub.), *Innovation Policy and the Economy*, vol. 6, National Bureau of Economic Research.

Golosov, M., A. Tsyvinski et I. Werning (2006), « New Dynamic Public Finance: A User's Guide », *NBER Macroeconomics Annual*.

Gravelle, J. (2015), *Tax Havens: International Tax Avoidance and Evasion*, Congressional Research Service, Washington, DC.

Gravelle, J. (2014), « International Corporate Tax Rate Comparison and Public Implications », Congressional Research Service, Washington, DC.

Griffith, R., H. Miller et M. O'Connell (2014), « Ownership of intellectual property and corporate taxation », *Journal of Public Economics*, n° 112.

Grubert, H. (2012), « Foreign Taxes and the Growing Share of U.S. Multinational Company Income Abroad: Profits, Not Sales, are Being Globalized », *Office of Tax Analysis*, document de travail, n° 103.

Grubert, H. (2003), « Intangible Income, Intercompany Transactions, Income Shifting, and the Choice of Location », *National Tax Journal*, vol. 56, n° 1.

Hajkova, D., G. Nicoletti, L. Vartia et K. Yoo (2006), « La fiscalité et l'environnement des entreprises comme déterminants des investissements directs étrangers », *Revue économique de l'OCDE*, vol. 2006/2.

Hall, R. et D. Jorgenson (1967), « Tax Policy and Investment Behavior », *American Economic Review,* vol. 57.

Hanlon, M. (2003), « What can we infer about a firm's taxable income from its financial statements? », *National Tax Journal*, pp. 831-863.

Heckemeyer, J. et M. Overesch (2013), « Multinationals' Profit Response to Tax Differentials: Effect Size and Shifting Channels », *ZEW Discussion Paper*, n° 13-045.

Helpman, E., M. Melitz et S. Yeaple (2004), « Export versus FDI with Heterogeneous Firms », *American Economic Review*, n° 94.

Huizinga, H. et L. Laeven (2008), « International profit shifting within multinationals: a multi-country perspective », *Journal of Public Economics*, n° 92.

Huizinga, H., L. Laeven et G. Nicodeme (2008), « Capital structure and international debt shifting », *Journal of Financial Economics,* vol. 88.

Joint Committee on Taxation (2014), « Technical Explanation, Estimated Revenue Effects, Distributional Analysis, and Macroeconomic Analysis of the Tax Reform Act of 2014 », U.S. Government Printing Office, Washington.

Judd, K. (1985), « Redistributive Taxation in a Simple Perfect Foresight Model », *Journal of Public Economics*, vol. 28, n° 1.

Keen, M. et K. Konrad (2012), « International Tax Competition and Coordination », *Max Planck Institute for Tax Law and Public Finance Working Paper*, n° 12/06.

Kydland, F. et E. Prescott (1977), « Rules Rather than Discretion: The Inconsistency of Optimal Plans », *Journal of Political Economy*, vol. 85.

Lisowsky, P. (2010), « Seeking shelter: Empirically modeling tax shelters using financial statement information », *The Accounting Review,* vol. 85, n° 5, pp. 1693-1720.

Lohse, T. et N. Riedel (2012), « The impact of transfer pricing regulations on profit shifting within European multinationals », *FZID Discussion Papers*, n° 61.

Lohse, T., N. Riedel et C. Spengel (2012), « The Increasing Importance of Transfer Pricing Regulations – a Worldwide Overview », *Oxford University Centre for Business Taxation Working Paper*, n° 12.

Maffini, G. et S. Mokkas (2011), « Profit Shifting and Measured Productivity of Multinational Firms », *Oxford Bulletin of Economics and Statistics*, vol. 73, n° 1.

Markle, K. et D. Shackelford (2011), « Cross-country comparisons of corporate income taxes », *NBER Working Paper*, n° 16839.

Markusen, J., et A. Venables (1999), « Foreign direct investment as a catalyst for industrial development », *European Economic Review*, vol. 43, n° 2.

Modigliani, F. et M. Miller (1958), « The Cost of Capital, Corporation Finance and the Theory of Investment », *The American Economic Review*, vol. 48, n° 3.

Møen, J., D. Schindler, G. Schjelderup et J. Tropina (2011), « International Debt Shifting: Do Multinationals Shift Internal or External Debt? », *CESifo Working Paper Series*, n° 3519.

OCDE (2014a), *Relever les défis fiscaux posés par l'économie numérique*, Projet OCDE/G20 sur l'érosion de la base d'imposition et le transfert de bénéfices, Éditions OCDE, Paris.

OCDE (2014b), *Neutraliser les effets des dispositifs hybrides*, Projet OCDE/G20 sur l'érosion de la base d'imposition et le transfert de bénéfices, Éditions OCDE, Paris.

OCDE (2014c), *Lutter plus efficacement contre les pratiques fiscales dommageables, en prenant en compte la transparence et la substance*, Projet OCDE/G20 sur l'érosion de la base d'imposition et le transfert de bénéfices, Éditions OCDE, Paris.

OCDE (2014d), *Norme d'échange automatique de renseignements relatifs aux comptes financiers en matière fiscale*, Éditions OCDE, Paris. Overesch, M. (2009), « The Effects of Multinationals' Profit Shifting Activities on Real Investments », *National Tax Journal*, vol. 62, n° 1.

OCDE (2013), *Plan d'action concernant l'érosion de la base d'imposition et le transfert de bénéfices*, Éditions OCDE.

OCDE (2009), « Fiscalité et croissance économique », dans OCDE, *Réformes économiques 2009 : Objectif croissance*, Éditions OCDE, Paris.

OCDE (2008), « Reforming Corporate Income Tax », *Synthèses de l'OCDE*, Éditions OCDE.

OCDE (2007a), Tax Effects on Foreign Direct Investment: Recent Evidence and Policy Analysis, *Études de politique fiscale de l'OCDE*, n° 17.

OCDE (2007b), Fundamental Reform of Corporate Income Tax, *Études de politique fiscale de l'OCDE,* n° 16.

Piketty, T. et E. Saez (2012), « A Theory of Optimal Capital Taxation », *NBER Working Paper*, n° 17989.

Porter, M. (1980), « Competitive Strategy », *Free Press*, New York.

PWC (2013), Global Research and Development Incentives Group, novembre 2013.

Ragoussis, A. et E. Gonnard (2012), « The OECD-ORBIS Database: Treatment and benchmarking procedures », *document non publié.*

Schwellnus, C. et J. Arnold (2008), « Do Corporate Taxes Reduce Productivity and Investment at the Firm Level?: Cross-Country Evidence from the Amadeus Dataset », *OECD Economics Department Working Papers*, n° 641, Éditions OCDE, Paris.

Slemrod, J., J. Whiting et J. Shaw (2007), « Tax Implementation Issues in the United Kingdom », paper prepared for the IFS Conference on "Reforming the Tax System for the 21st Century: The Mirrlees Review », Cambridge, 12 avril.

Sutton, J. (1991), « Sunk costs and market structure: Price competition, advertising, and the evolution of concentration », *MIT Press*, Cambridge, Mass.

Vartia, L. (2008), « How do Taxes Affect Investment and Productivity?: An Industry-Level Analysis of OECD Countries », *OECD Economics Department Working Papers*, n° 656, Éditions OCDE.

Wilson, J. (1999), « Theories of Tax Competition », *National Tax Journal*, LII, n° 2.

Zinn, B. et C. Spengel (2012), « Book/tax Conformity: Empirical Evidence from Germany », *ZEW Discussion Paper*, n° 12-051.

Annexe 3.A2

Guide pour estimer les incidences budgétaires par pays des mesures pour enrayer l'érosion de la base d'imposition et le transfert de bénéfices

Introduction

Lorsque des pays envisagent de mettre en œuvre des mesures pour lutter contre l'érosion de la base d'imposition et le transfert de bénéfices, il peut s'avérer utile d'estimer les incidences budgétaires et économiques de ces mesures. Les analystes des politiques fiscales sont en mesure de fournir aux dirigeants ainsi qu'à d'autres parties intéressées des analyses factuelles des incidences budgétaires et économiques des mesures destinées à faire obstacle aux pratiques de BEPS.

Le Plan d'action BEPS stipule qu'« il est important d'identifier les types de données que les contribuables doivent communiquer à l'administration fiscale, ainsi que les méthodologies qui peuvent être employées pour analyser ces données, et d'estimer les incidences économiques probables des pratiques de BEPS, ainsi que l'impact des mesures prises pour les combattre ». De plus, l'Action 11 vise à « évaluer en permanence l'efficacité et l'effet économique des actions engagées pour lutter contre ce phénomène »[1].

Le but de la présente annexe est de fournir aux administrations fiscales et aux responsables des politiques fiscales des Administrations, ainsi qu'à d'autres représentants, un guide d'approches méthodologiques qui pourraient être utilisées pour estimer les incidences budgétaires des mesures visant à enrayer le phénomène BEPS. Les estimations des incidences budgétaires, pouvant intégrer l'impact des pratiques des contribuables, représentent souvent une étape initiale importante dans l'analyse des autres effets économiques des modifications législatives. Bien que les approches méthodologiques proposées dans le guide soient présentées pour chacune des actions du Plan, la stratégie d'estimation dans son ensemble n'est pas nouvelle pour les analystes des politiques publiques responsables de l'étude des propositions législatives en matière fiscale.

Dans son examen récent des recherches universitaires, Riedel (2014) constate que : « Les données empiriques les plus convaincantes sont présentées dans les études universitaires qui examinent les canaux précis utilisés pour le transfert de bénéfices, car les tests empiriques sont alors plus directs et les risques que les résultats soient influencés par des mécanismes non liés à des transferts de revenus sont réduits. » Cette constatation est importante pour l'analyse des incidences budgétaires des mesures pour lutter contre le phénomène BEPS, et les approches méthodologiques de la présente annexe se fondent sur un grand nombre de ces études empiriques qui font l'analyse de canaux précis par lesquels transitent les bénéfices.

Le guide qui fait l'objet de la présente annexe met l'accent sur des approches pratiques que les analystes des politiques peuvent utiliser pour estimer pour leur pays les incidences budgétaires des mesures pour lutter contre le phénomène BEPS. Étant donné que les pays disposent de données différentes et ne partent pas du même stade, plusieurs options sont souvent proposées. Certains pays pourront mettre en place l'ensemble des mesures pour lutter contre le phénomène BEPS, alors que d'autres pourront sélectionner certaines mesures en particulier. C'est pour cette raison que les méthodologies sont présentées par action. Cette démarche s'inscrit dans le cadre de l'Action 11 du Plan d'action BEPS[2].

L'estimation des incidences budgétaires résultant des modifications apportées aux règles fiscales nationales par les pouvoirs publics n'a rien de nouveau et certains pays ont déjà estimé les incidences budgétaires de certaines mesures de politique fiscale ayant trait au phénomène BEPS. Il est à noter que les incidences budgétaires de mesures unilatérales prises par un pays ne tiennent pas compte des retombées qu'elles pourraient avoir dans d'autres pays. Notamment, la mise en œuvre d'une règle limitant la déductibilité des intérêts permettra de réduire la dette et les déductions des intérêts dans le pays qui la met en œuvre, mais les entreprises multinationales concernées pourraient alors transférer la dette et les déductions d'intérêts vers d'autres pays, qui ont des règles moins strictes. Au niveau mondial, les effets sur le phénomène BEPS et sur les recettes seraient très différents si des mesures correctives multilatérales étaient prises comparativement aux effets produits par des mesures correctives unilatérales.

Pour un certain nombre d'États, combler les lacunes existantes est une mesure de protection de la base d'imposition, c'est pourquoi ils ne font pas d'estimation des incidences budgétaires qui y sont associées. Il en est de même pour un grand nombre de mesures liées à la lutte contre le phénomène BEPS, qui peuvent être considérées comme des mesures destinées à protéger les prévisions de recettes budgétaires, et non pas comme une source de nouvelles recettes qui viendraient s'ajouter aux recettes attendues dans le cadre de la législation en vigueur[3]. Ainsi, même si un certain nombre de mesures pour enrayer le phénomène BEPS ont été adoptées au cours des dix dernières années, elles ont parfois été considérées comme des mesures destinées à protéger la base d'imposition, et n'ont pas été officiellement reconnues comme générant de nouvelles recettes par rapport aux prévisions de recettes fiscales établies dans le cadre de la législation en vigueur.

Plusieurs pays ont estimé les incidences budgétaires de mesures pour enrayer le phénomène BEPS, que ces mesures soient adoptées ou proposées. Le tableau 3.A2.1 présente un résumé des estimations budgétaires de ces mesures dans certains pays, en pourcentage des recettes fiscales totales provenant de l'impôt sur les sociétés. L'impact sur les recettes fiscales est approximatif car l'année où les recettes totales provenant de l'impôt sur les sociétés ont été perçues ne correspond pas toujours à l'année pour laquelle l'estimation des recettes est calculée. De plus, certaines estimations de recettes se réfèrent à une période en particulier; cependant, le nombre d'années incluses dans cette période n'est pas toujours clairement indiqué. Les mesures qui ont été adoptées dans les années antérieures pourraient donner lieu à des estimations budgétaires différentes d'une estimation qui serait faite aujourd'hui ou à l'avenir car les conditions macroéconomiques générales auraient sans doute changé. C'est notamment le cas des règles de limitation des intérêts, car certaines estimations budgétaires ont été faites durant une période où les taux d'intérêt étaient élevés; la réalisation de l'estimation budgétaire dans l'environnement des taux d'intérêt actuels peut se traduire par une estimation moins élevée. Les estimations budgétaires peuvent être affectées par la mise en œuvre concomitante d'autres mesures politiques dans un pays et par la façon dont ces mesures sont intégrées pour éviter les chevauchements. De plus, si un pays avait déjà des mesures correctives en place, l'estimation budgétaire ne porterait que sur les incidences supplémentaires sur les recettes de la nouvelle règle de limitation des intérêts, et non pas sur les incidences de la règle dans sa totalité. L'estimation est également sensible aux conditions macroéconomiques existantes au moment de sa réalisation.

Tableau 3.A2.1. **Estimations budgétaires des mesures pour lutter contre le phénomène BEPS par pays**

Pays	Mesure	Année d'entrée en vigueur (sauf indication contraire)	Effet sur les recettes annuelles en pourcentage des recettes totales de l'impôt sur les sociétés
Allemagne	Hausse des impôts en cas de réinstallation à l'étranger et prix de transfert plus adéquat	2008	8,6 %
Danemark	Limitation des déductions d'intérêts	2007	5,2 %
États-Unis	Limitation des déductions d'intérêts excessifs des membres des groupes chargés des rapports financiers et report de la déduction des frais d'intérêt liés à un revenu différé	Proposition (2015) pour une entrée en vigueur en 2016	4,0 %
	Imposition des bénéfices excessifs qui sont liés aux transferts de biens incorporels à l'étranger	Proposition (2015) pour une entrée en vigueur en 2016	1,1 %
France	Dispositifs hybrides	2014	0,9 %
Norvège	Limitation des déductions d'intérêts	2014	3,4 %
Royaume-Uni	Montages d'évasion fiscale par le biais des transferts de bénéfices des sociétés	2014	0,3 %
	Dispositifs hybrides	2017	0,2 %
Suède	Règles de limitation des déductions d'intérêts pour la dette intérieure	2013	8,5 %
	Accords d'échange de renseignements fiscaux	2010	0,6 %

Source : Étude par pays du GT2 du Comité des affaires fiscales de l'OCDE.

L'analyse des incidences budgétaires des mesures pour lutter contre le phénomène BEPS fournit un certain nombre d'avantages. Les prévisions budgétaires permettent aux dirigeants de disposer au moins d'un ordre de grandeur des effets potentiels des mesures politiques, plutôt que de compter sur des informations limitées relatives à un groupe restreint de contribuables ou de montages. La prévision et la modélisation requièrent des estimations et des hypothèses plus explicites de la part des analystes, même si toutes les données clés ne sont pas disponibles. Le fait de comprendre les limitations affectant les données peut contribuer à améliorer la disponibilité des données au fil du temps. Les prévisions budgétaires peuvent contribuer à une analyse économique plus large des changements législatifs en mesurant les effets d'incitation, le niveau des activités concernées et les changements de comportement potentiels des contribuables. Par exemple, les propositions législatives ou les estimations réalisées par le ministère des Finances et par l'administration fiscale au Royaume-Uni, ainsi que l'évaluation des coûts liés aux mesures effectuée aux États-Unis, incluent souvent un large éventail d'informations et d'analyses relatives aux propositions législatives en matière de politique fiscale[4]. La quantité d'informations dépend de la mesure en question, mais en général, on y trouve un aperçu de la loi actuelle et les changements proposés ; la raison pour laquelle l'intervention des pouvoirs publics est nécessaire ; les objectifs de la mesure et ses effets escomptés ; d'autres alternatives et les arguments justifiant l'option recommandée ; les avantages et les coûts pour les pouvoirs publics et pour les autres acteurs économiques ; d'autres éléments, tels que les effets sur la concurrence ; et les changements de comportement potentiels.

Démarche générale pour effectuer une estimation budgétaire

Les étapes suivantes sont des éléments importants pour estimer les recettes fiscales et pourraient servir de guide pour estimer les incidences budgétaires de toute nouvelle mesure en matière de politique fiscale. Cette démarche est susceptible d'être particulièrement utile dans le contexte du projet BEPS alors que de nouvelles mesures correctives ou des améliorations apportées à des mesures correctives existantes sont proposées et adoptées. Il est important de reconnaître que le niveau de détail des données collectées sur les contribuables et l'accès à ces données par les analystes des politiques fiscales peuvent varier d'un pays à l'autre. En conséquence, la méthodologie la plus appropriée pour un pays ne le sera peut-être pas pour un autre. Le graphique 3.A2.1 donne un aperçu général de la démarche qu'il est possible de suivre pour effectuer une estimation budgétaire. Chaque étape est ensuite expliquée.

Graphique 3.A2.1. **Démarche possible pour effectuer une estimation budgétaire**

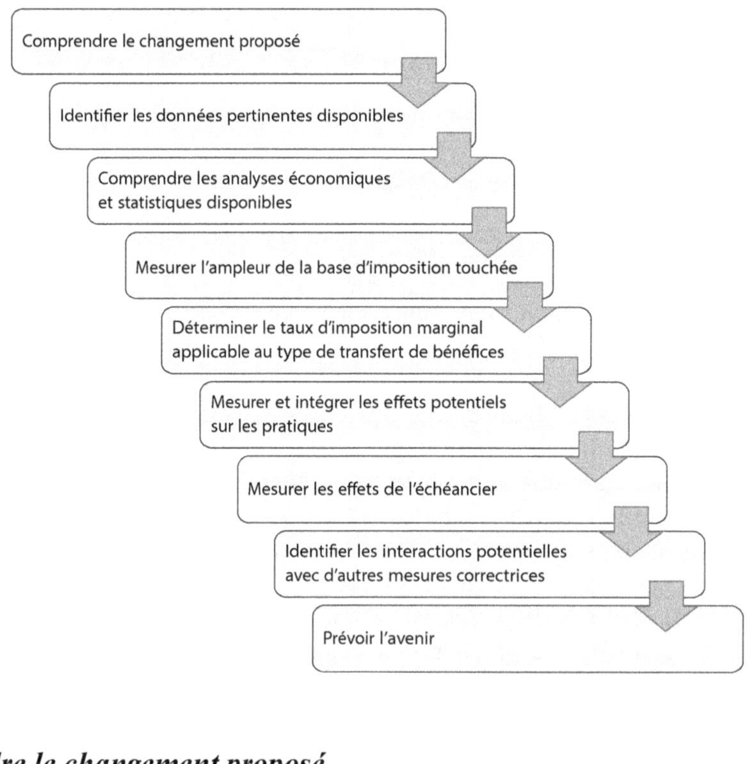

Comprendre le changement proposé

Il est important de bien évaluer et de bien comprendre le changement législatif proposé. Il est nécessaire de cerner les éléments clés de la nouvelle proposition qui sont susceptibles d'avoir les plus grandes incidences budgétaires ainsi que les données nécessaires à l'analyse. Il est peu probable que les caractéristiques de conception détaillées relatives à la nouvelle politique aient une incidence importante sur l'estimation budgétaire, il ne sera donc pas nécessaire d'accorder une trop grande importance à ces caractéristiques. Il ne sera pas nécessaire non plus de tenter de faire une estimation très raffinée lorsque les données sont limitées et qu'une incertitude entoure le comportement des contribuables. Bien que les détails aient leur importance, ils ne sont pas tous suffisamment significatifs pour être incorporés dans l'analyse économique et il est donc important de cerner les éléments clés de la proposition pour faire une estimation raisonnable de ses incidences sur les recettes. On peut cependant noter les questions de moindre importance qui pourraient créer un biais à la hausse ou à la baisse de l'estimation des recettes fiscales.

La proposition doit être comparée à la législation, aux règlements et aux pratiques en vigueur, car ce sont ces derniers qui vont déterminer les hypothèses à partir desquelles les mesures correctives seront évaluées. Dans de nombreux cas, les mesures pour lutter contre les pratiques de BEPS s'ajouteront aux mesures déjà en place, telles que les règles relatives à la sous-capitalisation, les règles de calcul des prix de transfert et les dispositions générales contre l'évasion fiscale. Certains pays pourraient déjà avoir une législation similaire aux mesures correctives proposées, ou même plus robuste, auquel cas, la mesure corrective, si on la considère de manière isolée par rapport à d'autres changements, pourrait n'avoir aucun effet supplémentaire sur les recettes futures. Il sera également important de déterminer les hypothèses appropriées et si les mesures correctives proposées seront de nature à protéger les recettes ou à les augmenter.

Identifier les données pertinentes disponibles

L'identification des données les plus pertinentes, actuellement disponibles est une étape déterminante pour effectuer l'estimation budgétaire. Dans certains cas, comme lors de changements dans la législation de l'impôt sur le revenu des personnes physiques, les analystes peuvent disposer de données détaillées des déclarations d'impôt, qui peuvent être rapidement utilisées pour simuler des changements de politique fiscale. Dans le domaine des affaires et de l'impôt sur les sociétés, il y a en général beaucoup moins de données compte tenu de l'instabilité des revenus d'entreprise, de la complexité des structures d'affaires et des ajustements nécessaires en cas de report de pertes fiscales, ce qui rend la prévision de l'impôt sur les sociétés plus complexe que celle de l'impôt sur le revenu des particuliers. Les données disponibles pour l'analyse de la fiscalité internationale des entreprises multinationales et des problématiques BEPS sont extrêmement limitées. Cependant, il est de pratique courante dans les Administrations que les analystes de la fiscalité des entreprises s'appuient sur des bases de données provenant d'une variété de sources, et non pas seulement sur des informations provenant des déclarations d'impôt, pour analyser des changements législatifs.

La disponibilité des données détermine, dans une large mesure, la méthodologie potentielle à suivre. Dans le contexte des problématiques de BEPS, la situation optimale serait d'avoir accès à des informations au niveau microéconomique dans les déclarations d'impôt, car ces informations mettent en lumière les entités qui sont affiliées à des entreprises multinationales et distinguent les transactions effectuées entre parties liées et entre parties non liées. Les données provenant des déclarations d'impôt peuvent cependant s'avérer insuffisantes pour permettre de faire une estimation et devront alors être complétées par d'autres renseignements.

Les données microéconomiques des comptes financiers peuvent également être utiles en l'absence d'informations dans la déclaration d'impôt. Il faudra faire une extrapolation à l'univers des contribuables concernés à partir des données figurant dans les comptes financiers, notamment, en cas de problèmes de données manquantes dans les bases de données disponibles. Des données macroéconomiques pourront être utiles pour ajuster les données des comptes financiers et faciliter l'extrapolation. Il faudra être prudent dans l'interprétation des résultats des comptes financiers en raison des différences qui existent entre la charge d'impôt enregistrée à des fins comptables et l'impôt réel acquitté par une entreprise. Une bonne stratégie serait de comprendre les sources potentielles de divergence et de faire les ajustements appropriés.

En l'absence de base de données portant sur les données microéconomiques des comptes financiers, une option possible est d'analyser un échantillon statistique, ou bien les états financiers des plus grandes entreprises multinationales d'un pays. Il est important de noter qu'il est préférable de prendre un échantillon statistique plutôt que de se focaliser sur un groupe multinational en particulier. Si le fait de se concentrer sur les grandes entreprises multinationales permet de couvrir une part importante de l'activité économique totale affectée, une extrapolation à partir de ce groupe pourrait conduire à une surestimation des incidences budgétaires. L'utilisation d'un véritable échantillon statistique de contribuables qui seraient concernés par une mesure politique permet une meilleure représentation de l'économie et constitue donc un meilleur échantillon à partir duquel l'extrapolation peut être faite. Le nombre de groupes choisis pour l'échantillon dépendra de facteurs nationaux et devrait permettre une bonne représentation de tous les secteurs afin de refléter adéquatement la contribution sectorielle au PIB et le fait que certains secteurs pourraient être touchés plus que d'autres par la (les) mesure(s) proposée(s).

En l'absence de données microéconomiques, on peut exploiter des données macroéconomiques. Il est possible de trouver des données sur la plupart des transactions qui sont susceptibles d'être affectées par les problématiques de BEPS, notamment les importations et les exportations, les ventes, les revenus et les paiements d'intérêts, ainsi que les dividendes et les redevances. Ces données sont en principe disponibles dans les comptes nationaux et la balance des paiements (BDP). Il est également probable que des données soient disponibles sur les exportations et les importations bilatérales, ou sur l'IDE dans d'autres pays.

Si un pays ne dispose pas de données macroéconomiques ayant trait à la mesure corrective, il est possible d'obtenir des données équivalentes d'autres pays dont l'économie est comparable, ainsi que des informations provenant d'études empiriques. Certaines études empiriques fournissent des informations utiles sur les questions qui se rapportent directement aux problématiques de BEPS.

Comprendre les analyses économiques et statistiques disponibles

Lors de l'estimation des incidences budgétaires d'une mesure, on dispose fréquemment d'un ensemble de recherches et d'études empiriques qui ont déjà examiné les questions soulevées par la mesure en cours d'adoption, et qui peuvent fournir des indications utiles aux analystes des politiques fiscales. Dans le contexte spécifique du phénomène BEPS, la consultation d'études existantes qui analysent certaines pratiques à des fins fiscales, ou qui présentent des analyses sur les mesures existantes dans d'autres pays pour lutter contre ce phénomène, peut apporter de précieux renseignements dans la préparation de l'estimation. Il existe un certain nombre d'analyses empiriques sur les pratiques de BEPS des entreprises multinationales, notamment dans le domaine des prix de transfert, des frais financiers et du chalandage fiscal. Ces analyses sont d'importantes sources d'information et peuvent souvent aider les analystes à affiner une estimation budgétaire. Certaines études montrent les changements de comportement résultant de variations dans l'imposition ou en relation avec une mesure spécifique qui a été appliquée, tandis que d'autres fournissent des informations utiles sur les relations entre des variables qui font partie intégrante de certaines actions du projet BEPS (la dette intérieure et extérieure, par exemple). Un autre exemple est une étude universitaire qui permet de mieux comprendre tous les réseaux de conventions et les « itinéraires » qui sont susceptibles d'être rentables en matière de planification fiscale.

Mesurer l'ampleur de la base d'imposition affectée

Il faudra prendre des hypothèses et faire preuve de jugement dans cette étape clé qui consiste à mesurer l'ampleur de la base d'imposition affectée par une mesure politique. Cette étape consiste à recourir à des données pertinentes et disponibles et à faire les ajustements nécessaires, après avoir bien cerné les relations entre les variables clés. Dans le contexte du phénomène BEPS, il est également essentiel de comprendre les diverses incitations à se livrer à des pratiques de BEPS, car celles-ci vont aussi avoir un effet sur l'ampleur de la base d'imposition affectée. On va pouvoir déterminer de manière éclairée l'ampleur de la base d'imposition susceptible d'être affectée par une mesure politique en combinant de façon efficace les connaissances tirées des étapes précédentes.

Déterminer le taux d'imposition marginal applicable au type de transfert de bénéfices

Après avoir quantifié la base d'imposition affectée, il sera nécessaire d'établir le taux d'imposition à appliquer à la variation de la base d'imposition estimée. Dans ce but, il faudra déterminer la source du revenu, si l'imposition se fait à la marge et les règles spécifiques mises en œuvre. Le taux d'imposition le plus simple à utiliser est le taux d'imposition marginal prévu par la loi, mais dans de nombreux cas (notamment dans le contexte des problématiques de BEPS) ce n'est peut-être pas le meilleur choix étant donné que de nombreux pays ont des régimes spéciaux avec un taux légal d'imposition des sociétés qui est sensiblement plus faible pour certains revenus. Par exemple, les régimes applicables aux brevets (ou *patent boxes)* prévoient un taux d'impôt sur les sociétés plus faible pour les revenus liés à la PI et certains pays ont des arrangements individuels avec les contribuables qui réduisent considérablement les impôts dus. L'application de taux effectifs d'imposition peut ne pas être appropriée non plus; en effet, si l'on devait imposer une augmentation de la base d'imposition à la marge, l'utilisation d'un taux effectif d'imposition sous-estimerait les incidences budgétaires dans les situations où les abattements et les crédits d'impôt pour investissement réduisent ce taux.

Il faut commencer par utiliser le taux d'imposition marginal applicable (TIMA), qui est le taux appliqué à une augmentation des revenus imposables, comme si l'augmentation était imposée à la marge. Des ajustements à la baisse peuvent être nécessaires pour une variété de raisons. Par exemple, une augmentation de revenu imposable n'aura pas d'impact sur les impôts dus par des entreprises qui déclarent des pertes à des fins fiscales. L'accès aux données microéconomiques permettra de ne pas avoir à faire d'ajustements car le TIMA exact pourra être appliqué dans le modèle de microsimulation. Toutefois, compte tenu du fait qu'un certain nombre d'entreprises auront déclaré des pertes, une estimation budgétaire qui se fonderait sur des données macroéconomiques nécessiterait un ajustement à la baisse du taux d'imposition marginal prévu par la loi. Si aucun ajustement n'était fait, il en résulterait probablement une surestimation des incidences budgétaires.

Mesurer et intégrer les effets potentiels sur les pratiques

Il sera nécessaire d'avoir une bonne compréhension des incitations à l'érosion de la base d'imposition et au transfert de bénéfices, à la fois avant et après l'adoption des mesures correctives proposées. La compréhension des incitations à adopter des pratiques de BEPS après la mise en œuvre de mesures correctives est importante pour réaliser une estimation dynamique des incidences budgétaires de la (des) mesure(s) corrective(s) analysée(s). Il est également important de reconnaître que les effets sur les pratiques ne se limitent pas aux contribuables. En effet, ils peuvent également se produire à la suite de la réaction des pouvoirs publics nationaux à des modifications de législation fiscale par d'autres pouvoirs publics étrangers et des effets de ces modifications sur les pratiques au niveau macroéconomique. Toutefois, aux fins de la présente annexe, seules les pratiques des contribuables sont étudiées.

Les effets notables sur les pratiques devraient être inclus pour autant que les données et les travaux de recherche disponibles le permettent. Étant donné que les entreprises se livrent à des pratiques de maximisation du profit, les analystes des politiques fiscales peuvent partir du principe que l'un des moyens que les entreprises emploient pour atteindre cet objectif est la minimisation de l'impôt à payer. La correction d'une lacune peut entraîner la mise en œuvre d'autres méthodes d'érosion de la base d'imposition et de transfert de bénéfices hors du pays de la part des entreprises multinationales. Il est important de reconnaître cet aspect lors de la préparation d'une estimation budgétaire, car les augmentations estimées de recettes provenant de l'impôt sur les sociétés pourraient ne pas se produire si les entreprises multinationales trouvent d'autres méthodes pour minimiser l'impôt à payer.

Une hypothèse simplificatrice souvent utilisée en politique fiscale pour analyser des modifications fiscales mineures, par opposition à des réformes fiscales majeures, consiste à dire que les modifications n'auront pas d'effet macroéconomique important. Étant donné que toute augmentation des impôts des entreprises résultant de la réduction du phénomène BEPS se traduirait par une baisse des impôts d'autres acteurs, une augmentation des dépenses du gouvernement, ou une réduction du déficit budgétaire du gouvernement, il est peu probable que les effets macroéconomiques globaux soient importants compte tenu des mécanismes de compensation. Si l'on prévoit des effets macroéconomiques importants, les services fiscaux et les responsables des politiques fiscales travailleront en général avec d'autres services de l'Administration pour estimer l'effet global sur le budget.

L'évaluation des changements dans les pratiques résultant de mesures unilatérales diffère d'une évaluation où les actions sont multilatérales, comme indiqué dans l'introduction. Il existe un grand nombre d'études empiriques sur les réactions des contribuables à des différentiels de taux d'imposition et à des modifications de politiques fiscales spécifiques adoptées, qui peuvent fournir des indications utiles aux analystes.

Lors de la préparation d'une estimation budgétaire, on doit aussi prendre en compte des facteurs externes au changement de politique légiféré. Durant la période qui précède l'introduction d'une nouvelle législation annoncée, de nombreux pays ont des processus en place qui pourraient inclure la publication d'un document de discussion afin de solliciter les commentaires du public, des sessions parlementaires, et un engagement avec les contribuables. Ces processus laissent du temps aux contribuables pour changer leurs pratiques afin d'éviter d'être affectés par la nouvelle législation. Ce phénomène pourrait être pris en compte dans l'étude des effets sur les pratiques.

Le niveau d'application est également important. Un niveau d'application faible pourrait rendre inefficace une bonne mesure politique si les contribuables peuvent facilement éviter de payer les impôts dus. De ce fait, il peut être approprié de prendre en compte une mesure de l'efficacité attendue au regard du degré de réussite dans l'application de la mesure corrective.

Mesurer les effets de l'échéancier

La plupart des Administrations font une estimation des incidences budgétaires d'une législation proposée sur un horizon de plusieurs années, en se basant sur des prévisions macroéconomiques préparées par d'autres services de l'Administration publique. L'effet des changements proposés dépend de la date d'entrée en vigueur de la législation, d'applications progressives et de règles de transition potentielles. L'échéancier peut également être perturbé par des règles de report, si les déductions ne sont pas autorisées dans l'année en cours, mais le sont dans les années ultérieures, comme dans le cas des reports des pertes d'exploitation nettes. Certaines propositions peuvent avoir un effet sur les recettes avant même que la loi ne soit adoptée ou entre en vigueur si les contribuables réagissent par anticipation.

Identifier les interactions potentielles avec d'autres mesures correctives

Il est important de reconnaître les interactions entre des mesures correctives afin d'éviter le double comptage causé par le chevauchement de mesures correctives ou au contraire une insuffisance dans le comptage en raison de synergies entre ces mesures. Dans les grandes propositions de réforme fiscale, les analystes des Administrations doivent régulièrement aborder les questions de chevauchement. Ils le font directement lors de l'examen des différentes dispositions d'une grande réforme fiscale, et ils utilisent aussi une convention d'estimation des recettes basée sur la « hiérarchisation » (*stacking*). La hiérarchisation permet de définir l'ordre de traitement dans lequel des dispositions fiscales spécifiques, faisant partie d'un ensemble de mesures fiscales, seront estimées. Par exemple, pour une réforme fiscale qui prévoit un changement de taux d'imposition et un changement dans la base d'imposition, les estimations de chacune de ces dispositions dépendront de leur ordre de traitement. Si la réduction du taux d'imposition est traitée en premier, le taux réduit sera appliqué à la base d'imposition en vigueur et résultera en une estimation de recettes plus faible avec le changement de taux que si l'augmentation de la base d'imposition avait été traitée en premier. L'estimation des incidences budgétaires d'une plus grande base d'imposition serait également plus faible du fait de l'application d'un taux d'imposition réduit. Inversement, si l'augmentation de la base d'imposition est considérée en premier par rapport au taux d'imposition plus élevé de la législation en vigueur, l'effet sur les recettes serait alors plus grand, et les incidences budgétaires sur les recettes fiscales le seraient aussi puisque le taux réduit est appliqué à une base d'imposition plus grande. Dans les deux cas, l'effet combiné peut être estimé avec précision; la hiérarchisation a un impact sur le montant de chacune des composantes, et non pas sur le montant global, et permet d'atténuer le risque de double comptage.

Il est important de recourir à la hiérarchisation pour éliminer le double comptage lors de l'estimation des incidences budgétaires de plusieurs mesures politiques. Voici quelques exemples de chevauchements potentiels dans le contexte des problématiques de BEPS : (1) si des changements dans les prix de transfert sont traités en premier, il sera préférable que le revenu soit imposé là où la valeur est créée selon les nouvelles règles établies pour les prix de transfert, de sorte que le revenu imposable qui pourrait être concerné par l'Action 3 ou par l'Action 7, si elles étaient mises en œuvre de manière isolée, aurait déjà été inclus dans les estimations budgétaires des prix de transfert des Actions 8 à 10; (2) étant donné que l'Action 4 et les règles applicables en matière de prix de transfert ont une incidence sur les paiements d'intérêt, il faudra faire preuve d'une grande vigilance pour distinguer le prix correct des intérêts (ou des paiements équivalents à des intérêts) des intérêts résultant d'un recours excessif à l'emprunt; et (3), si l'Action 2 permet à elle seule d'augmenter les recettes fiscales en éliminant les dispositifs hybrides dans le cadre de la législation en vigueur, les Actions 4 et 6 pourraient avoir des incidences comparables à celles qu'aurait eues l'Action 2. Ainsi, la hiérarchisation et le traitement potentiel de certaines mesures correctives en tant que mesures d'intégrité peuvent atténuer considérablement le risque de double comptage tout en augmentant l'efficacité d'autres mesures correctives.

L'effet de synergie créée par plusieurs mesures se traduira par un effet plus important sur la réduction des pratiques de BEPS que l'effet de mesures correctives prises individuellement. Ainsi, la somme des composantes peut être inférieure à l'effet combiné de l'ensemble. Les pays pourraient considérer l'efficacité probable des mesures correctives individuelles en tant que paramètre spécifique qui serait utilisé dans leur estimation, comme souligné dans l'examen des effets sur les pratiques. Le paramètre de l'efficacité concerne non seulement la législation proposée, mais aussi l'application prévue de cette législation. Ce paramètre peut être ajusté pour certaines mesures correctives afin d'intégrer les effets synergiques potentiels, avec une éventuelle analyse de sensibilité relative à cet ajustement.

Prévoir l'avenir

Dans la réalisation d'estimations budgétaires, il est fréquemment nécessaire de faire des extrapolations des incidences budgétaires probables dans les années qui suivent l'année de la mise en œuvre d'une nouvelle mesure politique. Pour faire de telles projections, on a besoin de s'appuyer sur les prévisions de PIB d'un pays et sur l'estimation de l'évolution des recettes de l'impôt sur les sociétés (IS) par rapport au PIB. Cela implique d'analyser la réactivité des recettes de l'IS par rapport à l'évolution du PIB dans les années antérieures, ainsi que d'autres facteurs qui sont susceptibles d'influer sur les recettes de l'IS, tels que le cycle économique et le décalage potentiel entre la date où les bénéfices sont enregistrés et celle où les recettes fiscales le sont.

Méthodologies possibles par action

Les approches possibles pour estimer les incidences budgétaires des différentes actions du Plan d'action BEPS sont présentées ci-dessous. Les approches adoptées par les pays vont différer pour de nombreuses raisons, dont l'une est la disponibilité des données. Un pays pourrait avoir des informations détaillées provenant des déclarations d'impôt pour faire des microsimulations d'une mesure corrective proposée, tandis qu'un autre pourrait devoir s'appuyer davantage sur des macrodonnées. C'est pourquoi deux façons de procéder sont proposées pour quelques-unes des actions, en fonction de la disponibilité des microdonnées. Il y a cependant des points de convergence; par exemple, tous les pays devront se pencher sur la question des changements de comportement probables et sur la façon de les intégrer dans leurs estimations. Les analystes des politiques dans les Administrations peuvent adapter les méthodologies proposées aux circonstances internes de leur pays, décider quelle approche est la meilleure et tirer les enseignements des meilleures pratiques d'autres pays.

Du fait que les études empiriques ont mis davantage l'accent sur les prix de transfert et sur la tendance relative à la localisation de la dette à des fins fiscales par rapport à d'autres pratiques de BEPS, les méthodologies proposées pour les différentes actions du Plan d'action BEPS sont présentées dans cette optique. Les méthodologies les plus complètes sont fournies pour les Actions 8 à 10, l'Action 13 (prix de transfert) et l'Action 4 (règles de limitation de déduction d'intérêts). Les approches pour estimer les incidences budgétaires des autres actions du Plan d'action BEPS vont également aborder les questions d'estimation associées à ces mesures correctives et mettre en évidence les données potentielles disponibles. Ces actions vont contribuer à une lutte plus efficace contre le phénomène BEPS grâce à une meilleure diffusion d'informations, une réduction des pratiques fiscales dommageables, une amélioration dans la résolution des différends et une accélération dans la mise en œuvre des modifications des conventions. Certaines actions sont conçues pour être des mesures d'intégrité, en complément d'autres actions ; ces actions vont souvent améliorer l'efficacité d'autres actions, telles que les règles d'établissement des prix de transfert et les règles limitant les déductions d'intérêts.

Actions 8 à 10 et Action 13 (Prix de transfert)

L'objectif global des Actions 8 à 10 est de permettre une meilleure attribution de revenu imposable des sociétés dans les pays où s'exerce l'activité économique qui génère les bénéfices imposables. Les objectifs spécifiques de ces trois actions comprennent l'élaboration de règles pour empêcher les pratiques de BEPS par le biais « du transfert d'actifs incorporels entre membres d'un même groupe » (Action 8) ; « du transfert de risques entre membres d'un même groupe ou de l'attribution d'une fraction excessive du capital aux membres de ce groupe » (Action 9) ; et par le biais « de transactions dans lesquelles des entreprises indépendantes ne s'engageraient pas, ou ne s'engageraient que rarement » (Action 10).

Comprendre les changements proposés

Les précisions ou changements suivants aux principes applicables en matière de prix de transfert vont permettre de réduire l'ampleur du phénomène BEPS résultant de la manipulation des prix de transfert et ils sont particulièrement pertinents lors de la préparation d'une estimation budgétaire :

- davantage de précision dans la délimitation des transactions réellement effectuées dans le contexte des activités économiques d'un groupe multinational et des relations commerciales et financières entre les entreprises qui y sont associées. Il s'agit de s'assurer que les arrangements contractuels et la véritable conduite des parties sont pris en compte dans la délimitation de la transaction pour pouvoir déterminer si les conditions de la transaction, y compris le prix, respectent le principe de pleine concurrence ;
- non-reconnaissance potentielle de transactions lorsqu'elles ne sont pas « commercialement rationnelles » comme le seraient des arrangements entre parties non liées ;
- renforcement de l'identification des risques afin d'identifier l'entreprise associée qui accepte les risques pour la fixation des prix de transfert, tout en s'assurant que les risques assumés par une entité sont compatibles avec le contrôle qu'elle exerce sur ces risques et sa capacité financière et ne sont pas seulement déterminés par une acceptation contractuelle ;
- mise en place d'une évaluation approfondie des activités liées au développement, à l'amélioration, à l'entretien, à la protection et à l'exploitation des actifs incorporels, ainsi qu'à la répartition des bénéfices générés par ces actifs incorporels conformément à l'importance de chacune de ces fonctions ;
- des dispositions qui exigent que les avantages synergiques découlant de l'appartenance à un groupe multinational soient correctement alloués aux membres du groupe contribuant à ces avantages, à un prix conforme à des conditions normales de concurrence ;
- des orientations plus détaillées sur l'établissement des prix des transactions, y compris l'établissement des prix des services et des produits de base à faible valeur ajoutée ; et

- l'introduction de mesures pour remédier à l'asymétrie de l'information qui existe entre les contribuables et les administrations fiscales, comme dans les cas des biens incorporels difficiles à évaluer et des dates des transactions concernant les produits de base et empêcher ainsi la manipulation des prix de ces transactions.

En outre, l'Action 13 permettra d'améliorer la pertinence de la documentation des prix de transfert et fournira des informations sur la répartition mondiale du revenu et des activités d'un groupe multinational. Les déclarations obligatoires pays par pays permettront aux administrations fiscales de disposer de renseignements supplémentaires pour appuyer les évaluations des risques.

Données et méthodologie

L'estimation de l'ampleur du phénomène BEPS lié au prix de transfert et de l'effet des Actions 8 à 10 et 13 comporte deux étapes distinctes. En premier lieu, il s'agit d'estimer l'impact net (augmentation ou diminution) sur le recouvrement de l'IS de la manipulation des prix des transactions au titre des pratiques de BEPS. Cette estimation comporte deux volets importants : (1) la manipulation des prix des transactions qui sont observées dans les données commerciales de biens et de services d'un pays, et (2) les transactions ayant trait aux pratiques de BEPS qui font l'objet d'une mauvaise affectation dans les données commerciales de certains pays. Le second volet pourrait être illustré par des paiements de redevances manquants à un pays qui crée de la propriété intellectuelle (PI) à partir de ses dépenses locales de R&D, si la valeur de la PI (et les flux de revenus connexes) est attribuée à un autre pays, au titre des pratiques de BEPS, par le biais de prix de transfert qui ne sont pas alignés aux prix pratiqués dans la région où se déroulent les activités qui ont créé la PI. Les deux aspects de l'impact budgétaire des pratiques de BEPS devraient être inclus dans les estimations de recettes.

En second lieu, l'estimation de l'impact global des changements proposés dans les règles et les orientations relatives aux prix de transfert présentés dans le rapport sur les Actions 8 à 10 (Aligner les prix de transfert calculés sur la création de valeur, OCDE, 2015a) peut être appliquée à l'ampleur estimée des pratiques de BEPS causées par la manipulation des prix pour déterminer les variations escomptées dans les recettes de l'IS attribuables à la mise en œuvre des actions du projet BEPS. Le but de la seconde étape est de préparer une estimation des recettes provenant de l'évolution attendue des recettes de l'IS en raison de l'adoption et de la mise en œuvre des principes révisés applicables en matière de prix de transfert. L'étendue des changements adoptés, ainsi que le calendrier de la mise en œuvre variera d'un pays à l'autre.

La méthodologie proposée aborde les éléments suivants : (a) la manipulation des prix des transactions de biens et de services entre entités multinationales, et (b) la manipulation des prix sur le versement d'intérêt entre entités multinationales[5]. La méthode décrite est basée sur des données macroéconomiques propres à chaque pays sur les flux d'échanges et les intérêts pour estimer l'ampleur du phénomène BEPS et les incidences budgétaires des principes présentés dans le rapport sur les Actions 8 à 10. Si toutefois d'autres données sont disponibles pour un pays, notamment des microdonnées au niveau des entreprises ou des macrodonnées plus désagrégées, les analystes devraient en tirer parti. En outre, si d'autres renseignements sont disponibles, tels que ceux provenant de vérifications, d'autres méthodologies peuvent se justifier.

a. Manipulation du prix des biens et des services

Le processus d'estimation commence par les données sur les échanges de biens et de services, qui incluent l'effet combiné de la manipulation des prix des biens et des services. Dans le contexte du phénomène BEPS, on s'attend à ce que les échanges entre entités multinationales résultent en une sous-déclaration de bénéfices dans les pays où les taux d'imposition marginaux sont plus élevés que le taux d'imposition marginal du pays d'origine et en une surdéclaration de bénéfices dans les pays où les taux d'imposition marginaux sont plus faibles. Ce transfert de bénéfices se produit par le biais de la manipulation des prix de transfert des flux d'échanges (exportations et importations) intra-groupe des entreprises multinationales.

Des données macroéconomiques détaillées sur le montant total des exportations et des importations annuelles par pays (pour les biens et les services, lorsque les données sont disponibles), ainsi que sur les flux bilatéraux des exportations et des importations avec leurs partenaires commerciaux, sont disponibles dans la base de données sur les échanges internationaux *International Trade Account* de l'OCDE et dans les statistiques *Direction of Trade Statistics* publiées par le FMI[6]. Si des informations plus détaillées sont disponibles pour certains pays à partir d'un bureau national de statistiques, les analystes devraient en tenir compte.

Les données sur les échanges internationaux comprennent les biens et les services des pays membres de l'OCDE et des pays du G20, mais les données sur les flux de services pour d'autres pays peuvent être limitées. Des estimations distinctes de la manipulation des prix des biens et de la manipulation des prix des services devraient être préparées si les données sont disponibles. Les transactions de services dans les échanges internationaux comprennent un certain nombre d'éléments qui peuvent être affectés par les pratiques de BEPS.

Les analystes doivent bien comprendre ce qui est inclus dans les données d'échanges. Notamment, les récentes modifications apportées aux normes internationales en matière de statistiques de la balance des paiements qui sont actuellement mises en œuvre permettront d'élargir l'information disponible sur le commerce d'un pays aux services liés à des biens incorporels. Les nouvelles normes exigent la capitalisation des dépenses de R&D. Cela fournira une base pour les déclarations de la valeur des transferts de la propriété des actifs incorporels produits par les dépenses de R&D en tant que composante du commerce des services de R&D. Cependant, de nombreuses valeurs d'actifs incorporels sont nettement supérieures à la valeur capitalisée de leurs intrants, ce qui signifie que la valeur déclarée devra être corrigée pour tenir compte du revenu potentiellement transféré. Ceci s'ajoute aux données sur les services déjà incluses, concernant les paiements pour l'utilisation de la propriété intellectuelle[7]. Dans les pays qui n'ont pas encore adopté cette modification, il est peu probable que le transfert des droits de propriété sur des biens immatériels soit inclus dans les données sur les échanges, dans la catégorie des services.

Les évaluateurs doivent également tenir compte des éventuels ajustements en matière de prix de transfert qu'il faudra apporter aux données déclarées provenant des échanges commerciaux bilatéraux. Un exemple en serait la redistribution potentielle des redevances payées par une filiale opérant dans un pays à une entité se trouvant dans un paradis fiscal, qui pourraient ne pas être intégralement reflétées dans les redevances payées par l'entité dans le paradis fiscal à l'entité dans le pays qui fait la R&D. Dans cet exemple d'échange relais triangulaire, les données d'échanges ne refléteraient pas correctement la répartition des revenus.

Ajustement des données sur les échanges pour refléter les transactions intra-groupe des entreprises multinationales

Du fait que la manipulation des prix dans le contexte du phénomène BEPS se produit entre entités multinationales, il faut réduire les flux globaux des échanges pour ne garder que ceux qui sont à risque d'être manipulés par des sociétés liées. Pour cela, il faudra estimer plusieurs paramètres clés :

- le pourcentage de transactions internationales comptabilisées par les entreprises assujetties à l'IS[8] ;
- le pourcentage de flux d'échanges qui en ont résulté, comptabilisés par les entreprises multinationales (ces flux d'échanges ne comprennent pas les exportations et les importations par des entreprises nationales vers des parties non liées, ou en provenance de celles-ci) ; et
- la part des transactions commerciales effectuées par des entreprises multinationales qui représente des transactions entre des entités multinationales liées.

Il y a plusieurs sources d'information possibles à partir desquelles ces ratios peuvent être estimés. La première source est l'information des déclarations d'impôt des contribuables identifiés en tant qu'entreprises multinationales. La taille relative de leur revenu imposable et des impôts versés, comparée à celle d'autres sociétés qui paient des impôts dans le pays, représente un point de départ possible. En outre, certains pays peuvent mener des enquêtes

Graphique 3.A2.2. **Transactions intra-groupe en pourcentage de certaines statistiques sur les échanges**

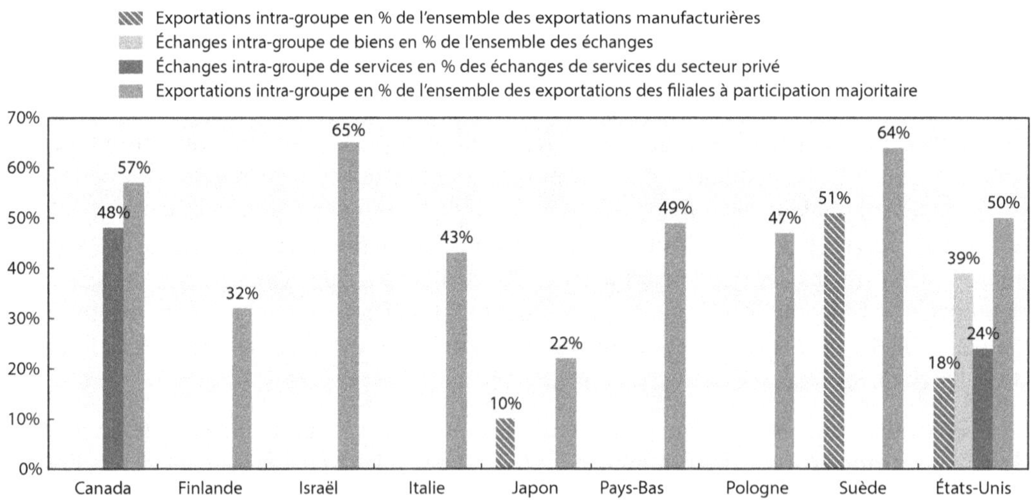

Source : Lanz et Miroudot (2011).

Notes : 1. Les données sont issues de la base de données sur les activités des entreprises multinationales et sur les échanges et ne se rapportent pas toutes à la même année. En ce qui concerne les exportations intra-groupe en pourcentage de l'ensemble des exportations des filiales à participation majoritaire, ces données se rapportent à 2008 pour l'Italie et pour les États-Unis ; à 2007 pour l'Israël, le Japon et la Pologne ; à 2006 pour la Finlande ; à 2002 pour la Suède et pour les Pays-Bas ; à 1994 pour le Canada. Les données de l'Israël et de la Pologne concernent uniquement le secteur manufacturier.

2. Les données statistiques concernant Israël sont fournies par et sous la responsabilité des autorités israéliennes compétentes. L'utilisation de ces données par l'OCDE est sans préjudice du statut des hauteurs du Golan, de Jérusalem Est et des colonies de peuplement israéliennes en Cisjordanie aux termes du droit international.

auprès des entreprises multinationales et d'autres entreprises qui collectent des informations sur leurs activités, telles que les données sur les activités des entreprises multinationales (AMNE) qui identifient les transactions intra-groupe[9]. Les données douanières et d'autres statistiques nationales pourraient aussi être exploitées. Si ce type d'informations n'est pas disponible pour un pays, il est possible de faire les estimations en appliquant les ratios affichés par d'autres pays dont l'économie et la structure des échanges sont comparables.

Le graphique 3.A2.2 donne des exemples de valeurs des paramètres clés associés aux échanges pour un nombre limité de pays qui fournissent cette information.

Les montants globaux des échanges peuvent être multipliés par les fractions ci-dessus pour estimer le pourcentage qui représente les transactions entre entités multinationales dans les échanges mondiaux[10].

Ajustement pour risque de double comptage

Les montants des échanges qui résultent du calcul de l'étape précédente sont les flux d'exportations et d'importations potentiels qui peuvent faire l'objet de manipulation des prix de transfert liée aux pratiques de BEPS. Cependant, un ajustement supplémentaire pourrait être fait pour déterminer l'étendue de cette manipulation. De plus en plus, les chaînes de valeur mondiales se traduisent par de multiples transactions transnationales entre entités multinationales. Au fur et à mesure que les produits et les services intermédiaires traversent les frontières grâce à des chaînes d'approvisionnement mondiales, la valeur ajoutée dans chaque pays, à chaque étape de la chaîne de production et de distribution, s'accumule au regard de la valeur commerciale brute[11]. Une partie des flux d'échanges représente les ventes intra-groupe des entreprises multinationales. La question est de savoir comment ce « processus pyramidal » influe sur la précision des estimations, réalisées à partir des données sur les échanges, de la manipulation des prix liée aux pratiques de BEPS.

Bien qu'il soit vrai que les biens et les services intermédiaires entraînent une valeur commerciale brute qui surestime la contribution de la valeur ajoutée par pays dans la chaîne d'approvisionnement, il ne s'en suit pas nécessairement que la manipulation des prix ne s'applique que sur la nouvelle valeur ajoutée par chaque pays dans la chaîne d'approvisionnement. En effet, la manipulation des prix peut encore porter sur la valeur brute des ventes, et non pas sur le montant plus faible de la valeur ajoutée dans un pays.

Si un pays estime que l'utilisation de données brutes sur les échanges surévalue la base potentielle de manipulation des prix, un ajustement peut être fait pour réduire les données sur les échanges afin de corriger cette situation. Par exemple, un pays pourrait réduire les exportations brutes de biens par un pourcentage estimé d'exportations qui correspond aux importations de biens intermédiaires d'autres pays. La base de données de l'OCDE sur les échanges en valeur ajoutée, qui inclut l'estimation de la valeur ajoutée extérieure en pourcentage des exportations d'un pays, représente une source possible pour déterminer le pourcentage à utiliser[12]. Celui-ci se situe entre 14 % et 59 % pour les pays de l'OCDE, avec une moyenne simple de 30 %. Si un pays ne fait pas partie de la base de données de l'OCDE, l'estimation pourrait reposer sur les chiffres d'autres pays dont l'économie et la structure des échanges sont comparables.

Écarts des taux d'imposition marginaux pondérés par les échanges

Le transfert de bénéfices par le biais de la manipulation des prix de transfert est opéré par des sociétés liées qui exploitent les différences entre les taux d'imposition marginaux de différents pays. Des études empiriques ont estimé la sensibilité des prix de transfert à des écarts de taux d'imposition indépendants de facteurs économiques réels. Pour appliquer les résultats de ces études empiriques, il faut avoir des informations sur les écarts de taux d'imposition.

Les écarts des taux d'imposition sont des variables clés utilisées pour estimer le degré de surdéclaration ou de sous-déclaration des bénéfices dans le contexte du phénomène BEPS. Étant donné que les transferts de prix se produisent à la marge (touchent le revenu supplémentaire transféré), le taux d'imposition approprié est celui applicable au revenu (marginal) transféré. Le taux marginal d'imposition est différent d'un taux historique effectif moyen d'imposition qui pourrait refléter des éléments fiscaux non marginaux tels que l'amortissement accéléré ou les crédits d'impôt. Le taux d'imposition marginal peut être le taux d'imposition global prévu par la loi (le taux le plus élevé pour un pays), mais pour certains types de revenus le taux marginal peut être un taux d'imposition spécial réduit ou un taux réduit négocié par voie administrative. Notamment, un certain nombre de pays ont des taux spéciaux, réduits, pour les revenus tirés de certains actifs incorporels (tels que les *patent boxes* pour les brevets) ou d'autres activités. Ces taux spéciaux, réduits, peuvent augmenter ou diminuer les écarts entre les taux d'imposition et inciter ainsi à manipuler davantage les prix de transfert, en l'absence de dispositifs de protection pour empêcher cette pratique[13]. Dans la plupart des études empiriques, les analystes utilisent le taux d'imposition global prévu par la loi ou des taux historiques effectifs moyens. Une attention particulière devra être accordée aux taux d'imposition marginaux applicables (TIMA) dans l'analyse de l'incidence escomptée des mesures pour lutter contre les pratiques de BEPS.

La valeur des taux d'imposition marginaux pondérés par les échanges entre un pays et ses partenaires commerciaux peut être estimée en utilisant des données sur les flux d'échanges par paire[14]. Le différentiel dans le taux d'imposition d'un pays est égal au taux d'imposition marginal du pays d'origine moins la moyenne des taux d'imposition marginaux pondérés par les flux des échanges bilatéraux de chacun des pays[15]. Si les données sont disponibles, les taux d'imposition marginaux applicables pondérés par les échanges devraient être calculés séparément pour les exportations et les importations de biens et pour les exportations et les importations de services[16]. On présume qu'un dollar de bénéfices transférés est imposé au TIMA.

Il est possible qu'il y ait manipulation des prix de transfert entre des entités liées dans deux pays ayant le même taux d'imposition global prévu par la loi, soit en raison de taux d'imposition spéciaux, soit parce que l'une des entités déclare une perte d'exploitation nette. Le transfert d'un complément de revenus d'une entité rentable à une entité en perte d'exploitation nette permet de réduire les impôts courants ainsi que la valeur actuelle des impôts des deux entités liées. Il peut s'agir d'une réduction permanente de l'impôt correspondant au taux d'imposition prévu par la loi si l'entité avec la perte d'exploitation nette ne peut pas reporter cette perte d'exploitation nette à une année ultérieure en raison des limites qui s'appliquent aux reports.

À titre de référence, l'écart moyen mondial des taux d'imposition pondérés (par les exportations des pays de l'OCDE et des pays du G20), calculé avec les taux d'imposition prévus par la loi de 2014 et les flux d'échanges de 2012, était de 3.3 points de pourcentage, ce qui signifie qu'il y a un transfert net de bénéfices et donc une baisse des recettes de l'impôt sur les sociétés[17]. Selon le taux d'imposition marginal du pays d'origine par rapport à ceux de ses partenaires commerciaux, l'écart des taux d'imposition marginaux peut être négatif, ce qui pourrait vouloir dire que le pays bénéficie de revenu imposable qui y est transféré, avec en parallèle une augmentation de ses recettes de l'impôt sur les sociétés. Si l'écart des taux d'imposition marginaux est positif, le pays pourrait être confronté à un transfert (sortie) de revenu imposable, avec en parallèle une diminution de ses recettes de l'impôt sur les sociétés. Les pays ayant un taux marginal d'imposition supérieur à la moyenne pondérée de leurs partenaires commerciaux enregistraient un écart moyen pondéré de 4.6 points de pourcentage. L'écart moyen des taux d'imposition était de -1.3 point de pourcentage pour le groupe de pays dont les TIMA des pays d'origine étaient inférieurs à ceux de leurs partenaires commerciaux.

Réactivité des prix de transfert à des écarts de taux d'imposition (« élasticités »)

Pour traduire des écarts de taux d'imposition en impacts sur le phénomène BEPS, il faut multiplier ces écarts par une estimation de la réactivité (élasticité) des prix à l'exportation et à l'importation à des écarts de taux. Ces « semi-élasticités » sont des estimations du pourcentage de variation des prix des échanges en réponse à une variation d'un point de pourcentage dans les écarts de taux d'imposition, en supposant que les autres facteurs demeurent constants[18].

Le tableau 3.A2.2 présente les estimations d'élasticité à partir d'études empiriques précises sur la réactivité des prix des produits exportés et importés à des écarts de taux de l'IS. Les données analysées, le pays, la période couverte, les variables d'imposition utilisées et l'élasticité estimée sont indiqués pour chaque étude. On observe un large éventail de semi-élasticités (principalement dans une plage comprise entre -0.65 et -1.6) qui varient selon les pays, la disponibilité des données et la méthodologie. Dans la mesure du possible, les pays devraient mener leurs propres études empiriques pour déterminer la semi-élasticité spécifique à leur pays. Une autre option serait d'utiliser les estimations provenant d'autres pays dont les systèmes fiscaux et les structures économiques sont comparables. Il conviendra de s'assurer que les résultats sont raisonnables en vérifiant par exemple que l'estimation du revenu transféré ne dépasse pas généralement les estimations disponibles sur les marges bénéficiaires.

Tableau 3.A2.2. **Estimations des élasticités de la réactivité des exportations et des importations intra-groupe à des écarts de taux de l'impôt sur les sociétés**

Étude	Données	Période	Variable fiscale	Élasticité
Bernard, Jensen et Schott (2006)	Prix de pleine concurrence et prix intra-groupe des exportateurs aux États-Unis	1993-2000	STR	-0,65 à -1,6 semi-élasticité
Clausing (2003)	Données sur les transactions commerciales internationales aux États-Unis	1997-99	STR	-1,8 à -2,0 élasticités
Clausing (2006)	Balances commerciales intra-groupe par pays aux États-Unis	1982-2000	STR	-1,3 semi-élasticité
Overesch (2006)	Ventes intra-groupe à partir des données de bilan des entreprises multinationales allemandes	1996-2003	STR	-1,45 semi-élasticité
Davies, Martin, Parenti et Toubal (2014)	Prix de pleine concurrence et prix intra-groupe des exportateurs en France	1999	EATR	-0,24 élasticité
Vicard (2015)	Prix de pleine concurrence et prix intra-groupe des exportateurs en France	2000-14	STR	-0,23 semi-élasticité
Cristea et Nguyen (2014)	Exportations des entreprises manufacturières danoises	1999-2006	STR	-0,64 à -0,82 semi-élasticité

Note : Le STR (*statutory tax rate*) est le taux d'imposition prévu par la loi ; l'EATR (*effective average tax rate*) est le taux d'imposition effectif moyen, soit le taux moyen d'imposition rétrospectif.

Des élasticités différentes pourraient s'appliquer aux biens et aux services. Certaines études empiriques ont constaté que la réactivité aux taux d'imposition est plus élevée pour des entités qui ont des actifs incorporels importants, ce qui laisse à penser que la manipulation des prix d'actifs incorporels, qui sont complexes à évaluer, peut être plus simple à réaliser que celle des prix de biens physiques[19]. Les analyses empiriques ont également constaté qu'il y a davantage de manipulation de prix en ce qui concerne les biens physiques très différenciés[20]. L'importance croissante de la propriété intellectuelle (PI) dans le secteur de la fabrication et de la production de produits rend de plus en plus floue la distinction entre les biens et les services dans les échanges internationaux. Par exemple, le prix des exportations de biens peut refléter le prix du bien lui-même, mais aussi un coût d'utilisation d'un bien incorporel, qui est intégré dans ce prix et non pas indiqué séparément, et qui représente la partie « services ». Dans ce cas, le prix de transfert d'un bien peut inclure un élément de BEPS sous la forme d'une manipulation du prix de l'utilisation d'un bien incorporel, qui a été créé dans un autre pays à une étape antérieure de la chaîne de production.

Pour calculer sous forme de pourcentage la différence dans le prix des échanges d'exportations et d'importations, due à la manipulation des prix dans le contexte du BEPS, il faut multiplier la valeur de la semi-élasticité établie de façon appropriée par l'écart des taux d'imposition applicables dans chaque pays, avant d'appliquer le pourcentage obtenu à la valeur estimée des exportations et des importations avec des parties liées dans chaque pays qui se livrent potentiellement à la manipulation des prix dans le contexte du BEPS. La première partie peut être représentée comme suit :

$$\textit{Différence dans le prix des échanges en pourcentage} = \textit{(semi-élasticité)} \times (\textit{TIMA}_{\textit{pays d'origine}} - \textit{moyenne pondérée TIMA}_{\textit{partenaires commerciaux}})$$

Par exemple, avec une semi-élasticité de -1 et un écart des taux d'imposition marginaux applicables (TIMA) de +5 points de pourcentage, il pourrait y avoir une réduction de 5 % des prix des échanges commerciaux.

En prenant l'hypothèse simplificatrice qu'il n'y a aucun changement dans les quantités échangées à la suite de la manipulation des prix des exportations et des importations, le pourcentage de variation des prix estimé est égal à la variation en pourcentage de la valeur des échanges. Ce calcul donne une estimation du changement de la valeur des importations et des exportations de biens et de services en raison de la manipulation des prix des transactions observée dans le contexte du phénomène BEPS. En d'autres termes, il s'agit d'une estimation de la variation de valeur qui se produirait si l'incitation aux pratiques de BEPS en raison des écarts de taux d'imposition n'existait pas, en supposant que les élasticités estimées ne reflètent que les pratiques de BEPS, après prise en compte des effets économiques réels.

Pour l'estimation budgétaire, on émet comme dernière hypothèse qu'un changement d'une unité dans les exportations et les importations se traduit par un changement d'une unité dans la base d'imposition à l'IS. Le changement estimé dans la base d'imposition à l'IS d'un pays qui en résulte peut alors être multiplié par le TIMA pour obtenir une première estimation de l'incidence potentielle maximale annuelle sur les recettes de l'IS de la manipulation des prix des biens et des services déclarés dans le contexte du BEPS. Un ajustement serait nécessaire afin de reconnaître qu'une partie des entreprises pourrait déclarer des pertes pour des raisons fiscales.

Manipulation des prix en matière de propriété intellectuelle

Un élément important de manipulation des prix dans le contexte du BEPS est la sous-évaluation potentielle (par rapport à des prix de pleine concurrence) du transfert d'actifs incorporels d'un pays à forte imposition vers un pays à faible imposition. S'il y a sous-évaluation, le revenu (comme les paiements d'entrée au moment du transfert ou les paiements de redevances liés aux paiements d'entrée) pour l'entité dans le pays à forte imposition sera sous-estimé en raison de la manipulation des prix du transfert de bien incorporels. En outre, le montant des paiements continus des redevances à la filiale pour l'utilisation des actifs incorporels peut faire l'objet de manipulation.

La méthodologie relative aux prix de transfert de services comprend une estimation de la manipulation des prix de transferts en matière de propriété intellectuelle (PI) et de flux de redevances provenant d'une partie liée dans la mesure où ces opérations sont publiées dans les statistiques sur les échanges de services du pays. Les « commissions pour usage de la propriété intellectuelle » représentent une importante catégorie d'échanges de services. Elles comprennent les commissions (redevances et droits de licence) pour l'utilisation d'actifs incorporels, notamment les procédés industriels, les logiciels, les marques de commerce et autres types de propriété intellectuelle[21].

Il est probable que tous les paiements d'actifs incorporels prévus par la loi ne soient pas comptabilisés dans la catégorie des services en raison de limitations dans les déclarations et dans la classification des transactions. Dans la mesure où des transactions impliquant des actifs incorporels sont sous-déclarées dans les données sur les transferts de services, la méthodologie d'estimation conduira à sous-estimer le montant des transactions qui peuvent faire l'objet de pratiques de BEPS.

Compte tenu du rôle important que les transactions incorporelles jouent dans la facilitation du BEPS, on peut élargir la portée de la méthodologie d'estimation en analysant les échanges de « commissions pour usage de la propriété intellectuelle » séparément des autres catégories d'échanges de services. Si des renseignements précis sont disponibles par pays sur l'ampleur de la manipulation des prix des services relatifs aux biens incorporels et aux transferts de PI, notamment dans les contrôles fiscaux des contribuables ou dans les études empiriques, ce facteur peut être multiplié par le montant des échanges de services de PI déclarés pour obtenir une estimation plus précise du phénomène BEPS lié aux actifs incorporels. Une approche plus générale basée sur l'élasticité est alors appliquée aux autres catégories d'échanges de services.

Il convient de noter que la méthodologie ci-dessus ne traite pas directement de la réaffectation des recettes résultant d'ajustements apportés au montant des redevances au titre des prix de transfert, ou à la suite de la non-reconnaissance de transferts de biens incorporels dans certaines circonstances pour la fixation de prix de transfert. La méthodologie, qui est basée sur les flux de services observés (y compris les paiements en matière de propriété intellectuelle), ne permet pas de relever ces gains de recettes (ou ces pertes) en raison des ajustements de prix de transfert qui réaffectent les bénéfices à de fins fiscales.

Dans cette situation, les analystes devraient faire une estimation séparée de l'impact de la réaffectation. On pourra s'appuyer sur les renseignements provenant de vérifications *ex post* pour déterminer le changement escompté dans la base d'imposition, associé à cet impact. Le changement estimé de la base sera alors multiplié par le taux d'imposition marginal applicable (TIMA) pour déterminer l'impact sur les recettes.

b. Manipulation des prix sur le versement d'intérêts

Les problématiques de BEPS peuvent aussi résulter de la surévaluation des intérêts payés sur les prêts intra-groupe par des entités dans les pays à fort taux d'imposition et de la sous-évaluation des intérêts payés par des entités dans les pays à faible imposition. Les données sur les flux d'échanges utilisées pour estimer les impacts de la manipulation des prix des échanges dans le contexte des pratiques de BEPS ne comprennent pas les paiements et les recettes d'intérêt[22].

La base de données de l'Enquête coordonnée sur l'investissement direct (ECID) du FMI contient des données sur les statistiques relatives à la balance des paiements (BOP) pour les paiements et les recettes d'intérêts entre parties liées concernant l'investissement direct étranger (IDE), qui pourraient être utilisées pour estimer l'impact sur les recettes de la manipulation des prix sur le versement d'intérêts. Les données sont pour la composante des intérêts de la catégorie « investissement direct des transactions internationales de revenu primaire ». Ces données se limitent, par définition, aux transactions entre entités appartenant à des entreprises multinationales[23].

La méthodologie potentielle pour estimer la manipulation des prix sur le versement d'intérêts suit celle qui est suggérée pour la manipulation des prix sur les échanges de biens et de services :

- on calcule l'écart moyen des taux d'imposition pondérés (par les flux d'intérêts) à partir des informations bilatérales par pays sur les paiements et les recettes d'intérêts de l'IDE ;
- on multiplie l'écart des taux d'imposition par la semi-élasticité estimée de la manipulation de prix sur les intérêts par rapport aux écarts de taux d'imposition dans d'autres pays afin d'estimer l'ampleur de la manipulation de prix sur les intérêts entre les entités multinationales. Il ressort des publications spécialisées que cette semi-élasticité serait inférieure à celle relative aux biens et aux services. Si on utilise une estimation d'élasticité provenant de publications spécialisées, celle-ci devrait faire l'objet d'un ajustement pour tenir compte de tout facteur particulier à un pays, tel que le rôle des règles en matière de prix de transfert et leur niveau d'application ;
- on suppose que le changement résultant dans les paiements et dans les recettes d'intérêts entraîne un changement équivalent des frais financiers et des revenus financiers, ainsi que de la base d'imposition de l'IS ; et
- on multiplie le changement dans la base d'imposition de l'IS par le TIMA pour déterminer, dans le cadre de la législation en vigueur, l'impact sur les recettes du transfert de bénéfices par le biais de la manipulation du prix des intérêts.

Il est important de noter qu'il existe d'autres catégories de manipulations possibles de prix induites par des écarts de taux d'imposition, tels que les paiements de captive d'assurance et les opérations de couverture. Les transferts effectués pour tirer parti de pertes d'exploitation nettes inutilisées peuvent ne pas être induits par des écarts de taux d'imposition, mais peuvent résulter tout de même en un transfert de bénéfices. Si des renseignements sur le montant de ces transferts sont disponibles par pays, les analystes devraient les considérer lors de l'estimation de l'ampleur du phénomène BEPS.

Bien qu'une grande partie des échanges internationaux soit réalisée par des entreprises multinationales, de plus en plus d'entreprises non constituées en société (ou imposées au niveau de l'entité) opèrent à l'échelle mondiale. Ainsi, la manipulation des prix de transfert pourrait aussi avoir des effets négatifs sur d'autres impôts, dont les impôts sur le revenu des personnes physiques, les taxes sur la valeur ajoutée et les droits de douane.

c. Estimation budgétaire combinée

La combinaison des estimations budgétaires de la manipulation des prix des biens, des services et des versements d'intérêts permet d'obtenir l'estimation globale de l'incidence sur les recettes nettes des pratiques de BEPS, dans le cadre de la législation en vigueur (« l'ampleur du phénomène BEPS »). Cela fournit un point de départ (ou une hypothèse) pour estimer l'impact budgétaire escompté des principes révisés applicables en matière de prix de transfert présentés dans le rapport sur les Actions 8 à 10.

La première étape dans l'estimation globale des impacts budgétaires des principes révisés consiste à préciser les modifications administratives et juridiques proposées ou adoptées qui visent à mieux répondre aux problématiques de BEPS. Chaque action pourrait avoir un effet précis et plusieurs actions pourraient être estimées conjointement. L'étape suivante nécessite de déterminer le pourcentage de « BEPS » actuel qui serait éliminé grâce aux principes révisés applicables en matière de prix de transfert. En d'autres termes, on cherche à évaluer le changement dans les recettes fiscales qui serait obtenu grâce aux principes révisés. Les éléments suivants doivent être pris en compte pour estimer ces impacts budgétaires.

Ajustement pour les intervalles possibles du prix de pleine concurrence

D'importantes caractéristiques institutionnelles d'un système de contrôle fiscal des prix de transfert peuvent avoir une incidence sur le montant de recouvrement de l'impôt attendu à la suite de l'élimination des manipulations de prix. Par exemple, les contribuables fournissent un intervalle d'estimations de prix de pleine concurrence, choisis pour refléter des transactions comparables entre des parties non liées. En général, les administrations fiscales acceptent des estimations de prix de transfert qui se situent dans une fourchette d'estimations (une fourchette interquartile, par exemple). En conséquence, une partie des estimations de manipulations des prix de transfert peut encore se trouver dans l'intervalle de prix de transfert acceptable et ne pas entraîner de changement dans le revenu imposable. Une seconde possibilité est d'utiliser les ressources de vérification de manière ciblée sur des cas où l'on s'attend à des résultats notables. Un facteur d'ajustement pourrait être appliqué à l'estimation des recettes fiscales résultant de l'élimination de la manipulation de prix pour tenir compte des caractéristiques institutionnelles d'un système de contrôle fiscal des prix de transfert.

Ajustements supplémentaires

- L'estimation initiale des transactions à risque de manipulation des prix pourrait être réduite pour certains types d'échanges jugés comme étant moins sujets à des manipulations de prix.
- Dans les estimations de l'impact budgétaire, on doit tenir compte du degré d'efficacité des règles anti-évasion existantes dans un pays. Un ajustement doit être fait pour refléter la sévérité relative des règles d'un pays par rapport aux règles implicites de l'estimation de l'élasticité et aux principes révisés applicables en matière de prix de transfert qui sont mis en œuvre.
- Les impacts spécifiques à chaque pays des principes révisés dépendront également du calendrier de mise en œuvre. L'échéancier aura une incidence sur les variations dans le montant des recettes annuelles.

Voici des sources d'information possibles pour estimer les ajustements :

- les commentaires des vérificateurs de l'impôt sur le revenu et des administrations fiscales sur les impacts potentiels des changements sur le respect des règles et sur les résultats des vérifications ;
- les estimations de recettes préparées par des évaluateurs dans d'autres pays, y compris les juridictions pionnières à adopter les principes révisés applicables en matière de prix de transfert ;
- les résultats d'études empiriques sur le transfert de bénéfices avec des niveaux différents de règles d'établissement des prix et des niveaux d'application différents ; et
- les premières déclarations pays par pays seront déposées le 31 décembre 2017 au plus tard pour les contribuables de l'année civile 2016. Une meilleure documentation des prix de transfert, ainsi que les renseignements provenant des déclarations pays par pays des entreprises multinationales avec des entités dans le pays, seront disponibles pour des analyses statistiques dès que les déclarations auront été déposées et fourniront davantage de renseignements pour les évaluations des risques liés aux prix de transfert. Les renseignements des déclarations pays par pays seront une ressource supplémentaire pour améliorer l'estimation de l'écart des taux d'imposition marginaux grâce à des données de groupes particuliers et pour déterminer ce pourcentage fondamental.

Comme pour l'évaluation de l'ampleur du phénomène BEPS et des effets des autres actions du projet BEPS, on ne verra pas l'incidence budgétaire des Actions 8, 9, 10 et 13 sur une des lignes contenues dans une future déclaration d'impôt. L'incidence budgétaire devra être estimée à partir des données disponibles. Les actions auront pour effet la réduction des manipulations des prix, ce qui sera documenté dans les déclarations d'impôt, mais elles permettront aussi d'accroître l'efficacité des dispositions envers les déclarations erronées. L'évaluation *ex post* des incidences budgétaires estimées peut exiger la réalisation d'autres études empiriques ou l'étude de nouvelles publications sur les estimations des transferts de bénéfices, sur les changements dans les évaluations des prix de transfert et dans les règlements des différends, ajustés en fonction des niveaux d'application et autres changements.

Identifier les interactions potentielles avec d'autres mesures correctives

Il existe des interactions entre l'estimation de l'incidence budgétaire de la manipulation des prix relatifs au versement d'intérêts et l'estimation de l'incidence budgétaire des mesures correctives relevant du rapport sur l'Action 4 (Limiter l'érosion de la base d'imposition faisant intervenir les déductions d'intérêts et d'autres frais financiers, OCDE, 2015b). Pour estimer l'impact des prix de transfert sur les recettes, on prend comme hypothèse dans la présente section que l'incidence budgétaire distincte des mesures correctives visant à réduire les transferts stratégiques de dettes vers des pays à forte imposition est prise en compte dans les estimations des mesures correctives relevant de l'Action 4.

Action 4 (Règles de limitation des déductions d'intérêts)

L'objectif de l'Action 4 est de réduire les pratiques de BEPS impliquant des frais financiers et d'autres paiements économiquement équivalents à des paiements d'intérêts. L'Action 4 recommande des règles de limitation des déductions d'intérêts, qui reposent sur des bonnes pratiques, afin de mieux aligner les déductions d'intérêts sur le lieu de la création de valeur.

Comprendre l'approche des bonnes pratiques recommandées

L'estimation de l'incidence budgétaire liée à la mise en place de bonnes pratiques concernant la limitation des déductions d'intérêts dans chaque pays exige de tenir compte des principaux facteurs susceptibles d'entraîner une variation des recettes fiscales. Les principaux éléments de l'approche sont les suivants :

- la règle du ratio fixe : elle permet de limiter les frais d'intérêt nets d'une entité à un pourcentage fixe du bénéfice avant intérêts, impôts et amortissements (EBITDA)[24]. Le rapport sur l'Action 4 fait état des facteurs qu'un pays doit prendre en compte pour établir ce ratio de référence, dans une fourchette allant de 10 % à 30 % ;
- une règle du ratio de groupe combinée à une règle du ratio fixe est recommandée : une entité peut ainsi déduire davantage de frais d'intérêt dans certaines circonstances[25] mais dans les limites du montant total des frais d'intérêt externes du groupe.
- les entités qui seront soumises à la règle : la règle du ratio fixe devrait s'appliquer aux entités imposables à structure sociétaire et aux entités non constituées en société (y compris les établissements stables) et, au minimum, aux entités qui font partie d'un groupe multinational[26]. Lorsqu'un groupe a plus d'une entité dans un pays donné, ce pays peut appliquer la règle du ratio fixe à la situation de chaque entité séparément, ou bien à la situation globale de toutes les entités du groupe dans ce même pays. En outre, les pays peuvent déterminer si la règle sera appliquée à des entités qui font partie d'un groupe national et à des entités autonomes nationales qui ne font pas partie d'un groupe[27] ;
- la réduction de l'impact sur certaines entités : les pays peuvent appliquer un seuil minimum afin d'exclure les entités dont les frais d'intérêt nets sont négligeables ;
- la définition des frais d'intérêt nets : pour les entités concernées par cette règle, les frais d'intérêt nets comprennent les paiements d'intérêts nets à des tiers, à des entités liées et à des entités au sein du groupe, peu importe que le bénéficiaire se trouve dans le pays ou à l'étranger. Ils comprennent également les paiements qui sont économiquement équivalents à des paiements d'intérêts, tels que les paiements liés au financement d'une entité qui sont déterminés par l'application au fil du temps d'un pourcentage fixe ou variable à un capital réel ou théorique. Les méthodes énoncées dans la présente annexe privilégient les frais d'intérêt nets tels qu'ils figurent dans les comptes nationaux[28] ;
- la définition de l'EBITDA : en vertu de l'approche des pratiques exemplaires, le calcul de l'EBITDA devrait être basé sur des chiffres fiscaux pour la règle du ratio fixe ; et pour la règle du ratio de groupe, un pays peut calculer l'EBITDA d'une entité selon les principes fiscaux ou selon les principes comptables ;
- les autres caractéristiques de conception possibles : permettre le report en avant des frais d'intérêt non admissibles et de la capacité de déduction d'intérêts non utilisée vers des périodes futures, et le report en arrière des frais d'intérêt non admissibles vers des périodes antérieures ;
- les règles particulières pour résoudre les problèmes soulevés par les secteurs des banques et des assurances seront élaborées dans le courant de l'année 2016.

Étant donné que selon l'approche des bonnes pratiques, les pays peuvent choisir entre différents ratios fixes et y ajouter d'autres caractéristiques, dont certaines sont décrites ci-dessus, l'élaboration des règles de limitation des intérêts qui seront introduites dans chaque pays va influencer la méthode d'estimation. En outre, les pays présentent des différences quant au niveau de détail des données des contribuables auxquelles les analystes des politiques fiscales des Administrations ont accès. La section suivante présente une méthodologie (les étapes clés, les paramètres et les hypothèses) qui peut faciliter l'estimation. La méthodologie distingue deux approches possibles : l'une est basée sur les microdonnées des déclarations d'impôt et des rapports financiers et l'autre est basée sur des macrodonnées. Ces approches peuvent être utilisées pour estimer le changement dans les sommes encaissées d'année en année au titre des recettes fiscales.

Données et méthodologie

Pour estimer l'incidence budgétaire des règles de limitation des déductions d'intérêts, il faut calculer l'augmentation de la base de l'IS qui résulte de la limitation de déductions des intérêts, et appliquer le taux d'imposition marginal approprié à l'augmentation de la base[29]. Il est important de tenir compte des mesures existantes dans un pays pour lutter contre les déductions excessives d'intérêts afin de déterminer l'incidence additionnelle de la nouvelle règle. En outre, il est important de reconnaître que les contribuables peuvent changer leur comportement en réponse à des règles de limitation des déductions d'intérêts, ce qui nécessiterait de faire un ajustement de l'estimation statique. L'ampleur des changements de comportement dépendra de l'élaboration de la règle et de la mesure dans laquelle les limitations des déductions d'intérêts sont mises en œuvre sur une base multilatérale, ainsi que de déterminants non fiscaux de la structure du capital, tels que les taux d'intérêt en vigueur.

Certains pays pourraient déjà avoir des mesures correctives pour lutter contre les déductions d'intérêts excessives, alors que d'autres n'en ont peut-être pas. Aux fins de cette analyse, on prend comme hypothèse qu'il n'y a pas de règles existantes de limitation des déductions d'intérêts, que ce soit des règles fondées sur les actifs (règles relatives à la sous-capitalisation) ou d'autres règles limitant les déductions d'intérêts. Si de telles règles existent, le montant des recettes actuellement collectées grâce à ces règles doit être déterminé à partir des déclarations d'impôt si possible, et ce montant peut ensuite être soustrait de l'estimation sans limitation d'intérêts, pour obtenir l'effet différentiel résultant des nouvelles règles. Les pays ayant des mesures correctives préexistantes pourraient décider de prendre les lois en vigueur comme hypothèse dans l'estimation.

Le graphique 3.A2.3 présente les étapes fondamentales pour estimer l'incidence budgétaire de l'Action 4, selon que l'on utilise des microdonnées ou des macrodonnées. Les étapes de chacune de ces approches sont ensuite expliquées en détail.

a. Approche basée sur les microdonnées

Dans l'idéal, les analystes des politiques fiscales des Administrations de chaque pays auraient accès aux déclarations d'impôt des entreprises pour simuler les effets d'une proposition de règle de limitation des déductions d'intérêts et ainsi pouvoir estimer son incidence budgétaire statique, en tenant compte des différentes dispositions de la mesure corrective et du TIMA au revenu supplémentaire des différents contribuables. Les renseignements relatifs aux frais d'intérêt nets, à l'EBITDA et au revenu imposable (ou financier) des entreprises individuelles peuvent être utilisés dans le but d'estimer l'incidence budgétaire statique pour différents ratios fixes, seuils minimums et types de contribuables touchés. L'effet d'une règle de ratio de groupe, de règles de report en avant et en arrière, ainsi que les conséquences sur les pratiques devront être estimés séparément sous forme d'ajustements à l'incidence statique sur les recettes.

Graphique 3.A2.3. **Étapes possibles après avoir déterminé la disponibilité des données**

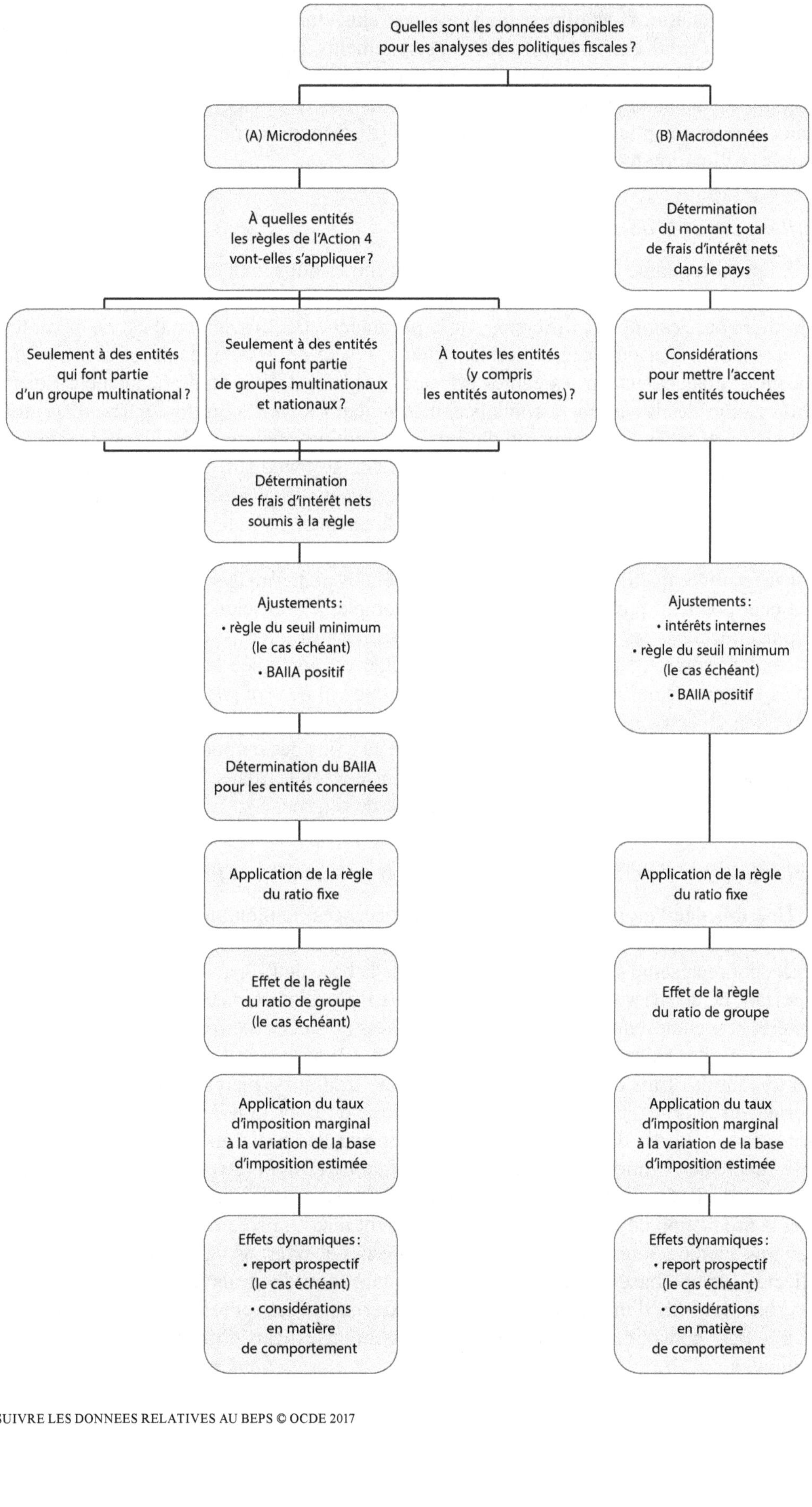

Si les renseignements des déclarations d'impôt ne sont pas disponibles, mais que l'on dispose des renseignements financiers des entreprises individuelles, il est possible de faire des simulations détaillées, bien que des ajustements doivent être considérés pour les différences qui existent entre les renseignements des comptes financiers et la base d'imposition. En outre, étant donné le manque potentiel de renseignements complets dans les comptes financiers publics, les macrodonnées des recettes et des paiements d'intérêts totaux enregistrés pour un pays peuvent être utilisés pour extrapoler les microdonnées et obtenir l'estimation totale.

Entités soumises à la règle

La première étape consiste à déterminer les entités qui seront concernées par la règle du ratio fixe dans un pays. Étant donné que l'approche des bonnes pratiques de l'Action 4 pourrait se traduire par des impacts différents sur le phénomène BEPS selon qu'il est lié aux intérêts du secteur financier ou à ceux d'autres secteurs, il sera nécessaire, dans ces secteurs, de se concentrer uniquement sur les entités affectées par la règle[30]. Il faudra également isoler les entités auxquelles la règle sera appliquée, notamment les entités qui font partie d'un groupe multinational, celles qui font partie d'un groupe multinational ou national, ou encore toutes les entités, y compris les entités autonomes. Si l'on se fonde sur l'approche recommandée, une entité appartient à un groupe si elle est directement ou indirectement contrôlée par une société ou si l'entité est une société qui contrôle directement ou indirectement une ou plusieurs autres entités. La capacité à identifier si une entité fait partie d'un groupe sera importante pour déterminer quelles entités doivent être retenues pour l'analyse de leurs microdonnées. Cela peut poser un problème, au cas où par exemple, les renseignements des contribuables ne fourniraient pas les informations nécessaires pour distinguer si oui ou non une entité est directement contrôlée par une société. Si la règle est appliquée largement, y compris aux entités autonomes qui ne font pas partie d'un groupe, il ne sera pas nécessaire de faire cette distinction. Si l'on s'appuie sur les microdonnées des comptes financiers, il est utile de noter que la définition du contrôle peut être différente aux fins des rapports financiers, néanmoins lorsque les comptes financiers d'une entité sont consolidés dans les états financiers d'un groupe; cela indique en général qu'elle fait partie de ce groupe.

Détermination du montant de frais d'intérêt nets soumis à la règle

Une fois que l'on a identifié les entités concernées, le montant des frais d'intérêt nets payés par ces entités devra être déterminé pour estimer la partie qui dépasse le ratio fixe. L'excédent représente l'augmentation estimée de la base de l'IS, avant tout ajustement. Il est important de clarifier ce qui est inclus dans les frais d'intérêt nets. Tout d'abord, les frais d'intérêt nets comprennent les paiements d'intérêts nets effectués par les entités concernées (1) à des entités faisant partie du même groupe, (2) à des entités liées et (3) à des tiers. Le montant des frais d'intérêt nets payés a donc trait aussi bien aux paiements d'intérêts internes qu'externes. Certains pays ont un régime d'imposition de groupe qui permet aux entités faisant partie d'un même groupe de déposer des déclarations d'impôt communes, ainsi que de déterminer conjointement le montant de l'impôt (de compenser entre sociétés les pertes déclarées, par exemple), tandis que d'autres pays exigent que le calcul de l'impôt dû et la production de la déclaration d'impôt soient faits au niveau de l'entité. Cela peut être une considération pour le calcul des intérêts internes et externes. Si les renseignements sont collectés sur une base non consolidée, le montant total des frais d'intérêt nets comprend aussi bien les frais d'intérêt nets internes qu'externes. Si les renseignements sont collectés sur une base consolidée, il sera nécessaire d'estimer les frais d'intérêt nets internes et de les ajouter.

Le rapport sur l'Action 4 recommande que les pays appliquent aussi la règle aux paiements financiers équivalents à des paiements d'intérêts afin d'atténuer le risque d'évasion fiscale en requalifiant des paiements d'intérêts sous d'autres formes similaires à des intérêts. De ce fait, il sera nécessaire de déterminer aussi la disponibilité de microdonnées sur les intérêts capitalisés sur les actifs amortissables, sur la part d'intérêts des paiements relatifs à des contrats de location-financement et sur les intérêts théoriques d'obligations convertibles, pour ne citer que ceux-là. Le rapport sur l'Action 4 fournit une liste non exhaustive d'exemples. L'intégration de ces paiements d'intérêts durant la microsimulation devrait conduire à un ajustement à la hausse des frais d'intérêt nets.

Ajustements

Après avoir identifié les entités concernées et déterminé le montant des frais d'intérêt nets, il faudra peut-être apporter certains ajustements. Si un pays adopte une mesure avec un seuil minimum, toutes les entités qui se trouvent en dessous du seuil et qui peuvent donc bénéficier de l'exclusion devront être retirées de la population dans le modèle de microsimulation. Dans le cadre des bonnes pratiques de l'Action 4, il est recommandé qu'un tel seuil soit fixé selon le total des frais d'intérêt nets de toutes les entités du groupe local pour éviter la possibilité de fragmentation par la création d'entités multiples, où chaque entité se situerait sous le seuil.

Détermination de la façon de calculer l'EBITDA

À ce stade, on dispose de l'estimation du montant total des frais d'intérêt nets payés par les entités concernées par la règle. Étant donné que dans la règle du ratio fixe, les frais d'intérêt nets sont au numérateur, il faudra déterminer la valeur de l'EBITDA pour chaque entité concernée. L'approche des bonnes pratiques recommande que le calcul de l'EBITDA repose sur des valeurs déterminées selon les règles fiscales d'un pays. L'EBITDA d'une entité doit être calculé en réintégrant à son revenu imposable les valeurs fiscales afférentes aux frais d'intérêt nets et paiements nets équivalents aux paiements d'intérêts, à la dépréciation et à l'amortissement[31].

On va pouvoir maintenant calculer un ratio frais d'intérêt nets/EBITDA pour chaque entité concernée, soit le montant maximum qu'une entité a le droit de déduire fiscalement.

Application de la règle du ratio fixe

L'étape suivante consiste à calculer les frais d'intérêt nets réels qui dépassent le ratio fixe (niveau maximum du ratio frais d'intérêt nets/EBITDA). Il ne sera pas permis de déduire les intérêts excédentaires du revenu imposable, ce qui aura pour effet d'élargir la base pour l'impôt sur les sociétés. On pourrait simuler plusieurs ratios fixes afin d'évaluer leurs incidences respectives.

Effet de la règle du ratio de groupe

Le rapport sur l'Action 4 établit un cadre pour la règle du ratio de groupe. Le travail sur l'élaboration et le fonctionnement de la règle se poursuivra en 2016. Si la règle du ratio de groupe est appliquée en plus de la règle du ratio fixe, cela présente un avantage pour les contribuables et, dans la mesure où le ratio de groupe est supérieur au ratio fixe, il s'en suivra une réduction du montant total des frais d'intérêt nets concernés. Le rapport sur l'Action 4 indique qu'un pays qui introduit une règle de ratio de groupe peut envisager d'avoir un ratio fixe plus bas[32].

Application du taux d'imposition marginal approprié (TIMA) à l'augmentation estimée de la base d'imposition pour obtenir l'estimation statique

Un modèle de microsimulation permet de calculer pour chaque entité un taux d'imposition approprié, qui peut alors être appliqué à l'augmentation estimée de la base d'imposition. Étant donné que toute augmentation de la base d'imposition sera imposée à la marge, le taux d'imposition marginal est la mesure la plus appropriée[33]. Néanmoins, il n'est pas souhaitable d'utiliser le taux d'imposition le plus élevé prévu par la loi si certains contribuables ont des taux d'imposition plus faibles, des crédits d'impôt accumulés, ou s'ils compensent des pertes, car cela aurait pour effet de baisser le taux d'imposition effectif appliqué. Le taux d'imposition le plus approprié est donc le taux d'imposition effectif calculé à partir de la microsimulation, tout en reconnaissant que le résultat sera une estimation prudente.

Intégration des effets sur les pratiques

Après avoir estimé les effets statiques de la règle de limitation des déductions d'intérêts, certains aspects doivent encore être considérés pour faire une estimation dynamique, notamment l'utilisation potentielle des règles de report en avant et de report en arrière et les prévisions quant aux réactions probables des contribuables.

Si, par exemple, un pays envisage de reporter des intérêts non déductibles à une année ultérieure, l'effet sur l'année initiale sera inchangé par rapport à l'effet fiscal statique, mais le recouvrement des impôts des années futures sera plus faible en raison de la déduction des intérêts supplémentaires sollicités au titre du report. De même, si un pays envisage de faire un report de son droit à déduction des intérêts non utilisés, cela équivaudrait à augmenter le ratio fixe effectif des entreprises, réduisant ainsi le recouvrement des impôts des années ultérieures. Pour modéliser le délai de recouvrement des impôts lorsque les reports en avant sont autorisés, il faudra d'abord estimer le montant des intérêts non utilisés et le droit à déduction des intérêts, et ensuite l'utilisation projetée de ce droit au cours du temps. L'intégration de renseignements sur l'instabilité au cours du temps des ratios intérêts/EBITDA d'entreprises individuelles à partir des données de séries chronologiques permettra d'optimiser la modélisation.

Il est probable que l'introduction des règles de limitation des déductions d'intérêts entraîne des changements dans les comportements. Les entreprises pourraient réagir aux règles en :

- substituant des capitaux propres (nouveaux apports de capitaux ou bénéfices non répartis) aux emprunts ;
- déplaçant la dette intérieure vers des sociétés liées au sein du groupe national ou multinational.

Excepté pour les pays qui bénéficient d'un régime de déduction pour fonds propres (DFP), remplacer un emprunt par des capitaux propres équivaudrait à des déductions d'intérêts refusées. Les pays qui ont un régime de DFP devraient en examiner les dispositions et déterminer s'il pourrait être plus avantageux pour les entités de pouvoir déduire les paiements sur capitaux propres plutôt que sur l'emprunt. Si tel était le cas, l'effet sur les recettes pourrait être proche de zéro. Si les entités passent à un financement par capitaux propres, il sera nécessaire d'examiner si la diminution dans les prêts pourrait avoir un impact sur les recettes fiscales provenant de revenus d'intérêts si les contreparties à ces transactions, à savoir les prêteurs, ont leur résidence fiscale dans le pays, étant donné que les revenus d'intérêts diminueraient avec la baisse des emprunts. Cela pourrait être compensé par une augmentation des revenus de dividendes, qui pourraient augmenter les recettes provenant des retenues à la source.

Les contribuables pourraient réagir en transférant la dette intérieure vers des sociétés liées ayant un ratio frais d'intérêt nets/EBITDA plus faible, ou vers des sociétés liées dans des pays où les règles de limitation des déductions d'intérêts sont moins contraignantes. L'ampleur du transfert potentiel est susceptible d'être influencée par des facteurs fiscaux et non fiscaux, tels que l'élaboration (et le degré de rigueur) de la règle de limitation des déductions d'intérêts ; les actions multilatérales ; les taux d'intérêt en vigueur en fonction de la conjoncture ; et le degré de flexibilité des groupes étant donné qu'ils pourraient avoir des fonctions centrales en matière de financement et que les coûts de transaction liés au transfert de la dette pourraient être élevés.

La substitution de capitaux propres aux emprunts et le transfert de la dette vers un autre pays se traduiraient par une augmentation des recettes pour le pays où la mesure est mise en œuvre. Cependant, si le transfert de la dette se fait entre entités d'un même pays, les effets des pratiques réduiraient l'effet sur les recettes dans le pays où a lieu la mise en œuvre.

Du fait que les limitations des déductions d'intérêts se traduiraient par une augmentation de la base imposable, les entités concernées connaîtraient une augmentation de leur taux effectif d'imposition. Les études empiriques qui examinent les réactions à des changements dans les écarts de taux d'imposition pourraient fournir des indications sur les effets de l'adoption des mesures correctives sur les pratiques.

Ruf et Schindler (2012) résument les données empiriques sur les règles de limitation de déduction d'intérêts, introduites en 2008 en Allemagne. Buslei et Simmler (2012) et Dreßler et Scheuering (2012) constatent que les entreprises réagissent en réduisant leur ratio d'endettement par rapport aux actifs.

b. Approche basée sur les macrodonnées

Si la déclaration d'impôt et les informations financières d'une entreprise ne sont pas disponibles pour l'analyse, une approche macroéconomique peut être envisagée. Les pays pourraient alors réaliser une estimation, dont les étapes sont énoncées ci-après.

Détermination du montant total de frais d'intérêt nets pour un pays

La première étape consiste à estimer le montant total des frais d'intérêt nets pour les entreprises qui seraient concernées par la proposition. Cette estimation peut être faite de différentes façons selon les sources de données disponibles pour un pays :

- les données fiscales agrégées sur les recettes et les paiements d'intérêt (administration fiscale) ;
- les données agrégées des comptes financiers sur les recettes et les paiements d'intérêt qui peuvent être ventilées par secteur (Institut de statistique national) ; et
- les données agrégées des comptes financiers sur les recettes et les paiements d'intérêt du secteur des sociétés non financières (Comptes nationaux).

On dispose déjà d'un bon point de départ si l'administration fiscale publie des informations agrégées sur les recettes et les paiements d'intérêt. Cette information peut être publiée pour les particuliers et les ménages et également pour les sociétés, et elle peut être ventilée par secteur. L'utilisation de données ne portant que sur les entités assujetties à l'IS aboutirait à une sous-estimation, étant donné que l'approche des bonnes pratiques propose une application plus large, qui inclut des entités imposables non constituées en société, dont bon nombre peuvent être soumises à l'imposition des particuliers ou des ménages. On peut envisager l'existence d'études ou d'autres sources de données qui pourraient donner des renseignements sur la part de revenu personnel que les contribuables seraient susceptibles de consacrer à des activités commerciales. En outre, le fait d'inclure tous les secteurs pourrait entraîner une surestimation, mais cela varie aussi si certains secteurs sont exclus, en dehors du secteur financier. Le secteur financier reçoit généralement plus de revenus d'intérêt qu'il en paie et peut donc ne pas donner lieu à une surestimation.

Certains pays pourraient disposer des données des comptes financiers agrégées par secteur. Cela permettrait d'obtenir les frais d'intérêt nets agrégés par secteur, ce qui est utile, étant donné que les bonnes pratiques de l'Action 4 pourraient avoir des impacts différents sur le phénomène BEPS, selon que des intérêts du secteur financier ou d'autres secteurs sont concernés. Il sera important de déterminer quelles entités sont incluses dans les statistiques pour pouvoir faire une comparaison avec les entités qui seront affectées par la règle. Les entités concernées peuvent être soit surreprésentées, soit sous-représentées dans les données, selon l'élaboration de la règle de limitation des déductions d'intérêts.

Si les options mentionnées ci-dessus ne sont pas possibles, il se peut que les données agrégées des comptes financiers pour le secteur des sociétés non financières, fort probablement produites par la Banque centrale ou par le Bureau national des statistiques, soient disponibles dans les Comptes nationaux. Les entreprises incluses dans les entreprises du secteur non financier diffèrent selon les pays et il sera nécessaire de vérifier l'approche adoptée dans un pays donné. Certains pays incluent les « quasi-sociétés » dans cette classification[34],[35]. Au sein de l'Union européenne (UE), seulement 7 États des 28 États membres (Chypre, Espagne, France, Hongrie, Luxembourg, Slovaquie et Roumanie) n'utilisent pas le concept de quasi-société dans leurs comptes nationaux et, parmi les 21 États membres restants, seuls les Pays-Bas affectent toutes les quasi-sociétés à un secteur institutionnel unique (à savoir le secteur des ménages). Ainsi, 20 États sur les 28 États membres de l'UE ont des quasi-sociétés à la fois dans le secteur des ménages et dans celui des entreprises. En dehors de l'UE, les approches diffèrent aussi, par exemple les États-Unis n'ont pas recours à la notion de « quasi-société », alors que l'Afrique du Sud l'utilise.

L'OCDE publie des données sur les paiements et la perception d'intérêts pour la plupart des pays membres de l'OCDE, ainsi que pour deux pays non membres de l'OCDE, dont l'un est un pays du G20. Le tableau 3.A2.3 donne les chiffres des frais d'intérêt nets pour ces pays en 2012[36]. Les données fournies pour la majorité des pays ont été ajustés pour tenir compte des services d'intermédiation financière indirectement mesurés (SIFIM), qui représentent la différence entre le taux d'intérêt le plus élevé que les emprunteurs paient en contrepartie du service financier et le taux de référence[37]. Le tableau précise si des quasi-sociétés sont incluses dans le secteur non financier, lorsque cette information est disponible.

Les chiffres des frais d'intérêt nets du tableau 3.A2.3 pourraient correspondre à une surestimation ou une sous-estimation des frais d'intérêt nets visés, selon la façon dont les règles de limitation des déductions d'intérêts auront été conçues. Cela dépendra des entités incluses dans les données des Comptes nationaux par rapport à celles affectées par une règle. En ce qui concerne les entités incluses, il y aura deux aspects importants à considérer : il faudra déterminer si les quasi-sociétés sont incluses dans le secteur des sociétés non financières et si les paiements et les recettes d'intérêts sont comptabilisés sur la base de l'entité juridique ou sur la base d'un groupe d'entreprises. Cela permettra de déterminer si le chiffre global des frais d'intérêt nets comprend ou exclut les paiements d'intérêts à des parties liées. Si les paiements et les recettes d'intérêts sont comptabilisés sur la base de l'entité juridique, les frais d'intérêt nets incluent les paiements d'intérêts intra-groupe et il ne sera pas nécessaire de faire d'ajustement.

Tableau 3.A2.3. **Frais d'intérêt nets du secteur des sociétés non financières en milliards de USD (2012)**

Pays	Entités figurant dans le secteur des sociétés non financières	Milliards USD
	OCDE	
Allemagne	incluant les quasi-sociétés	19
Autriche	incluant les quasi-sociétés	8
Belgique	incluant les quasi-sociétés	5
Chili*		5
Corée*		30
Danemark*	incluant les quasi-sociétés	2
Espagne	sociétés seulement	49
Estonie	Incluant les quasi-sociétés	1
États-Unis	sociétés seulement	350
Finlande	incluant les quasi-sociétés	7
France	sociétés seulement	59
Grèce	incluant les quasi-sociétés	6
Hongrie	sociétés	4
Irlande	incluant les quasi-sociétés	9
Italie	incluant les quasi-sociétés	47
Japon*		(9)
Mexique*		44
Nouvelle-Zélande		8
Pays-Bas	sociétés seulement	13
Portugal	incluant les quasi-sociétés	7
République slovaque*	sociétés seulement	1
République tchèque	incluant les quasi-sociétés	4
Royaume-Uni	incluant les quasi-sociétés	46
Slovénie	incluant les quasi-sociétés	1
Suède	incluant les quasi-sociétés	17
Suisse		9
	Non membres de l'OCDE	
Afrique du Sud*	incluant les quasi-sociétés	4
Colombie*		7

* Pays pour lesquels les chiffres corrigés des SIFIM n'étaient pas disponibles.

Source : Base de données des comptes nationaux de l'OCDE.

Une autre considération dans l'estimation totale des frais d'intérêt nets consiste à déterminer si les données disponibles incluent des paiements financiers équivalents à des intérêts. Les frais d'intérêt peuvent être capitalisés dans le coût des marchandises vendues, incorporés aux achats faits auprès d'autres entreprises, aux paiements de location, aux paiements au titre de prêts avec participation aux bénéfices, ou au titre d'autres modes de financement, tels que la finance islamique ; ou imputés à des instruments tels que des obligations convertibles et des obligations à coupon zéro[38]. Se concentrer exclusivement sur les frais d'intérêt induirait probablement une estimation prudente. En fonction de la définition de l'intérêt dans un pays, cela pourrait être mentionné comme une source probable de biais à la baisse, ou alors on pourrait ajuster à la hausse la modification de la base imposable, si l'information pour réaliser cet ajustement est disponible.

Considérations pour cibler les entités concernées

Même si les données agrégées ne permettent pas de faire de distinction entre les entités autonomes et celles qui font partie d'un groupe national ou multinational, l'élaboration de la règle (à savoir la détermination des entités auxquelles elle s'applique) va influencer l'estimation des incidences sur les recettes.

Plusieurs scénarios pouvant impliquer des ajustements pour les entités concernées sont possibles. Voici quelques exemples de situations où un ajustement serait nécessaire :

- la règle de limitation des déductions d'intérêts pourrait ne s'appliquer qu'à des entités faisant partie d'un groupe multinational, alors que les données agrégées sur les frais d'intérêt nets incluent toutes les sociétés non financières. Cette situation aboutirait à la fois à une surestimation et à une sous-estimation de la modification de la base d'imposition ; une surestimation dans le sens où de nombreuses entreprises pourraient ne pas faire partie d'un groupe multinational et une sous-estimation dans le sens où des entités non constituées en société pourraient faire partie d'un groupe multinational ;
- la règle de limitation des déductions d'intérêts pourrait s'appliquer à des entités faisant partie de groupes (multinationaux et nationaux) et à des entités autonomes ; cependant, seules les données agrégées sur les frais d'intérêt nets sont disponibles dans les comptes nationaux et il s'agit des données sur les sociétés non financières, mais les quasi-sociétés en sont exclues. Cette situation se traduirait par une sous-estimation de la modification de la base d'imposition.

Si l'on ne dispose pas de microdonnées, il existe d'autres sources d'information potentielles qui pourraient être utilisées pour cerner les entreprises multinationales qui opèrent dans l'économie. Notamment, si la Banque centrale ou l'Institut national de la statistique produisent des données sur l'excédent net d'exploitation et l'excédent brut d'exploitation (ENE/EBE), il serait possible de savoir quelle part en est attribuable aux entreprises multinationales et d'utiliser cette information pour établir un critère qu'on appliquerait aux données agrégées sur les frais d'intérêt nets (en admettant que la part de l'ENE ou de l'EBE peut ne pas être directement liée à la part des frais d'intérêt nets).

Pour obtenir davantage de renseignements sur les groupes multinationaux et nationaux, ainsi que sur les grandes entreprises autonomes, une stratégie supplémentaire serait d'analyser les états financiers des 25, 50 ou 100 plus grands groupes ou entreprises opérant dans un pays, car les plus grands groupes sont susceptibles d'avoir les plus grandes déductions d'intérêts, ou encore de sélectionner un échantillon statistique stratifié. Décider quel est le nombre approprié d'entreprises et de groupes dépendra de la taille de l'économie et d'autres critères nationaux, tels qu'une représentation appropriée des secteurs dans l'échantillon choisi. De cette façon, on pourrait avoir une indication du montant total des frais d'intérêt nets externes s'ils sont considérés sur une base consolidée, ou du montant total des frais d'intérêt nets (internes et externes) si les états financiers sont publiés sur une base non consolidée. Il serait utile de comparer les chiffres obtenus avec les frais d'intérêt nets publiés dans les comptes nationaux.

Ajustements

Si un ajustement est nécessaire pour ajouter l'intérêt interne, on aura besoin d'un paramètre pour extrapoler les frais d'intérêt nets externes et ainsi obtenir le montant total de frais d'intérêt nets. Ce pourrait être le cas, par exemple, si l'on s'appuie sur les données agrégées des comptes nationaux qui recueillent des informations sur la base de groupes d'entreprises, par opposition à des entités juridiques, étant donné que ces données ne comprendraient que les frais d'intérêt nets externes. Les études empiriques devraient permettre d'estimer l'intérêt interne par rapport au montant total d'intérêts. Déterminer l'ajustement d'intérêt interne à partir des recherches universitaires n'est pas la solution idéale, mais cette approche apporte une plus grande précision que celle consistant à présumer implicitement que les intérêts internes des filiales d'entreprises multinationales sont nuls. Il ressort des recherches actuelles, sur la base de deux ensembles de données, celui de la Deutsche Bundesbank Midi et celui du Bureau of Economic Analysis (BEA) des États-Unis, que le ratio d'endettement interne par rapport à l'endettement externe se situe en moyenne autour de 0.4, alors que le ratio d'endettement interne par rapport à la dette totale est d'environ 0.3[39]. Il convient de noter qu'en Allemagne et aux États-Unis, le taux statutaire de l'impôt sur les sociétés est supérieur à la moyenne et que dès lors ces deux pays pourraient avoir des ratios d'endettement interne plus élevés que les pays dont le taux statutaire de l'impôt sur les sociétés est plus bas.

La mise en œuvre d'un seuil minimum pour exclure des entités de la règle nécessite une révision à la baisse de l'estimation totale des frais d'intérêt nets. Des informations sur les petites et moyennes entreprises, à partir du nombre d'employés ou du chiffre d'affaires, pourraient être utiles pour déterminer le montant de l'ajustement[40]. Les petites entreprises peuvent avoir des ratios des frais d'intérêt plus élevés que les grandes entreprises, et les études universitaires constatent que les entreprises « uniquement nationales » ont des ratios des frais d'intérêt plus élevés que les entreprises multinationales de taille similaire. Toutefois, si les entreprises « uniquement nationales » sont plus petites en moyenne que les entreprises multinationales, le pourcentage des frais d'intérêt nets au-dessus du seuil minimum pourrait être inférieur à la moyenne pour toutes les entreprises.

Étant donné que la règle du ratio fixe ne touche que les entités qui déclarent des bénéfices, un ajustement à la baisse pourrait être fait pour refléter cet aspect. Il est important de considérer cet aspect parallèlement au seuil minimum étant donné que bon nombre d'entreprises qui déclarent des pertes pourraient tomber sous le seuil minimum. En l'absence de microdonnées, l'administration fiscale peut produire des statistiques agrégées montrant la proportion des entreprises qui déclarent des pertes à des fins fiscales. Ces informations pourraient être utiles pour déterminer le facteur approprié d'ajustement à la baisse, et pourraient être affinées si les statistiques sont produites par groupes de revenu imposable.

Application de la règle du ratio fixe

On devra déterminer le montant des frais d'intérêt nets qui dépassent le ratio fixe (frais d'intérêt nets/EBITDA), ce qui est difficile à faire sans avoir accès à des microdonnées. On peut s'appuyer sur les états financiers des principaux groupes et sociétés, bien que cette approche repose sur des comptes financiers, et non pas sur des données fiscales. En outre, si l'on se fie à des informations consolidées publiées, cela exclut les paiements d'intérêt intra-groupe. Néanmoins, cette approche peut faciliter la formulation d'une hypothèse raisonnable sur le montant des frais d'intérêt nets qui dépassent le ratio fixe.

Un autre aspect à considérer est la disparité probable des rapports frais d'intérêt nets/EBITDA au sein d'un groupe multinational. Les microdonnées sur les grandes entreprises multinationales non financières montrent que 45 % des frais d'intérêt bruts des filiales dépassent le rapport frais d'intérêt nets/EBITDA de leur groupe. Les frais d'intérêt bruts des filiales comprennent les intérêts internes et les intérêts externes, car ils sont basés sur des données non consolidées, tandis que les ratios de groupe ne comprennent que les intérêts externes des données consolidées. Il faudra faire preuve de discernement pour décider s'il faut effectuer un ajustement pour cette variation de ratios fixes au sein d'un groupe, qui pourrait être combiné à une extrapolation pour inclure les intérêts internes.

Effet de la règle du ratio de groupe

La manière d'intégrer une règle de ratio de groupe sera la même que celle exposée dans l'approche basée sur les microdonnées évoquée plus haut.

Application du taux d'imposition marginal applicable (TIMA)

Une fois que l'augmentation de la base d'imposition (correspondant au montant de frais d'intérêt nets qui dépassent le rapport frais d'intérêt nets/EBITDA) aura été estimée, il sera nécessaire d'appliquer le taux d'imposition marginal applicable (TIMA) à l'augmentation de la base d'imposition. Étant donné que l'élargissement de la base dû aux règles de limitation des déductions d'intérêts se traduira par un revenu imposable plus élevé imposé à la marge, l'application de taux d'imposition légaux peut être un point de départ approprié[41].

Intégration des effets sur les pratiques

La possibilité d'effectuer un report en avant de la déduction des intérêts concernés ou de la capacité excédentaire existante dépend des délais, lesquels devront être pris en compte dans les estimations annuelles.

La manière d'intégrer les considérations en matière de pratiques sera la même que celle exposée dans l'approche basée sur les microdonnées évoquée plus haut.

Estimations financières des mesures correctives des situations d'intérêts excédentaires faites par d'autres pays

Le tableau 3.A2.1 fournit l'estimation budgétaire des mesures correctives unilatérales prises par certains pays en matière d'intérêts excédentaires, sous forme de pourcentage de leurs recettes totales provenant de l'impôt sur les sociétés. Les mesures qui ont été estimées ou mises en œuvre dans les années antérieures peuvent donner lieu à des estimations financières plus élevées que celles produites aujourd'hui, car elles ont été introduites au cours d'une période où les taux d'intérêt étaient plus élevés. Le moment dans le cycle d'activité où une mesure fait l'objet d'une estimation (ou est mise en œuvre) est également important, car les effets sur les recettes sont présentés sous forme de pourcentage des recettes provenant de l'impôt sur les sociétés, et ces recettes fluctuent en cours de cycle. L'estimation budgétaire varie également si un pays a mis en œuvre parallèlement d'autres mesures politiques, qui seraient susceptibles d'influencer l'estimation budgétaire des mesures correctives relatives aux intérêts (par exemple en fonction de l'ordre dans lequel ont été traitées les estimations). En outre, si un pays avait des règles de limitations d'intérêt existantes, l'estimation budgétaire n'aurait trait qu'à l'effet différentiel de la nouvelle limitation d'intérêt sur les recettes, et non pas à l'effet global de la limitation d'intérêt dans ce pays.

Identifier les interactions potentielles avec d'autres mesures correctives

Si l'on met en œuvre simultanément plus d'une mesure pour lutter contre le phénomène BEPS, il faut prendre en compte dans les estimations de recettes les interactions de leurs dispositions respectives. Les mesures à prendre en matière de prix de transfert sont destinées à corriger l'effet de la manipulation des prix des intérêts, alors que l'Action 4 est axée sur la limitation des déductions d'intérêts résultant d'un endettement excessif. Si les principes révisés applicables en matière de prix de transfert et les mesures correctives de limitation des déductions d'intérêts sont adoptés, il faudra veiller à retirer les corrections potentielles liées à la manipulation des prix de l'estimation budgétaire de l'Action 4.

L'Action 4 pourrait également avoir des interactions avec les mesures proposées dans le cadre de l'Action 2 (concernant les dispositions des montages hybrides). Les mesures correctives relatives aux montages hybrides peuvent conduire à l'annulation de certaines déductions pour frais d'intérêt, ce qui pourrait réduire le rapport intérêts/EBITDA des entreprises concernées par ces mesures correctives. Si des données sur les baisses des déductions d'intérêts relatives à des montages hybrides deviennent disponibles, ou si une telle estimation en est faite pour une autre proposition, il faut alors en tenir compte dans le total des frais d'intérêt nets concernés.

Action 1 (Relever les défis fiscaux posés par l'économie numérique)

Le rapport sur l'Action 1 (Relever les défis fiscaux posés par l'économie numérique, OCDE, 2015c) examine un certain nombre de questions de politique fiscale spécifiquement liées à l'économie numérique, ses modèles économiques et ses principales caractéristiques. Il est devenu impossible d'isoler l'économie numérique en raison de l'omniprésence de la transformation numérique de l'économie en elle-même. Bien que l'économie numérique ne présente pas d'enjeux uniques liés au phénomène BEPS, certaines de ses caractéristiques principales accentuent les risques liés à ce phénomène. Ces risques sont traités dans le cadre du Plan d'action BEPS au titre des Action 3 (Concevoir des règles efficaces concernant les SEC), Action 7 (Empêcher les mesures visant à éviter artificiellement le statut d'établissement stable) et Actions 8, 9 et 10 (Aligner les prix de transfert calculés sur la création de valeur).

Comprendre le changement proposé

Le Groupe de réflexion sur l'économie numérique a discuté et analysé plusieurs options possibles pour relever les défis fiscaux posés par les enjeux relatifs à l'économie numérique. En particulier, ce Groupe considère trois options en matière de politique fiscale pour imposer de façon plus efficace les revenus des activités liées aux vendeurs étrangers sans établissement stable (ES) dans le pays. Les trois options sont les suivantes :

- des modifications du critère du seuil applicable aux ES et des règles connexes d'attribution des bénéfices pour le calcul de l'IS applicable sur le revenu net généré par les ventes à distance de biens et de services incorporels à des consommateurs d'un pays par un prestataire étranger n'ayant pas le statut d'ES en vertu de la législation en vigueur;
- l'instauration de taxes sur certains types de transactions numériques; et
- l'application d'une retenue à la source sur les recettes brutes provenant de certains types de transactions numériques.

Les recommandations en vue du recouvrement de la TVA sur les transactions numériques entre entreprises et consommateurs finals (B2C) sont incluses dans les *Principes directeurs internationaux de l'OCDE pour la TVA/TPS.*

Questions relatives aux estimations budgétaires

L'approche pour estimer les incidences budgétaires sur les impôts directs de la modification du critère du seuil des établissements stables qui touche les vendeurs à distance de biens et de services numériques sera la même que celle décrite plus loin pour l'estimation budgétaire de l'Action 7.

Les estimations des incidences budgétaires de l'instauration d'une taxe ou de l'application d'une retenue à la source sur certains types de transactions numériques suivent les procédures d'estimation des recettes évoquées plus haut, dans la section qui porte sur l'approche générale pour réaliser une estimation budgétaire. Étant donné que les deux types d'impôt sont basés sur les recettes brutes des transactions identifiées, la base d'imposition devrait être similaire dans les deux propositions.

La première étape dans l'estimation des incidences budgétaires de l'adoption de l'une ou l'autre proposition fiscale est d'estimer le montant des ventes existantes pour chaque type de transactions numériques admissibles qui seraient soumises à la nouvelle taxe ou à l'application d'une retenue à la source. Les rapports du secteur ou des estimations spécifiques par pays provenant de bases de données publiques, telles que la base de données statistique d'Eurostat sur le commerce électronique, pourraient être utilisés pour estimer la base d'imposition potentielle, bien qu'il faille distinguer les ventes faites par des vendeurs à distance sans ES de celles faites par des vendeurs à distance par l'intermédiaire d'un ES.

Pour estimer la base, il sera important de faire une distinction entre les ventes aux consommateurs finals (les ménages) et les ventes intermédiaires aux entreprises. Les changements potentiels dans les pratiques devront également être considérés, tels qu'une diminution des transactions numériques en réponse à des prix taxes incluses plus élevés, accompagnée d'une substitution de transactions de remplacement (numériques et non numériques) faites par des vendeurs ayant un ES aux transactions numériques faites par des vendeurs à distance sans ES. L'estimation du changement dans la base d'imposition qui s'en suivrait serait alors multipliée par les taux d'imposition applicables pour déterminer les incidences budgétaires escomptées.

En dernier lieu, les estimations des incidences budgétaires de modifications des impôts indirects se rapportant au recouvrement de la TVA sur les transactions entre entreprises et consommateurs finals (B2C) reposent sur un élargissement de la base d'imposition à la TVA multipliée par les taux de TVA applicables. Le remplacement des transactions non numériques par des transactions numériques n'aurait pas d'incidence sur le recouvrement prévu (sauf dans des scénarios où différents taux de TVA sont applicables).

Action 2 (Neutraliser les effets des dispositifs hybrides)

Comprendre le changement proposé

Un dispositif hybride est un dispositif qui exploite les divergences des pratiques des pays en matière fiscale en utilisant une entité ou un instrument dans le but d'obtenir des avantages fiscaux résultant des asymétries. Les asymétries consistent en deux déductions du même paiement, soit un effet de double déduction ou bien en paiements qui ne sont pas inclus dans la base d'imposition du bénéficiaire, soit un effet de déduction/non inclusion. La partie I du rapport sur l'Action 2 (Neutraliser les effets des dispositifs hybrides, OCDE, 2015d) formule des recommandations pour établir des règles nationales applicables aux instruments financiers hybrides (tels que les instruments considérés comme une dette dans un pays et comme des fonds propres dans un autre) et aux entités hybrides (tels que les entités et les dispositifs considérés comme transparents sur le plan fiscal dans un pays et comme opaques dans un autre), destinées à neutraliser les effets des doubles déductions et des déductions/ absences d'inclusion. En outre, la partie I du rapport sur l'Action 2 inclut une règle applicable aux dispositifs hybrides importés qui vise tant les dispositifs structurés que ceux mis en place au sein d'un groupe, et qui couvre tout paiement directement ou indirectement compensé par une déduction hybride de quelque nature.

Dans le but de neutraliser les effets directs et indirects de déduction/non inclusion, la partie I du rapport sur l'Action 2 recommande une réponse principale consistant à refuser toute déduction dans la juridiction du payeur et à étendre ce refus, en cas de double déduction, à la juridiction de la société mère. Les règles de base relatives aux dispositifs hybrides s'accompagnent de règles secondaires, qui sont applicables dans la juridiction de la contrepartie au cas où la règle de base ne serait pas appliquée.

La partie II du rapport sur l'Action 2 propose des modifications à apporter au Modèle de convention fiscale de l'OCDE pour faire en sorte que des instruments et entités hybrides, ainsi que des entités à double résidence, ne soient pas utilisés pour obtenir de manière injustifiée les avantages prévus par les conventions fiscales, et que ces dernières ne fassent pas obstacle à l'application des nouvelles dispositions du droit interne recommandées par la partie I du rapport.

Données potentielles

L'analyse économique des dispositifs hybrides nécessite l'accès à des données détaillées au niveau des entreprises. Cette analyse exige non seulement des renseignements sur les transactions entre parties liées, mais aussi sur leur traitement fiscal dans les juridictions du payeur et du bénéficiaire. Ces données sont rarement disponibles au public et seules les administrations fiscales qui s'efforcent d'identifier les dispositifs hybrides, en demandant notamment des informations supplémentaires aux contribuables, peuvent les obtenir. Les analystes des Administrations auront besoin d'obtenir des informations auprès des équipes de vérification des administrations fiscales concernant le nombre et l'ampleur des dispositifs hybrides existants dans un pays.

Estimations budgétaires dans d'autres pays

Afin de neutraliser les doubles déductions ainsi que les déductions/absences d'inclusions, plusieurs pays ont instauré ou proposé des mesures pour lesquelles des estimations budgétaires annuelles ont été faites :

- la France a instauré en janvier 2014 des mesures limitant la déductibilité d'intérêts, si leur taux d'imposition est bas. Selon les estimations, ces mesures entraînent une augmentation des recettes de l'IS de 0.9 % ;
- le Royaume-Uni a proposé en décembre 2014 des mesures conformes aux recommandations de l'Action 2. Selon les estimations, ces mesures entraîneront une augmentation des recettes de l'IS de 0.2 % ;
- les États-Unis ont proposé des mesures limitant la déductibilité des intérêts et des redevances si l'inclusion correspondante n'est pas faite au niveau du destinataire dans la juridiction étrangère. Selon les estimations, ces mesures entraîneront une augmentation des recettes de l'IS de 0.04 %[42].

Ces estimations reposent sur l'hypothèse qu'il y aura des changements notables dans les pratiques en raison de la capacité des entreprises multinationales à restructurer leurs dispositifs financiers autour des mesures unilatérales issues du projet BEPS. Notamment, les règles qui interdisent de déduire des paiements en vertu d'un accord de financement transfrontalier particulier qui donne lieu à des déductions/absences d'inclusions pourraient tout simplement encourager les contribuables à mettre en place un dispositif similaire sous le régime des lois d'une autre juridiction pour ensuite utiliser une structure de prêts en cascade afin d'importer l'effet de l'asymétrie dans le droit interne, convertissant ainsi des déductions/absences d'inclusions directes en déductions/absences d'inclusions indirectes qui sont en dehors du champ d'application des règles du pays.

Les faibles effets estimés sur les recettes résultent essentiellement des changements attendus dans les pratiques à la suite d'une action unilatérale engagée par un pays. Les recommandations de l'Action 2 sont destinées à empêcher les contribuables d'obtenir un avantage de quelque juridiction que ce soit relativement aux dispositifs hybrides, ce qui les rend plus efficaces qu'une action unilatérale et non coordonnée. Si les recommandations relatives aux dispositifs hybrides sont mises en œuvre en même temps dans de nombreux pays, avec une règle pour neutraliser les déductions/absences d'inclusions indirectes, les entreprises auront beaucoup moins de possibilités pour restructurer leurs opérations financières dans le but d'éviter l'effet des règles recommandées. Dès lors, on s'attendra à ce que les dispositifs hybrides augmentent les revenus des entreprises davantage que par le biais d'une action unilatérale, à condition que l'Action 2 soit mise en œuvre de façon multilatérale et coordonnée. Il n'est pas prévu que les recettes fiscales résultant de la mise en œuvre des recommandations de l'Action 2 proviennent des déductions non admises ou d'exemptions fiscales non admises en vertu des mesures relatives aux dispositifs hybrides ; l'augmentation des recettes résultera plutôt du fait que les entreprises multinationales vont cesser de se structurer, et de structurer leurs transactions, de manière à exploiter les asymétries, et par conséquent, elles ne pourront plus se prévaloir d'une déduction ou bénéficier d'exonération d'impôt.

Identifier les interactions potentielles avec d'autres mesures recommandées

Les mesures recommandées au titre de l'Action 9 sur la fixation des prix de transfert du risque et du capital et au titre de l'Action 4 sur la déductibilité des intérêts vont réduire les avantages procurés par de nombreux dispositifs hybrides, en limitant les possibilités de parvenir à une réduction d'impôt par le biais de paiements d'intérêts. En outre, la combinaison des règles relatives aux dispositifs hybrides et des règles relatives à l'utilisation abusive des conventions fiscales va réduire les possibilités de planification fiscale, et ces règles, lorsque mises en œuvre en même temps, auront un effet plus grand que la somme de leurs effets individuels.

Action 3 (Règles concernant les sociétés étrangères contrôlées)

Le rapport sur l'Action 3 (Concevoir des règles efficaces concernant les sociétés étrangères contrôlées, OCDE, 2015e) formule des recommandations fondées sur des bonnes pratiques et identifiant les éléments indispensables à l'efficacité des règles concernant les SEC, tout en reconnaissant que les objectifs politiques de ces règles varient selon les juridictions. Il cerne les défis que posent les revenus mobiles aux règles existantes visant les SEC, tels que les revenus de la propriété intellectuelle, des services et des transactions numériques, et permet aux juridictions d'engager une réflexion sur des politiques appropriées à cet égard. Le rapport souligne que les règles visant les SEC jouent un rôle continu et important dans la lutte contre les pratiques de BEPS, et comme mécanisme de soutien aux règles d'établissement des prix de transfert et à d'autres règles.

Les règles concernant les SEC sont conçues pour protéger la base d'imposition d'un pays en empêchant le transfert de revenu mobile ou passif à une SEC. Si la société mère se trouve dans un pays ayant un système d'imposition territorial, les règles concernant les SEC empêchent le transfert de certains revenus pour bénéficier de l'exemption au titre de revenus de source étrangère. Si la société mère se trouve dans un pays ayant un système d'imposition mondial avec report d'impôt, les règles visant les SEC empêchent le transfert de certains revenus pour bénéficier d'un report d'impôt sur ces revenus.

Comprendre le changement proposé

Le rapport sur l'Action 3 recommande que les règles concernant les SEC s'appliquent non seulement aux personnes morales, mais aussi aux *partnerships*, aux *trusts* et aux établissements stables lorsque ces entités suscitent des inquiétudes ayant trait au phénomène BEPS, ce qui pourrait se produire si elles sont détenues par des SEC ou si elles sont traitées dans la juridiction de la société mère comme des entités imposables distinctes des entreprises qui les détiennent.

Le rapport recommande d'appliquer un taux d'exonération fiscale, en vertu duquel les règles visant les SEC ne seraient pas applicables si le taux effectif d'imposition de la SEC est supérieur à un seuil fixé[43]. Le rapport sur l'Action 3 précise que les actionnaires résidents devraient être imposés sur le revenu provenant d'une société étrangère seulement s'ils semblent avoir joué un rôle dans les décisions relatives à la réalisation de ce revenu, telles que le lieu et le moment ainsi que la façon de le réaliser. Le rapport sur l'Action 3 recommande que les règles visant les SEC incluent au minimum deux tests, le test de contrôle juridique et le test de contrôle économique, de façon à ce que les résultats de ces deux tests puissent démontrer qu'il y a bien contrôle, et qu'une SEC devrait être considérée comme étant contrôlée quand les résidents détiennent directement ou indirectement au moins 50 % des droits de vote, mais le rapport donne l'option d'un seuil inférieur de contrôle si les pays veulent atteindre des objectifs de politique plus larges ou empêcher le contournement des règles visant les SEC.

Une fois qu'une entité a été identifiée en tant que SEC, on doit déterminer quels revenus seront attribuables aux actionnaires ou aux parties contrôlantes[44]. Le rapport sur l'Action 3 décrit plusieurs approches pour déterminer le revenu des SEC. Les règles visant les SEC définissent généralement le revenu attribuable dans le contexte des revenus perçus par les SEC qui soulèvent des préoccupations en matière de BEPS, tels que, notamment, les revenus perçus par les SEC qui sont des sociétés holding, qui fournissent des services financiers et bancaires, ou qui effectuent la facturation de ventes, ainsi que les revenus d'actifs de propriété intellectuelle, de biens et de services incorporels, et d'assurances et réassurances captives. Le rapport décrit trois types d'analyse possibles : l'analyse catégorielle, l'analyse de la substance et l'analyse des profits excédentaires. Quel que soit le type d'analyse effectué, un pays devra également décider si l'analyse s'applique à des entités ou à des transactions. Le rapport sur l'Action 3 précise que l'approche transactionnelle cadre mieux avec les objectifs du projet BEPS et la législation de l'Union européenne.

Selon la définition du revenu d'une SEC utilisée dans un pays, les types de revenus suivants sont fréquemment inclus dans les règles concernant les SEC :

- le versement de dividendes sur des revenus passifs qui ne sont pas activement gérés par la SEC ;
- les intérêts et autres revenus de financement, sauf si la SEC a le niveau de substance requis pour gagner ces revenus et n'a pas été surcapitalisée ;

- Les revenus de services spécifiques, sauf si la SEC a le niveau de substance requis pour gagner ces revenus, notamment :
  - les revenus d'assurance provenant d'une partie liée ou lorsque les parties au contrat d'assurance ou les risques assurés sont situés hors de la juridiction de la SEC
  - les revenus provenant de la vente de biens et de la prestation de services
  - les redevances et autres revenus de propriété intellectuelle (PI).

Après avoir déterminé le niveau de revenu de la SEC, on applique le taux d'imposition. Le revenu de la SEC est généralement assujetti au taux d'imposition de la société mère dans la juridiction de la société mère. Le rapport sur l'Action 3 décrit également une option appelée « complément d'impôt », où le revenu de la SEC est assujetti à un taux correspondant à la différence entre le taux d'imposition dans la juridiction de la SEC et un taux de base.

On commence l'analyse budgétaire en examinant les règles précises concernant les SEC adoptées par un pays. Le rapport sur l'Action 3 énonce des recommandations sous la forme de composantes, mais tient compte du fait que chaque pays définira ses règles en s'appuyant sur ses objectifs prioritaires. En conséquence, ces recommandations ne constituent pas des normes *a minima*, mais sont conçues de telle sorte que les pays qui les mettront en œuvre disposeront de règles efficaces pour empêcher les contribuables de transférer des bénéfices vers des filiales étrangères.

Données et méthodologie

L'analyse doit identifier les éléments clés évoqués plus haut pour que, lorsque les données le permettent, les flux de revenus appropriés imputables aux entités concernées soient pris en compte aux fins de l'estimation budgétaire.

Estimation du montant de revenu de la SEC affectée

Si les renseignements provenant des déclarations d'impôt permettent de déterminer si une entité nationale a une SEC, ainsi que le revenu attribué à la SEC qui est imputable à la société mère, il est possible de faire une microsimulation puisqu'on connaît le montant total du revenu de la SEC et on peut appliquer le taux d'imposition approprié au niveau de l'entité. Mais il se peut que pour de nombreux pays les renseignements provenant des déclarations d'impôt ne fournissent pas aux analystes le niveau de détail nécessaire, tel que les sources de revenus ventilées définies comme des revenus des SEC.

Dans de tels cas, une solution possible serait d'identifier les flux de revenus générés par les actifs produisant des revenus passifs détenus par des entités dans des pays où le taux d'imposition est inférieur au seuil fixé pour l'application des règles visant les SEC. Cette solution est semblable à la stratégie utilisée par Ruf et Weichenrieder (2012; 2013) qui ont analysé les actifs qui génèrent un revenu passif dans les entreprises appartenant à des sociétés mères allemandes à hauteur de 90 % au moins. L'analyse était basée sur des données de la Deutsche Bundesbank MiDi, qui fournit des renseignements sur les bilans des filiales d'entreprises multinationales allemandes. De nombreux pays pourraient ne pas avoir accès à des données similaires et en l'absence de microdonnées provenant des déclarations d'impôt, il faudrait faire appel à des données macroéconomiques.

Il est possible de s'appuyer sur des données macroéconomiques à condition de formuler quelques hypothèses. Selon cette approche, il sera nécessaire (1) d'identifier les pays où les taux d'imposition sont susceptibles d'être inférieurs au seuil d'exonération ; (2) de déterminer les catégories de revenus qui seront assujettis aux règles visant les SEC du pays de la société mère et d'identifier les données possibles ; (3) de formuler une hypothèse sur la part des revenus provenant des SEC contrôlées par des sociétés mères nationales ; et (4) de supposer la part des revenus qui sera classée comme revenu des SEC. Si les renseignements sur les flux de revenus ne sont pas disponibles, mais que des renseignements sur les bilans le sont, il est possible d'imputer les revenus des actifs détenus qui produisent un revenu passif en appliquant un taux de rendement hypothétique.

Le tableau 3.A2.4 présente les données potentielles provenant de cinq sources de revenu macroéconomiques, qui pourraient être utilisées pour estimer les revenus provenant des SEC.

Tableau 3.A2.4. **Sources de données potentielles sur les revenus des SEC**

Revenus potentiels des SEC	Description	Source potentielle
Dividendes	Le revenu de dividendes qui doit être classé comme revenu des SEC est susceptible d'inclure le revenu des dividendes de portefeuille d'actions des IDE.	Données de la balance des paiements
Intérêts et autre financement	Le revenu d'intérêts qui doit être classé comme revenu des SEC est susceptible d'inclure : Prêts à d'autres sociétés liées (comme une société mère surendettée) Avoirs en obligations (investissements de portefeuille) Dépôts bancaires (reflétés dans les bénéfices réinvestis)	Données de la balance des paiements
Revenu d'assurance	Le revenu d'assurance qui doit être classé comme revenu des SEC est susceptible d'inclure le revenu d'assurance d'une partie liée ou lorsque les parties au contrat d'assurance ou les risques assurés se trouvent en dehors de la juridiction de la SEC, sauf si la SEC a le niveau de substance requis pour gagner ce revenu.	Le revenu d'assurance est détaillé dans les échanges et les services qui sont enregistrés sur une base bilatérale dans la balance des paiements, mais en général, il n'est pas ventilé entre les diverses activités de service ou selon l'affiliation.[45]
Revenu de ventes et de services	Le revenu de ventes et de services qui doit être classé comme revenu des SEC est susceptible de résulter de l'économie numérique ou quand une SEC n'ajoute que peu de valeur, mais vend un bien ou un service.	Données sur la valeur des achats et des ventes des entreprises par pays (UE, 2010-14) via l'Internet (et/ou d'autres réseaux que l'Internet) http://ec.europa.eu/eurostat/web/information-society/data/database Données américaines sur l'évaluation du secteur électronique : https://www.census.gov/programs-surveys/e-stats.html European Multi-Channel Online Trade Association : www.emota.eu/#!statistics/ccor
Revenu de propriété intellectuelle (PI), y compris les redevances	Le revenu de PI qui doit être classé comme revenu des SEC inclut les paiements qui reflètent le rendement de la propriété intellectuelle. La propriété de droits de brevet acquis est une autre source potentielle d'information, étant donné que les paiements pour l'usage de la PI sont groupés avec d'autres paiements de services dans les données sur les échanges.	Ces paiements sont détaillés dans les échanges et les services tels que décrits pour le revenu d'assurance, et pour la majorité des pays, il n'est pas possible de ventiler les différents services.

Application d'un taux d'imposition approprié

Après avoir estimé le revenu provenant des SEC, il faudra appliquer un taux d'imposition approprié ; ce sera soit celui du pays de la société mère, soit un taux minimum, selon l'élaboration des règles concernant les SEC. Le taux d'imposition devrait être le TIMA puisque le revenu provenant des SEC est un revenu supplémentaire qui vient s'ajouter au revenu imposable existant[46].

Études empiriques

Plusieurs études empiriques examinent l'effet des règles concernant les SEC sur les pratiques des entreprises multinationales. En général, les résultats montrent que l'existence de règles concernant les SEC dissuade les entreprises multinationales d'utiliser des juridictions à faible imposition. Markle et Robinson (2012) examinent si les règles concernant les SEC, les conventions fiscales bilatérales et les retenues à la source ont une incidence sur les pratiques fiscales des entreprises multinationales. À partir des données ORBIS et COMPUSTAT, les résultats suggèrent que l'imposition des bénéfices réalisés à l'étranger (par le biais d'un crédit ou d'un système mondial) et la présence de règles concernant les SEC réduisent la probabilité qu'une entreprise multinationale utilise un paradis fiscal. En outre, plus la portée des règles concernant les SEC sera grande en matière de catégories de revenus affectés, et plus la probabilité qu'une entreprise multinationale recoure à des « paradis fiscaux » sera faible.

Ruf et Weichenrieder ont examiné les règles allemandes concernant les SEC en deux analyses distinctes. Les deux analyses sont fondées sur la banque de microdonnées sur l'investissement direct (MiDi) de la Deutsche Bundesbank sur les entreprises multinationales allemandes (investissement vers l'étranger)[47]. L'analyse de 2012 étudie les incidences des règles allemandes concernant les SEC sur la localisation des actifs qui produisent un revenu passif au sein des entreprises multinationales allemandes. L'analyse examine si le dépassement du seuil d'imposition a un impact sur la répartition des investissements passifs et constate que les règles concernant les SEC allemandes ont un impact significatif et prévisible sur le financement multinational et sont efficaces pour limiter le transfert des actifs qui produisent un revenu passif. Bien que les investissements passifs représentent une part importante de l'IDE allemand vers l'étranger, ils ont conclu que les règles allemandes concernant les SEC sont efficaces pour limiter les investissements dans des juridictions à faible imposition.

Leur étude de 2013 examine l'effet d'une modification de la législation allemande concernant les SEC en réponse à une décision de la Cour de justice de l'Union européenne (CJUE), qui a statué que la législation allemande concernant les SEC portait atteinte à la liberté d'établissement au sein de l'Union européenne, et ne pouvait donc pas être appliquée aux SEC dans les pays de l'UE. L'analyse a révélé que, après la libéralisation de la législation visant les SEC à la suite de cette décision, les investissements passifs dans des pays européens à faible taux d'imposition avaient augmenté par rapport à ceux dans des pays non européens à faible taux d'imposition, ce qui montre que les règles précédentes visant les SEC avaient pour effet de limiter le transfert d'investissements passifs des entreprises multinationales allemandes vers d'autres pays de l'UE.

Identifier les interactions potentielles avec d'autres mesures issues du projet BEPS

Il existe des interactions entre les règles concernant les SEC et les règles en matière de prix de transfert. Notamment, si les règles concernant les SEC établissent un taux d'imposition suffisamment élevé, certains enjeux de prix de transfert peuvent devenir non pertinents pour une entreprise multinationale, étant donné que l'avantage de se livrer à une manipulation des prix de transfert serait éliminé. Si ces mesures sont proposées simultanément, il sera approprié de faire une évaluation minutieuse des interactions et des chevauchements probables entre les deux mesures issues du projet BEPS.

Action 5 (Pratiques fiscales dommageables)

Les problèmes actuels relatifs aux pratiques fiscales dommageables concernent principalement les régimes préférentiels qui peuvent être utilisés pour le transfert artificiel de bénéfices, et le manque de transparence dans le cadre de certaines décisions. Le rapport sur l'Action 5 (Lutter plus efficacement contre les pratiques fiscales dommageables, en prenant en compte la transparence et la substance, OCDE, 2015f) présente la méthode convenue pour déterminer s'il y a activité substantielle pour bénéficier d'un régime préférentiel. Un consensus a été atteint sur « l'approche du lien (nexus) » dans le contexte des *patent boxes*. L'approche du lien utilise les dépenses comme indicateur d'activité et ne permet à un contribuable de bénéficier du régime applicable aux revenus liés à la propriété intellectuelle (PI) que dans la mesure où le contribuable a engagé des dépenses de R&D qui ont donné lieu à un revenu de PI. On peut appliquer le même principe à d'autres régimes préférentiels qui exigent une présence d'activité substantielle en ce qui a trait aux activités de base rémunératrices d'un contribuable.

Dans le domaine de la transparence, on a convenu d'un cadre pour l'échange spontané obligatoire de renseignements sur les décisions administratives, mais si cet échange ne se produisait pas, la situation pourrait entrainer de nouvelles inquiétudes en matière de pratiques de BEPS. Le rapport sur l'Action 5 inclut les résultats de l'application par le Forum sur les pratiques fiscales dommageables des critères existants ainsi que des nouveaux critères d'activité substantielle et de transparence à un certain nombre de régimes préférentiels.

Comprendre le changement proposé

Le travail du Forum sur les pratiques fiscales dommageables et la méthode convenue de l'activité substantielle auront des impacts positifs sur le recouvrement de l'IS, étant donné que le recours à des régimes présentant des taux d'imposition préférentiels sera limité aux contribuables justifiant d'une activité économique suffisante dans un pays. Ceci devrait conduire à une augmentation des impôts dans le pays ayant un tel régime, ainsi que dans d'autres pays.

Dans un pays avec un régime fiscal qui favorise les revenus à mobilité géographique, l'Action 5 et l'application du nouveau critère d'activité substantielle permettront de réduire les pratiques fiscales dommageables et pourront entraîner une augmentation des recettes fiscales, s'il n'y a pas de changement dans la base d'imposition, en raison de l'application d'un taux général d'imposition supérieur au revenu qui n'ouvre plus droit au bénéfice d'un régime fiscal préférentiel. La réduction des pratiques fiscales dommageables contribuera à mettre un frein aux pratiques de BEPS et devrait conduire à une augmentation des bases d'imposition des sociétés et des recettes fiscales dans d'autres pays.

Données empiriques

Plusieurs études montrent que les taux d'imposition des sociétés sont un facteur important dans les décisions de localisation des brevets et les *patent boxes* ont un effet notable sur l'attraction des dépôts de brevets ; il est toutefois reconnu que la localisation des brevets peut ne pas refléter la localisation des activités de R&D. Les études utilisent le nombre de demandes de brevets comme variable dépendante et le taux d'imposition des sociétés comme l'une des variables explicatives. En s'appuyant sur les données de l'Office européen des brevets (OEB) d'un certain nombre de pays européens au cours de la période 1978-200, Karkinsky et Riedel (2012) donnent des estimations des semi-élasticités, qui se situent entre -3.8 et -3.5 ; ce qui veut dire qu'une baisse de 1 point de pourcentage du taux d'imposition des sociétés se traduit par une augmentation de 3.5 % à 3.8 % dans les demandes de brevets dans ce pays.

Griffith, Miller et O'Connell (2014) se sont basés sur les données de l'OEB sur les brevets localisés dans 14 pays européens pour donner des estimations des semi-élasticités qui se situent entre -3.9 et -0.5. Ils ont également simulé l'impact sur les recettes fiscales de l'adoption d'un nouveau régime de *patent box* et ont constaté qu'une telle mesure entraînerait des pertes de recettes fiscales, du fait que les revenus liés à la PI attirés ne seraient pas suffisant pour compenser la perte de recettes due à l'application d'un taux d'imposition préférentiel sur les revenus actuels liés à la PI.

Même si les études empiriques montrent une forte réactivité des entreprises multinationales au transfert de revenus mobiles, la réactivité à transférer l'activité économique réelle est nettement plus faible. DeMooij et Ederveen (2008) ont réalisé une méta-analyse d'études empiriques qui leur a permis d'estimer à -0.65 la marge extensive des investissements directs étrangers (IDE), ce qui est considérablement plus faible que les estimations des élasticités concernant les demandes de brevets. De même, un document de travail de la Commission européenne (2015) donne des estimations relativement faibles de la réactivité des dépenses en recherche et développement.

L'exigence d'un « lien » réduira le montant des revenus mobiles transférés en raison de régimes fiscaux préférentiels, et permettra de réduire le phénomène BEPS associé aux pratiques fiscales dommageables.

Questions relatives aux estimations budgétaires

L'Action 5 entraînera la suppression ou la modification par les pays de certains régimes fiscaux préférentiels. Pour un pays qui a des pratiques fiscales dommageables existantes, l'estimation de l'incidence budgétaire se fera en appliquant le taux d'imposition global plus élevé au changement de la base d'imposition.

Les autres pays seront susceptibles de voir leurs recettes augmenter à l'avenir du fait de la baisse des transferts de bénéfices, due elle-même à une réduction des pratiques fiscales dommageables. Une approche possible pour estimer l'incidence budgétaire est d'estimer l'augmentation du TIMA moyen, par rapport à ce que le TIMA moyen aurait été avec les pratiques fiscales dommageables et d'utiliser la méthodologie décrite dans les actions relatives aux prix de transfert[48].

La progression potentielle des recettes grâce à la transparence accrue apportée par l'échange de renseignements sera difficile, elle aussi, à estimer, en partie du fait que les incidences budgétaires dépendront des actions prises par d'autres Administrations et de l'incidence de la baisse des pratiques fiscales dommageables sur les taux marginaux d'imposition relatifs qui créent des incitations au transfert de bénéfices.

Dans la mesure où des renseignements complémentaires seraient reçus par un pays à la suite de l'échange spontané obligatoire de renseignements sur les décisions administratives, les vérificateurs dans les administrations fiscales pourraient fournir des indications sur les incidences potentielles sur les recettes fiscales dans le pays.

Identifier les interactions potentielles avec d'autres mesures issues du projet BEPS

Il pourrait y avoir des chevauchements avec d'autres mesures pour enrayer le phénomène BEPS. Les règles en matière de prix de transfert relatives aux actifs incorporels recommandées au titre de l'Action 8 exigent que toute transaction qui entraîne un transfert de bénéfices dans le but de tirer parti des écarts entre taux d'imposition respecte le principe de pleine concurrence.

Action 6 (Empêcher l'utilisation abusive des conventions fiscales)

Le rapport sur l'Action 6 (Empêcher l'octroi inapproprié des avantages des conventions fiscales, OCDE, 2015g) prévoit un standard minimum pour empêcher l'utilisation abusive des conventions fiscales, y compris par le biais du chalandage fiscal, ainsi que de nouvelles règles assorties de mesures de protection contre l'utilisation abusive des conventions fiscales qui offrent un certain degré de flexibilité quant à leur application. Les nouvelles règles relatives à l'utilisation abusive des conventions fiscales traitent du chalandage fiscal qui implique des stratégies où une personne qui n'est pas résidente d'un pays tente d'obtenir des avantages octroyés par les conventions fiscales conclues par ce pays, par exemple des réductions de retenues à la source, grâce à un intermédiaire établi dans ce pays. Des règles plus ciblées sont également prévues pour répondre à d'autres formes d'utilisation abusive des conventions fiscales.

Les conventions fiscales visent à réduire ou à éliminer la double imposition des flux de revenus internationaux, y compris les dividendes transfrontaliers, les redevances et les intérêts. En général, ces flux de revenus peuvent être soumis à plusieurs niveaux d'imposition : IS dans le pays d'accueil sur les bénéfices réalisés dans ce pays qui sont ensuite distribués sous forme de dividendes, retenues à la source sur les flux de revenus internationaux et IS dû dans le pays bénéficiaire, sous réserve de l'élimination de la double imposition, comme les crédits d'impôt étrangers ou l'exonération fiscale des dividendes de sociétés étrangères.

Comprendre le changement proposé

La partie du rapport sur l'Action 6 qui traite du chalandage fiscal prévoit que le *Modèle de convention fiscale* de l'OCDE inclura les éléments suivants :

- une nouvelle mention dans le préambule des conventions fiscales pour souligner que les conventions fiscales ne sont pas destinées à créer des possibilités pour l'évasion et la fraude fiscales, en particulier par le biais du chalandage fiscal ;
- une clause de limitation des avantages (LOB) et une clause du critère de l'objet principal (PPT).

La règle de limitation du droit aux avantages traite des situations de chalandage en fonction de la nature juridique, des droits de propriété et des activités générales des résidents d'un État contractant, alors que la règle du critère de l'objet principal met l'accent sur les transactions, en empêchant d'accorder les avantages de la convention lorsque l'un des objets principaux d'une transaction ou d'un arrangement est d'obtenir les avantages de la convention. Bien que chacune de ces deux règles cible le chalandage fiscal de façon différente, elles permettent toutes deux d'accorder dans certains cas les avantages d'une convention aux intermédiaires, principalement lorsque les activités des entités en question génèrent suffisamment de bénéfices. On s'accorde à dire, dans ces cas, que la mise en place d'intermédiaires n'est pas motivée par des considérations de chalandage fiscal.

Données et méthodologie

Les entreprises multinationales qui pratiquent l'optimisation fiscale se servent des réseaux de conventions pour contourner les retenues à la source en établissant des intermédiaires dans des pays relais. Le cas le plus simple ne met en cause qu'un seul intermédiaire, mais la planification fiscale peut impliquer le passage des flux de revenus internationaux par un itinéraire reliant une série d'entités relais dans différents pays. Les effets du chalandage fiscal sur les recettes d'un pays dépendent par conséquent de la position du pays (au sein duquel est située l'entité) dans le réseau de conventions. En principe, l'estimation fait appel non seulement à des renseignements sur les taux statutaires de retenue à la source, les méthodes d'élimination de la double imposition et les conventions fiscales existantes, mais aussi sur les interactions possibles au sein du réseau de conventions.

La fraude fiscale induit un détournement de flux de revenus internationaux, notamment par le biais d'entités à vocation spéciale (EVS), qui pourraient ne pas être documentées dans les sources de données existantes. En conséquence, les effets sur les recettes fiscales peuvent varier d'un pays à l'autre, en fonction de la position d'un pays dans le réseau de conventions et de l'itinéraire des flux d'investissement internationaux.

La première étape dans l'analyse des incidences budgétaires du chalandage consiste à faire une évaluation du réseau des conventions existant dans un pays. Les conventions fiscales sont conçues pour éliminer les doubles impositions et pour stimuler les investissements réciproques. Le nombre de conventions fiscales et le montant des réductions d'impôt liés aux conventions ne fournissent pas en soi d'indications sur l'existence ou l'incidence du chalandage. Cependant, on peut avoir une indication sur l'exposition d'un pays au chalandage fiscal en identifiant, en premier lieu, les pays relais potentiels au sein du réseau et, en second lieu, les paiements versés aux entités concernées. La CNUCED a développé une telle approche en 2015 en s'appuyant sur les données de l'Enquête coordonnée sur l'investissement direct (ECID) du FMI sur le stock d'investissements bilatéraux (entrants) réalisés par des entreprises. Dans un premier temps, on peut identifier les pays relais grâce à un ensemble de caractéristiques observables telles que, par exemple, de faibles taux de retenue à la source, des méthodes avantageuses d'allégement fiscal, des régimes fiscaux préférentiels et un grand nombre de liens au sein du réseau. Deuxièmement, les paiements sortants vers ces pays peuvent être repérés dans l'ECID. Si les données bilatérales sur les EVS sont disponibles, les flux vers des EVS dans d'autres pays pourraient également être inclus. La somme des paiements sortants donne l'estimation du montant maximal des flux affectés par le chalandage fiscal.

L'estimation des incidences budgétaires des mesures issues du projet BEPS au titre de l'Action 6 dépend de la disponibilité des sources de données. Les pays où les données sur les flux de revenus internationaux et sur les recettes des retenues à la source sont disponibles disposeront d'une meilleure base empirique pour leurs estimations. Cette approche est décrite dans le paragraphe (a). Si ces informations ne sont pas disponibles, les procédures d'estimation devront s'appuyer sur d'autres sources de données, souvent beaucoup moins spécifiques, et les résultats seront donc plus incertains, tel que décrit dans le paragraphe (b).

a. Estimation budgétaire basée sur des données spécifiques par pays

Afin de faire une estimation des incidences budgétaires de l'Action 6 en se basant sur des données spécifiques par pays, il faut disposer de renseignements sur les variables clés suivantes :

- les flux sortants de dividendes, de redevances et d'intérêts (par pays partenaire);

- les bases d'imposition pour les retenues à la source s'il y a des exonérations (par catégorie de revenus) ;
- les recettes des retenues à la source (par catégorie de revenus) ; et
- les taux d'imposition réduits prévus par les conventions (par catégorie de revenus et par pays).

Bien que les données sur les flux internationaux de dividendes, de redevances et d'intérêts soient disponibles au public auprès de diverses sources, les flux bilatéraux rapportés dans ces bases de données sont en général incomplets pour des raisons de confidentialité[49]. Pour certains pays, les renseignements requis sur les flux de revenus et sur les retenues à la source sont disponibles à la Banque centrale ou dans d'autres institutions publiques.

On peut faire une estimation budgétaire à partir de ces données, en utilisant les éléments suivants :

- la définition des bases d'imposition, en tenant compte des exonérations et des conventions fiscales ;
- le taux moyen pondéré des retenues à la source dans le cadre des lois en vigueur ;
- les flux sortants de dividendes, de redevances et d'intérêts touchés par le chalandage fiscal ; et
- le taux moyen pondéré des retenues à la source compte tenu de l'adoption des mesures au titre de l'Action 6.

La première étape dans l'estimation des incidences des mesures pour lutter contre l'utilisation abusive de conventions est de déterminer la base d'imposition pour chaque catégorie de revenus. Il peut être nécessaire de faire un ajustement à la baisse de la base d'imposition pour tenir compte des exonérations potentielles des retenues à la source, avant d'appliquer le taux d'imposition approprié. Si la base d'imposition n'est pas appréhendée par les conventions fiscales, le taux d'imposition moyen pondéré peut être calculé en pondérant les taux d'imposition bilatéraux (normaux ou réduits) par les flux de revenus associés à chaque paire de pays. Cette étape est simple à réaliser si les flux sortants et les taux d'imposition sont disponibles par pays partenaire. S'ils ne le sont pas, des renseignements supplémentaires, comme les stocks d'IDE par exemple, peuvent être utilisés pour déterminer les coefficients de pondération à appliquer. Si les conventions fiscales ont une incidence sur la définition de la base imposable, une approche similaire peut être utilisée. Les flux de revenus exonérés, qui peuvent devenir assujettis à l'impôt en raison des mesures issues du projet BEPS, peuvent être considérés comme des revenus à taux zéro et inclus dans la base d'imposition.

Pour estimer l'effet des mesures issues du projet BEPS, il reste encore à émettre une hypothèse sur les augmentations prévues du taux moyen des retenues à la source. Bien qu'il faille faire une estimation (du degré d'efficacité des mesures correctives), les données disponibles sur les flux de revenus bilatéraux peuvent être utilisées comme source d'informations empiriques. On a suggéré, par exemple, qu'une évaluation initiale du réseau de conventions peut contribuer à l'identification des pays relais potentiels. En supposant que les données sur les flux de revenus vers ces pays soient disponibles, on peut estimer l'ampleur des flux sortants touchés. Si les flux de revenus bilatéraux vers des pays relais ne sont pas observés, d'autres variables, par exemple les stocks d'IDE, peuvent être utilisées en tant qu'approximation. Une série de données d'IDE sur les EVS peut également être mise à profit pour obtenir une image plus complète des flux sortants pertinents (voir CNUCED, 2015, pour une description détaillée).

Étant donné qu'en vertu des recommandations de l'Action 6, les avantages d'une convention seront refusés pour des transactions motivées par le chalandage fiscal, les flux de revenus respectifs seront réaffectés à des fins fiscales. Par exemple, les flux sortants vers des pays relais pourront désormais être traités comme s'il s'agissait de paiements destinés à la contrepartie ultime. L'augmentation du taux moyen des retenues à la source peut être calculée en ajustant les coefficients de pondération associés à chaque paire de pays. Un point de départ raisonnable serait d'augmenter de façon proportionnelle les coefficients de pondération de tous les pays qui ne sont pas des pays relais, puisque dans le scénario hypothétique la destination finale des flux de revenus demeure inconnue. À ce stade, les commentaires que pourraient fournir les équipes de vérification compte tenu de leur expérience peuvent également s'avérer utiles.

Cette approche permet d'estimer les paiements sortants touchés ainsi que les taux moyens pondérés des retenues à la source en vertu des lois en vigueur et de l'Action 6. Étant donné que les effets potentiels des mesures issues du projet BEPS sur les flux de revenus exonérés ont été pris en compte, la base d'imposition approximative reste la même dans l'estimation budgétaire au titre de l'Action 6. Le changement estimé des recettes est égal à la variation du taux moyen pondéré des retenues à la source multiplié par le montant total des paiements sortants que l'on estime touché par le chalandage fiscal.

b. Estimation budgétaire basée sur des données disponibles au public

L'approche présentée dans cette section donne un exemple de la façon dont les résultats de publications universitaires récentes peuvent être combinés aux sources de données disponibles au public pour obtenir une estimation initiale. Les renseignements suivants sont requis :

- les paiements sortants de dividendes, de redevances et d'intérêts à partir de statistiques de la balance de paiements ;
- les taux réduits des conventions fiscales sur les redevances et les intérêts ; et
- les estimations des recettes fiscales par pays provenant de l'analyse des réseaux faite par Van't Riet et Lejour (2014)[50].

Les statistiques de la balance des paiements comprennent les flux sortants de dividendes et d'intérêts entre parties liées (balance des paiements, balance courante, revenus primaires, revenus des investissements directs). Cependant, les flux de redevances ne sont pas présentés dans la section des revenus d'investissements directs, mais ils le sont dans la section des biens et des services (balance des paiements, balance courante, biens et services, droits d'utilisation de la propriété intellectuelle). Ces flux comprennent les flux de redevances entre des parties liées et entre des parties non liées. Alors que les flux de dividendes et d'intérêts provenant d'investissements de portefeuille sont présentés séparément dans les données de la balance des paiements, des ajustements sont nécessaires pour isoler les flux de redevances entre des parties liées et des parties non liées.

Les données disponibles au public peuvent être combinées aux résultats d'une publication récente fournissant des renseignements sur les recettes fiscales par pays, avec et sans chalandage fiscal. Van't Riet et Lejour (2014) utilisent une démarche en réseau pour dresser la liste des éléments qui composent la structure d'incitation fiscale des entreprises multinationales. L'analyse comprend 108 juridictions et se fonde sur des renseignements par pays sur l'IS, sur les retenues à la source et sur les méthodes d'allègement de la double imposition. En outre, elle s'appuie sur les renseignements sur les avantages prévus par les conventions fiscales bilatérales existantes pour évaluer la procédure indirecte de paiements entre toutes les paires possibles de pays qui permettrait de réduire l'impôt.

L'analyse montre que le taux moyen d'imposition mondial pondéré par l'IDE des flux de dividendes est de 11 % approximativement, si l'on prend en considération l'allègement unilatéral pour double imposition et les conventions fiscales bilatérales.[51] La comparaison des niveaux d'imposition selon qu'une procédure directe ou indirecte est utilisée montre que le chalandage fiscal permet de réduire de 44 % la limite supérieure du taux moyen mondial pondéré par l'IDE (ramenant ce taux à 4.8 %). Comme l'effet sur le taux moyen d'imposition mondial n'est pas forcément un indicateur pour certains pays, l'analyse comprend également un tableau plus détaillé qui montre par pays les effets des retenues à la source sur les recettes. Les recettes potentielles par pays des retenues à la source, avec et sans chalandage fiscal, sont exprimées en pourcentage des flux totaux des dividendes sortants. En s'appuyant sur ces renseignements, on peut faire une estimation budgétaire de l'effet maximal qui pourrait être obtenu grâce à l'élimination du chalandage fiscal, en multipliant les résultats par les flux sortants de dividendes d'IDE correspondants. Les renseignements au niveau d'un pays peuvent être utiles pour établir une estimation réaliste des incidences budgétaires pour un pays à partir de l'estimation de la limite supérieure précédemment réalisée.

Deux séries d'hypothèses supplémentaires pourraient être nécessaires pour analyser les incidences budgétaires des mesures correctives au titre de l'Action 6. Tout d'abord, les résultats provenant de l'analyse des réseaux ne comprennent que l'incidence des paiements de dividendes entre parties liées. L'incidence des dividendes sur les recettes pourrait être appliquée à d'autres flux de revenus pour inclure les incidences des paiements de redevances et d'intérêts. À cette fin, on calcule la réduction proportionnelle des taux légaux de retenue à la source applicables aux dividendes, qui résulte d'une part des traités bilatéraux et d'autre part du chalandage fiscal (procédure indirecte). L'application de ces proportions aux taux légaux applicables aux redevances et aux intérêts peut donner une première approximation des réductions d'impôt associées aux autres paiements sortants. En outre, les résultats peuvent aussi être élargis pour inclure les flux de revenus d'investissements de portefeuille. Bien que le traitement des dividendes de portefeuille dans les conventions fiscales soit en général différent du traitement des dividendes entre parties liées, une approximation similaire peut être réalisée, en fonction du contexte du pays concerné.

Hypothèses communes aux deux approches

Les estimations budgétaires décrites dans cette section donnent seulement la limite supérieure des effets du chalandage fiscal. Elles assument que toutes les entreprises multinationales empruntent un itinéraire de minimisation des impôts pour canaliser les flux de revenus internationaux. Les estimations ne tiennent pas compte des montages-relais qui n'ont pas de substance économique du point de vue fiscal (notamment, dans les cas où des sociétés holding régionales sont établies dans des pays tiers afin de minimiser les coûts des transactions découlant de différences linguistiques ou de fuseau horaire).

Intégration des effets sur les pratiques

Les entreprises multinationales peuvent accroître la substance économique des sociétés holding régionales pour satisfaire aux règles de la limitation des avantages (LOB) et des objets principaux (PPT). Dans les deux cas, il faudra formuler des hypothèses pour déterminer (a) la proportion des montages-relais qui se fondent sur la substance économique et (b) l'efficacité des mesures correctives. La première hypothèse doit s'appuyer sur des données empiriques supplémentaires au niveau des pays, si possible. La seconde hypothèse dépendra des mesures correctives qui sont déjà en place, de la capacité de l'administration fiscale, et des interactions avec d'autres mesures correctives.

Ces deux procédures d'estimation ne fournissent qu'une estimation statique en supposant que le montant et le sens des paiements sortants demeurent inchangés. Cependant, l'adoption des mesures correctives au titre de l'Action 6 est susceptible d'avoir une incidence sur la composition des flux de revenus entrants et sortants, ce qui aura d'autres effets sur les recettes des retenues à la source. Notamment, si l'adoption multilatérale des mesures correctives au titre de l'Action 6 conduit à une augmentation de l'imposition dans le pays d'origine, le rapatriement devient moins rentable et les bénéfices peuvent donc être réinvestis dans le pays d'origine ou investis dans d'autres pays. Les effets dynamiques sur la composition des flux de revenus internationaux qui en résultent ne sont pas inclus dans les approches proposées. Une analyse plus approfondie de cette question devrait être effectuée pays par pays à partir des données disponibles au niveau des pays.

Identifier les interactions potentielles avec d'autres mesures correctives

Il existe des interactions entre l'Action 6 et l'Action 2 sur les montages hybrides étant donné que les montages conçus pour exploiter les différences de traitement fiscal d'instruments et d'entités sont aussi souvent structurés de manière à tirer parti des avantages des conventions. Du fait qu'en général les pays à taux d'imposition nuls n'ont pas de conventions avec d'autres pays, l'Action 6 servira de mécanisme de soutien à l'Action 2, en permettant d'aller encore plus loin dans l'élimination des pratiques de BEPS causées par les montages hybrides.

Action 7 (Établissement stable)

En général, les conventions fiscales prévoient que les bénéfices d'une entreprise étrangère ne sont imposables dans un pays que dans la mesure où l'entreprise a un établissement stable (ES) dans le pays auquel les bénéfices sont attribuables. La définition de l'ES incluse dans les conventions fiscales est donc essentielle pour déterminer si une entreprise non résidente doit payer l'impôt dans un autre pays. Le rapport sur l'Action 7 (*Preventing the Artificial Avoidance of Permanent Establishment Status*, OCDE, 2015h) prévoit des modifications à la définition d'ES dans le Modèle de convention fiscale de l'OCDE, qui est largement utilisé comme base de négociation des conventions fiscales. Ces modifications visent à mettre un frein aux modèles économiques qui ne créent aucun lien fiscal dans la juridiction d'origine, comme la mise en place d'accords de commissionnaire au lieu d'accords conclus avec des distributeurs ou la fragmentation artificielle des activités commerciales.

Comprendre le changement proposé

Les dispositions spécifiques relatives à l'ES dont traite l'Action 7 comprennent la règle relative à un agent constituant un établissement stable et les exceptions spécifiques. Les recommandations aborderont également la question de la répartition des bénéfices, une fois qu'un ES est établi, mais ces recommandations n'ont pas encore été finalisées.

Les recommandations de l'Action 7 qui visent à réduire l'évitement artificiel du statut d'ES se caractérisent par :

- des modifications à la règle sur les accords de *commissionnaire* pour s'assurer que lorsque les activités qu'un intermédiaire exerce dans un pays sont destinées à se traduire par des contrats successifs qui seront exécutés par une entreprise étrangère, cette dernière sera considérée comme ayant un établissement stable dans le pays, sauf si l'intermédiaire exerce ces activités dans le cadre d'une entreprise indépendante ;

- la limitation des exceptions au statut d'ES aux seuls cas d'activités qui sont normalement « de caractère préparatoire ou auxiliaire » ;
- une nouvelle règle pour empêcher la fragmentation artificielle des activités commerciales ; et
- des changements concernant le fractionnement des contrats.

Données et méthodologie

Il sera difficile d'estimer les incidences budgétaires des mesures correctives au titre de l'Action 7 parce que l'attribution du statut d'ES se fonde sur des faits particuliers. Il sera nécessaire de concentrer l'analyse sur les entreprises multinationales ayant des activités susceptibles d'être touchées par une redéfinition, comme les « accords de commissionnaire », afin d'obtenir une mesure approximative de l'ampleur potentielle de l'activité touchée. L'un des moyens pour y parvenir est de collaborer avec le personnel concerné de l'administration fiscale, notamment les vérificateurs, afin de comprendre les problèmes traités dans les vérifications antérieures concernant les ES et les enquêtes en cours, ainsi que les impacts potentiels de la définition révisée sur le statut d'ES de ces sociétés ainsi que d'autres sociétés. Une fois que quelques sociétés ou un échantillon de sociétés susceptibles d'être affectées auront été identifiés, cet échantillon pourra être extrapolé à l'activité économique totale potentiellement affectée d'un pays par les mesures correctives au titre de l'Action 7.

Une fois que l'on a pu estimer l'ampleur des activités économiques réalisées par les ES que l'on examine, on devra procéder à la répartition des bénéfices entre un ES et les parties liées. Les principes révisés applicables en matière de prix de transfert donnent des informations sur la façon de procéder, et les orientations complémentaires sur l'attribution des bénéfices qui seront élaborées en 2016 donneront des précisions supplémentaires sur cette étape de la procédure d'estimation.

L'abaissement des seuils définissant un ES signifie que les entreprises multinationales pourront être assujetties à l'impôt dans des pays où elles avaient précédemment évité le statut d'ES. L'activité économique qui était précédemment assujettie à l'impôt dans une autre juridiction deviendra imposable dans la juridiction de l'ES, si bien que les recettes fiscales pourraient diminuer dans une juridiction et augmenter dans une autre.

Intégration des effets sur les pratiques

Les entreprises multinationales pourraient réagir en restructurant leurs opérations en fonction des changements dans les écarts des taux d'imposition. Dans certains cas, cela pourrait inciter un groupe multinational à continuer les mêmes activités par le biais de filiales locales ou, dans les cas extrêmes, à interrompre tout ou partie de ses activités dans un pays. Pour autant que ces activités réduites soient ensuite effectuées par des sous-traitants locaux ou d'autres entreprises ayant un ES dans le pays, il pourrait y avoir une augmentation de l'impôt sur les sociétés perçu. Il sera difficile d'évaluer l'ampleur de l'activité économique supplémentaire transférée et des revenus correspondants résultant de la modification de la définition de l'ES. Le montant des recettes fiscales supplémentaires dans la juridiction de l'ES sera égal à l'augmentation estimée du revenu imposable d'une activité multipliée par le TIMA.

Afin d'assurer le suivi de l'évolution des incidences budgétaires des mesures pour lutter contre le phénomène BEPS, il faudra examiner les résultats des contrôles fiscaux et les nouveaux renseignements relatifs à l'impôt sur les sociétés après l'adoption par un pays des mesures correctives au titre de l'Action 7. Si l'information est disponible pour des contribuables précis, on doit calculer le montant net du changement dans le revenu, ainsi que les augmentations d'impôt des contribuables auxquels les nouvelles mesures donnent le statut d'ES et les augmentations d'impôt qui proviennent d'autres entreprises ayant un ES dans le pays dont les activités imposables auront augmenté pour faire suite à l'élimination de l'évitement artificiel du statut d'ES. Un suivi similaire pourrait être réalisé dans la juridiction où le revenu était précédemment déclaré.

Identifier les interactions potentielles avec d'autres mesures correctives

L'Action 7 aura des liens importants avec l'Action 2 et l'Action 6 ainsi qu'avec les modifications apportées aux règles d'établissement des prix de transfert. Si l'on y ajoute les modifications des conventions fiscales proposées dans les rapports sur l'Action 2 et sur l'Action 6, ces changements se traduiront par une augmentation de l'imposition dans un certain nombre de cas où les revenus transfrontaliers n'auraient pas été imposés ou l'auraient été à des taux très faibles en raison des dispositions des conventions fiscales en vigueur.

Les mesures correctives des problématiques BEPS recommandées au titre de l'Action 7 sont liées aux principes révisés applicables en matière de prix de transfert des Actions 8 à 10. Conformément à ces principes révisés, les prix des transactions entre une société venant de recevoir le statut d'ES et des parties liées devront respecter le principe de pleine concurrence. Ainsi, la situation où une partie des revenus provenant des opérations d'une société venant de recevoir le statut d'ES pouvait auparavant être transférée dans un paradis fiscal ne pourra plus se produire, car ces revenus seront affectés au lieu des activités économiques qui génèrent ces revenus.

Action 11 (Mesurer l'ampleur du phénomène BEPS et suivre son évolution)

Le rapport sur l'Action 11 (Mesurer l'ampleur du phénomène BEPS et suivre son évolution, OCDE, 2015i) prévoit l'évaluation des sources de données existantes qui sont pertinentes pour l'analyse du phénomène BEPS ; des indicateurs de ce phénomène ; l'analyse économique initiale du phénomène et des mesures correctives (et les enjeux relatifs à l'analyse économique dans le contexte de ce phénomène) ; ainsi que des recommandations pour de nouveaux types de données et d'outils qui permettront de mieux comprendre les pratiques de BEPS et de suivre ces pratiques et les mesures correctives au fil du temps. Les questions soulevées et les résultats de l'analyse sur l'ampleur et l'impact économique du phénomène et des mesures correctives permettront d'accroître leur visibilité et de mieux faire comprendre les enjeux aux décideurs politiques et aux médias. En outre, l'Action 11 souligne les pratiques exemplaires en matière de collecte et de diffusion de données, qui vont aider les décideurs dans un plus grand nombre de pays à mieux comprendre les pratiques de BEPS au fil du temps.

Des mesures de l'ampleur du phénomène BEPS, et le suivi de l'évolution de ce phénomène, tel que décrit dans le rapport sur l'Action 11, permettront d'accroître la transparence. L'Action 11 permet d'accroître la transparence grâce à l'analyse macroéconomique de l'ampleur du phénomène et de ses mesures correctives, et s'inscrit en complément de la transparence accrue des informations sur les entreprises, qui résulte d'autres actions. L'Action 11 complète les Actions 5, 12 et 13 en ce qui concerne l'accroissement de la transparence. Bien qu'elle n'ait pas d'effet direct sur les recettes provenant de l'impôt sur les sociétés, l'Action 11 produira un effet indirect grâce à une meilleure compréhension par les décideurs en matière de politique fiscale, les administrations fiscales, les contribuables, les médias et le public, des incidences budgétaires des pratiques de BEPS. L'analyse de ces pratiques permettra de cibler des domaines particuliers en vue d'améliorer la mise en recouvrement de l'impôt, et d'augmenter les coûts de réputation induits par l'évasion fiscale. Grâce à une meilleure compréhension des pratiques de BEPS et des impacts budgétaires et économiques potentiels, l'Action 11 pourrait conduire à une mise en œuvre plus complète des mesures pour lutter contre le phénomène BEPS, ce qui se traduirait par des règles plus strictes pour lutter contre ce phénomène. Bien qu'il ne soit pas possible d'estimer les incidences budgétaires spécifiques de l'Action 11, celle-ci pourrait accroître la volonté des dirigeants d'agir et d'améliorer l'efficacité de la mise en œuvre des mesures issues de vérifications.

Action 12 (Faire connaître les dispositifs de planification fiscale agressive)

Le rapport sur l'Action 12 (Règles de communication obligatoire d'informations, OCDE, 2015j) formule des recommandations pour l'élaboration et la mise en œuvre de régimes de déclaration obligatoire des stratégies de planification fiscale internationale potentiellement agressives ou abusives. Cette politique fiscale a pour objectif de fournir en temps utile aux administrations fiscales des renseignements sur les stratégies de planification fiscale et de dissuader les contribuables de mettre en place des dispositifs de planification fiscale agressive. Les éléments de l'Action 12 se caractérisent par :

- une démarche modulaire de l'élaboration des règles de déclaration obligatoire ;
- le ciblage des montages fiscaux internationaux ;
- la conception de modèles améliorés de partage de l'information entre pays.

Questions relatives aux estimations budgétaires

L'adoption de la mesure corrective au titre de l'Action 12 se traduira pour les pays par la possibilité d'adopter de nouveaux régimes de déclaration obligatoire ou l'élargissement de la portée des régimes existants. Les renseignements provenant de déclarations permettront aux administrations fiscales de mieux faire appliquer la réglementation fiscale nationale existante, ainsi que d'autres mesures pour enrayer le phénomène BEPS. Représentant l'un des volets de la transparence du projet BEPS, les recommandations de l'Action 12 vont augmenter l'efficacité des efforts déployés par les pays en matière d'application de la réglementation, et vont dissuader les contribuables de prendre des positions fiscales agressives.

Bien que l'on s'attende à ce que la mise en œuvre de la déclaration des dispositifs de planification fiscale agressive, que ce soit dans le cadre d'un nouveau régime ou de l'élargissement de la portée d'un régime existant, augmente le montant total de l'impôt sur les sociétés perçu, il serait difficile d'estimer ex ante le montant de l'augmentation compte tenu de l'incertitude des incidences de la mise en œuvre des vérifications sur les pratiques et des réactions des contribuables. Les études empiriques ont davantage porté sur les incidences de la communication de l'information financière plutôt que sur les impôts réels payés. *Ex post*, les analystes pourraient travailler avec les équipes de vérification pour évaluer l'accroissement de l'efficacité des vérifications et relever les règlements des transactions identifiées grâce aux nouvelles obligations de déclaration.

Action 14 (Mécanismes de règlement des différends)

Les recommandations formulées à la suite des travaux sur l'Action 14 visent à améliorer l'efficacité et l'efficience de la procédure amiable (PA) à résoudre les différends liés aux conventions ; cette procédure est un complément important aux mesures pour lutter contre les pratiques de BEPS, mais elle pourrait introduire des éléments d'incertitude fiscale, ainsi qu'un risque de double imposition involontaire. Le rapport sur l'Action 14 (*Accroître l'efficacité des mécanismes de règlement des différends*, OCDE, 2015k) prévoit notamment :

- l'adoption d'une norme minimale pour la résolution des différends liés aux conventions, destinée à assurer la mise en œuvre complète des obligations issues des conventions couvertes par la PA, la mise en place de processus administratifs pour promouvoir la prévention et la résolution rapide des différends liés aux conventions, et l'accès à la PA des contribuables qui répondent aux exigences de l'article sur la PA de la convention ; et
- l'engagement de 20 pays (représentant 90 % des cas de PA non réglés à la fin de l'année 2013) à renforcer les dispositions de la PA de leurs conventions fiscales en y ajoutant une clause d'arbitrage obligatoire et contraignante.

Questions relatives aux estimations budgétaires

En cas d'incohérences dans la mise en œuvre des mesures pour lutter contre le phénomène BEPS, il se peut qu'on assiste à une augmentation non intentionnelle des doubles impositions qui se traduirait par un recouvrement d'impôt plus élevé que celui attendu des objectifs de réduction du phénomène. Cet aspect pourrait être un élément potentiel des incidences des autres mesures correctives sur les recettes nettes.

L'Action 14 vise à atténuer ce type d'augmentations d'impôt non intentionnelles. Un meilleur mécanisme de règlement des différends pourrait avoir pour conséquence une diminution des recettes fiscales nettes estimées au titre des autres mesures correctives. Si les améliorations de la PA et le mécanisme d'arbitrage s'appliquaient aux différends existants, ceux-ci pourraient être réglés plus rapidement et un changement dans les recettes pourrait résulter des paiements d'impôts supplémentaires ou des remboursements des sommes déjà perçues. La variation dans le recouvrement des impôts ayant trait aux différends existants dépendra de la décision des pays d'exiger ou non que les sociétés paient des impôts sur les montants contestés.

Il est difficile d'estimer les incidences d'une PA améliorée et de la clause d'arbitrage de la PA, avant leur mise en œuvre. Les ajustements au niveau des impôts résultant du processus de règlement des différends renforcé, pourraient faire l'objet d'un suivi qui permettrait de faire une estimation *ex post* de la baisse des recettes due à la diminution de doubles impositions potentielles.

Action 15 (Instrument multilatéral)

Le rapport sur l'Action 15 (*Mandat pour l'élaboration d'un instrument multilatéral sur les mesures relatives aux conventions fiscales visant à lutter contre le BEPS*, OCDE, 2015) explore la faisabilité d'un instrument multilatéral visant à modifier les conventions fiscales de manière à mettre en œuvre, dans le cadre des conventions fiscales, les mesures de lutte contre les pratiques de BEPS et à modifier les conventions fiscales bilatérales. Cet instrument devrait permettre de réduire considérablement les coûts et le temps requis pour renégocier les conventions bilatérales pour les pays qui choisiront de le signer. Au titre de cette action, un mandat a été développé pour la création d'un groupe *ad hoc*, ouvert à la participation de tous les pays sur un pied d'égalité, qui sera chargé de développer l'instrument multilatéral et de l'ouvrir à la signature en 2016. Jusqu'à présent, 88 pays participent à ce travail sur un pied d'égalité.

Questions relatives aux estimations budgétaires

Les pays qui signeront l'instrument multilatéral modifiant leurs conventions fiscales devraient être à même de mettre en œuvre plus rapidement les mesures issues du projet BEPS, et donc d'en obtenir plus vite les retombées budgétaires attendues. Dans la mesure où l'introduction des nouvelles mesures exigerait une modification des conventions pouvant prendre de nombreuses années, l'instrument multilatéral pourrait offrir la possibilité d'apporter les modifications nécessaires plus rapidement. Le gain de temps rendu possible par l'instrument multilatéral dans l'application des mesures issues du projet BEPS sera répercuté dans l'obtention des retombées budgétaires escomptées.

Résumé

Cette annexe fournit des approches possibles qui pourraient être utilisées par les analystes des politiques fiscales dans les Administrations pour estimer les incidences budgétaires des mesures pour enrayer le phénomène BEPS, dans leurs pays respectifs. La description de l'approche générale est suivie par une explication des approches possibles pour des actions particulières du projet BEPS. Les méthodes proposées sont présentées selon les mesures correctives spécifiques du Plan d'action BEPS. Certaines méthodes sont plus complètes que d'autres compte tenu de la variation de la disponibilité des données ; de l'étendue des analyses provenant des études empiriques ; et de l'élaboration des mesures correctives. Les pays disposeront de différents ensembles de données et certains pourront être plus utiles que d'autres pour des mesures correctives en particulier. Il est admis que l'estimation des incidences budgétaires des mesures pour enrayer le phénomène BEPS peut s'appuyer sur les données des déclarations des déclarations d'impôt pertinentes, les microdonnées des comptes financiers, des macrodonnées (agrégées à partir des déclarations d'impôt ou des comptes financiers), une combinaison de microdonnées et de macrodonnées, et dans certains cas, sur des données analogues d'un autre pays. Chaque fois que possible, plusieurs approches basées sur différentes sources de données sont décrites.

À mesure que de meilleures données deviennent disponibles, grâce au régime de déclaration pays par pays et du fait que les pays reconnaissant la nécessité de tirer parti des microdonnées des contribuables pour prendre des décisions de politique fiscale plus éclairées et basées sur des faits, les analystes des politiques fiscales seront dans une meilleure position pour évaluer les pratiques de BEPS et les incidences des mesures correctives et pour suivre les tendances.

Il est important d'effectuer une évaluation des estimations *ex post* par rapport aux estimations *ex ante*. Le fait de pouvoir distinguer les effets des changements macroéconomiques inattendus des pratiques inattendues des contribuables et des difficultés techniques d'estimation peut fournir un enseignement précieux aux analystes des politiques fiscales, lors de l'évaluation des causes sous-jacentes des écarts observés, notamment s'ils sont importants. Cependant, l'existence de petites différences ne signifie pas nécessairement que toutes les hypothèses *ex ante* étaient correctes. L'évaluation des estimations antérieures peut améliorer la compréhension des paramètres clés, notamment les changements dans les pratiques.

Notes

1. Page 23 du Plan d'action concernant l'érosion de la base d'imposition et le transfert de bénéfices de l'OCDE (2013).

2. Page 23 du Plan d'action concernant l'érosion de la base d'imposition et le transfert de bénéfices de l'OCDE (2013) : « des travaux supplémentaires doivent être entrepris afin... de mesurer l'ampleur et les effets des pratiques d'érosion de la base d'imposition et de transferts de bénéfices, ainsi que l'impact des mesures prises au titre du Plan d'action pour combattre ces pratiques. Il s'agira de recourir à des techniques axées sur les résultats permettant de déterminer dans quelle mesure la répartition du revenu entre pays est déconnectée des activités créatrices de valeur, ainsi qu'aux techniques permettant d'étudier les aspects spécifiques mentionnés dans le Plan d'action. »

3. Selon les discussions qui se sont tenues entre les délégués du GT2 du Comité des affaires fiscales de l'OCDE et les représentants des pays participant à ce groupe de travail.

4. Voir, par exemple les évaluations d'impacts sur le site web de HMRC, disponibles à l'adresse www.hmrc.gov.uk/ria/#full ou le document du Department of the Treasury (2015), disponible à l'adresse www.treasury.gov/resource-center/tax-policy/Documents/General-Explanations-FY2016.pdf.

5. La réduction de la base d'imposition à l'IS, en raison de la localisation de la dette dans des entités situées dans des pays à forte imposition, n'est pas comprise dans la méthodologie d'estimation de l'impact du prix de transfert sur les recettes. On doit l'inclure dans l'analyse de l'impact sur les recettes de l'Action 4, qui traite de l'allocation des déductions d'intérêts liés aux prêts à des tiers et aux prêts consentis à des parties liées.

6. Ces données, qui comprennent des informations détaillées sur les flux de biens et de services, par partenaire commercial, sont disponibles pour les pays membres de l'OCDE et pour les pays du G20. Des informations sur le commerce de biens d'autres pays sont disponibles dans les données du FMI. Il sera nécessaire d'imputer à la valeur des échanges les données manquantes sur les échanges de services pour certains pays.

7. Pour une description détaillée de ce qui est inclus dans le données d'échanges de biens et de services, voir FMI, Sixth Edition of the Balance of Payments and International Investment Position Manual (BPM6),), disponible à www.imf.org/external/pubs/ft/bop/2007/bopman6.htm.

8. Il est à noter que la méthodologie est décrite en termes d'impacts sur les recettes de l'IS. Les mesures pour lutter contre le phénomène BEPS s'appliquent à tous les revenus d'entreprise. Si le phénomène BEPS a un impact sur les bénéfices d'entreprise notifiés dans les déclarations de revenus des personnes physiques et que cette information est disponible, cet impact supplémentaire sur les recettes pourrait être inclus dans les calculs d'impacts du phénomène BEPS.

9. Voir la base de données Activities of Multinational Enterprises (AMNE) de l'OCDE (base de données sur les activités des entreprises multinationales).

10. La part des échanges qui représente des transactions entre des entités multinationales est disponible pour un nombre limité de pays. Voir Lanz et Miroudot (2011) ainsi que les données sur les activités des entreprises multinationales dans certains pays, dont les États-Unis et l'Allemagne.

11. Le montant des échanges peut inclure des transactions circulaires entre entités. Par exemple, des produits en cours peuvent être exportés pour transformation plus poussée par une filiale située dans le pays A vers une filiale dans le pays B. Le produit fini peut alors être retourné à la filiale dans le pays A en tant qu'importation dans le pays A. Le montant total, soit l'exportation du pays A et l'importation dans le pays A est inclus dans l'estimation de la manipulation des prix. Les statisticiens des comptes nationaux se penchent sur ce problème de double comptage en vue de créer des mesures plus précises des flux d'échanges qui affectent une économie nationale. Voir la note conjointe OCDE-OMC sur les échanges en valeur ajoutée « Trade in Value-Added : Concepts, Methodologies, and Challenges. »

12. Voir la note conjointe OCDE-OMC sur les échanges en valeur ajoutée « Trade in Value-Added : Concepts, Methodologies, and Challenges. »

13. Une façon de réduire cette incitation est d'exiger un plus grand niveau d'activité réelle dans un pays (R&D, par exemple) afin de pouvoir bénéficier des taux spéciaux.

14. Lors du calcul de la valeur du taux d'imposition marginal pondéré en fonction des échanges, le taux d'imposition marginal de chaque partenaire commercial d'un pays identifié dans les données sur les échanges bilatéraux est multiplié par la part des exportations ou des importations mondiales d'un pays, comptabilisée par le partenaire commercial.

15. Une autre possibilité serait de faire les calculs au niveau des flux d'échanges entre un pays et chacun de ses partenaires commerciaux. Dans ce cas, il n'est pas nécessaire de calculer de taux d'imposition légal pondéré pour tous les partenaires commerciaux.

16. Les taux d'imposition marginaux sont généralement les taux d'imposition qui combinent les taux de l'impôt sur les sociétés au niveau national et au niveau infranational.

17. Ces calculs utilisent les taux d'imposition globaux prévus par la loi à l'exception des taux d'imposition spéciaux réduits qui s'appliquent au revenu de redevances dans certains pays.

18. Bien que la valeur de la semi-élasticité soit constante pour tous les calculs d'écarts des taux d'imposition marginaux, on constate que l'élasticité de la réponse varie en fonction de ces écarts de taux d'imposition. En d'autres termes, plus le pourcentage de variation des écarts de taux d'imposition sera élevé, et plus le pourcentage de variation des prix à l'exportation et à l'importation sera lui aussi élevé. Les élasticités des prix des échanges pourraient être utilisées pour les élasticités du revenu net, pour autant que les facteurs n'ayant pas trait aux taux d'imposition soient bien spécifiés et correctement mesurés par une équation de régression. La variation en pourcentage des prix des échanges a une incidence sur les revenus nets en raison des écarts des taux d'imposition, de la même manière que les revenus nets sont touchés par des écarts de taux d'imposition, au-delà de l'incidence estimée des facteurs n'ayant pas trait aux taux d'imposition. Un dollar supplémentaire de revenu résultant de la manipulation des prix des échanges se traduit par un dollar supplémentaire de revenu net, tout comme un dollar supplémentaire de revenu net pourrait provenir d'un autre type de transferts de bénéfices.

19. L'article de Sebastian Beer et de Jan Loeprick, « Profit shifting : drivers of transfer mis(pricing) and the potential of countermeasures, » International Tax Public Finance, publié en ligne le 17 mai 2014, établit que la réactivité des transferts de bénéfices est plus grande pour des filiales dont le rapport des actifs incorporels au total des actifs est élevé. L'article de Matthias Dischinger et Nadine Riedel, « Corporate taxes and the location of intangible assets within multinational firms, » Journal of Public Economics 95 (2011) relève aussi que la réactivité des revenus avant impôts d'une filiale est plus grande à des écarts de taux d'imposition pour les groupes qui ont un rapport élevé actifs incorporels/ventes. Voir aussi les résultats présentés dans l'annexe 3.A1.

20. Voir notamment le document de travail préparé par Andrew B. Bernard, J. Bradford Jensen, Peter K. Scott, "Transfer Pricing by U.S.-Based Multinational Firms," National Bureau of Economic Research, Working Paper 12493, Août 2006.

21. Alors que les paiements de redevances pour l'utilisation de la propriété intellectuelle sont inclus dans la catégorie des commissions pour usage de la propriété intellectuelle, la valeur de la commercialisation des résultats de R&D sont enregistrés dans la catégorie des autres services aux entreprises. Ces transactions, y compris la vente de biens incorporels entre entités multinationales, sont incluses dans les flux d'échanges de services qui sont le point de départ de l'analyse des recettes liées aux prix de transfert.

22. Dans les données sur les échanges de services, les services financiers comprennent les services de courtage, de souscription des risques, de carte de crédit et les services de gestion et consultation. Les paiements et les recettes d'intérêts sont inclus dans les comptes des revenus primaires.

23. Les données ne sont saisies que pour les entités liées par un actionnariat d'au moins 10 %.

24. Conformément au paragraphe 82 du rapport sur l'Action 4, il est recommandé d'utiliser une règle de ratio fixe pour évaluer les bénéfices en utilisant l'EBITDA. Cependant, un pays peut appliquer une règle de ratio fixe pour évaluer les bénéfices en utilisant l'EBIT, pour autant que les autres éléments de la règle soient conformes aux pratiques exemplaires présentées dans le rapport. Puisque l'EBITDA est l'approche recommandée, l'approche décrite pour l'estimation budgétaire fera référence à l'EBIT. Si le pays opte pour l'EBITDA dans la conception des règles de limitation de déduction d'intérêt, l'estimation budgétaire devrait elle aussi être basée sur l'EBIT.

25. Conformément au paragraphe 24 du rapport sur l'Action 4, les pays sont encouragés à combiner une règle de ratio fixe robuste et efficace avec une règle de ratio de groupe qui permet à une entité de déduire davantage de frais d'intérêt dans certaines circonstances. Une règle de ratio de groupe peut être introduite en tant que disposition distincte de la règle du ratio fixe, ou en tant que partie intégrante d'une règle globale, qui inclurait les deux ratios.

26. Une entité fait partie d'un groupe si elle est directement ou indirectement contrôlée par une société ou si l'entité est une société qui contrôle directement ou indirectement une ou plusieurs autres entités. Un groupe est qualifié multinational s'il a des activités dans plus d'un pays, y compris par le biais d'un établissement stable.

27. Les pays qui sont des États membres de l'Union européenne (UE) devront tenir compte des dimensions de la législation de l'UE dans la conception de leurs règles nationales, afin de s'assurer qu'elles sont conformes à la législation de l'UE. Le Rapport sur l'Action 4 comprend une annexe détaillant les dimensions à considérer.

28. L'approche des pratiques exemplaires au titre de l'Action 4 fait référence à une liste non exhaustive d'exemples. Les détails ont leur importance et chaque pays doit déterminer si la définition des intérêts utilisée dans la règle de limitation des déductions d'intérêts conformément à l'approche des pratiques exemplaires est prise en compte de manière appropriée dans les calculs des incidences fiscales. S'il est impossible d'inclure tous les paiements équivalents à des intérêts, on peut noter que les incidences fiscales pourraient être sous-estimées.

29. La limitation des déductions d'intérêts s'applique à toutes les entreprises, quelle que soit leur forme juridique. La description réfère à l'IS, mais elle est tout aussi applicable à des changements dans la base imposable à l'impôt sur le revenu des entreprises non constituées en société et de leurs propriétaires.

30. Des travaux supplémentaires seront effectués et terminés dans le courant de l'année 2016 afin d'identifier des règles ciblées pour faire face aux risques posés par l'érosion de la base d'imposition et le transfert de bénéfices dans les secteurs des banques et des assurances.

31. Voir le rapport sur l'Action 4 pour l'analyse des raisons pour lesquelles les revenus exonérés d'impôt, tels que les revenus de dividendes exonérés et les revenus étrangers qui sont exonérés d'impôt, ne doivent pas faire partie du calcul de l'EBITDA d'une entité. L'exclusion des revenus de dividendes exonérés s'explique par la volonté de répondre aux craintes à propos du scénario d'investissement à l'étranger, tel que décrit dans l'Action 4.

32. Voir paragraphe 115 du rapport sur l'Action 4.

33. Voir l'analyse des taux d'imposition marginaux applicables dans la section qui traite des prix de transfert (Actions 8 à10 et Action 13).

34. Les quasi-sociétés sont des entreprises non constituées en personne morale, qui tiennent un ensemble complet de comptes, de façon à pouvoir produire des comptes séparés. Si l'entreprise non constituée en personne morale ne tient pas un ensemble complet de comptes, elle est alors classée dans le secteur des ménages.

35. Note de la Turquie : Les informations figurant dans ce document et faisant référence à « Chypre » concernent la partie méridionale de l'Ile. Il n'y a pas d'autorité unique représentant à la fois les Chypriotes turcs et grecs sur l'île. La Turquie reconnaît la République Turque de

Chypre Nord (RTCN). Jusqu'à ce qu'une solution durable et équitable soit trouvée dans le cadre des Nations Unies, la Turquie maintiendra sa position sur la « question chypriote ».

Note de tous les États de l'Union européenne membres de l'OCDE et de l'Union européenne : La République de Chypre est reconnue par tous les membres des Nations Unies sauf la Turquie. Les informations figurant dans ce document concernent la zone sous le contrôle effectif du gouvernement de la République de Chypre.

36. Les frais d'intérêt nets sont calculés en soustrayant les recettes d'intérêt des paiements d'intérêts et en multipliant le montant obtenu par le taux de change moyen de l'année 2012, s'il y a lieu.

37. Les banques génèrent des revenus de services en faisant des prêts à des taux d'intérêt supérieurs à ceux auxquels elles empruntent. Il s'agit des services pour le rapprochement des prêteurs et des emprunteurs. Étant donné que les déposants bénéficient de taux d'intérêt inférieurs au « taux de référence », l'intérêt reçu est augmenté du montant de la différence entre le taux de référence et le taux que les déposants reçoivent effectivement. Les déposants utilisent immédiatement cette augmentation de revenus pour acheter le service. Inversement, les emprunteurs paient un taux d'intérêt plus élevé (que le taux de référence), ce qui reflète en partie les paiements pour le service. Dans les comptes nationaux, la différence entre le taux plus élevé que les emprunteurs paient et le taux de référence est retirée. Cette différence est là aussi immédiatement utilisée par les emprunteurs pour acheter le service.

38. Voir la liste fournie dans la description des questions clés au titre de l'Action 4.

39. Schindler et coll. (2013), Blouin et coll. (2014) et Wamser et coll. (2015).

40. Le Comité consultatif économique et industriel auprès de l'OCDE a présenté aux réunions du groupe de réflexion sur l'Action 4 des chiffres montrant la distribution de grandes sociétés publiques selon différents ratios de frais d'intérêt externe.

41. Voir l'analyse des taux d'imposition marginaux applicables dans la section qui traite des prix de transfert (Actions 8 à10 et Action 13).

42. Cette estimation est réalisée après celles de nombreuses autres propositions de sorte que certains effets sur les recettes sont reflétés dans d'autres estimations.

43. L'Action 3 précise que cette méthode reconnaît généralement que, même dans une situation où le taux d'imposition légal n'est pas jugé faible, une faible imposition peut survenir à la suite (1) d'une réduction de la base d'imposition ou (2) d'un abaissement de la charge fiscale par remboursements ultérieurs des impôts payés ou par la non-application de la législation fiscale.

44. La détermination de revenu attribuable n'est pas requise pour les pays qui adhèrent à un système d'inclusion intégrale, c'est-à-dire que si l'entité est classée comme SEC tous ses revenus sont considérés comme des revenus de SEC, ce qui est pertinent dans le contexte des systèmes fiscaux à l'échelle mondiale.

45. Il y a des exceptions : aux États-Unis, les données sur les importations et les exportations intra-groupe sont collectées pour diverses activités de services, et le Canada et les États-Unis ventilent les échanges de services par affiliation. (Lanz et Miroudot, 2011.)

46. Voir l'analyse des TIMA dans la section qui traite des prix de transfert (Actions 8 à 10 et Action 13).

47. Dans le cas de l'étude de 2012, les données ont été complétées par des informations sur les caractéristiques nationales provenant des Indicateurs du développement dans le monde de la Banque mondiale et par des renseignements sur les taux d'imposition provenant de PWC, du Bureau of Tax Policy Research de la University of Michigan, de KPMG et d'autres sources.

48. Voir l'analyse TIMA dans la section qui traite des prix de transfert (Actions 8 à10 et Action 13).

49. Les sources comprennent les statistiques de la balance des paiements du FMI et la base de données sur les investissements directs internationaux de l'OCDE. Dans l'établissement et la présentation des statistiques des IDE, les personnes chargées d'établir les statistiques peuvent

se heurter dans de nombreux pays au problème de la confidentialité des données lors de la diffusion des résultats. Les renseignements sur les IDE peuvent être jugés confidentiels dans le sens premier de ce terme, pour un certain nombre de raisons : (i) si un responsable chargé d'établir les statistiques déclare qu'ils sont confidentiels (ii) s'il y a seulement une ou deux entités dont les renseignements proviennent, ou (iii) si la contribution d'une entreprise en particulier (ou même de deux entreprises) domine les contributions de toutes les autres entités (OCDE, 2008).

50. Les renseignements pertinents se trouvent dans le tableau B6 du document d'analyse.

51. Il est à noter que ce résultat fait référence au taux d'imposition combiné résiduel, qui comprend potentiellement l'IS dans le pays bénéficiaire, selon la méthode d'allégement adoptée.

Bibliographie

Beer, Sebastian et Jan Loeprick (2015), « Profit shifting: drivers of transfer (mis)pricing and the potential of countermeasures », International Tax and Public Finance, vol. 22(3), pp 426-451.

Bernard, Andrew B., J. Bradford Jensen et Pete K. Schott (2006), « Transfer pricing by U.S.-based multinational firms », NBER Working Paper, n° 12493.

Blouin, Jennifer, Harry Huizinga, Luc Laeven et Gaetan Nicodeme (2014), « Thin Capitalization Rules and Multinational Firm Capital Structure », documents de travail du FMI, n° 14/12.

Buslei, Hermann et Martin Simmler (2012), « The Impact of Introducing an Interest Barrier: Evidence from the German Corporation Tax Reform 2008 », DIW Discussion Paper, n° 1215.

Clausing, K. A. (2006), « International tax avoidance and U.S. international trade », National Tax Journal, vol. LVIV, n° 2.

Clausing, K. A. (2003), « Tax-motivated transfer pricing and US intrafirm trade », Journal of Public Economics 87 (9-10), pp. 2207-2223.

CNUCED (2015), « FDI, tax and development », Document de travail de la Division de l'investissement et des entreprises de la CNUCED.

Commission européenne (2015), « Patent Boxes Design, Patents Location and Local R&D », Taxation Working Paper n° 57.

Cristea, Anca D. et Daniel X. Nguyen (2014), « Transfer pricing by multinational firms: New evidence from foreign firm ownerships », University of Copenhagen.

Davies, Ronald B., Julien Martin, Mathieu Parenti et Farid Toubal (2014), « Knocking on tax haven's door: Multinational firms and transfer pricing », CEPII Working Paper, n° 2014-21.

DeMooij, Ruud A. et Sjef Ederveen (2008), « Corporate Tax Elasticities A Reader's Guide to Empirical Findings », Oxford University Centre for Business Taxation, Working Paper, n° 08/22.

Dischinger, Matthias et Nadine Riedel (2011), « Corporate taxes and the location of intangible assets within multinational firms », *Journal of Public Economics*, vol. 95(7-8), pp. 691-707.

Dreßler, Daniel et Uwe Scheuering (2012), « Empirical evaluation of interest barrier effects », ZEW Discussion Papers, n° 12-046.

Griffith, Rachel, Helen Miller et Martin O'Connell (2011), « Corporate Taxes and the Location of Intellectual Property », CEPR Discussion Paper, n° DP8424.

Karkinsky, Tom et Nadine Riedel (2012), « Corporate taxation and the choice of patent location within multinational firms », Journal of International Economics, vol. 88(1), pp. 176-185.

Lanz, R. et S. Miroudot (2011), « Intra-firm trade: Patterns, determinants and policy implications », OECD Trade Policy Papers, n° 114, http://dx.doi.org/10.1787/5kg9p39lrwnn-en.

Markle, K. et L. Robinson (2012), « Tax Haven Use Across International Tax Regimes », www.sbs.ox.ac.uk/sites/default/files/Business_Taxation/Events/conferences/symposia/2012/markle.pdf.

Merlo, Valeria, and Georg Wamser (2015), « Debt Shifting and Thin-capitalization Rules », CESifo DICE Report, vol. 12(4), pp. 27-31.

OCDE, Base de données sur l'activité des entreprises multinationales (AEMN).

OCDE (2015a), Aligning Transfer Pricing Outcomes with Value Creation, Actions 8-10 – 2015 Final Reports, Éditions OCDE, Paris,http://dx.doi.org/10.1787/9789264241244-en.

OCDE (2015b), Limiting Base Erosion Involving Interest Deductions and Other Financial Payments, Action 4 – 2015 Final Report, Éditions OCDE, Paris, http://dx.doi.org/10.1787/9789264241176-en.

OCDE (2015c), Addressing the Tax Challenges of the Digital Economy, Action 1 – 2015 Final Report, Éditions OCDE, Paris, http://dx.doi.org/10.1787/9789264241046-en.

OCDE (2015d), Neutralising the Effects of Hybrid Mismatch Arrangements, Action 2 – 2015 Final Report, Éditions OCDE, Paris, http://dx.doi.org/10.1787/9789264241138-en.

OCDE (2015e), Designing Effective Controlled Foreign Company Rules, Action 3 – 2015 Final Report, Éditions OCDE, Paris, http://dx.doi.org/10.1787/9789264241152-en.

OCDE (2015f), Lutter plus efficacement contre les pratiques fiscales dommageables, en prenant en compte la transparence et la substance, Éditions OCDE, Paris, http://dx.doi.org/10.1787/9789264241190-en.

OCDE (2015g), Empêcher l'utilisation abusive des conventions fiscales lorsque les circonstances ne s'y prêtent pas, Éditions OCDE, Paris, http://dx.doi.org/10.1787/9789264241695-en.

OCDE (2015h), Preventing the Granting of Treaty Benefits in Inappropriate Circumstances, Action 6 – 2015 Final Report, Éditions OCDE, Paris, http://dx.doi.org/10.1787/9789264241220-en.

OCDE (2015i), Measuring and Monitoring BEPS, Action 11 – 2015 Final Report, Éditions OCDE, Paris, http://dx.doi.org/10.1787/9789264241343-en.

OCDE (2015j), Mandatory Disclosure Rules, Action 12 – 2015 Final Report, Éditions OCDE, Paris, http://dx.doi.org/10.1787/9789264241442-en.

OCDE (2015k), Making Dispute Resolution Mechanisms More Effective, Action 14 – 2015 Final Report, Éditions OCDE, Paris, http://dx.doi.org/10.1787/9789264241633-en.

OCDE (2015l), L'élaboration d'un instrument multilatéral pour modifier les conventions fiscales bilatérales, Action 15 – Rapport final 2015, Éditions OCDE, Paris, http://dx.doi.org/10.1787/9789264248588-fr.

OCDE (2013), Plan d'action concernant l'érosion de la base d'imposition et le transfert de bénéfices.

OCDE (2008), Définition de référence de l'OCDE des investissements directs internationaux, 4e édition.

OCDE et WTO, « Trade in value-added: Concepts, methodologies, and challenges (Joint OECD-WTO Note) » www.oecd.org/sti/ind/49894138.pdf.

Overesch, Michael (2006) « Transfer pricing of intrafirm sales as a profit shifting channel: Evidence from German firm data, » ZEW Discussion Papers, n° 06-84.

Riedel, N. (2014), « Quantifying international tax avoidance: A review of the academic literature, » Paper prepared for the European Tax Policy Forum, mimeo.

Ruf, M. et A. J. Weichenrieder (2013), « CFC legislation, passive assets and the impact of the ECJ's Cadbury-Schweppes decision », CESifo Working Paper, n° 4461.

Ruf, M. et A. J. Weichenrieder (2012), « The taxation of passive foreign investment: lessons from German experience », Revue canadienne d'économique, vol. 45, n° 4.

Schindler, Dirk et Martin Ruf (2015), « Debt Shifting and Thin-Capitalization Rules – German Experiences and Alternative Approaches », Nordic Tax Journal, vol. 1, 17-33.

Schindler, Dirk et Guttorm Schjelderup (2013), « Transfer Pricing and Debt Shifting in Multinationals », CESifo Working Paper Series, n° 4381.

Van 't Riet, M. et A. Lejour (2014), « Ranking the stars: Network analysis of bilateral tax treaties », CPB Discussion Paper, n° 290.

Vicard, Vincent (2015), « Profit shifting through transfer pricing: Evidence from French firm level trade data », document de travail de la Banque de France n° 555. http://dx.doi.org/10.2139/ssrn.2614864.

Chapitre 4

De meilleurs outils et données pour assurer le suivi du phénomène BEPS

Éléments clés

- Les limites des sources de données actuellement disponibles et la complexité du phénomène BEPS signifient que de meilleures données et de nouveaux instruments sont nécessaires pour que la communauté internationale puisse mieux comprendre l'ampleur et l'impact du phénomène et assurer le suivi de l'efficacité des mesures mises en œuvre pour neutraliser ces pratiques.
- Compte tenu du volume considérable de données à la disposition des administrations fiscales, qui sont encore appelées à augmenter prochainement, les recommandations de ce rapport mettent l'accent sur la nécessité d'une collaboration plus étroite entre les Administrations pour exploiter de façon plus judicieuse les données existantes (ou celles qu'il a été convenu de recueillir dans le cadre du projet BEPS.) En particulier, les analyses statistiques basées sur les données collectées dans le cadre des déclarations pays par pays relevant de l'Action 13 pourraient améliorer considérablement l'analyse économique des pratiques de BEPS.
- Ce rapport formule les recommandations suivantes :
  - L'OCDE devrait collaborer avec tous ses pays membres, les pays ayant le statut d'Associé au projet (tous les pays du G20) ainsi qu'avec tout autre pays intéressé en vue de publier régulièrement une nouvelle série de statistiques de l'impôt sur les sociétés, qui regrouperait un volume important de données et d'analyses statistiques pertinentes à l'analyse économique du phénomène BEPS tout en assurant l'uniformité des informations présentées au niveau international. Cette publication aurait pour but de rassembler, entre autres informations, des analyses statistiques consolidées et anonymes préparées par les Administrations sur la base des données collectées dans les déclarations pays par pays relevant de l'Action 13.
  - L'OCDE devrait collaborer avec tous les pays membres de l'OCDE, les Associés au projet et tout autre pays intéressé en vue de produire des rapports périodiques sur les effets estimés sur les recettes publiques des mesures proposées et adoptées pour enrayer le phénomène BEPS.
  - L'OCDE devrait continuer à développer et à affiner les instruments analytiques et les indicateurs du phénomène BEPS pour en suivre l'étendue et les incidences économiques, ainsi que pour évaluer l'efficacité et les effets économiques des mesures correctives.
  - Les Administrations devraient améliorer la publication des statistiques sur l'impôt sur les sociétés, en particulier concernant les entreprises multinationales.

- Les Administrations devraient continuer à apporter des améliorations aux données non fiscales pertinentes concernant les pratiques de BEPS, notamment en incluant les données d'autres pays dans les statistiques et en améliorant les données sur l'IDE associé aux ES résidents, les données sur les échanges de services et celles sur les investissements incorporels.
- Les Administrations devraient examiner les bonnes pratiques actuelles et explorer de nouvelles approches pour collaborer avec des universités et d'autres chercheurs en matière de recherche sur le phénomène BEPS. Les Administrations devraient soutenir l'activité de recherche sur les activités des entreprises multinationales menée par les administrations fiscales, les directions de politique fiscale, les bureaux de statistique nationaux et par les chercheurs universitaires afin d'améliorer la compréhension du phénomène BEPS et de mieux pouvoir isoler les effets de ce phénomène des effets économiques réels et d'autres avantages fiscaux qui n'y sont pas liés.

• Pour assurer le suivi du phénomène BEPS à l'avenir, il conviendra que les Administrations exploitent de façon plus judicieuse les données existantes (ou celles qu'il a été convenu de recueillir dans le cadre du projet BEPS). Il sera également important que chaque pays fasse des analyses complémentaires et approfondies du phénomène BEPS et publie des résultats statistiques et des tableaux consolidés sur les impôts et sur les activités des entreprises multinationales en vue d'évaluer l'efficacité des mesures destinées à enrayer l'érosion de la base d'imposition et le transfert de bénéfices.

4.1. Introduction

268. Les limites des sources de données et des méthodes d'estimation actuelles signifient que de meilleures données et de nouveaux instruments sont nécessaires pour que la communauté internationale puisse mieux comprendre l'ampleur et l'impact du phénomène BEPS et assurer le suivi de l'efficacité des mesures mises en œuvre pour l'enrayer.

269. Le chapitre 1 évalue les données actuellement disponibles et conclut que les limites importantes des sources de données existantes signifient que, à l'heure actuelle, toute tentative visant à définir des indicateurs et à réaliser des analyses économiques de l'ampleur du phénomène BEPS et de ses impacts reste fortement limitée et doit par conséquent être assortie de sérieuses réserves. Des données plus complètes et plus détaillées sur les entreprises multinationales sont nécessaires pour permettre une évaluation plus précise de l'ampleur du phénomène BEPS et de ses impacts.

270. Les chapitres 2 et 3 ont noté les difficultés rencontrées pour définir des indicateurs du phénomène BEPS ainsi que pour réaliser des analyses économiques avec les données actuellement disponibles. À l'heure actuelle, non seulement les données sont limitées, mais on manque aussi d'informations détaillées sur les règles fiscales et sur les bases d'imposition globales des pays, qui sont nécessaires pour améliorer les analyses économiques du phénomène BEPS et des mesures correctives pour l'enrayer. Les analyses économiques doivent pouvoir isoler les pratiques liées au phénomène BEPS des effets économiques réels et d'autres avantages fiscaux qui ne sont pas liés au phénomène BEPS, tels que les incitations fiscales en faveur de la R&D, et les autres taux d'imposition spéciaux prévus par la loi, les déductions et les exemptions.

271. Les pouvoirs publics, et en particulier les administrations fiscales, collectent déjà une multitude d'informations concernant la situation fiscale des entreprises multinationales et de leurs filiales. La portée et la valeur de ces informations seront augmentées à la suite

des travaux entrepris dans le cadre de l'Action 5 (échange spontané d'informations sur les décisions), de l'Action 13 (documentation des prix de transfert) et, dès lors que les mesures correspondantes seront adoptées, de l'Action 12 (obligation de faire connaître les dispositifs de planification fiscale agressive). Bien que la nécessité d'améliorer l'analyse économique et budgétaire du phénomène BEPS exige un meilleur accès à ces données, à l'avenir, toute recommandation concernant la disponibilité des données doit prendre en compte la nécessité de protéger la confidentialité des renseignements des contribuables et de minimiser la charge administrative des Administrations et des contribuables.

272. Compte tenu du volume considérable de données à la disposition des administrations fiscales, qui est encore appelé à augmenter prochainement, les recommandations de ce rapport mettent l'accent sur la nécessité d'une collaboration plus étroite entre les Administrations pour exploiter de façon plus judicieuse les données existantes (ou celles qu'il a été convenu de recueillir dans le cadre du projet BEPS) et de partager les pratiques exemplaires. Les administrations fiscales peuvent maximiser les avantages de l'information disponible en facilitant l'accès à ces données aux fins de recherche, conformément à des règles strictes en matière de confidentialité. En outre, l'analyse économique du phénomène BEPS sera facilitée à l'avenir grâce aux données supplémentaires que les statisticiens incluront progressivement dans les comptes nationaux, notamment la mesure de l'investissement direct étranger (IDE) par le biais d'entités à vocation spéciale (EVS) et d'autres entités relais, des renseignements issus de la désagrégation des données sur les échanges bilatéraux en matière de services, notamment les paiements pour les services en matière de propriété intellectuelle (PI) et les services de gestion, et la mesure des investissements incorporels.

273. Les outils pour l'analyse et la publication des données devraient être développés d'une manière cohérente et coordonnée de sorte que lorsque de meilleures données deviennent disponibles, elles peuvent être analysées et présentées de façon judicieuse en vue de leur exploitation. Les nouvelles analyses effectuées par les pays et les nouveaux résultats statistiques qu'ils publieront, notamment les tableaux consolidés sur les impôts et sur les activités des entreprises multinationales, permettront de mieux comprendre le phénomène BEPS.

274. Les analyses des mesures issues du projet BEPS peuvent être utiles pour un pays, lorsqu'il envisage d'adopter et d'appliquer de nouvelles mesures, ainsi que pour en assurer le suivi une fois qu'elles sont en vigueur. Les pays sont à des stades différents dans le processus d'adoption des mesures correctives et dans le calendrier de leur mise en œuvre (plusieurs pays ont déjà mis en œuvre certaines de ces mesures). L'amélioration des données et des outils d'analyse du phénomène BEPS et des mesures pour l'enrayer est essentielle pour les décideurs, et ces améliorations devront être entreprises par chaque pays, mais aussi par des organisations internationales.

4.2. Contexte

275. L'évolution future des mesures du phénomène BEPS est clairement liée à la disponibilité de données plus pertinentes et de meilleure qualité, qui permettront d'améliorer les indicateurs et les analyses économiques du phénomène, comme le montre le graphique 4.1. En l'état actuel des analyses du phénomène, les analystes exploitent en général les données disponibles, bien que certaines données parmi celles qui sont collectées ne soient pas utilisées aux fins d'analyse et que l'accès à ces données soit souvent limité. Les analyses sont entravées par des problèmes considérables de disponibilité de données, même si quelques types d'analyses nouveaux et innovants sont entrepris. La communauté universitaire a démontré sa créativité en explorant de nouvelles dimensions du phénomène BEPS à l'aide des données

actuellement disponibles, mais les avantages procurés par l'analyse des données existantes sont soumis à la loi des « rendements décroissants », en particulier s'il s'agit de données qui ne proviennent pas des déclarations d'impôt.

276. L'objectif est de disposer, à l'avenir, de meilleures données qui permettront d'établir

Graphique 4.1. **Évolution future des mesures du phénomène BEPS**

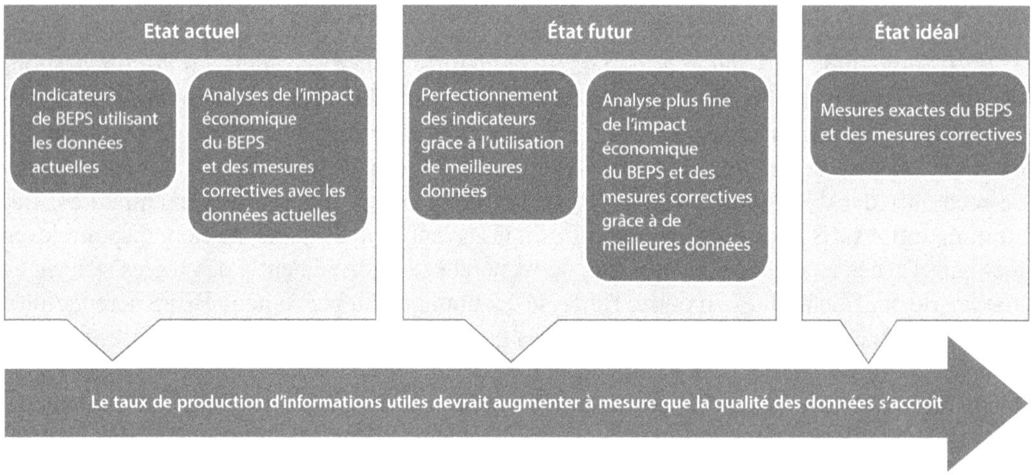

des indicateurs nouveaux et plus précis ainsi que de réaliser des analyses économiques plus fines du phénomène BEPS et de l'efficacité des mesures correctives. Les attributs suivants sont associés à des données de meilleure qualité.

- Pertinence accrue des renseignements relatifs au phénomène BEPS (montant total des impôts payés par les entreprises multinationales par pays, domicile fiscal de l'entité plutôt que le pays où elle a été constituée en société, transactions et structures des parties liées).
- Étendue des renseignements élargie aux entreprises, aux pays, et aux relations entre entreprises multinationales.
  - Liste des sociétés plus complète (moins d'entités et de groupes manquants et meilleure représentation de tous les pays, par exemple).
  - Des renseignements plus complets concernant les entreprises, provenant des déclarations d'impôt et d'autres types de documents actuellement disponibles (moins de variables financières manquantes, par exemple)[1].
  - Renseignements clairs identifiant les entreprises multinationales dans les déclarations d'impôt, que ce soient les entreprises nationales dont les sociétés mères sont à l'étranger ou les sociétés mères nationales dont les filiales sont à l'étranger. De meilleurs liens entre les renseignements sur les entités liées et les renseignements sur l'ensemble d'un groupe multinational.
  - Davantage de liens entre les renseignements fiscaux et d'autres renseignements financiers.
- Meilleur accès aux informations disponibles pour les analystes des Administrations et pour les chercheurs universitaires, moyennant des exigences strictes en matière de confidentialité et de consultation des données.

- Une plus grande cohérence des données d'un pays à l'autre.
- Des informations fournies en temps opportun et de meilleurs délais d'obtention de l'information.

277. Les mesures qui seraient prises dans les domaines décrits ci-dessus permettraient d'améliorer les données disponibles, d'augmenter le rapport signal sur bruit des analyses futures du phénomène BEPS et de contribuer à isoler le phénomène BEPS d'autres facteurs.

278. Les modalités existantes applicables aux données fiscales, en ce qui concerne la collecte, l'analyse, la publication et l'accès, diffèrent selon les pays. Lors de l'examen des données existantes, trois questions clés doivent être prises en considération : la disponibilité des données, l'étendue des données et la cohérence des analyses au niveau international. Chacun de ces points est examiné dans la section suivante.

4.2.1. Disponibilité des données et accès à ces données pour analyser le phénomène BEPS

279. La première question clé concerne la « disponibilité » des données actuelles. Les Administrations, et en particulier, les administrations fiscales, collectent déjà une multitude d'informations concernant la situation fiscale des entreprises multinationales et de leurs filiales. La raison d'être principale de la collecte des données fiscales est d'assurer l'administration de l'impôt, d'élaborer des politiques et d'émettre des avis en matière fiscale. Les analystes de l'Administration au sein des administrations fiscales, et souvent dans d'autres services des affaires fiscales des Administrations[2], ont généralement la possibilité de faire des recherches et des analyses des données collectées dans les déclarations d'impôt pour aider à développer et à évaluer les politiques fiscales et pour justifier les recommandations formulées.

280. Dans certains pays, une partie importante des informations des déclarations d'impôt est compilée dans des bases de données et ces informations deviennent alors disponibles pour l'analyse de la politique fiscale. Dans de nombreux cas, les pays fournissent des données fiscales agrégées à des organisations internationales et régionales afin qu'elles puissent les compiler de manière cohérente et ainsi permettre les analyses et les comparaisons entre les pays, comme c'est le cas de l'OCDE qui publie chaque année les *Statistiques des recettes publiques*. Les données sont agrégées de façon à assurer la confidentialité des renseignements des contribuables.

281. Dans certains pays, l'accès à des données plus détaillées des déclarations d'impôt peut être accordé à des chercheurs et à des universitaires. Dans certains cas, des chercheurs qualifiés peuvent être engagés directement par une Admnistration à conditions de respecter des règles strictes de confidentialité pour l'aider dans ses analyses dans le contexte de l'administration de l'impôt et de l'élaboration des politiques fiscales. Dans certains pays, les analystes des politiques fiscales peuvent demander l'accès aux données des déclarations d'impôt, à conditions de respecter des règles strictes de confidentialité et d'autres conditions d'accès, pour mener leurs propres recherches à des fins d'analyses fiscales ou économiques, à partir des informations provenant des déclarations d'impôt.

282. L'encadré 4.1 présente quelques exemples de pratiques exemplaires sur la disponibilité des données à des fins d'analyse fiscale de l'impôt sur les sociétés et des entreprises multinationales. Comme on peut le voir à partir des exemples tirés des pratiques exemplaires, la compilation dans une base de données électronique des données fournies aux administrations fiscales est un facteur important de disponibilité des données actuelles, car cela permet aux analystes fiscaux des Administrations d'y avoir facilement

accès. La transmission d'un plus grand nombre de déclarations d'impôt sur les sociétés par voie électronique rendra la compilation de données supplémentaires moins exigeante au niveau des ressources.

283. Les systèmes électroniques de dépôt des déclarations sont utiles, mais si les informations ne sont pas collectées dans un format normalisé, il faudra d'abord rechercher un élément de données spécifique (ayant fréquemment une terminologie différente selon les ensembles de données), puis procéder à un tri selon des catégories normalisées. À moins que les contribuables ne soient tenus de remplir un formulaire de déclaration d'impôt, il est probable qu'il faudra déployer des moyens et des efforts supplémentaires pour assurer la compilation des informations requises pour les analyses des politiques fiscales[3]. En outre, il se peut que les contribuables ne fassent pas preuve du même degré de prudence et de diligence lorsqu'ils fournissent des renseignements qui peuvent ne pas être nécessaires au calcul de l'impôt dû, mais qui sont néanmoins demandés dans les déclarations d'impôt, comme les renseignements concernant le bilan ou certains éléments de revenus et de dépenses spécifiques.

Encadré 4.1. Quelques pratiques exemplaires sur la disponibilité des données à des fins d'analyse fiscale de l'impôt sur les sociétés et des entreprises multinationales

La publication de tableaux consolidés des données fiscales des entreprises multinationales : L'Internal Revenue Service aux États-Unis publie tous les deux ans des tableaux spéciaux avec les informations provenant des filiales étrangères d'entreprises multinationales américaines (formulaire d'information 5471 et annexe M) et des filiales nationales d'entreprises multinationales étrangères (formulaire 5472). Les tableaux présentent les montants consolidés des différentes composantes du revenu imposable et des déductions par pays et par secteur, et dans le cas du formulaire 5472 y figurent également sous forme agrégée les différentes transactions avec des parties liées.

La communication des renseignements sur les transactions transnationales avec des parties liées : L'Australian Taxation Office exige que certains contribuables remplissent chaque année une annexe sur les transactions internationales, qui contient une section spécifique portant sur les transactions internationales avec des parties liées[4]. Cette section doit être remplie lorsque le montant total des transactions internationales avec des parties liées est supérieur à 2 millions de dollars australiens. En outre, le contribuable doit indiquer le nom des trois pays où le montant des transactions entre parties liées est le plus élevé et fournir des précisions sur le type d'activité et sur le montant de la transaction groupée (les dépenses et les pertes plus les recettes et les profits). Cette annexe exige également que les restructurations, les transactions impliquant des biens incorporels et les transactions de produits dérivés soient déclarées et que des informations sur le nombre de SEC dans chaque pays et sur les dispositifs de sous-capitalisation du côté australien soient communiquées.

La disponibilité des données pour les chercheurs universitaires qualifiés conformément à des règles strictes en matière de confidentialité : Quinze pays membres de l'OCDE[5] ont actuellement des programmes spéciaux qui donnent à des universitaires qualifiés l'accès aux données des déclarations d'impôt sur les sociétés à des fins d'analyse, conformément à des règles strictes en matière de confidentialité. Ces programmes permettent d'effectuer des analyses empiriques sophistiquées des données des déclarations d'impôt, en complément des analyses des données non fiscales, tout en maximisant les avantages des données existantes. Voir l'encadré consacré à une étude de cas portant sur ces programmes.

Encadré 4.1. Quelques pratiques exemplaires sur la disponibilité des données à des fins d'analyse fiscale de l'impôt sur les sociétés et des entreprises multinationales *(suite)*

Le calcul du coût des avantages fiscaux consentis aux sociétés : Un certain nombre de pays publient régulièrement le coût budgétaire de l'application des taux d'imposition spéciaux, des déductions et des exonérations ainsi que des crédits d'impôt. Bien que certains avantages fiscaux octroyés aux sociétés puissent soulever des problèmes conceptuels et de mesure, la plupart d'entre eux sont facilement mesurables tels que les crédits d'impôt, les taux spéciaux d'imposition réduits et les déductions supérieures à cent pour cent du coût.

L'analyse des investissements des entreprises multinationales : La Bundesbank allemande, l'Organisation japonaise du commerce extérieur (JETRO) et le Bureau of Economic Analysis des États-Unis mènent des enquêtes spéciales sur les activités des filiales des entreprises multinationales. Bien que les informations de ces enquêtes ne se rapportent pas aux impôts, elles fournissent aux chercheurs universitaires soumis à des règles strictes en matière de confidentialité une source importante de données sur les pratiques des entreprises multinationales. Étant donné que le taux de réponse des entreprises multinationales suscite certaines inquiétudes, les analyses du degré de congruence entre les informations sur les investissements provenant de ces enquêtes et celles provenant des déclarations d'impôt sont limitées.

Les analyses de contrôles fiscaux consolidés : Plusieurs pays rendent compte de leurs opérations de contrôle et d'application de la loi concernant l'impôt sur les sociétés, notamment des montants mis en recouvrement et des montants perçus. Dans ces analyses, les entreprises multinationales ne sont pas séparées des autres entreprises et, en général, les données ne sont pas ventilées par type d'évaluation fiscale, telles que les pratiques spécifiques liées au phénomène BEPS. Plusieurs commentateurs du document pour discussion publique concernant l'Action 11 ont suggéré que les données agrégées provenant d'études et de contrôles fiscaux pourraient contribuer à l'analyse du phénomène BEPS.

Les statistiques fiscales au niveau international et au niveau régional : Des statistiques fiscales cohérentes, comparables, et dont la qualité est contrôlée sont extrêmement importantes pour les décideurs politiques et pour d'autres parties prenantes œuvrant dans le domaine de la fiscalité. Pour les pays de l'OCDE, des informations détaillées et comparables se trouvent dans les Statistiques des recettes publiques et dans la base de données fiscales de l'OCDE et pour un nombre croissant de pays non membres de l'OCDE, on peut trouver des informations semblables dans des publications régionales.

Le rapprochement entre les bases de données disponibles : Pour pouvoir isoler les pratiques de BEPS des conséquences économiques réelles, il faudra pouvoir disposer de données sur les variables économiques réelles. Plusieurs administrations fiscales, des bureaux d'élaboration des politiques et d'autres chercheurs supplémentent les informations des déclarations d'impôt sur les sociétés avec des informations d'autres bases de données afin d'optimiser l'utilité des informations disponibles. L'Australian Taxation Office compare les données des déclarations d'impôt sur les sociétés avec les informations des bases de données des organismes et des organisations externes dans le but d'assurer le respect des obligations fiscales[6].

Une meilleure utilisation de la technologie dans la collecte et dans la compilation des données des contribuables : L'accès aux données des contribuables et la compilation de ces données pourraient être facilités grâce à un système numérique qui servirait à recueillir et à stocker les données. Le Sistema Público de Escrituração Digital (SPED) au Brésil est un système numérique d'informations intégré pour les renseignements fiscaux et pour les renseignements comptables, qui est fonctionnel aux trois niveaux : fédéral, étatique et municipal. En outre, le système Kokuzei Sogo Kanri (KSK) au Japon relie tous les renseignements fiscaux régionaux aux fins d'analyse.

Encadré 4.1. Quelques pratiques exemplaires sur la disponibilité des données à des fins d'analyse fiscale de l'impôt sur les sociétés et des entreprises multinationales *(suite)*

L'accent est mis sur la qualité des données : La qualité des données peut être améliorée grâce à un personnel dévoué et axé sur l'amélioration de la précision et de l'exhaustivité des données obtenues à partir des formulaires d'impôt. Au Canada, le ministère des Finances, l'Agence du revenu du Canada et Statistique Canada ont formé un comité mixte pour la qualité des données, qui est appuyé par des groupes de travail et des experts dans les domaines suivants : les déclarations des sociétés et des particuliers, les déclarations des sociétés de personnes et des fiducies, les déclarations au niveau international et les déclarations de la taxe sur les ventes. Les groupes de travail se réunissent régulièrement pour aborder les questions qui se posent, pour discuter des changements du système de technologie de l'information et des formulaires en cas de modifications législatives et pour développer des moyens destinés à améliorer la qualité des données.

L'échantillonnage statistique : L'échantillonnage statistique peut être un outil utile même quand on dispose des documents sous forme électronique, car il permet d'examiner les données des déclarations d'impôt, qui sont trop volumineuses pour être traitées à l'aide d'autres méthodes, telles que l'assurance de la qualité et les imputations. Les statistiques compilées par l'Internal Revenue Service (IRS) Statistics of Income (SOI) Division des États-Unis sont généralement basées sur un échantillonnage statistique. Les déclarations sont affectées à des classes d'échantillons (ou strates) selon des critères, tels que le type de formulaire déposé, divers facteurs relatifs au revenu ou d'autres mesures de la taille économique, et le secteur d'activité. Des échantillons statistiques sont ensuite extraits dans chaque strate et peuvent être extrapolés à la population totale.

4.2.2. Étendue des données pour l'analyse du phénomène BEPS

284. L'évaluation des données existantes présentée au chapitre 1 indique l'existence d'un certain nombre de problèmes relatifs à l'étendue des données, dont la résolution permettra de faire de meilleures analyses du phénomène BEPS. Certains de ces problèmes seront résolus grâce aux informations supplémentaires requises en vertu des Actions 5 et 13 du projet BEPS et, dès lors que les mesures correspondantes seront adoptées, de l'Action 12. Des améliorations significatives pourraient ainsi être apportées à l'étendue des données disponibles pour les Administrations, y compris des données détaillées sur les groupes multinationaux et sur toutes les entités qui les composent par pays de compétence fiscale. Ces futures données, qui seront collectées dans le cadre du Plan d'action, sont décrites plus loin dans ce chapitre.

285. La question de l'étendue des données concerne aussi les informations qui, tout en étant disponibles pour les administrations fiscales nationales, ne sont pas actuellement compilées et analysées. On trouve notamment dans cette catégorie des composantes importantes comme les paiements de l'impôt sur les sociétés et les paiements d'autres impôts que les entreprises multinationales font dans différents pays. De nombreux pays n'analysent pas actuellement les informations des déclarations d'impôt sur les sociétés sous cet angle important. Les autres impôts payés par les entreprises multinationales (les retenues à la source, la TVA non remboursable sur les intrants des entreprises, l'impôt foncier) peuvent influer sur les décisions de localisation, et sont donc importants pour isoler les effets du phénomène BEPS sur l'impôt sur les sociétés d'autres facteurs politiques qui n'y sont pas liés.

286. Afin de pouvoir séparer les effets du phénomène BEPS d'autres facteurs, il est nécessaire de disposer de renseignements sur les politiques fiscales des entreprises qui sont indépendantes du phénomène BEPS, mais qui réduisent les impôts des entreprises multinationales et ceux des entreprises nationales. De nombreux pays font des analyses de leurs dépenses fiscales pour évaluer le manque à gagner en termes d'impôt résultant des avantages fiscaux spéciaux, des concessions et des crédits d'impôt. Bien que certaines dépenses fiscales puissent soulever des problèmes conceptuels et de mesure, les estimations des crédits d'impôt, des taux d'imposition spéciaux et des déductions de plus de cent pour cent des dépenses ne sont pas touchées par ces problèmes et se prêtent davantage à des comparaisons internationales. Des renseignements supplémentaires sur les avantages fiscaux dont bénéficient les entreprises multinationales et les entreprises nationales permettraient de faciliter les analyses futures du phénomène BEPS.

4.2.3. Cohérence des analyses du phénomène BEPS au niveau international

287. S'il est important que chaque pays fasse ses propres analyses et publie ses propres statistiques au niveau national, il est tout aussi important d'améliorer l'analyse du phénomène BEPS à l'échelle mondiale. Pour faire de meilleures analyses économiques du phénomène BEPS à l'échelle mondiale, il est nécessaire de disposer de données qui couvrent de façon plus complète les pays et les secteurs d'activités par type de contribuable.

288. Les avantages des analyses par pays peuvent être maximisés si les statistiques nationales sont disponibles et compilées de manière cohérente et fiable pour faciliter les analyses transnationales. Comme le phénomène BEPS est un problème mondial, s'il est réduit dans une juridiction mais ensuite déplacé vers une autre juridiction par le biais de la planification fiscale, le phénomène global n'aura pas été réduit. Il sera important d'assurer le suivi des statistiques du phénomène BEPS à l'échelle internationale avec tous les pays qui se portent volontaires pour partager les données, tout en assurant dans la mesure du possible l'uniformité des données présentées au niveau international.

289. Les statistiques internationales sur l'IDE, sur les échanges et sur bien d'autres mesures économiques sont compilées, analysées et publiées par un certain nombre d'organisations internationales ainsi que par certains organismes universitaires. La base de données fiscales de l'OCDE et les Statistiques des recettes publiques de l'OCDE fournissent actuellement des informations sur les taux d'imposition des pays de l'OCDE et des statistiques des recettes publiques détaillées pour plus de 50 pays, formant un ensemble de données cohérent et normalisé soumis à des procédures d'assurance qualité. Il est important de pouvoir disposer de données fiscales plus complètes au niveau international, en particulier sur l'impôt sur les sociétés et sur les mesures relatives au phénomène BEPS, pour en améliorer les analyses à l'échelle internationale.

Encadré 4.2. **Études de cas portant sur des programmes de collaboration d'administrations fiscales avec des chercheurs qualifiés**

Quatorze pays membres de l'OCDE et un certain nombre de pays non membres ont des programmes spéciaux qui donnent à des chercheurs qualifiés l'accès aux données des déclarations d'impôt, conformément à des règles strictes en matière de confidentialité. Trois de ces programmes sont décrits ci-dessous.

Encadré 4.2. **Études de cas portant sur des programmes de collaboration d'administrations fiscales avec des chercheurs qualifiés** *(suite)*

Le Canada : Le Centre canadien d'élaboration de données et de recherche économique de Statistique Canada gère un certain nombre de bases de microdonnées sur les entreprises, dont les déclarations d'impôt transmises par toutes les entreprises. Pour respecter la confidentialité des contribuables, les chercheurs n'ont pas accès aux noms des contribuables et ils n'ont pas d'accès direct aux données. Les chercheurs ne peuvent accéder aux données qu'à partir des bureaux de Statistique Canada à Ottawa. Des programmes d'analyse de données doivent être développés en utilisant un ensemble de données synthétiques où les données préalablement saisies sont interchangées pour empêcher les chercheurs d'identifier des entreprises en particulier.

Les États-Unis : La division Statistics of Income (SOI) de l'Internal Revenue Service (IRS) aux États-Unis vise à accroître l'utilisation de ses microdonnées fiscales par des chercheurs externes au gouvernement fédéral des États-Unis grâce à son programme Joint Statistical Research Program. Les chercheurs qui présentent une demande et sont retenus travaillent en partenariat avec le personnel de la division SOI sur des projets qui permettent de mieux comprendre comment les impôts existants touchent les personnes, les entreprises et l'économie et qui fournissent de nouvelles pistes pour comprendre les pratiques des contribuables, ce qui peut faciliter l'administration du système fiscal américain. De telles recherches peuvent conduire au développement de nouveaux ensembles de données utiles pour de futures recherches sur l'administration de l'impôt, ainsi qu'à de nouveaux tableaux qui peuvent être rendus publics. Les documents de recherche sont accessibles au public en tant que documents de travail et peuvent être également présentés pour publication dans des revues spécialisées économiques et statistiques. Le personnel de la division SOI participe à toutes les étapes des projets sélectionnés, notamment la recherche, l'analyse et la présentation des résultats.

Le Royaume-Uni : Actuellement, l'autorité fiscale du Royaume-Uni, Her Majesty's Revenue and Customs (HMRC), permet l'accès aux renseignements des déclarations d'impôt à certaines conditions. Le Datalab de HMRC est un environnement sécurisé où des chercheurs légalement autorisés peuvent accéder, gratuitement, à des données confidentielles et dépersonnalisées des contribuables pour faire des recherches qui contribuent à l'une des fonctions de HMRC et profitent à la communauté des chercheurs dans son ensemble. Le Datalab collabore en permanence avec d'autres centres de données de recherche du Royaume-Uni et des liaisons internationales ont pu être établies dans le cadre du projet Data « sans Frontières ». Les projets concernant l'impôt sur les sociétés sont plus nombreux que ceux touchant les autres formes d'imposition, et la recherche a fourni des enseignements dans lesquels on peut puiser pour de futures analyses de politiques. Quelques problèmes n'en demeurent pas moins et HMRC s'efforce de les résoudre, notamment les restrictions législatives à l'accès aux données ; la nécessité de s'adapter à un environnement en constante évolution ; la perception du public sur le partage de données ; l'équilibre des ressources ; et les différences dans les cultures de travail et dans les attentes. En mai 2015, 47 projets avaient été approuvés, 60 chercheurs avaient été formés, et plus de 30 articles avaient été publiés par des chercheurs de Datalab.

4.3. Classification des outils d'analyse permettant de transformer les données en informations utiles

290. Les données à elles seules ne permettront pas de mieux comprendre le phénomène BEPS. On doit avoir recours à des outils d'analyse pour pouvoir tirer des observations de ces données. Les outils d'analyse comprennent les statistiques descriptives (les rapports IDE/PIB, les taux d'imposition effectifs, par exemple), les tableaux consolidés (les taux d'imposition effectifs par secteur ou par pays, par exemple), les indicateurs (les taux

d'imposition effectifs marginaux et moyens, par exemple, examinés dans le chapitre 2), les analyses statistiques multidimensionnelles (la mesure des relations entre des variables multiples alors que d'autres facteurs demeurent constants, par exemple) et la modélisation économique (les conséquences sur les recettes des mesures proposées et les évaluations de l'efficacité, par exemple). De meilleures analyses de données grâce à ces outils permettront de mieux comprendre le phénomène BEPS et les incidences des mesures correctives.

- *Les statistiques descriptives* peuvent fournir des indications importantes, en particulier si elles sont placées en contexte, l'IDE d'un pays par rapport à la mesure de l'activité économique totale par exemple. De meilleures données peuvent augmenter le nombre de statistiques descriptives et affiner les statistiques existantes. Les améliorations futures des données concernant les entités à vocation spéciale (EVS) auxquelles on recourt lors d'IDE permettront de mettre au point l'un des indicateurs potentiels futurs dont il est question dans le chapitre 2. De meilleures données peuvent être utilisées pour calibrer les taux effectifs d'imposition des entreprises multinationales dans chaque pays, notamment le montant de chiffre d'affaires déclaré par les entreprises multinationales dans des pays où le taux de l'impôt sur les sociétés est nul.
- *Les tableaux consolidés* sont une importante ressource pour que les parties prenantes extérieures puissent analyser et comprendre le phénomène BEPS, compte tenu des considérations relatives à la confidentialité. En effet, les tableaux consolidés peuvent permettre de résoudre de nombreuses questions de confidentialité en préservant la confidentialité et l'anonymat, tout en présentant des renseignements détaillés sur des groupes d'entreprises comparables. L'Internal Revenue Service (IRS) aux États-Unis publie par pays et par secteur des tableaux détaillés à partir des données des déclarations d'impôt produites par des filiales étrangères de sociétés mères américaines et par des filiales américaines de sociétés mères étrangères[7]. Des analyses statistiques sophistiquées peuvent être effectuées à partir des tableaux consolidés, mais elles sont néanmoins plus limitées que les analyses statistiques qu'il est possible de faire à partir des données provenant de contribuables individuels. On cite souvent dans les débats politiques les tableaux consolidés qui montrent le pourcentage des revenus de source étrangère provenant de certains pays à fiscalité nulle[8]. Les tableaux consolidés permettent aussi de mieux comprendre les différences qui existent entre les documents fiscaux et les documents financiers.
- *Les indicateurs* seront également améliorés grâce à de meilleures données, comme on peut le voir dans le chapitre 2. En outre, de meilleures données peuvent contribuer à l'amélioration des mesures des taux d'imposition effectifs. Les taux d'imposition effectifs marginaux et moyens de sociétés hypothétiques peuvent illustrer les incidences des différentes mesures correctives. Une des difficultés des taux d'imposition effectifs dans le domaine de la fiscalité internationale réside dans le calibrage des mesures pour des groupes différents, plutôt que pour seulement quelques entreprises hypothétiques. Le fait de pouvoir isoler les incidences du cadre de politique fiscale d'un pays présente une autre difficulté. De meilleures données peuvent aider à calibrer les mesures des taux d'imposition effectifs qui serviront à l'analyse des politiques axées sur les mesures destinées à enrayer le phénomène BEPS.
- *Les analyses statistiques multidimensionnelles* sont des outils analytiques puissants, mais qui en général nécessitent de pouvoir disposer des données sur les contribuables, ce qui soulève des questions de confidentialité dans le contexte des analyses des déclarations d'impôt, ou des données macroéconomiques collectées

sur de nombreuses années ou se rapportant à de nombreux pays. Les analyses statistiques des données des contribuables permettent d'examiner l'effet de facteurs particuliers, tels que les impôts, en conservant d'autres facteurs (les déterminants économiques de profit, par exemple) constants. Bien que les analyses statistiques des déclarations d'impôt risquent d'être limitées aux administrations fiscales, à moins d'élargir l'accès tout en assurant la confidentialité des contribuables, les résultats de ces analyses pourraient être rendus publics en tenant compte des impératifs de confidentialité. C'est ce que font régulièrement certains pays pour des recherches effectuées par des chercheurs de l'Administration et par des chercheurs externes dans le cadre de programmes spéciaux pour les chercheurs universitaires qualifiés.

- *La modélisation économique* a souvent recours aux autres outils analytiques pour évaluer les impacts budgétaires et économiques des changements de politique fiscale. L'annexe 3.A1 présente des analyses statistiques multidimensionnelles pour l'analyse de plusieurs impacts économiques du phénomène BEPS. L'annexe 3.A2 présente un ensemble de méthodes permettant aux différents pays d'estimer les incidences budgétaires de chacune des mesures issues du Plan d'action BEPS. La modélisation économique pourrait être utilisée pour évaluer l'efficacité et l'impact économique des mesures pour enrayer le phénomène BEPS.

291. Les progrès dans l'utilisation des outils d'analyse et de suivi réalisés par les chercheurs s'ajoutent aux améliorations relatives aux données disponibles. Les chercheurs universitaires ont élargi les analyses empiriques en réalisant des « méta-analyses » de plusieurs études empiriques sur les mêmes phénomènes et en analysant le phénomène BEPS sous l'angle des écarts des taux d'imposition entre les filiales ou entre les sociétés mères. L'amélioration des techniques et des approches analytiques se poursuit avec des pistes prometteuses telles que les analyses de la part de la rentabilité et de l'activité économique d'un groupe multinational qui revient à chacune des entités faisant partie de ce groupe.

4.4. Classification des types de données

292. La classification des types de données peut servir de fondement aux recommandations sur les nouveaux outils et les nouvelles données relevant de l'Action 11. Le Plan d'action BEPS indique clairement que les recommandations doivent tenir compte de la nécessité de protéger la confidentialité des contribuables et minimiser les coûts administratifs des Administrations et des contribuables.

293. Il convient également de noter que certaines des recommandations potentielles sur les données et les outils de suivi futurs peuvent entraîner des questions relevant du domaine de la politique fiscale et de l'administration fiscale, alors que d'autres vont concerner plus généralement le travail et les responsabilités des instituts de statistique nationaux et d'autres institutions et organismes non fiscaux des Administrations. Ce sont autant de distinctions importantes qu'il faudra garder à l'esprit au moment de la réflexion sur les recommandations potentielles concernant les nouveaux outils et données pour l'analyse du phénomène BEPS.

294. Le graphique 4.2 présente la classification des données importantes pour l'analyse du phénomène BEPS et des mesures correctives. Les données peuvent être classées dans diverses catégories, en commençant par la catégorie des données fiscales et la catégorie des données non fiscales. Les données peuvent ensuite être subdivisées en deux nouvelles catégories selon qu'elles sont déjà collectées (ou sur le point de l'être) ou non. Les données

actuellement collectées seront probablement disponibles plus tôt que les données qu'il est prévu de recueillir en vertu des nouvelles dispositions proposées dans le cadre des autres actions du projet BEPS. La mise en œuvre complète des changements prévus dans le traitement des données actuellement collectées pourrait néanmoins s'étendre sur plusieurs années.

Graphique 4.2. **Données importantes pour l'analyse du phénomène BEPS et des mesures correctives**

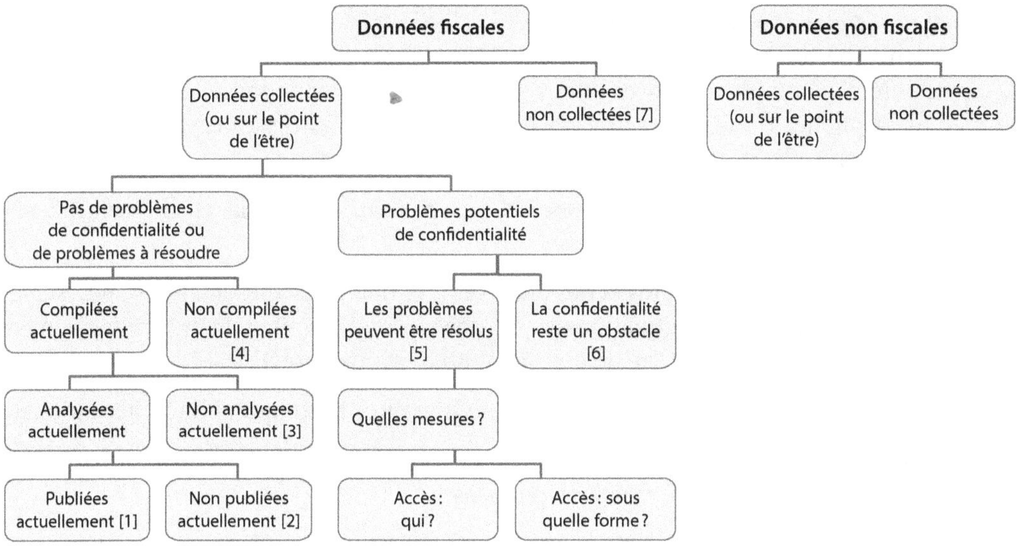

295. Les données actuellement collectées peuvent être divisées entre les données qui ne posent pas de problèmes de confidentialité (ou s'il y en avait, ils ont déjà été résolus) et celles qui posent des problèmes potentiels de confidentialité. Ces dernières, le cas échéant, peuvent être subdivisées entre les données où les problèmes de confidentialité pourraient être résolus et celles où les problèmes de confidentialité continueront d'être un obstacle. Dans la catégorie des données qui posent des problèmes de confidentialité pouvant être résolus, il faudra examiner de près quels types de mesures (législatives, administratives, etc.) seront nécessaires pour résoudre les problèmes de confidentialité, qui pourra avoir accès aux données (d'autres analystes de l'Administration, des chercheurs universitaires, par exemple) et sous quelle forme l'accès sera accordé. En réponse à un questionnaire distribué en juin 2015 par le GT2 du Comité des affaires fiscales, 17 pays sur les 38 pays qui ont répondu ont indiqué que leur administration fiscale donne accès aux renseignements sur les paiements entre parties liées provenant de données des déclarations d'impôt[9] aux analystes des politiques fiscales des Administrations. Dans 16 pays sur les 38 pays qui ont répondu, les administrations fiscales autorisent l'accès aux données concernant l'impôt sur les sociétés aux chercheurs universitaires qualifiés et aux instituts de statistique nationaux en vertu de règles de confidentialité strictes.

296. Si les données sont actuellement collectées et ne posent pas de problèmes de confidentialité, il reste encore à savoir si elles sont compilées de telle façon qu'elles puissent être analysées sans engendrer de coûts excessifs des ressources. Les nouvelles technologies électroniques de recherche peuvent maintenant aider à extraire des informations à partir de textes « ouverts », mais ces processus demandent encore beaucoup de travail. Le manque

de ressources peut même empêcher l'analyse des données qui ont déjà été compilées. Les administrations fiscales peuvent avoir de nombreuses autres priorités qui priment l'analyse de la politique fiscale. Lorsque les données sont finalement analysées, les résultats pourraient ne pas être publiés pour un public plus large, là encore en raison d'un manque de ressources ou d'autres contraintes. Un certain nombre d'administrations fiscales compilent, analysent et publient des tableaux de données agrégées concernant l'impôt sur les sociétés, lorsque des problèmes de confidentialité ne se posent pas.

297. Le graphique 4.2 indique sept catégories précises de données pour lesquelles des actions futures pourraient être considérées afin d'améliorer les données disponibles et les analyses ayant trait au phénomène BEPS. Un certain nombre d'actions potentielles futures sont répertoriées ci-dessous pour chacune des sept catégories de données, allant de la possibilité d'ajouter des mesures et des analyses aux données actuellement collectées, analysées et publiées à la concentration des efforts sur d'autres catégories de données fiscales et non fiscales qui posent des problèmes de confidentialité.

1. Données fiscales actuellement collectées, sans problèmes de confidentialité, actuellement compilées, analysées et publiées
    - Envisager des mesures et des analyses additionnelles (des analyses spécifiques des entreprises multinationales, un accès élargi aux chercheurs conformément à des règles en matière de confidentialité, par exemple)
    - Envisager des formats normalisés pour assurer la comparabilité internationale
2. Données fiscales actuellement collectées, sans problèmes de confidentialité, actuellement compilées et analysées, mais non publiées
    - Envisager des mesures et des analyses supplémentaires (des analyses spécifiques des entreprises multinationales, un accès élargi aux chercheurs conformément à des règles en matière de confidentialité, la fusion de différentes bases de données existantes, par exemple)
    - Envisager de publier les analyses, en adoptant des formats normalisés pour assurer la comparabilité internationale
3. Données fiscales actuellement collectées, sans problèmes de confidentialité, actuellement compilées, mais non analysées
    - Envisager des analyses supplémentaires des données compilées et la publication des analyses (des analyses spécifiques des entreprises multinationales, un accès élargi aux chercheurs conformément à des règles en matière de confidentialité, la fusion de différentes bases de données existantes, par exemple)
4. Données fiscales actuellement collectées, sans problèmes de confidentialité, mais non compilées
    - Déterminer quelles données sont les plus utiles pour les analyses (leurs avantages, par exemple) et les coûts de compilation (des analyses spécifiques des groupes multinationaux, la fusion de différentes bases de données existantes, par exemple)
    - Envisager des processus pour réduire les coûts de compilation (l'échantillonnage statistique, par exemple)
    - Examiner les façons dont les données peuvent être compilées en utilisant des formats normalisés pour assurer la comparabilité internationale

5. Données fiscales actuellement collectées, mais posant des problèmes potentiels de confidentialité, qui pourraient être résolus
   - Examiner les mesures qu'il faut prendre pour surmonter les obstacles liés à la confidentialité
   - Examiner qui pourrait avoir accès aux données (les analystes des politiques fiscales, par exemple)
   - Examiner les façons dont les données pourraient être présentées pour que l'accès aux données soit autorisé (des tableaux consolidés anonymes, par exemple)
6. Données fiscales actuellement collectées, mais la confidentialité est un obstacle
   - Examiner les options disponibles pour maximiser les avantages des données dans les limites des dispositions en matière de confidentialité (des tableaux consolidés anonymes, un accès autorisé aux chercheurs qualifiés en vertu de règles strictes de confidentialité, par exemple)
7. Données fiscales non collectées actuellement (ou pas d'entente sur les données à collecter)
   - Mettre l'accent sur la maximisation de l'analyse et de la publication des données fiscales actuellement collectées

298. Il sera nécessaire de mieux tirer parti des données actuellement à la disposition des administrations fiscales (et de celles qui le seront bientôt) pour assurer le suivi de l'évolution future du phénomène BEPS. Des activités d'analyse renforcées et la publication d'un plus grand nombre de résultats statistiques et de tableaux consolidés sur les impôts et sur les activités des entreprises multinationales par les différents pays seront des éléments importants pour permettre d'évaluer l'efficacité et l'impact économique des mesures pour enrayer le phénomène BEPS et pour s'assurer que ce phénomène est adéquatement suivi à l'avenir.

4.5. Données qui seront collectées en réponse au Plan d'action

299. La portée et la valeur des informations collectées par les Administrations seront renforcées à la suite des travaux entrepris dans le cadre de l'Action 5 (échange spontané obligatoire d'informations sur les décisions), de l'Action 13 (documentation des prix de transfert) du Plan d'action BEPS, ainsi que de l'Action 12 (déclaration des dispositifs de planification fiscale agressive) dès lors que les mesures correspondantes seront adoptées. En particulier, les nouvelles informations résultant de l'Action 13 donneront aux Administrations des renseignements supplémentaires sur la répartition des activités économiques à l'échelle internationale par les groupes multinationaux et sur les montants d'impôt que ces groupes versent dans chaque pays.

300. Les déclarations pays par pays relevant de l'Action 13 seront importantes pour l'amélioration de l'évaluation des risques de haut niveau liés aux prix de transfert. Le rapport relevant de l'Action 13 (Instructions relatives à la documentation des prix de transfert et aux déclarations pays par pays, OCDE, 2015) indique que la déclaration pays par pays « peut également être utilisée par les administrations fiscales pour évaluer d'autres risques liés à l'érosion de la base d'imposition et au transfert de bénéfices et, le cas échéant, aux fins d'analyses économiques et statistiques. »[10] Même si l'utilisation des données des déclarations pays par pays est réservée aux Administrations, les analyses statistiques basées sur les données provenant de ces déclarations sont susceptibles

d'améliorer considérablement les analyses futures du phénomène BEPS. Les analyses statistiques et économiques traditionnelles, qui examinent les taux de profit des filiales en se basant sur des facteurs économiques ainsi que sur les écarts entre les taux d'imposition, pourraient être améliorées. Contrairement aux analyses des données des états financiers, les analyses statistiques basées sur les données provenant des déclarations pays par pays pourront prendre en considération les impôts réels versés par les entités aux juridictions fiscales et elles comprendront toutes les entités d'un groupe multinational[11]. Les groupes multinationaux dont le chiffre d'affaires annuel consolidé au cours de l'exercice précédent s'élève à au moins 750 millions EUR seront tenus de déposer une déclaration pays par pays, ce qui exclura selon les estimations 85 à 90 % des groupes multinationaux de l'obligation déclarative, mais les groupes multinationaux réalisant environ 90 % du chiffre d'affaires total des sociétés dans le monde seront bien soumis à cette obligation.

301. Les déclarations pays par pays se feront au moyen d'un modèle de formulaire normalisé, assurant l'uniformité des renseignements présentés au niveau international, ce qui permettra de limiter les coûts lié au respect des règles pour les contribuables. Le modèle de formulaire normalisé de déclaration et sa conversion en fichiers électroniques permettront également aux administrations fiscales de compiler les données incluses à un moindre coût. Les entreprises multinationales produiront également un fichier principal, donnant un aperçu des activités du groupe multinational et de ses politiques générales en matière de prix de transfert, et un fichier local, fournissant des renseignements plus détaillés relatifs à des opérations spécifiques intersociétés. Le fichier local inclura des renseignements importants sur les transactions entre parties liées, comme les intérêts et les redevances[12]. Ces renseignements seraient utiles pour analyser le phénomène BEPS, mais ils ne seront pas fournis dans le modèle de formulaire normalisé de déclaration. Les administrations fiscales auront accès aux données, mais des ressources supplémentaires seront nécessaires pour extraire et compiler les données.

302. Les premières déclarations pays par pays au titre des activités de l'année calendaire 2016 seront déposées par les déclarants au plus tard le 31 décembre 2017. Ainsi, certaines données des déclarations pays par pays seront disponibles pour des analyses statistiques dès la fin de 2017, alors que les données plus complètes pour 2016 ne seront disponibles que plus tard. Les administrations fiscales et les analystes des politiques fiscales devront s'employer à analyser rapidement les données dès qu'elles seront disponibles[13].

303. L'analyse statistique sous forme de tableaux consolidés et anonymes basés sur les données provenant des déclarations pays par pays donnera pour la première fois aux Administrations un aperçu complet des activités des plus grandes entreprises multinationales au niveau mondial. Ces analyses statistiques ne révèleront pas de renseignements précis sur des contribuables en particulier, et toute publication des analyses dépendra des règles de confidentialité d'un pays. De plus, les Administrations devraient considérer les autres améliorations qu'il serait possible d'apporter immédiatement au traitement des autres données d'entreprise concernant les entreprises multinationales, en ce qui a trait à la compilation, l'analyse, l'accès aux données et la publication des résultats, pour permettre de nouvelles analyses du phénomène BEPS et des mesures correctives. La publication des données sous une forme consolidée et anonyme procurera des avantages supplémentaires, surtout si elles sont compilées dans un format cohérent d'un pays à l'autre. Une plus grande coordination entre Administrations permettra d'assurer une telle cohérence.

304. Compte tenu des questions liées à la confidentialité, les administrations fiscales et certains services des Administrations sont les seuls à avoir accès aux renseignements des déclarations d'impôt des entreprises multinationales opérant dans leurs pays[14]. Lorsque les

Administrations disposeront des premières déclarations pays par pays en 2017, l'accès à ces déclarations sera limité à leurs services compétents. Lors des consultations publiques sur le document de discussion traitant de l'Action 11, un certain nombre de commentateurs ont suggéré la mise sur pied d'un répertoire officiel ou d'une base de données mondiale des déclarations pays par pays des entreprises multinationales. Dans le contexte des préoccupations existantes en matière de confidentialité, une telle stratégie n'est pas envisagée actuellement[15], cependant il y aurait indéniablement des avantages considérables à élaborer une approche coordonnée au niveau international pour la compilation des résultats des analyses statistiques, qui soient consolidés, anonymes, et fondés sur les données mondiales des déclarations pays par pays.

4.6. Recommandations

305. L'évaluation des données actuelles montre clairement que les analyses du phénomène BEPS à l'aide de données non fiscales n'en donnent qu'une image incomplète. L'analyse des données non fiscales accessibles au public a montré que le phénomène BEPS existe bien et qu'il est important, mais elle n'a pas fourni de mesures claires de l'ampleur des pertes fiscales et de la portée du phénomène. Les données non fiscales ne couvrent pas toutes les sociétés et celles qui manquent ou qui ne communiquent pas de renseignements financiers pourraient être impliquées dans des activités significatives liées au phénomène BEPS. Les renseignements non fiscaux ne permettent pas de distinguer les impacts liés au phénomène BEPS des impacts résultant des avantages fiscaux qui en sont indépendants. Notamment, une réduction des taux d'imposition effectifs pourrait être due à l'adoption de mesures incitatives et de taux d'imposition spéciaux, mais aussi à des pratiques liées au phénomène BEPS.

306. Pour qu'à l'avenir les analyses du phénomène BEPS soient meilleures, il faudra donc que les administrations fiscales et les services des affaires fiscales des pays fassent davantage d'analyses des données provenant des déclarations d'impôt. Compte tenu du volume considérable de données à la disposition des administrations fiscales, qui est encore appelé à augmenter prochainement, les recommandations de ce rapport mettent l'accent sur la nécessité d'une collaboration plus étroite entre Administrations pour exploiter de façon plus judicieuse les données existantes (ou celles qu'il a été convenu de recueillir dans le cadre du projet BEPS). Conformément à cette approche, ce rapport fait les recommandations suivantes[16] :

Recommandation 1

L'OCDE devrait collaborer avec tous les pays membres de l'OCDE et les Associés (tous les pays du G20) ainsi qu'avec tout autre pays intéressé en vue de publier régulièrement une nouvelle série de statistiques de l'impôt sur les sociétés, qui rassembleraient un volume important de données et d'analyses statistiques pertinentes à l'analyse économique du phénomène BEPS tout en assurant l'uniformité des informations présentées au niveau international. Cette publication aurait pour but de rassembler, entre autres informations, des analyses statistiques consolidées et anonymes préparées par les Administrations sur la base des données collectées dans les déclarations pays par pays relevant de l'Action 13.

307. L'OCDE, par l'intermédiaire du GT2 du Comité des affaires fiscales, devrait collaborer avec tous les pays membres de l'OCDE et les Associés, ainsi qu'avec tout autre pays intéressé en vue d'élaborer des lignes directrices adéquates pour la classification des données et un modèle de rapport normalisé accompagné du processus de déclaration des données, qui permettront de compiler et de publier régulièrement des statistiques de l'impôt sur les sociétés cohérentes et comparables à l'échelle internationale. Les statistiques pourraient inclure les éléments suivants :

- Total des recettes de l'impôt sur les sociétés et de la taxe sur la valeur ajoutée perçues par les Administrations
- Part des recettes de l'impôt sur les sociétés et de la taxe sur la valeur ajoutée provenant d'entreprises multinationales
- Ventilation de la taxe sur la valeur ajoutée par industrie et par secteur d'activité
- Résumés des analyses statistiques consolidées des pays, basées sur les données provenant des déclarations pays par pays
- Éléments principaux du chiffre d'affaires et des dépenses compris dans l'assiette de l'impôt sur les sociétés
- Identification et évaluation chiffrée des crédits d'impôt, des taux d'imposition spéciaux réduits et d'autres avantages fiscaux
- Retenues à la source

308. Ces statistiques seraient communiquées sous forme agrégée et seraient anonymes afin de s'assurer que la confidentialité des contribuables est strictement préservée.

309. Les analyses internationales actuelles des régimes d'imposition des sociétés utilisent souvent une mesure brute de la base de l'impôt sur les sociétés, obtenue en divisant l'impôt sur les sociétés perçu par le taux d'imposition global prévu par la loi. Cette façon de procéder sous-estime sensiblement le chiffre d'affaires imposable, car les crédits d'impôt et les taux d'imposition spéciaux réduits ne sont pas pris en compte. L'intégration de renseignements supplémentaires sur les avantages fiscaux permettrait d'améliorer les estimations.

Recommandation 2

L'OCDE devrait collaborer avec tous les pays membres de l'OCDE, les Associés et tout autre pays intéressé en vue de produire des rapports périodiques sur les impacts budgétaires estimés des mesures proposées et sur ceux des mesures adoptées pour enrayer le phénomène BEPS.

310. L'OCDE, par l'intermédiaire du GT2 du Comité des affaires fiscales, devrait collaborer avec les pays participant en vue d'élaborer un modèle de rapport normalisé ainsi que le processus associé, à l'appui de la publication de rapports périodiques sur les impacts budgétaires estimés des mesures proposées et de celles adoptées pour enrayer le phénomène BEPS.

311. Ces rapports permettraient d'assurer le suivi des impacts budgétaires attendus des réformes proposées et le suivi des impacts budgétaires estimés des réformes adoptées. De meilleures métriques des mesures correctives existantes et futures du phénomène BEPS pourraient être élaborées, ce qui serait utile aux analystes pour la recherche au niveau international.

Recommandation 3

L'OCDE devrait continuer à développer et à affiner les instruments analytiques et les indicateurs du phénomène BEPS pour en suivre l'ampleur et les impacts économiques, ainsi que pour évaluer l'efficacité et les impacts économiques des mesures correctives.

312. Le chapitre 2 présente un « tableau de bord » des indicateurs du phénomène BEPS. Même si ces indicateurs ne sont pas destinés à mesurer avec précision l'ampleur du phénomène BEPS, ils fournissent des indices clairs sur son existence et ils pourraient par la suite, grâce à des données meilleures et plus précises, se révéler utiles dans le suivi des tendances et des changements ayant trait au phénomène BEPS.

313. Au fur et à mesure que de nouvelles données deviennent disponibles, non seulement les indicateurs présentés pourront être affinés, mais de nouveaux indicateurs plus aboutis pourront aussi être élaborés, tels que les indicateurs potentiels répertoriés au chapitre 2.

314. L'annexe 2 du chapitre 3 présente un guide renfermant des méthodes pour estimer les incidences budgétaires des mesures pour enrayer le phénomène BEPS que les Administrations pourront utiliser pour estimer l'incidence des mesures correctives sur les recettes fiscales futures. Le guide pourrait être élargi pour inclure les analyses statistiques basées sur les données collectées dans les déclarations pays par pays qui relèvent de l'Action 13. Les méthodes présentées dans le guide pourraient également être affinées grâce au partage des enseignements tirés de l'expérience des analystes de l'Administration, dans l'estimation des incidences budgétaires des mesures correctives dans différents pays.

Recommandation 4

Les Administrations devraient améliorer les rapports publics des statistiques sur l'impôt sur les sociétés, notamment les statistiques des entreprises multinationales.

315. Actuellement, de nombreux pays ne distinguent pas les entreprises multinationales dans les rapports statistiques sur l'impôt sur les sociétés. Les déclarations pays par pays relevant de l'Action 13 identifieront les grandes entreprises multinationales présentes dans un pays. Des statistiques sur l'impôt sur les sociétés distinctes pourraient être compilées pour les entreprises multinationales « à l'arrivée » (filiales nationales dont les sociétés mères sont à l'étranger), pour les entreprises multinationales « au départ » (sociétés mères nationales dont les filiales sont à l'étranger) et pour les entreprises strictement nationales. Des tableaux spéciaux provenant des fichiers locaux des déclarations pays par pays fourniront des renseignements plus détaillés sur la situation fiscale des entreprises multinationales que les déclarations pays par pays normalisées.

316. Pour de nombreux pays, notamment les pays à faible revenu et les pays en développement, il sera nécessaire d'améliorer la compilation et la publication des statistiques de base, et élargies, sur les recettes fiscales. Des informations supplémentaires sur les mesures d'incitation accordées aux entreprises multinationales peuvent aussi fournir un point de départ pour évaluer l'efficacité de ces mesures.

317. La recherche sur le phénomène BEPS a été entravée par le manque de données statistiques de qualité sur les recettes fiscales. C'est vrai pour tous les pays, mais c'est particulièrement le

cas pour les pays en développement, où les études menées par des chercheurs universitaires ont souligné l'importance de pouvoir accéder à davantage d'informations sur le phénomène BEPS dans ces pays. Les pays développés devraient les aider en leur fournissant davantage d'assistance technique et de soutien. Les pays qui actuellement ne publient pas de façon régulière de statistiques comparables et cohérentes à l'échelle internationale sur les recettes fiscales pourraient utiliser comme modèle possible pour la collecte de données les Statistiques des recettes publiques de l'OCDE et les publications sur les statistiques des recettes régionales.

Recommandation 5

Les Administrations devraient continuer à apporter des améliorations aux données non fiscales pertinentes au phénomène BEPS, notamment en englobant les données d'autres pays dans les statistiques et en améliorant les données sur l'IDE associé aux ES résidents, les données sur les échanges de services et celles sur les investissements incorporels.

318. Alors que les déclarations pays par pays pourraient considérablement améliorer les données fiscales des entreprises multinationales au niveau microéconomique, de meilleures données macroéconomiques et microéconomiques non fiscales faciliteront les analyses futures du phénomène BEPS. Des analyses récentes des données sur les échanges, les investissements et les IDE ont fourni des indications importantes pour l'analyse du phénomène BEPS. Il serait souhaitable d'englober davantage de pays dans ces statistiques internationales.

319. La *Définition de référence de l'OCDE des investissements directs internationaux*, 4ème Édition, recommande que les pays incluent les transactions avec les entités à vocation spéciale (EVS) dans leurs statistiques d'IDE afin d'assurer la comparabilité avec d'autres pays. Elle fournit également des indications sur la manière de compiler des statistiques d'IDE sans les transactions avec les EVS, mais ne formule pas de recommandation sur l'identification spécifique des EVS et des autres entités relais. Ces statistiques permettent aux décideurs d'évaluer l'impact de l'IDE sur l'économie de leur pays, car les statistiques refléteront mieux l'IDE dans les sociétés qui ont une réelle présence dans l'économie. Ces statistiques permettent également de mieux mesurer l'investissement à l'étranger des pays, en retirant les fonds qui passent par leur économie, mais dont un autre pays est à l'origine. Les analyses seront améliorées si d'autres pays compilent des statistiques en incluant les transactions avec les EVS.

320. De meilleures mesures des investissements incorporels, dont la capitalisation des investissements en recherche et développement, permettront aux chercheurs de déterminer plus aisément les facteurs contributifs à la rentabilité ainsi que leur part contributive. Les chercheurs s'appuient sur les analyses détaillées des statistiques d'échanges et des enquêtes sur l'investissement pour analyser le phénomène BEPS, mais ces analyses sont actuellement limitées à quelques pays seulement.

Recommandation 6

Les Administrations devraient examiner les pratiques exemplaires actuelles et explorer de nouvelles approches pour collaborer avec des universités et d'autres chercheurs en matière de recherche sur le phénomène BEPS. Administrations devraient soutenir la recherche sur les activités des entreprises multinationales menée par les administrations fiscales, les directions de politique fiscale, les instituts de statistique nationaux et par les chercheurs universitaires afin d'améliorer la compréhension du phénomène BEPS et de mieux pouvoir isoler les effets de ce phénomène des effets économiques réels et d'autres avantages fiscaux qui n'y sont pas liés.

321. La recherche menée par les universitaires, les instituts de statistique nationaux[17] et d'autres analystes de la politique fiscale est importante pour faire progresser les analyses économiques sur les entreprises multinationales, sur le phénomène BEPS et sur ses mesures correctives. On trouve de nombreux exemples de pratiques exemplaires, dont certaines sont exposées plus haut dans ce chapitre, où des Administrations donnent accès aux déclarations d'impôt à des chercheurs, à condition de respecter des règles strictes de confidentialité et d'accès. À l'avenir, les Administrations devraient s'inspirer des pratiques exemplaires existantes et examiner les façons d'améliorer la collaboration avec des universitaires et des chercheurs.

322. Dans de nombreux pays, les données statistiques collectées sur les entreprises, qui sont utilisées dans la compilation des comptes nationaux, ne font aucune distinction entre les sociétés qui sont des filiales étrangères et celles qui sont sous contrôle national. Mais quand une telle ventilation des données est disponible, elle permet de faire ressortir des différences notables entre ces catégories de sociétés.

323. Étant donné qu'il est important de pouvoir isoler les effets économiques réels des pratiques de BEPS, de plus amples recherches s'imposent sur un certain nombre de questions à caractère non fiscal, notamment :

- les facteurs contributifs de valeur ajoutée des entreprises et particulièrement des entreprises multinationales,
- l'évaluation de la valeur des actifs incorporels et les apports à ces actifs,
- les sources des différences entre les entreprises multinationales et les entreprises uniquement nationales,
- les déterminants non fiscaux des décisions de localisation des entreprises multinationales.

4.7. Conclusion

324. Les recommandations formulées dans ce rapport, ajoutées aux nouvelles analyses statistiques rendues possibles grâce aux données provenant des Actions 5 et 13 et, dès lors que les mesures correspondantes seront adoptées, de l'Action 12, vont permettre aux dirigeants de bénéficier à l'avenir d'analyses économiques approfondies du phénomène BEPS et de l'incidence de ses mesures correctives.

325. Il faudra davantage de renseignements sur le phénomène BEPS si l'on veut assurer le suivi des effets du projet BEPS à l'avenir puisque ce phénomène est un problème mondial et ce sont les administrations fiscales des différents pays qui disposent des meilleures données. De meilleurs outils et données pour analyser le phénomène BEPS sont essentiels si l'on veut pouvoir isoler les effets des pratiques de BEPS de ceux de l'activité économique réelle et des avantages fiscaux qui ne sont pas liés au phénomène.

326. Il faudrait en priorité s'attacher à pouvoir disposer de meilleures données et analyses pour s'assurer que toutes les parties prenantes ont une meilleure compréhension des effets économiques et budgétaires du phénomène BEPS ainsi que des impacts des mesures correctives et de leur efficacité au fil du temps. De meilleures données et analyses aideront les décideurs en soutenant les décisions futures avec une base solide d'informations et aideront à instaurer, au fil du temps, une plus grande confiance des contribuables dans l'efficacité des règles fiscales internationales.

Notes

1. De nombreuses bases de données des états financiers des entreprises incluent des observations à leur sujet, mais ces observations ne sont pas accompagnées de l'information financière afférente. Plusieurs analystes des politiques fiscales au sein des Administrations ont noté que les informations des déclarations d'impôt qui ne sont pas spécifiquement requises pour le calcul de l'impôt dû ne sont pas aussi complètes que celles requises pour ce calcul, telles que les données du bilan sur les actifs et sur les passifs ou les données provenant des déclarations de renseignements.

2. Selon les réponses de 30 pays de l'OCDE à l'enquête de juin 2015, un peu plus de la moitié des services des affaires fiscales ont accès aux informations des déclarations d'impôt des entreprises.

3. Certaines administrations fiscales utilisent des méthodes d'échantillonnage statistique pour réduire le coût de la compilation de l'information tout en maintenant un échantillon représentatif. Dans certains cas, l'analyse des 100 ou des 500 plus grandes entreprises peut fournir des indications importantes, car elles représentent dans de nombreux cas un fort pourcentage de l'impôt total examiné.

4. https://www.ato.gov.au/uploadedFiles/Content/MEI/downloads/International-dealings-schedule-2015.pdf

5. Les pays de l'OCDE qui donnent l'accès aux données des déclarations d'impôt à des chercheurs qualifiés (qui ne sont pas des employés de l'État) conformément à des règles strictes en matière de confidentialité sont les suivants : l'Allemagne, la Belgique, le Canada, la Corée, les États-Unis, la Finlande, la France, l'Irlande, l'Italie, la Nouvelle-Zélande, les Pays-Bas, le Royaume-Uni, la Suède et la Suisse. L'Afrique du Sud accorde aussi l'accès à ces données aux chercheurs.

6. Un autre exemple peut être trouvé dans le document technique de travail préparé par McDonald (2008), « Income Shifting from Transfer Pricing: Further Evidence from Tax Return Data » où les données de la base de données Compustat ont été intégrées aux dossiers de déclaration d'impôt afin de compléter l'information sur les sociétés mères américaines de SEC, en y ajoutant des renseignements financiers.

7. Mahoney, L. et R. Miller (2013), « Controlled Foreign Corporations », U.S. Internal Revenue Service Statistics of Income, *SOI Bulletin*, Winter 2013.

8. Sullivan, M.A. (2010), « Transfer Pricing Issues in a Global Economy », témoignage préparé pour le Ways and Means Committee de la Chambre des représentants, le 22 juillet 2010. Keightley, M.P. et J.M. Stupak, « Corporate Tax Base Erosion and Profit Shifting (BEPS): An Examination of the Data », rapport de recherche du Congrès américain, 30 avril 2015.

9. Le questionnaire a été distribué en juin 2015 par le GT2 du Comité des affaires fiscales. Les 29 pays de l'OCDE qui ont répondu sont les suivants : l'Allemagne, l'Australie, l'Autriche, la Belgique, le Canada, le Chili, la Corée, le Danemark, l'Espagne, les États-Unis, la Finlande, la France, la Hongrie, l'Irlande, l'Islande, l'Italie, le Japon, le Luxembourg, le Mexique, la Nouvelle-Zélande, les Pays-Bas, le Portugal, la République slovaque, la République tchèque, la Slovénie, la Suède, la Suisse, la Turquie et le Royaume-Uni. Les autres pays qui ont répondu au questionnaire sont les suivants : l'Afrique du Sud, l'Argentine, le Brésil, la Bulgarie, la Colombie, l'Inde, la Lettonie, les Philippines et Singapour.

10. Paragraphe 25 du rapport de 2015 relevant de l'Action 13 : Instructions relatives à la mise en œuvre de la documentation des prix de transfert et de la déclaration pays par pays.

11. La déclaration pays par pays comprendra pour chaque juridiction les éléments suivants :
    - le chiffre d'affaires total, plus le chiffre d'affaires des parties indépendantes et le chiffre d'affaires des tierces parties
    - le bénéfice/la perte avant impôts
    - les impôts sur les bénéfices acquittés sur la base des règlements effectifs

- les impôts sur les bénéfices dus pour l'année en cours
- le capital social
- les bénéfices non distribués
- le nombre d'employés
- les actifs corporels hors trésorerie et équivalents de trésorerie
- la liste de toutes les entités constitutives résidentes de la juridiction fiscale, la juridiction fiscale de constitution, si elle diffère de la juridiction fiscale de résidence, ainsi que les principales activités réalisées par catégorie

« ... il a été décidé que les pays participant au projet BEPS examineraient attentivement la mise en œuvre de ces nouvelles normes et détermineraient, fin 2020 au plus tard, s'il convenait de modifier le contenu de ces documents en vue d'exiger la communication de données supplémentaires ou différentes. » (Ibid, p. 10.)

12. Les autres transactions entre parties liées qui ont été analysées dans le contexte des problématiques posées par le phénomène BEPS comprennent les dividendes, le partage des coûts, le droit de propriété, les ventes de stocks et les transactions de services.

13. Pour calculer les taux effectifs d'imposition (les impôts versés en pourcentage du bénéfice), il sera important de distinguer les entreprises qui réalisent des bénéfices de celles qui sont en situation de perte, sinon les taux effectifs d'imposition consolidés seront surestimés.

14. Quarante-cinq pour cent des pays de l'OCDE ont indiqué qu'ils ont des programmes spéciaux permettant à des chercheurs universitaires qualifiés d'accéder aux données fiscales des entreprises, en vertu de règles strictes en matière de confidentialité.

15. La mise en œuvre des déclarations pays par pays est régie par un cadre précis qui prévoit que les échanges de renseignements se feront uniquement d'Administration publique à Administration publique.

16. Il convient de noter que les pays, en particulier ceux avec un régime fiscal plus décentralisé, auront besoin de suffisamment de temps pour analyser ou mettre en œuvre les recommandations énoncées dans le présent chapitre.

17. Les instituts de statistique nationaux réalisent des progrès dans le développement et la collecte de données économiques qui aideront les chercheurs à mesurer et à assurer le suivi du phénomène BEPS. Comme l'indique le résumé d'une récente conférence sur les comptes nationaux organisée par la Conférence des statisticiens européens, les instituts de statistique nationaux développent des sources de données supplémentaires pour mesurer les activités économiques des multinationales et des chaînes de valeur mondiales. On peut citer par exemple l'intégration des données provenant de sources multiples, à la fois au niveau macro et au niveau micro, la distinction des statistiques sur l'IDE et l'élargissement des statistiques sur les échanges, notamment aux échanges de valeur ajoutée, afin de mesurer plus précisément l'influence du commerce international sur les économies nationales.

Bibliographie

Keightley, M. P. et J. M. Stupak (2015), « Corporate Tax Base Erosion and Profit Shifting (BEPS): An Examination of the Data », U.S. Congressional Research Report.

Mahoney, L. et R. Miller (2013), « Controlled Foreign Corporations », US Internal Revenue Service Statistics of Income SOI Bulletin, Winter 2013.

McDonald, M. (2008), « Income shifting from transfer pricing : Further evidence from tax return data », U.S. Department of the Treasury, Office of Tax Analysis, OTA Technical Working Paper 2.

OECD (2015), *Transfer Pricing Documentation and Country-by-Country Reporting*, OECD Publishing, Paris, http ://dx.doi.org/10.1787/9789264241480-en.

Sullivan, M. A. (2010), « Transfer Pricing Issues in a Global Economy », Testimony before the US House of Representatives Ways and Means Committee, July 22, 2010.

ORGANISATION DE COOPÉRATION ET DE DÉVELOPPEMENT ÉCONOMIQUES

L'OCDE est un forum unique en son genre où les gouvernements oeuvrent ensemble pour relever les défis économiques, sociaux et environnementaux que pose la mondialisation. L'OCDE est aussi à l'avant-garde des efforts entrepris pour comprendre les évolutions du monde actuel et les préoccupations qu'elles font naître. Elle aide les gouvernements à faire face à des situations nouvelles en examinant des thèmes tels que le gouvernement d'entreprise, l'économie de l'information et les défis posés par le vieillissement de la population. L'Organisation offre aux gouvernements un cadre leur permettant de comparer leurs expériences en matière de politiques, de chercher des réponses à des problèmes communs, d'identifier les bonnes pratiques et de travailler à la coordination des politiques nationales et internationales.

Les pays membres de l'OCDE sont : l'Allemagne, l'Australie, l'Autriche, la Belgique, le Canada, le Chili, la Corée, le Danemark, l'Espagne, l'Estonie, les États-Unis, la Finlande, la France, la Grèce, la Hongrie, l'Irlande, l'Islande, Israël, l'Italie, le Japon, la Lettonie, le Luxembourg, le Mexique, la Norvège, la Nouvelle-Zélande, les Pays-Bas, la Pologne, le Portugal, la République slovaque, la République tchèque, le Royaume-Uni, la Slovénie, la Suède, la Suisse et la Turquie. La Commission européenne participe aux travaux de l'OCDE.

Les Éditions OCDE assurent une large diffusion aux travaux de l'Organisation. Ces derniers comprennent les résultats de l'activité de collecte de statistiques, les travaux de recherche menés sur des questions économiques, sociales et environnementales, ainsi que les conventions, les principes directeurs et les modèles développés par les pays membres.

ÉDITIONS OCDE, 2, rue André-Pascal, 75775 PARIS CEDEX 16
(23 2015 36 2 P) ISBN 978-92-64-28270-4 – 2017

www.ingramcontent.com/pod-product-compliance
Lightning Source LLC
LaVergne TN
LVHW080646011026
849160LV00014B/1337